マルク・レヴィンソン

例外時代

高度成長はいかに特殊であったのか

松本裕訳

みすず書房

AN EXTRAORDINARY TIME

The End of the Postwar Boom and the Return of the Ordinary Economy

by

Marc Levinson

First published by Basic Books, 2016

ケイへ、すべてのことに。

例外時代　目次

はじめに

一一月四日の日曜日、街から車が消えた。

学生たちが高速道路に毛布を広げ、笛の音を聴きながらピクニックを楽しむ。子どもたちが信号を気にせずローラースケートで道路を走り抜ける。南はアイントホーフェンから北はフローニンゲンまで、オランダの道路からほぼ完全に車が姿を消していた。例外はドイツ人観光客と、教会まで車で行くことを特別に許された聖職者だけだった。六四歳のユリアナ女王はキャデラックのリムジンを置き去りにして自転車に飛び乗ると、嬉々として孫たちに会いに出かけて行った。この出来事の背後にあった困難な判断とは無関係の人々にとって、一九七三年のこの日にオランダで初めて実施された自動車禁止の日曜日は、ちょっとしたお祭りのようなものだった[1]。

この四週間前、エジプトとシリアの軍隊がイスラエルの防衛線を突破し、イスラエル軍を敗走に追いやって国全体を制圧しかけていた。のちに「ヨム・キプール戦争」と呼ばれることになる闘いだ。アメリカとオランダがイスラエルに武器を送りこむと、アラブの石油産出各国が反撃する。サウジアラビアを筆頭とするそれらの国々はすでに石油の値上げを要求していて、一月には一バレルあたり三・二〇ドルだった公定価格を一〇月一六日には五・一一ドルまで引き上げていた。この戦争をきっかけにアラブ側は石油の元栓をさらにきつく締め、オランダとアメリカを完全にシャットアウトしてしまったのだった。

ヨーロッパ全土が悲観的なムードに包まれた。石油タンクが底をつくとベルギー、スイス、イタリア、ノルウェー、さらには自動車大好きな西ドイツでまでが、それぞれ独自に自動車規制をおこなうようになる。制限速度が引き下げられ、空調の設定は下げられ、ディーゼル油は配給制になった。ストックホルムでは水を温める電力を節約するために屋内プールが閉鎖され、自動車レース「ツール・ド・ベルジック」は中止された。日曜日に運転できる許可証は、誰もが羨望するステータス・シンボルになった。社会的に意識が高い市場経済を自任していた西ドイツは、とあるガソリンスタンドの経営者が説明したぞんざいな販売方法——「あたしの知り合い以外は買えないよ」——に困惑していた。(2)

大西洋の向こう側には、自動車禁止の日曜日はなかった。代わりにあったのは、パニックだ。アメリカは石油の価格に一喜一憂し、当時の大統領リチャード・ニクソンは石油の高値にからむ不安定な政治に一喜一憂していた。一一月七日のテレビ演説で、大統領はこう警告した。「我々は第二次世界大戦以降、もっとも厳しいエネルギー不足に突入しようとしている」。そして国民に空調の設定を下げるよう要請したうえで、一九八〇年までに石油の輸入を打ち切るという突拍子もない計画、「プロジェクト・インディペンデンス（エネルギー独立計画）」を発表した。議会はガソリンを配給制にするべきか否かを議論し、頼まれもしないのに、精製会社、バス会社、ガソリンスタンド、農家、その他特別な要望がある人々に石油の供給を分配する権利をニクソン大統領に与えた。寒い季節がやってくると、トラック運転手たちがディーゼル燃料の高騰に抗議して高速道路をふさいだ。マイホームを持つ者はクリスマスイルミネーションのコンセントを抜いたが、これはトラック運転手たちに同情したというよりは、隣人の白い目を避けるためだったのかもしれない。石油資源が豊富で、石油の上に浮いていると言っても過言ではないテキサス州では、車のバンパーに貼るこんなステッカーが大人気になった。「北部の連中《ヤンキー》を凍らせろ」。貴重な液体がまだ手に入るうちに満タンにしようと焦る運転手たちが長蛇の列を作るガソリンスタンドは、アメリカンドリームの崩壊を象徴する光景だった。

カナダではこのオイルショックが国内の均衡を崩し、石油が豊富なアルバータ州でにわか景気を引き起こす一方、輸入頼りのケベック州を機能不全に陥らせた。日本では、この影響はさらに深刻だった。一九七三年にかけて原油価格が上がっていたとき、日本人はこれが深刻な問題になるとは考えていなかった。日本は中東とあまりかかわりがなかったし、多くの日本企業はイスラエルに対するアラブのボイコット運動に同調してさえいたからだ。だが中東紛争に対する日本の中立的態度も、石油価格が急騰したときにはなんの役にも立たなかった。日本人は高速道路をふさいだりガソリンスタンドの店員を脅したりはしなかったが、安価な原油が手に入らなくなることへの不安は根強かった。日本の巨大な産業基盤を動かす燃料は、一滴残らず輸入されていたのだ。日本政府は経済成長予測を半分にまで切り下げると、工場への石油と電力の供給を配給制にし、家庭には湯沸かし器の点火バーナーを消すよう指示した。(3)

大騒動にこそなったものの、ショックは長くは続かなかった。一九七三年一二月には、原油が供給不足などではまったくないことが判明したのだ。ヨーロッパの港の貯蔵タンクにはあふれんばかりに油が詰まっていたし、大西洋ではタンカーが列をなしてアメリカの精製所に入る順番を待っていた。高値と省エネルギー政策のせいで需要が減っていたため、一部の石油輸出国は現金欲しさに石油ポンプをフル稼働させて生産量を増やし、収入の安定化を図った。一九七四年一月には、ヨーロッパの自動車禁止の日曜日は終焉を迎える。そ二月になるとニクソン大統領が政府貯蔵のガソリンを放出し、ガソリンスタンドの行列も消えていった。そして三月一八日、アラブの石油産出国はイスラエル軍撤退に向けてなんとかアメリカに仲裁してもらおうと禁輸措置を正式に撤回し、市場に原油があふれ出す中でいかに価格暴落を避けるかに注意を向けた。

　こうして、世界的な石油危機は去った[4]。だがその焼け跡では、もっとずっと長く続き、やがては計り知れないほど大きな大混乱を巻き起こすことになる火種がくすぶり始めたばかりだった。

　経済学者の観点からは、二〇世紀の後半はきれいにふたつに分けられる。第二次世界大戦後の残骸の中から始まった第一期は、世界の多くの地域で異常なほどの好景気が見られた時期だ。国際協力の時代を見据えて安定した為替レートを保証し、対外貿易の規制を緩和し、最貧国に経済支援を提供する新たな国際協定が山ほど作られた。爆発的な経済成長の中、人々は日に日に暮らしが良くなっていくのを肌で感じていた。新居、新車、消費財は平均的な家庭でも手が届くようになり、政府の社会計画や民間の労働契約の数々が、かつてないほどの経済的安定を国民にもたらしてくれた。アラバマの木綿栽培地域《コットン・ベルト》やブーツの形をしたイタリアの踵あたりで一生日雇い労働に甘んじるしかないと思っていた人々には、想像もしなかったようなチャンスが訪れた。

　一九七三年からほぼ世紀末までの第二期は、様相が劇的に異なる。日本、北米、そしてヨーロッパと中南米の大部分で、繁栄のぬくもりが冷たい不安感に取って代わられたのだ。国際協力は貿易と為替レート、そして対外投資をめぐるきりのない紛争へと発展した。頭脳労働者《ホワイトカラー》たちの間には緊張が走り、肉体労働者《ブルーカラー》たちは自分が経済のはしごを滑り落ちていくのを感じていた。ペンシルヴェニア州モノンガヒーラ・バレーの鉄鋼の街から日本の北海道の炭鉱地域まで、果てはマルセイユの北地区《カルティエ・ノール》の殺伐とした高層ビル群まで、悪化する経済状態から人々が逃げ出し、コミュニティがからっぽになっていく。度重なる経済危機がメキシコ、ロシア、インドネシアなどの国々に打撃を与え、老齢年金の価値をなくし、家庭の貯蓄をゼロにし、一時間ぶんの給料が持つ購買力を大きく引き下げた。人材の売り手市場は慢性的な失業状態へと変わり、若者はアルバイトよりましな仕事ならなんでもいいから見つけなければというプレッシャーに追いつめられた。天井知らずの楽観主義の時代ではなく、不安に満ちた時代だったのだ。

この描写には、戸惑う人もいるかもしれない。なんと言っても一九五〇年代は核爆弾が落ちてきたらしゃがんで隠れろと小学生に教えていた時代だし、ヨーロッパの大部分が鉄のカーテンに閉ざされ、朝鮮半島での戦争によって一五カ国もの軍隊が中国軍と対決することになり、アルジェリアでの戦争がフランス共和国を破壊した時代でもあったのだ。一九六〇年代になるとアメリカは人種差別反対運動とベトナム戦争に揺れ、北アイルランドは「厄介事《ザ・トラブルズ》」のために紛争地域となり、世界中で学生運動や労働争議が政府を揺るがした。一九七〇年代初頭にはインフレが世界的懸念となり、労働者たちは汗水流して稼いだ給料を守るため、通りに出てデモ行進をした。農民が天の恵みに感謝して家畜の群れやブドウ畑を世話して満足していた平和な時代では、決してなかったのだ。

とは言うものの、世界の多くの地域では経済状況が着実に好転していたということを覚えておかないと、この数十年の混乱を理解することはできない。これは富裕層にとってだけでなく、ほぼすべての人にとってだ。仕事は簡単に見つかり、食べ物は豊富にあり、まともな家が普通に手に入るすばらしい暮らしが送れていたという事実、新たに作られたセーフティネットが失業、病気、高齢から守ってくれていたという事実が、人々にリスクを取る勇気を与えた。だからこそ人々は通りでのデモ行進に参加したし、反物質主義的な反体制文化に賛同したりできたわけだ。生活水準が高くなり、経済の安定がよりしっかりと保証されるようになったからこそ、一九六〇年代から一九七〇年代前半にかけての文化的騒乱、社会的混乱に多くの国の多くの人々が参加することができた。そして、議論の余地はあるかもしれないが、こうした時代の流れがそれまでは一般市民の抗議をほとんど受けずに長年続いてきた性差別や環境破壊、同性愛者に対する抑圧などの不当行為に抗議する声を上げる自信をはぐくんだのではないだろうか。

ところが、まったく予期しなかったことに、成長が失速した。経済状況が不安定になるにつれ、無限に可能性があるように思われた感覚は将来への不安に取って代わられる。ヒッピー世代のアイコン、ティモシー・リアリーが言ったように「神経を研ぎ澄まし、世界と調和し、自らを開放する」のは、手の出ないぜいたくとなった。仕事を見つけたらとにかくしがみつく時代になったのだ。テクノロジー起業家やウォールストリートの買収専門家たちが先へと進んでいく中、ほかの誰もがかろうじて持ちこたえているような状態だった。世間の雰囲気は皮肉めいた、不機嫌なものになった。

この二つの時代の間にある溝は深い。一九四八年と一九七三年の間、世界経済はその前後に存在したほかの似たような時代と比べてもかなり急速に拡大していた。イギリスの経済学者アンガス・マディソンの慎重な計算によれば、地球上の全住民で平均した一人当たり所得は一九五〇年から一九七三年の間は年平均二・九二パーセントという割合で成長しており、平均的な人の生活水準を約二五年で倍増させるに十分だった。もちろん、繁栄があまねく見られたわけではない。多くの国では人口のごく一部がほとんどの儲けを独占しており、大部分の国民が取り残されていた。だとしても、これほど多くの人がこれほど素早く暮らしを改善することができた時代は、歴史をさかのぼって見てもほかにはない。(5)

富裕国では、この傾向がさらに顕著だった。雇用、給与、工場生産、事業投資、総生産量。活気を示すほぼすべての指標が年々急速に増えていき、停滞することはほとんどなかった。銀行はめったに破綻せず、倒産率も低く、インフレは抑えこまれた。社会はより平等になり、所得も均等になっているように見えた。「近年の傾向が続けば、まだ我々が生きているうちに信じられないほどの規模の経済活動が実現するだろう」

と一九六六年に語ったのは、米国勢調査局のとある幹部だ。彼の意見は、消費者が増える収入を消費できなくなるのではないか、と本気で心配する真面目な人々と同調するものだった[6]。

戦後経済の驚異的な軌道がピークに達したのは一九七三年、世界中の一人当たり所得の平均が四・五パーセントも伸びたときだった。この勢いでいけば個人所得は一六年で二倍、三二年で四倍になる計算だった。世界中のどこでも、平均的な人なら楽観的になるだけの理由があったのだ[7]。

だが、良き時代は終わった。一九七三年に世界が享受した驚異的な経済発展は、二度と望むべくもない。不安定な景況があたりまえで、安定はあくまで例外になってしまった。ヨーロッパ、中南米、そして日本でも、二〇世紀の終わりまでに平均所得が成長する度合いは一九七三年までの数年間で達成した成長速度の半分にも満たなかった。生活水準の着実な向上も、目に見えるようなものではなくなった。アフリカの大部分では所得が伸びることがそもそもほとんどなく、そのころは北米も同じ状況だった。ほぼ世界中で感じられていた繁栄感は、あっという間に薄れてしまった。経済がプスプスと音を立てて減速する中、職は少なくなり、インフレが猛威を振るい、暮らしを良くしてくれるだろうという政府への信頼は潮が引くように薄れていった。

その信頼は、経済学者や政策立案者、オペレーションズ・リサーチャー〔経営管理の多角化を目的としてさまざまな手法で研究をおこなう者〕――当時流行の用語で言えば、技術官僚《テクノクラート》――たちの、国を安定した経済成長の道筋へと導く歴然とした能力の上に築かれていた。彼らは国全体の経済をいくつもの長ったらしい公式の形で表す非常に複雑なモデルを作って政策的処方を叩き出し、政治家はただその処方箋に従ってさえいれば全国民に雇用を約束できるかに思える時代が四半世紀も続いた。だが完全雇用が泡と消え、所得が頭打ちになると、技術官僚たちの名声も失われていった。一九四〇年代後半以来ずっと主要経済をたくましい活力で満たしてきたかに思えた標準的な処方箋——ほんのちょっと金利を上げたり下げたり、税金を減らしたり増やしたり、少々の失業率ならダムや道路の建設で対処したり——では、もはや治癒力は期待できなくなってきたのだ。繁栄を提供することができなくなった政治家たちは通貨投機家や石油王、その他自分たちの力ではどうにもできない相手に、不運にも立ち向かわなければならなくなってしまった。

昔なら、すべての国民の雇用を保証できなかったからといって官僚を責めたりすることはなかった。それは政府の責任とみなされるものではなかったからだ。皇族や大統領は干ばつや洪水をどうすることもできないのと同様、銀行の破綻や過剰投資によるバブルもどうすることもできないものだと考えられていて、最終的にバブルがはじけたときに苦境が訪れ、商業が停滞するのも仕方ないことだと思われていた。経済状況が悪化したとき、役人にできたのはこの憂鬱さが過ぎることを祈りながら希望に満ちた演説を繰り返すくらいだった。厳しい時代は例外ではなく日常となり、一八七三年一〇月から一八九七年六月の間、アメリカ経済は全体的な傾向としてはプラス成長を果たしていたものの、成長するよりも縮小するほうに多くの時間を費やしていた。(8)

政府が初めて経済復興に責任を持ったのは、一九三〇年代の大恐慌のときだ。大量の失業者が政治の安定を脅かし、すぐさま雇用を生み出すことが急務となったのだ。すべての国民が国家公務員だったソヴィエト連邦を訪れた者が共産主義経済では失業率はゼロだと報告すると、理想主義者たちは政府による雇用創出がほかの場所でも同じ効果をもたらせるのではないかと考えた。そして大恐慌時代、失業率と国民所得を統計で説明するという手法が新たに発明されたことによって、政府の介入は不可避となった。失業率が単なる漠然とした問題ではなく労働力に対する割合として報告されるようになると、政治家はその割合を引き下げることで能力を示せという激しいプレッシャーに悩まされるようになった。もはや、事態を傍観して問題が自然と解決するのを待っているわけにはいかなくなったのだ。

そういうわけで、世界経済が一九七三年終盤になって急に病に倒れると、民主主義国家は治療を求めて指導者の指示を仰いだ。だが、政治家も彼らの経済顧問も、何が病を引き起こしているのか見当もつかないというのが実情だった。彼らが行動したのはそうするよう迫られたからであって、対処法に自信があったからなどではまったくない。政治的観点からは、なんでもいいから何かすることのほうが、何をしたらいいかわからないと認めるよりましだったのだ。当然のことながら、彼らが起こした行動では、雇用が生まれながらに約束されていて繁栄が恒常的だった世界を取り戻すことはできなかった。

世界経済のこの下降を引き起こしたと思われる多くの要素は、一目瞭然だった。産業への必要不可欠なインプットであるエネルギー費は、急激に上がっていた。為替レートは非常に不安定で、事業の不透明さに拍車をかけていた。車や住宅、家電に対する消費者需要が突然にして弱まってしまい、人口の増加率も減速し始めていた。だがこうしたわかりやすい要素の陰には、もっと邪悪な問題がひそんでいた。経済が資源を利用するその効率を表す指標である生産性は、如才なく年々進歩を続けるということがもうできなくなっていた。戦後の好況を可能にしたのは、すぐれた訓練を受けた労働者と多額の事業投資や政府投資、そして技術革新のおかげで急速に向上した生産性だった。生産性がなかなか向上しなくなったということは、家計所得を引き上げて新たな雇用を生む力が経済になくなってきたということだった。

生産性の問題を解決する手引書など存在しなかったので、どの政党のどの政治家も、解決策として好きな税や支出政策を好きなように売りこめる状態だった。事業投資を促進するための工場や設備向けの優遇税制措置、家庭の教育費を支援するための減税、経済を繁栄させてくれるようなアイデアを思いつくよう発明家たちを応援するためのより強力な特許権保護、科学研究への投資の増加、大学の生徒数の増加、職業訓練の拡大。どれもこれも、生産性の向上を加速させるために、経済成長の決定的要素と言われたイノベーションを加速させようと提案されたパッケージだった。(9)

そのころ政治の世界では、市場の力を妨害して生産性を停滞させたとして政府が保守派の攻撃を受けていた。今度は、由緒ある「小さい政府」政策が問題の解決策として奨励され始めたのだ。環境汚染や労働上の安全、労働時間、事業許可制度、株式公開、その他数々の問題が、経済の効率性を引き下げたとして激しい攻撃の的となった。鉄道や通信といった政府系事業に競争を持ちこむことで、それを利用する企業がコストを削減したり生産性を上げたりできるようになるはずだと考えられた。労働組合や一部の社会保障制度、とりわけ失業保険を守る法律が、効率の良い労働市場に介入したとして批判を浴びた。だが厄介だと言われていたそうした政策の改革がおこなわれた場合でも、生産性に関するデータの中に有益な効果を見出すことは難しかった。根本的な原因である技術の変化が政府の統制の及ばない状況では、問題解決に政策はほとんど役に立たなかったのだ。

一九七〇年代から一九八〇年代にかけてさらに仕事が失われ、賃金の上昇率が下がり、手に負えないように思える失業率があたりまえとなってくると、選挙で選ばれた役人や経済政策担当の官僚たちは揃って無駄にあがいた。政策メモの山と大量の派手な公式にもかかわらず、良き時代が失われてしまった原因に対する理解はまったく進んでいなかった。一九九〇年代、アメリカ人研究者ポール・ローマーは労働と資本よりもイノベーションと知識のほうがずっと重要だと主張して、経済成長についての考え方を革命的に変えた。「内生的成長理論」という小難しい名称が付された彼の研究は、財政赤字や税率に気をもむよりも教育に注力し、科学研究を支援し、起業を容易にしたほうがずっと経済成長の改善に役立つという内容だった。だが自らの理論が世界中の経済部門を席巻して三〇年後、ローマーは自分が正しかったのかどうか自信が持てなくなっていた。二〇一五年、彼はこう認めている。「この二〇年の間、成長理論は合意に向けた科学的進歩を遂げることができていない」[10]

このような発言は、今どきの人たちが聞いたらショックを受けるような内容だ。経済がじっくりと調整できる道具ではないということ、その長期的な道筋が往々にして政府の役人や中央銀行の人間には制御できない力によって決定づけられるという考え方は、第二次世界大戦以降の何世代にもわたる学生たちが学習してきた内容と矛盾している。そのうえさらに動揺させられるのが、一九七三年以降の不安定な状況がかつての日常――生産性と経済成長、そして生活水準の向上が途切れ途切れにしか進まず、ときにはまったく進まない時代――への回帰を示しているかもしれない、という可能性だ。市場の力を特に信用しており、経済的効果を制御する政府の能力に特に懐疑的だと思われがちな政治的保守派も、実は進歩的な政府の能力に同じようにのぼせあがっているだけだった。「成長の停滞をあたりまえのものとすることは、進歩的なプログラムによる経済的失敗を過小評価することになる」。バラク・オバマ大統領に対する二〇一五年の批判の中で、アメリカの保守的な政治評論家ジョージ・F・ウィルはこのように主張した。まるで、経済成長率が大統領の裁量でどうにかなるものだというような内容だ[11]。

時代の流れを見れば、黄金時代はごく短いものだった。瓦礫だらけの世界から花開いて四半世紀も経たないうちに、着実に改善していく生活水準と誰もが仕事を手に入れられるという想像を絶するほどの繁栄の真っただ中で、その時代は突然に終わりを迎えたのだ。この半世紀、学者たちはどこが間違っていたのか、どうすれば間違いを正せるのかを理解しかねて苦しんでいる。だがその実、正すようなことは何もないのかもしれない。あの長い好景気は、二度と訪れることのない一度限りの出来事だったのかもしれない。生産性の研究では先駆者であるハーヴァード大学の経済学者ツヴィ・グリリカスは、そのような結論に到達した。「ひょっとすると、一九七〇年代はそれほど異常というわけでもなかったのかもしれない」。生産性の推移について何十年も研究を重ねたのちに、彼はこうつぶやいた。「ひょっとすると、一九五〇年代と一九六〇年代初頭の説明がつかないほど高い成長率のほうこそが、真の謎なのかもしれない」[12]

我々はもはや世界経済を絶頂期の状態にまで戻すことができない――この感覚は長く尾を引いている。社会の考え方は劇的に変わり、政治の世界では対政府懐疑論が生まれ、二十一世紀に入ってもずっと続いた。その変化とともに訪れたのが、社会全体の幸福に対して成員全員で責任をもつという考え方からの転換だ。国家制度が衰退するようになると、個人が自らの健康や教育、老齢化に対するコストやリスクを負うことが求められるようになった。一九七〇年代の経済的変化が、世界を右方向へ転回させたと言ってもいいだろう。世界の政治情勢は市場中心の考え方へと傾いていった。ほかの考え方はどれも失敗に終わるように思えたからだ。小さい政府と個人の責任、もっと自由な市場を求める風潮が政治討論の内容を変えていき、長年にわたって築き上げられてきた公共政策をひっくり返し、マーガレット・サッチャーやロナルド・レーガン、ヘルムート・コールといった保守派の政治家たちに権力を与えていった。

富裕国では危機後の数年で大きな変化が起こり、唯一の財産は自らの労働力という人々ではなく、資本を持つ人々に収入と富が集中するようになった。貧困国では、先進諸国の仲間入りをしたくて躍起となる国々の間で好景気が起こり、のちにはじけた。上がらない給料、広がる格差、そして役人の無能さに対する怒りと不満が国から国へと広がっていき、文化や政治、社会を再形成していく。世界金融は爆発的に成長し、その速度は政府の規制能力をはるかに上回っていた。そして一〇年もしないうちに、ペルーからインドネシアまでの新興国に経済破綻をもたらした。労働組合はほとんどの国で交渉力を失い、世界貿易のパターンに生じた急激な変化は各地の工業都市に影響を及ぼし、戦後に繁栄を続けてきた工業労働者たちを全滅させた。リスクから家族を守り、成長への希望を提供するために張られたばかりだったセーフティネットには、ぽっかりと大きな穴が開いてしまったわけだ[13]。

こうした展開については、あふれるほどたくさんの本や音楽、映画が作られている。イタリアのメディア王で同国の首相も務めるシルヴィオ・ベルルスコーニについては四〇以上の伝記が書かれているし、アメリカの昔ながらの労働者階級の象徴ともいえるブルース・スプリングスティーンの怒りに満ちた痛烈な歌もそうだ。だがごくわずかな例外を除いて、こうした作品は一九七〇年代に始まった不快な変化を国内の様々な力の産物としている。たとえばアメリカのジャーナリスト、ジョージ・パッカーはこの時代についてこう説明している。「今ではわかっていることだが、あのとき起こったのはアメリカ人の総意の崩壊だった。つまり国内における混合経済と、二極化した冷戦的国際関係の上に築かれた、戦後の社会契約の崩壊だったのだ[14]」

国内の出来事に対するこの注目は、ひょっとすると避けられないものかもしれない。真に世界主義者《グローバリスト》と呼べる者は少なく、出来事に対する我々の理解はそれぞれが故郷と呼ぶ国の中で飛び交うニュースや政治運動、知的討論によって形作られているに過ぎない。政治家の発言がそうしたニュースのもととなるわけだが、その政治家たちは当然、国内の病魔についてしょっちゅうほかの国を責める。これは一九八〇年代に見られた現象で、不公平な貿易でアメリカの製造業を壊滅させているとしてアメリカの政治家が度々日本を責めていたし、二〇〇〇年代にもポーランド、そしてのちにシリアからの移民たちが西ヨーロッパの失業率を引き起こしているとして責められた。政治指導者たちは、大きな世界的潮流と個人の幸福との関係を軽視しがちだ。最初の理由は、そうしておけば、与党のときには好転の見込みがないように見えなくできるからだし、二つ目の理由は、野党のときには、現職の指導者に経済問題の責任をなすりつけられるからだ。

このようなやりかたで社会的・経済的変化を把握するということは、中央政府の制御が利く範囲内の要素に我々が因果関係を求めがちだということを意味する。つまり、税引き当てや関税引き下げ、福利厚生や選挙制度といった、特定の指導者の力でなんとかなる要素だ。明らかに、そうしたことも重要だ。だが同じく明らかなのは、二〇世紀後半の経済停滞とそれに対する政治的反応は国内の情勢や選択だけがもたらしたものではないということだ。社会契約が書き直されたのはアメリカ国内だけではない。日本、スウェーデン、スペイン、その他数多くの国々でも、それぞれに国内の社会経済政策に則って社会契約が修正されていた。その際に働いた力は国境を越えるもので、世界的な視点から見なければこの時代を理解することはできない。

このときまだ生まれていなかった「グローバリゼーション」という言葉は、一九七三年以降に展開したより厳しい経済状況の原因でもあり結果でもあった。地球上を動き回るお金の額は想像を絶するほどに増え、金融制度はもとより為替レートやインフレ、失業率を制御しようとする政府の努力を非常にややこしいものにした。経済成長が停滞する中、政治家たちはこの低迷を一時的なものとみなし、湯水のようにお金を使って雇用を生み出し、消費を促そうとした。だがそれが失敗すると今度は、ほんの数年前なら急進的と言われたであろう政策に躍起になって合意するようになった。政府が運輸、通信、エネルギー分野を厳しく制御できるようにしていた規制の糸は、少しずつ切り離されていった。間を置かず、国有の独占事業体を解体して国営企業を売却する動きがそれに続く。規制緩和と民営化は、それまで国有企業の存在ありきで繁栄してきた地域で鉄壁の安定雇用を享受してきた労働者たちの中から、続々と敗者を生み出していった。だがそれによって、より変化が早く、より革新的な経済への道が開けた。インターネットを立ち上げたのは国だったが、もともとあった通信の独占企業がその運営を任されたままだったら、我々はいまだに恩恵を受けるのを待っていただろう。

もちろん、世界はお金だけを中心に回っているわけではない。二〇世紀終盤の発展に影響を与えた要素は数多い。ジェンダー平等に向けた世界的な動きから世界中で代理戦争を引き起こした激しい東西対立、さらには原理主義的信仰への回帰から一九八九年に鉄のカーテンが崩壊してからのヨーロッパ再統一まで、幅広い要素だ。そして当然、どの国もそれぞれに政治的・社会的懸念をかかえていた。アメリカでは差別是正措置《アファーマティブ・アクション》、カナダとスペインでは言語と分離主義を巡る争い、韓国と南米全体では民主国家の再樹立。こうした出来事が、公共の電波や歴史書を埋めつくしがちだ。だが、一般的にはあまり評価されていないが、これらの出来事は世界経済を打ちのめし、人々に不安を与え、落ち着かない気持ちにさせた劇的な変化につづいて起こったのだった。

本書は、瞬時でも無痛でもない変化をたどるものだ。一九五〇年から七五年のあいだは、もっとも融通の利かない企業でも成功できた。しかし最後の四半世紀になると、由緒あるメーカーや銀行が変わりゆく時代に順応することができず、軒並み潰れていった。労働者が何十年にもおよぶ労働の結果身につけた専門技術は、五〇年代と六〇年代には珍重され、高い需要を誇った。だがその数年後にテクノロジーが職場環境を変えると、そうした技術はほぼ無意味となってしまう。戦後に工業の発展で栄えた地域は、布を織ったり金属を加工したりする能力よりも、サービスやアイデアを提供する能力のほうが重視される新しい環境に順応しようと苦労することになる。この変化を、創造力あふれるアイデアを重視するリスク志向の成果主義の社会が、確立された秩序を従順に受け入れる無気力な社会に取って代わった、とする見方もある。また別の見方では、平均的な人々の福利を向上させる目的で企業と政府の間で交わされた戦後の社会契約がずたずたに引き裂かれ、失業や病気、高齢に対する保証がはるかに少ない、冷血な市場関係によって置き換えられていった、とされる。

だがしかし、黄金時代とともに消え去った中でもっとも重要だったのは、将来に対する信頼だったのではないだろうか。四半世紀にわたって、すべての富裕国と多くの貧困国に住む平均的な住民は自分たちの暮らしが日々良くなっていくのを感じていた。どのような困難に直面していても、自らの犠牲と努力が子どもや孫のために強力な基盤を築いてくれるはずだという自信を持って暮らすことができた。だが黄金時代が遠い記憶となるにつれ、誰にとっても良い時代という底なしの楽観主義も、一緒に消え去ってしまったのだ。

第1章　新しい経済学

テキサス州アーリントンに特別な未来が約束されているなどと考えていたのは、底抜けの楽観主義者だけだっただろう。曲がりくねるトリニティ川を見下ろす平原を通ってダラスとフォートワースをテキサス・アンド・パシフィック鉄道でつなぐアーリントンは、第二次世界大戦が終わってもまだ、退屈な農業の街だった。街一番の名所は一八九二年にメイン通りとセンター通りの交差点に建てられた展望台で、その下には鉱水が沸く井戸が収まっていた。街一番の名店は「丘のてっぺん《トップ・オ・ヒル》テラス」。ハイクラスな娯楽を提供すると同時に地下では違法カジノを経営していることで広く知られ、警察の手入れがあった際には逃げられるよう隠し部屋や秘密の通路がふんだんに仕込まれていた。アーリントンはとりわけ貧しい街というわけではなかったが、とりわけ裕福というわけでもまったくなかった。街の成人の三分の一が、八年生までに学校をやめてしまっていたような街だ。男たちは建設業、溶接業、小売店の店員として働き、女たちはほとんどが専業主婦だった。住宅の四軒に一軒は、専用のトイレすらなかった。

戦争中にパイロットたちが離着陸の練習をするための短い滑走路がいくつか造られた以外、一九四六年のアーリントンは一九二〇年代のアーリントンとほとんど変わらなかった。街はほんの少し成長して人口が五〇〇〇ほどになっていたし、フランクリン・ルーズヴェルトの対恐慌政策のおかげで道路が何本か舗装されてはいた。だが、テキサス州の広さにも負けないほどの想像力を持つ開発業者でさえ、一九七〇年代初頭までにこの退屈な街が自動車工場、広大なアミューズメント施設、四年制の州立大学、メジャーリーグの野球チームまでも擁することになるほうに賭けたりはしなかっただろう。それだけではない。牧草地やピーカンナッツ農園が姿を消し、そこへ二〇〇〇パーセントという人口増に対応するためにレンガの壁に緩やかな傾斜の屋根がついた平屋と車が二台入る車庫の建つ通りが何本も何本も並ぶことになるなど、想像もつかなかったはずだ。[1]

こうした大変身は、第二次世界大戦以後の時期には珍しくはなかった。フランス人は、この時期を「栄光の三〇年《レ・トラント・グロリウーズ》」と呼んだ。イギリス人は「黄金時代《ゴールデン・エイジ》」のほうを好み、ドイツ人は「経済の奇跡《ヴィルシャフツヴンダー》」、イタリア人はシンプルに「奇 跡《イル・ミラコロ》」と呼んだ。日本人はより謙虚に、「高度経済成長期」と名付けた。いずれにしても、経済発展は輝かしいものだった。

実際、この時代は、歴史上もっとも驚異的な経済発展を遂げた時代だった。たった一世代で、何億という人々が極貧状態から夢にも見なかったような富を手に入れたのだ。この時代が始まったとき、アメリカの農家ではまだ二〇〇万頭のラバが畝を耕し、スペインはほぼ完全に孤立しており、日本では一七五世帯に一台しか電話がなかった。だが時代の終わりには平均的なフランス人の賃金が持つ購買力は四倍となり、毎年何百万人もが飛行機に乗って海を渡っていた。中には、超音速のジェット機で四時間もかからずにその移動をすませてしまう人々さえいた。平均的な人々の暮らしに起こった変化は、まさしく驚異的だった。[2]

そのあとに起こった出来事の重要さを理解するためには、始まったところから見ていくのがいいだろう。

第二次世界大戦が一九四五年の終焉に近づくころ、見通しは暗かった。ヨーロッパからアジアまでの広大な範囲にわたり、何百万人という単位で難民が路上をさまよい、破壊しつくされた都市の瓦礫の中に未来を見出そうとしていた。鉱山労働者のストライキが各地に広がり、掘削機も使い古されて、冬をようやく乗り切れるかどうかという量の石炭しか生産できなくなっていた。戦乱に引き裂かれた地を覆っていた混沌の中で、石炭以外の何かを生産することなど不可能に近かった。多くの国が国民を生かしておくだけの食糧や燃料を輸入するための外貨にも事欠く状況で、国の再建に必要な機材や原材料など買えるわけもない。フランスの農家が一九四六年に生産できたのは、戦前の六〇パーセントにすぎなかった。ドイツでは、戦火を生き延びた工場の多くが賠償金代わりにソヴィエト連邦へと運び出されていった。インフレがヨーロッパと日本で蔓延する中、群衆は手に入るわずかな品を奪い合った。物理的な破壊がなかった北米でも、爆撃機の製造工場を自動車工場に戻す作業は何カ月ではなく何年もかかる大仕事だった。買い物客がナイロンやコーヒー、本物の綿の下着を漁るうちに値段が吊り上がり、労働者の賃金が持つ購買力がぐんぐん低くなってさらに労働不安を煽った。ある推定によれば、一九四六年には四五〇万人ものアメリカ人労働者がストライキに参加していたそうだ。そして銃撃戦はほぼ終わっていたとは言え、ソ連とかつての同盟国との間に生まれた緊張が、また新たな紛争の不安を引き起こしていた。戦後の世界は、決して希望に満ちたものではなかった(3)。

だが多くの国で、こうした厳しい、切実とさえ言える数年が、政治に潮の変わり目をもたらした。福祉国家の誕生だ。政府が国民の経済安定に責任を持つべきだという考えは、新しいものでなかった。ドイツのオットー・フォン・ビスマルクは、より画期的な社会的変化を求める社会主義者たちの要望に応えるため、一八八〇年代に国民年金計画を導入した。だがその六〇年後、先進諸国ではまだ何億人もが老齢保障や医療保険、失業保険や傷害保険を手に入れていなかった。戦争が、根本的に政治を変えた。こうした人々が国家統一を掲げる連立政権や抵抗組織に加わるようになると、社会主義政党やキリスト教政党は、戦争で犠牲を求められた国民には平和の恩恵が与えられるべきだ、と主張した。一九四二年にイギリス人経済学者ウィリアム・ベヴァリッジが出した公式な報告書が方向性を定め、英国が社会保障の包括的な制度を確立し、「国民一人ひとりが、最小限の水準を満たすに足りる所得を保障するべきだ」と訴えた。ベヴァリッジが提案した制度は少なくとも二三はあり、失業者に対する訓練給付から全国民共通の葬儀費用給付まで幅広く、その資金源はすべて労働者と雇用主、そして政府だった。「世界の歴史にとって革命的な瞬間とは革命のための時間であり、修復のための時間ではない」と彼は言い切った。(4)

こうした制度は、戦争が終わる前からすでに発展していた。一九四四年、カナダ国会はすべての子どもに一六歳になるまで毎月支払われる「子ども手当」を認可している。カナダで初の、全国規模の社会保障制度だ。一九四四年一二月、ベルギーの国会議事堂《パレ・デ・ナシオン》に集まる議員たちの耳にバルジ大作戦〔第二次大戦中におこなわれたドイツ軍と連合軍との戦闘〕の銃声が届く中で承認された法律は、国民年金、健康・失業保険、そして有給制度を生み出し、子どものいる家庭に現金給付を提供するものだった。フランスの戦後の連立政権も、家族手当や老齢年金をドイツ政府撤退後数カ月で施行している。イギリス国会は一九四五年、すべての家庭が二人目以降の子どもから毎週五シリング受け取れるようにするべきだという点で合意し、一九四六年には失業保険、老齢年金、寡婦補助料、国民健康保険もここに加わった。オランダではカトリックと社会主義政党の「ローマン・レッド」と呼ばれる連立政権が、全国民を対象とした老齢年金と貧困層を救済する国家政策を策定した。日本では、一九四七年の法律がこのように宣言している。「国及び地方公共団体は、児童の保護者とともに、児童を心身ともに健やかに育成する責任を負う」〔児童福祉法第二条〕。それまで各個人の問題だったものに、国が深くかかわるように定められたのだ。(5)

福祉国家の誕生は、荒廃した世界に魔法のように繁栄をもたらしたわけではない。復興への道筋の途中には、圧倒的なほどの問題が立ちふさがっていた。破壊された都市の光景は頭にこびりついて離れないものではあったが、復興を妨げるもっとも大きな障害は物理的破壊ではなかった。戦争は西半球の工場には何も被害をもたらしていなかったし、ヨーロッパでも被害は驚くほど少なかった。アメリカの爆撃によって化学系の生産能力が九〇パーセント、鉄鋼系の生産能力も八五パーセントが失われた日本でさえ、鉄道や電力発電所の大部分はまだ機能していた。道路や橋を再建し、農業生産力を取り戻し、何百万人もの難民や復員軍人の住居を確保するために、やるべき仕事はいくらでもあった。だが、三つの手ごわい障害が経済復興を妨げていた。まず、戦争と占領にかかった費用のせいで、ヨーロッパ諸国や日本がかつて所有していた黄金やドルは底をつき、工場を再建する機材を輸入したり国民に食べさせる肉や穀物を購入したりすることもできなくなっていた。そうなると、アメリカとカナダは輸出市場を失ってしまう。次に、インフレを抑え、重要産業に資源をつぎこむために実施されていた価格や賃金の統制のせいで農家やメーカーが商品を市場に出すことをためらい、政府によって企業の昇給が規制される中、労働者たちが起こす抗議運動は終わりのない労働争議へとつながっていった。そして、政治の混乱が成長の回復につながるはずだった投資を阻止してしまった。この影響を特に受けたのがヨーロッパだった。ソ連の指示を受けた共産党がポーランドからユーゴスラヴィアに至るまで民主政党を締め出し、同じことをギリシャ、イタリア、フランスでもやろうとしていたのだ。共産党が権力を握ったところはどこでも、すぐに民間企業や農業が収用された。世界は、世界的な戦争に続いて世界的な不況へと突入するかに見えた。(6)

すると、一九四八年の前半になって、大騒動が始まった。一月、占領している日本での経済停滞を懸念した米当局者が新しい政策を発表する。すぐに「逆コース」と呼ばれるようになるこの政策は、賠償を厳しく要求するよりも経済を再建することを重視したものだった。二月、ソ連が後押しする暴動がチェコスロヴァキアの民主政府を転覆させ、残忍な共産党政権を後釜に据えて国をソ連の衛星国へと変えた。四月、ハリー・トルーマン米大統領が「マーシャル・プラン」として知られる経済支援計画を認可する法律に署名する。だがこの支援を、ソ連とその衛星国は即座に拒否した。六月にはアメリカ、イギリス、そしてフランスの軍当局が、ソ連によって占領されていないドイツの各地での法的通貨として新通貨ドイツマルクを発表する。その三日後、西の三つの地域と東を分離するというこの明白な脅迫に対し、ソ連はドイツ西部から西ベルリンへと続く道路を封鎖することで対抗し、世界を核戦争の瀬戸際まで持っていった。

皮肉なことに、戦後の世界を東と西、独裁政権と民主政権に分けてヨーロッパの心臓を横切るように鉄のカーテンが引かれる金属音は、同時に再生の合図でもあった。ソ連と不本意ながら同盟国となった国々は文字通り、自分たちを塀で囲ってしまった。投資家や企業経営者たちは、フランスや日本がソ連側につくのではという心配をしなくてよくなったのだ。ヨーロッパに流れこむ膨大な額の支援、日本のインフレを統制して工場が原材料を輸入できるようにした「逆コース」、そして通貨を安定させて貿易障壁を引き下げる約束。これらすべてが、自信を呼び起こすきっかけとなった。ようやく物々交換ではなく現金で商売をできるようになった西ドイツでは、工場が次々と芽吹いた。工業生産は、一九四八年の後半で驚きの年一三七パーセントという成長率を遂げる。ヨーロッパやアジアで休眠状態だった経済が目を覚ますにつれ、輸出需要が北米中で「従業員募集」の札を倉庫の奥から引っ張り出させた(7)。

いろいろな意味で、一九四八年の世界経済は近代的とは程遠かった。輸入はどこでも厳しく統制されていて、アメリカ製のマルボロのカートンほど世界中の人々が欲しがったものはなかった。ヨーロッパ各国の首都では、先進国が植民地帝国なしに繁栄可能かどうかについての議論が過熱し、植民地は帝国主義者への反抗で騒然とした。一九四八年に一七歳になったアメリカ人で高校を卒業したのは半分に届くかという割合で、人種隔離政策が広がっていたこの国では、黒人の成人が教育を受けた年数は七年にも満たなかった。東京では平均すると駐車場一台分のスペースで三人が料理し、食事し、くつろぎ、眠らなければならなかった。フランスでは冷蔵庫を所有していたのは三〇世帯に一世帯のみ。平均的な韓国人は、肉体労働に従事する成人が必要なカロリーの半分も取れていなかった。オリーブの木が茂るスペインでは、主婦たちは食糧配給手帳がなければオリーブ油を手に入れることができなかった。オーストラリアのような富裕国も含め、世界中で感染症がまだまだ猛威を振るっていた。田んぼを耕すのであれ、工場でネジを締めるのであれ、電力網から何百キロも離れた村で薪を拾い水を汲むのであれ、人類の大半にとって、仕事とは継続的な肉体労働を意味していた(8)。

すると、一九五〇年になって、朝鮮戦争の勃発が世界中の全大陸に軍関係の発注をもたらした。長年の不況、破壊、そして絶望の果てに、世界経済は好況に転じた。復活する工場が次々と従業員を雇い入れ、購買力が増加したその従業員たちがありとあらゆる商品やサービスのさらなる需要を生むという形で、好況が好況を呼ぶ。一九四八年から一九七三年にかけて日本経済の規模は倍増し、そこからまた倍増、さらに倍増し、平均的な国民の所得を六〇〇パーセント近く押し上げた。西ドイツの経済も、同じ期間に四倍まで成長している。フランスはそれより少し低かったが、ギリシャはさらに高かった。

瓦礫や農地の中に、何千万軒単位で家が建っていった。アメリカでは、住宅の数は二五年間で六六パーセントずつ増えていき、二二〇〇万世帯がマイホームを手にした。イギリスでも一九七〇年代半ばまでには半数以上の世帯が自分の家を手に入れていたが、これは一九五〇年の倍の割合だ（だからこそ、一九七二年に実施された調査ではイギリス人の一〇人に八人が「今の生活状況に満足している」と答えたのだろう）。ローマでは、古臭い自転車が耳をつんざくエンジン音を上げるスクーターに道を譲り、それもじきにちんまりとした二人乗り自動車のイセッタに押しのけられた。フランスの田舎の住民は電気配線を引き、屋内に水道を引いた。銅、鉄、その他工業商品の需要が世界中にさざ波のように広がり、ブラジルからタイに至るまで生活水準を引き上げていった。そこから生まれる利益は所得の増加だけでなく、それほど働かなくても収入が増やせることを意味した。平均的なフランス人女性が隠居する年齢は、一九五〇年には六九歳だった。二〇年後、その年齢は六四歳まで下がっていた。アメリカ人の暮らしをうらやんでいた何百万もの人々はすぐにアメリカ人と同様の暮らしができるようになり、六週間の夏休みや無償で通える大学などの社会福祉も享受できるようになった。これは、逆にアメリカ人がうらやむような利益だった。[9]

言うまでもなく、この長い歴史の中では重要な出来事がいくつかあった。いい年も悪い年もあったし、成功した国もあれば失敗した国もあった。アメリカでは一九四八年と一九四九年だけで八〇〇万もの仕事が失われたし、英国の経済は一九五〇年代半ばにはほとんど伸びなかった。中国では毛沢東が自らの思い描く社会主義を暴力的な政治運動で国民に押しつけ、一九五八年から一九六二年の間に何千万人単位で国民が餓死した。そこまでひどくはないにしても抑圧的な政治運動の影響下にあったインド人は、平均すると、一九四七年の独立時と比べても一九七三年には金銭的にさほどましになっているとは言えなかった。力強い経済発展も一九六八年に勃発した不満に対して社会に免疫をつけることはできず、世界中で学生たちが親世代の物質主義に抗議し、パリのソルボンヌ大学では壁にこんな風刺詩が現れた。「成長率に恋することはできない」[10]

だがそれでも、時代の流れは間違いなく上向きだった。一九五〇年代には世界中で見られた高い失業率も、一九六〇年までに富裕国ではほぼ見られなくなっていた。たしかに、一九四〇年代終盤から一九五〇年代前

読者カード

みすず書房の本をご愛読いただき，まことにありがとうございます．

お求めいただいた書籍タイトル

ご購入書店は

・新刊をご案内する「パブリッシャーズ・レビュー　みすず書房の本棚」（年4
3月・6月・9月・12月刊，無料）をご希望の方にお送りいたします．

（希望する／希望しない

★ご希望の方は下の「ご住所」欄も必ず記入してくださし

・「みすず書房図書目録」最新版をご希望の方にお送りいたします．

（希望する／希望しない

★ご希望の方は下の「ご住所」欄も必ず記入してくださし

・新刊・イベントなどをご案内する「みすず書房ニュースレター」（Eメール配信
月2回）をご希望の方にお送りいたします．

（配信を希望する／希望しない

★ご希望の方は下の「Eメール」欄も必ず記入してくださし

・よろしければご関心のジャンルをお知らせください．
（哲学・思想／宗教／心理／社会科学／社会ノンフィクション／
教育／歴史／文学／芸術／自然科学／医学）

（ふりがな） お名前　　　　　様	〒
ご住所　都・道・府・県　　市・区・郡	
電話　（　　　）	
Eメール	

ご記入いただいた個人情報は正当な目的のためにのみ使用いたします

ありがとうございました．みすず書房ウェブサイト http://www.msz.co.jp では刊行書の詳細な書誌とともに，新刊，近刊，復刊，イベントなどさまざまなご案内を掲載しています．ご注文・問い合わせにもぜひご利用ください．

郵便はがき

料金受取人払郵便

本郷局承認

2074

差出有効期間
2019年10月
9日まで

113-8790

東京都文京区
本郷2丁目20番7号

みすず書房営業部
行

通信欄

（ご意見・ご感想などお寄せください．小社ウェブサイトでご紹介させていただく場合がございます．あらかじめご了承ください．）

半にかけて新しく登場した綿摘み機は、識字能力の低い何百万人という小作農家の暮らしを破綻させ、アメリカ南部から労働者が流出した。しかしこの「民族大移動」も、あまりに仕事が豊富にあるので、デトロイトやシカゴの工場でやすやすと受け入れられたほどだった。政府の計画のおかげで六五歳、場合によってはもっと早い年齢での年金つきの退職も可能になり、子どもたちは年老いた親を養うという負担から解放された。人々は暮らしが変わり、環境が改善するのを日々実感していた。活発な経済からもっとも遠かった英国でさえも、「私の人生で経験したことのないほどに繁栄する国家を、諸君は見ることになるだろう。さらに言うならば、それはこの国の歴史でも経験したことのないほどの繁栄だ」と、ハロルド・マクミラン首相が一九五七年七月、高らかに語った。「正直に言おう。この国の国民のほとんどが、これほどいい時代を経験したことがないはずだ[11]」

世界の大部分で、戦後の好景気は一九二〇年代以降の好景気の再現だった。その原因は数多い。ひとつは間違いなく、長年にわたる緊縮経済で抑圧されてきた需要だった。もうひとつは、戦時下の統制が通常の事業投資に無理な制限を設けていたため、新たなビルや機材に投資できる利益を企業がふんだんに貯めこんでいたことだった。第二次世界大戦を乗り越えた工場の多くが電気モーターではなく蒸気機関を中心に設計された古い建物だったので、近代の生産手法には合わなくなっていた。ゼロから工場を建てるチャンスが与えられたことでメーカー各社はアメリカから輸入した最新の技術を活用し、多層構造の工場を、一つのフロアに組み立てラインを入念に並べた工場で置き換えることができた。そして一九四八年ごろに始まった「ベビーブーム」のおかげで新しい住居、新しい家具、新しい服に対する需要はとどまることを知らなかった。さらに、外交も好景気の後押しに一役買っている。一九四九年から一九六七年の間に六回の国際貿易交渉がおこなわれて輸入関税が切り下げられ、国際貿易を拡大し、それによってメーカーは国際競争に向けて近代化を迫られた。[12]

こうした変化の最終的な結果が、戦後復興という物理的な需要とはまったく無関係な理由による、生産性の驚異的な伸びだった。一九四〇年代終盤に始まり、何百万人もの労働者が農業から工業へと転換した。技術もなく、読み書きすらできない者も多かったが、不況と戦争の間は民間市場のためにほとんど何も作れなかったところから設備を一新した多くの工場が、そうした労働者を次から次へと雇っていった。新しい設備に対する産業の需要がさらに需要を生み、さらに多くの雇用、そして最新技術を用いる機械の需要を生んでいった。アメリカでは工業機械の台数が一九四五年から一九七三年の間に四倍近くに増えている。英国では一九五〇年代初頭に経済全体の総生産量のうち一四パーセントに過ぎなかった投資支出が、一九六〇年代終盤には二一パーセントを超えていた。だが、それほど効率のいい機械を使っても、生産量があまりにも急速に増えていたために、労働需要は常にある状態だった。日本の製造業は一九五五年には六九〇万人を雇っていたが、一九七〇年にはそれが一三五〇万人にまで増えている。一九四七年に生産ラインで合計八九八七台を作り上げた西ドイツの自動車業界は、その製造台数を二六年連続で増やし続けた。羊の世話と手作業でのジャガイモ掘りから高額な機械の操作へと移行していく中で、労働者たちはさらに多くの経済的価値を生み出すことができるようになり、国富の急激な成長に貢献した。[13]

この製造ブームには、民間投資が大きくかかわっていた。だがそれは、貿易障壁を引き下げようという政府の政策によって促進されたものだった。戦争が終わったときの関税があまりにも高かったため、輸入品の値段は四分の一かそれ以上割高になっていた。一九四七年にジュネーヴで二三カ国が集まって実施された会議をきっかけに関税が引き下げられるようになり、それまで輸入を抑えるために用いられていた割り当てや許可などの障害も取り払われていった。四年後、ヨーロッパの六カ国——ベルギー、フランス、イタリア、ルクセンブルク、オランダ、西ドイツ——が石炭と鋼鉄の自由貿易に合意し、それがヨーロッパの大部分を範囲とする単一市場誕生への第一歩となった。こうした変化が、国境を越えた貿易の大幅な増加を引き起こす。ある調査によれば、一九四六年から一九五七年の間にヨーロッパ五カ国の輸出は七〇〇パーセント増加したそうだ。貿易の増加は生産性の向上と密接にかかわっている。輸出で成功する企業は、輸入競争に負けて潰れる企業よりもはるかに効率良く、拡大志向である場合が多いのだ[14]。

これとはまったく別に、一九五〇年代には各国政府が高速道路の建設に多額を投じ始めていた。高速道路は、街や大都市を通り抜ける際に急カーブを何度も曲がらなければならない古い道路よりも安全に大型車を走らせることができる。一人の運転手が一日に荷物を運べる距離が長くなれば、交通運輸労働者の生産性は劇的に向上する。より早く、より安い陸上輸送はすなわち、農家や工場が商品を地元だけでなくほかの地域でも、さらには国のどこでも売れるようになることを意味した。こうして、手作業に頼っていた小さな工場は、機械を多用してより多くの商品をより安く生産する大規模工場に道を譲ることとなった[15]。

一九七三年までの二五年で、一時間の労働による平均生産量はインフレ調整後で北米ではざっと二倍、ヨーロッパでは三倍、日本では四倍にまで増えた。より良い教育は当然この成長に一役買っているし、新たな資本設備への投資もしかりだ。だが一番の原動力は、労働者がより効率的に仕事をこなせるようにしてくれた技術の進歩だったようだ。長年にわたって断続的に成長してきたあとで、世界は豊かになるためのイノベーションを最大限に利用したのだ。

しかも、その様相は驚くべきものだった。経済の急激な変化は、労働者を置き去りにしてしまうのが普通だ。一八世紀に地主の囲い込みによって共有地に依存するしかなくなったイギリスの農民もそうだし、ニュースがインターネットに移行するにつれて産業がほぼ消え去ってしまった新聞関係の労働者もそうだ。だが戦後の世界では、成功したのは富裕層だけではなかった。農業従事者や路上清掃員も、給料袋が厚くなっていくのを年々感じていた。組合は工員のために昇給と福利厚生だけでなく、雇用の確保も勝ち取った。法律や労働契約のため、雇用主が不要になった従業員を放り出すのがどんどん難しくなっていったのだ。状況は、誰にとっても改善していた(16)。

経済の中庸は、政治の中庸とは切っても切り離せない。保守政党が福祉国家を解体しようと試みたことはかつてない。ほとんどの国で、保守政党は熱心に福祉国家を後押しした。それは社会的正義を貫こうという宗教的献身からかもしれないし、新たな階級闘争への恐れからかもしれないし、公共支出がより健全な経済を生むと純粋に信じていたからかもしれない。フランクリン・ルーズヴェルトの大恐慌時代の社会変革計画を辛辣に批評したロバート・A・タフト議員が一九五二年に大統領選に出馬した際、その極端主義を彼自身の政党が拒否し、第二次世界大戦時の連合軍司令官ドワイト・D・アイゼンハワーを選んだ。アイゼンハワーは、かなりの手間をかけて自らを中道派としてアピールしたのだった。彼は高齢者や貧困層のための政策を拡大したわけではなかったかもしれないが、それを廃止しようともしなかった。そしてアイゼンハワーだけでなくイギリスのハロルド・マクミランも、フランスのシャルル・ド・ゴールも、西ドイツのコンラート・アデナウアーも、イタリアのアルチーデ・デ・ガスペリも、カナダのジョン・ディフェンベーカーも、保守派の指導者は誰一人として、政府が経済における責任を放棄して市場に状況を支配させるべきだという考えに同調しなかった。

最初のうちは奇跡のように思えた経済発展も、すぐにあたりまえのこととみなされるようになった。毎年好景気が続いたからだ。オーストラリア、オーストリア、デンマーク、フィンランド、フランス、ドイツ、イタリア、日本、ノルウェー、スウェーデンといった国々がいずれも、ごくわずかな経済低迷しか経験せずに四半世紀の好景気を経験した。経済界に常に存在した不安定性は、歴史のくずかごに放りこまれてしまったかのように見えた。この奇跡はどうやって起こったのだろう？　ほとんどの国で、その答えに疑問の余地はほぼなかった。経済的成功は資本主義の元気良さではなく、慎重な経済計画によるものだと考えられた。

一九五〇年代の西ドイツを別とすれば、多くの国で、経済計画は戦後の大流行だった。経済計画は、ある意味避けられないものだった。輸入品を購入するための外貨が限られていた戦争終盤、燃料の輸入と食糧の輸入、どちらがより重要かを誰かが決めなければならなかった。だが一九四〇年代後半に生まれた計画省庁は、一時的なものになるはずはなかった。線形計画法などの数量化手段に長け、爆撃航程を計画するオペレーションズ・リサーチャーが完成させた技術を身に着けた計画担当者たちは、どの産業を適切に発展させれば経済成長にもっとも役立つかがわかっていると主張した。経済学者の助言を受けて、フランス政府は新しい自動車工場や製鉄所の大計画を立てた。日本では通商産業省、通称「ＭＩＴＩ」と呼ばれる有能な役所が、個別の企業の輸出入や新工場への投資、外国特許の許諾を統制することで、強大な力を行使した。[17]

計画担当者たちが主要産業を管理する方法を編み出せるなら、経済全体を管理することもできるのではないだろうか？　第二次世界大戦終盤の数カ月におこなわれた世論調査では、アメリカ人の大多数、それに実業界の指導者たちも三分の二近くが、完全雇用を維持するのは政府の責任だと答えている。大学の学位を持つアメリカ人のうち、驚きの七〇パーセントもの意見が次のようなものだった。「完全雇用は自分たちが手に入れるべく努力するべきものだが、そのためには産業による計画と同時に、政府の行動も必要となる」。保守派が過半数を占めるアメリカの上院が一九四五年九月に完全雇用法を検討した際は、民間企業の力が及ばないときには政府が完全雇用を保証すべきだという案に七一人の議員が合意し、反対したのはわずか一〇人だった[18]。

最終的に連邦議会が承認するまでにこの完全雇用法はだいぶ内容が弱まったものの、政府が全国民の雇用を保証するべきだしできるはずだ、という考えは根強く残った。一九四〇年代終盤にはアメリカの企業組織「経済開発委員会」が、連邦政府の予算に完全雇用の文言を入れることを提案した。考えとしては、経済がフル回転している場合、収支が一致するように予算が組まれるべきだというものだった——おそらく、高い税収と低い失業者支給といったようなものだ。財政責任に対するこの新しい考え方は、予算は毎年均衡がとれているべきだという考え方に取って代わった。新しい考え方は、政府の赤字は容認可能であり、失業率が高ければ望ましいことさえあるが、完全雇用が実現したら赤字は解消されるべきだというものだった。「完全雇用予算」が全国の代議士に不条理なほどのインセンティブをもたらしていることには、誰も気づいていない様子だった。失業率が高い時に政府の支出が大きくなることを認めるのは簡単だったが、景気が回復したときに支出を抑えるというのはあまり魅力的な考えではなかった。こうして、赤字財政支出はあたりまえになっていった。

完全雇用予算という善意に基づく考えは、ほかの善意に基づくどの考えとも同様、予期せぬ結果を招いた。経済学者たちが調停者となり、どの程度の失業率が「完全雇用」の条件を満たし、目標を達成するためにどの程度の政府支出が必要となるかを計算した。「経済学における理論的進歩と数量的調査によって、感情ではなく理性で判断するのだ」と一九六六年に主張したのは、ジョン・F・ケネディ大統領の首席経済顧問、ウォルター・ヘラーだ。より優れた統計とコンピューターを活用した予測手法を用いれば、政府はインフレ率を上げずに失業率を抑えるために支出と税をどのように調整すればいいかが正確にわかるはずだ、とヘラーは主張した。ヘラーは、これを「新しい経済学」と呼んだ[19]。

ウォルター・ヘラーが約束した合理的な統治は、さまざまなイデオロギーの思想家に受け入れられた。イタリアやフランスで影響力を持っていた共産主義者にも、アメリカで着実にその声を大きくしていた自由市場を信奉する通貨主義者《マネタリスト》にも同様に心地良く響いたのだ。皆、「善き政府」（言うまでもなく、それぞれの定義における「善き政府」）は経済の手綱をうまくとれるのだ、と説いて回った。一九七三年以降、そうした期待に応えるのを世界が頑なに拒否したときは、誰もが驚き、困惑し、なのに意外なことに、自らを省みることはしなかった。

この新たな経済宗教の最前線にいた預言者は、カール・シラーという名の、自信に満ちあふれた西ドイツの政治家だったのではないだろうか。一九一一年に当時はドイツの南東の角にあたっていたブレスラウで生まれたシラーは、離婚した母親が彼の学費を稼ぐために家政婦として働いていたはるか北のキールで育った。キリスト教徒の社会的責任についての確固とした考えを持つプロテスタントとして、彼は一九三一年に大学に入学すると、社会主義学生連盟に加わった。これは、社会民主党に近い組織だ。どちらの組織も、一九三三年にアドルフ・ヒトラーが権力を握ってからは抑圧されるようになる。するとシラーは鞍替えし、複数のヒトラー派組織に参加し、最終的にはナチ政党にまで加わったが、これは学問の道を円滑に追求するためだった。彼はナチ時代に経済学で博士号を取得し、一九二六年から一九三三年にかけてのドイツ政府による雇用創出政策について論文を書いたのち、ドイツ軍で四年を過ごした。

戦争が終わると、野心あふれる若い経済学者は自らを再び改革し、社会民主党に復帰して慎重な経済計画の擁護者としての地位を確立した。ハンブルク大学の教授となり、のちの西ドイツ首相ヘルムート・シュミットも教えたシラーだったが、真に情熱を注いだのは政治だった。一九四六年、彼はハンブルク州議会の議席を勝ち取り、経済運輸局長となった。瀕死だった商業用造船産業を復活させ、ドイツの主要な国際貿易中心地としてのハンブルクの歴史的な役割を復活させる活動の陣頭指揮を執って名声を得た。

一九四八年は、ドイツ経済の発展にとって重要な年となった。ポーランドに移されていた東部を除いて、一九三八年以前の国境線で確定された国は終戦時には四つの区域に分けられ、それぞれソ連、イギリス、アメリカ、そしてフランス軍に支配されていた。この分け方は、どっぷりソ連区域に入っていたベルリンの内部でも再現される。一九二四年以来ドイツの公式通貨だったライヒスマルクは、連合軍の通貨とともに国中に流通していた。だが四つの占領勢力は通貨供給の管理について一切の合意が取れておらず、あまりに多くのライヒスマルクを印刷したせいで貨幣価値がほぼなくなってしまっていた。ドイツの国内商取引は現金ではなく、物々交換でおこなわれていた。

一九四八年六月、ソ連の反発が強まる中、アメリカ・イギリス・フランスの占領地域で新通貨ドイツマルクが導入された。これはのちにドイツ連邦銀行《ブンデスバンク》へと発展する新たな中央銀行制度が統括するものだった。同時に、それまで統制されていた価格の多くが自由化され、経済は急速に市況に順応せざるを得なくなった。西側の市場中心経済は、ソ連が占領する東側の、大規模な民間企業が事実上排除された区域から一瞬にして切り離された。その翌年、ソ連が西ドイツとベルリンとの間の道路に敷いた封鎖線を越えて六カ国の空軍が空輸作戦を実施したのち、ドイツは正式に二つに分割された。ベルリンのソ連側を含むソ連区域は、ドイツ民主共和国となった。この警察国家は非常に平等だがチャンスはほとんどなく、国民はコンクリートと鉄条網に囲いこまれ、共産主義による社会主義統一党がすべての英知を独占した。西側の兄弟が享受する繁栄はもどかしいほど手の届かないところにあった。西側は、ドイツ連邦共和国となった。

当時まだハンブルク州議会に議席を持っていたシラーは、新しい連邦の経済省の顧問委員に任命された。このポストは、西ドイツの経済をその黎明期から形作るというめったにないチャンスをシラーに与えることになる。彼は経済における政府の強い介入、特に投資判断における政府介入を望む側とも、貯蓄や投資については民間に選択を任せたほうが西ドイツの需要にはよりうまく応えられると考える側とも、距離を置いた。シラーの助言は、「計画と競争の統合」を求めるものだった。だが彼が言う計画はフランスやイタリアで主流だった、たとえば新しい製鉄所がここに作られるべき、自動車工場があそこに作られるべきということを政府が決定するような考え方とはかなり異なっていた。経済の大枠の方向は政府が計画すべきだが、事業判断は市場の力に任せるべきだというのがシラーの考え方だった。彼は、自らの哲学をこのように定義している。「できるかぎり多くの競争を、そしてできるかぎり多くの計画を」(1)

社会民主党は組合の支援を受けた社会主義政党で、ナチ統制下で徹底的に攻撃された。西ドイツが戦後に実施した最初の二回の選挙では三〇パーセント未満しか票を獲得できなかったこの政党は、一九五〇年代の大半を新たな戦略の策定に費やした。有権者の共産アレルギーは非常に強かった。八〇〇万人以上の西ドイツ人が中央・東ヨーロッパから逃げ出したかあるいは追放されていた。そうして国を追われた彼らはかつての故郷であるポーランド、チェコスロヴァキア、ハンガリー、バルカン半島諸国を支配する共産主義政府を非難した。さらに何百万人もが、東ドイツの陰鬱とした抑圧政策を実際に体験していた。国有産業を支援するという社会民主党の伝統的な手法――そして、東の共産主義国家に公然と同調する一部の社会民主党指導者――は、新たな民主主義ドイツにとってはほとんど魅力がなかった。

シラーは、別の見方を提案した。彼は、経済が「合理的全体」だと主張したのだ。政府の仕事は経済を動かすことではなく、税金や消費力を駆使して最適性能が発揮できるよう経済を微調整することだというのだ。これは、政府が高速道路に費やす何百万マルクもが経済の中をしたたり落ちていく流れを示す投入産出分析や、どの種類の税金を引き下げればもっとも多くの雇用が生まれるかを明らかにする線形計画法などの技術を活用すれば達成できる。統計的分析の新たな手法に長けた、高度な訓練を受けた専門家がデータを評価すれば、重要な判断ができるはずだというのがシラーの主張だった。

一九五六年、シラーは安定した価格を維持ししつつ、完全雇用と着実な経済成長も維持することを政府に求める法律に自らの考えを織りこんだ。この驚くべき組み合わせを、彼は「魔法の三角形」と呼んだ。社会民主党が少数派だったため、シラーの法案は否決される。だが、彼のアイデアには永続性があった。一九五七年三月、ベルギー、フランス、イタリア、ルクセンブルク、オランダ、そして西ドイツの六カ国がローマ条約に署名した。これが、やがて欧州連合へと発展していく最初の一歩だった。その文言は経済発展を調整する政府の能力に対する信頼がかなり強く影響したもので、参加各国には高い雇用率と着実な成長、安定した価格を維持しつつ、国際貿易と投資の均衡も保つよう求めていた。これら四つの義務によって、魔法の三角形は四角形になった。(2)

表面だけ見ると、魔法の四角形は批判しにくかった。社会民主党の理想にぴったりはまっただけでなく、西ドイツの与党キリスト教民主同盟など、ヨーロッパで主流だったキリスト教社会主義政党にも魅力的に映ったのだ。政府の支出や高い税率についてキリスト教社会主義者たちは社会民主党ほど乗り気ではなかったが、つましい暮らしを送る人々を救済するという政府の義務を強調した宗教的伝統を持ち出し、政府がすべての人に雇用を保証するという考えに共感した。西ドイツのベテラン経済学者で自由市場経済の熱心な提唱者だったルートヴィヒ・エアハルト首相でさえ、シラーの考えに何か好ましいものを見出したようだ。政府のトップになる前、エアハルトは一九四九年から一九六三年まで経済大臣を務め、ドイツの奇跡の大部分についてその功績が認められていた。彼はドイツの政治に対する利益団体の影響力が強まっていることに公然と懸念を示し、そうした特別利益団体の動きを抑える方法として、合理的計画に目を向けるようになったのだった。

エアハルト政権が一九六六年に崩壊すると、キリスト教民主同盟、キリスト教社会同盟、そして社会民主党は連立政権を作り、シラーがその経済大臣に就任した。シラーの台頭は、西ドイツ人が「科学的政府」と呼んだものの勝利に対する祝福だった。政治家はもうロビイストや実業家、利己主義な労働組合幹部による特定の情報に基づいて判断を下さなくてもよくなる。専門家、中でも経済学者たちが招集され、最適な政治選択について事実情報を取り揃えて客観的かつ信頼できる助言をすることができる、というわけだ。もっとも、政治学者ティム・シャネツキーがのちに考察したところによると、政治家は自分たちの選挙にかかわる計算と噛み合うときしか専門家の助言を受け入れない傾向があったようだが(3)。

一九六七年、シラーの魔法の四角形は法律として制定され、政府は成長を促進し、失業をなくし、インフレを回避し、国の国際勘定の均衡を保ちつつ、それらすべてを自由市場経済の枠組みの中でおこなうことが法的に義務づけられた。イギリス人経済学者ジョン・メイナード・ケインズの教えのシラーなりの解釈に従い、連邦および州政府は「経済全体の均衡」を達成するという目標のもとに予算を組むことを求められた(4)。

当時、西ドイツは第一弾の戦後不況に突入したばかりだった。シラーは、経済を活性化させるために支出と減税の政策を発表した。緊迫した経済が不況を抜け出すためにはもっと多くの政府支出という形での刺激剤が必要だと主張したとき、シラーとしては、ケインズが一九三〇年代におこなった助言に従っていたのだ。だが悲しいかな、ケインズはそのような薬に対して経済がどれほど早く反応するかについては一言も触れていなかった。雇用と事業投資が迅速に反応しそこねると、内閣はシラーが提案した第二弾の刺激策に合意した。そして数カ月後にシラーは第三弾の刺激策を提案したが、そちらは却下された。幸運なことに、最初の二弾の刺激剤は、間もなく効果を発揮することになる。経済がうなりを上げ、経済の魔術師としてのシラーの名声を確かなものにした。

経済省で、シラーは魔法の四角形を構築するために入念な演習計画を編み出した。毎年、経済学者のチームが集まり、今後五年間で経済がどのように発展するべきかを決めるのだ。シラーと「知識人チーム」はサンドイッチとジョニー・ウォーカーを燃料代わりに夜遅くまで話し合い、人口増加や対外貿易の増加、環境規制などの要素がどのように経済成長の可能性に影響するかを評価した。数字を叩き出し、チームはもっとも理想的な経済成長率を特定した。一九六七年春に発表された最初の予測では、一九七一年まで平均四パーセントの経済成長率、〇・八パーセントの失業率、それにインフレは一パーセント、経常黒字も一パーセントが求められた。経済省の専門家たちは、これらの目標を達成するためには事業投資の加速化、個人消費の鈍化、そして政府の財政赤字の増加が必要だと算出した。税と連邦予算に関する権限を有していた財務省は、これに合わせて政策を策定するよう要求された。(5)

だが、圧倒的に民間によって動かされていた経済の中で、政府だけでは計画の達成は実現できなかった。重要な選択の多くは民間企業、自営業者、農家、労働組合にかかっていたのだ。「現在の状況におけるこれら四つのマクロ経済的目標の理想的な組み合わせの実現は、すべての政府組織と非政府組織の意識的な協力によってのみ可能になる」とシラーは主張した。

その協力の媒体となるのが、シラーが生み出した「協調行動」として知られているものだ。年に四、五回、彼は選び抜かれた名士たちを、テーブルを四角に並べた経済省の会議室に招集した。農相、経済相、財務省、内相、労相、それにブンデスバンクの取締役が一方の側に、それぞれの副相らとともに座った。その左側にはドイツ産業連盟といった経営者団体の長らが。右側に上司たちと対面する形で、同じだけの人数の労働組合代表者らが座った。四角形の第四辺は、農民組合や貯蓄銀行などその他の組織の責任者が占めた。丸一日かけて、要人たちは順番にそれぞれの見解を述べていった。だがショーの目玉は、カール・シラーだった。統計データの束を配布し、経済の見通しを解説し、魔法の四角形を崩さずにどれだけ早く賃金が上昇するかを発表したのだ。「もちろん」と彼は付け加える。「賃金交渉は従業員と組合との間の私的な問題だ」。だが政府の指針が「集団合理性」に貢献することを、彼は願っていた。(6)

シラーは愚行を容認する男ではなかった。たとえ、彼が愚かだとみなした相手が組合代表や企業役員、閣僚であってもだ。配下の専門家集団の仕事に基づき、彼は世界第三位の経済にとって何が最善かを知っており、労働組合や産業の指導者たちに命令することをためらわなかった。「預言者めいた、感情的なスピーチ」とは、典型的なシラーの演説の最中、配られたコピーの片隅に、とある高官が走り書きした言葉だ。「協調行動」に参加した組合代表たちは進んでシラーを信用した。シラーが企業側の力をそぐことがわかっていたからだ。テーブルの反対側に座る企業経営者たちは安心していた。シラーが利益を重要視していることを知っていたし、彼が労働組合は経済が提供できる以上のものを要求してはならないと強調していたからだ。

だがシラーの内閣の同僚たちは、さほど感心していなかった。彼らが承認していない税や予算の変更をシラーが発表していることに憤慨し、複数の大臣が「協調行動」のボイコットをちらつかせた。一九六七年、キリスト教民主同盟のクルト・ゲオルグ・キージンガー首相は直接介入を余儀なくされた。経済を正しい方向に向かわせるために政府が何をするのか労働組合や企業経営者に伝える前に、社会民主党のシラーは連立内閣に承認を求めるべきだと主張したのだ。二年後、キージンガーは、保守派のキリスト教社会同盟党首フランツ・ヨーゼフ・シュトラウス財務相に出席を命じなければならなかった。シュトラウスが、六時間から一〇時間もかかるような会議に出ている暇はないと苦情を言っていたからだ(7)。

だがシラーは頑固だった。使えるものはすべて使った――事業利益を上げるために投資課税を引き下げ、組合を説得して賃上げを制限させ、経済成長を加速するために調査研究やインフラへの支出を増やし、競争を奨励するために価格協定を攻撃した。自分は万人の雇用が保証される安定経済を構築できると確信していたのだ。彼の楽天主義には感染性があった。非常に目立つ人物であり、いつでも一分の隙もない服装をしていたシラーは、頻繁に企業団体相手に演説し、テレビのニュース番組に出演した。そして政党の枠を超えて膨大な数の支持者を増やしていった。四回の結婚など変化に富んだ私生活も、その名声に害をなすまでには至らなかった。一九六九年、社会民主党は戦後初めて、ほかのどの政党よりも多くの票を獲得した。「シラー選挙」と呼ばれた選挙だ。西ドイツでもっとも多くの読者を誇る『シュテルン』誌は、シラーを「今年の顔」に選んだほどだった。

社会民主党にとって、集団合理性は単なる利益集団間での妥協にとどまらなかった。民主主義が動き出した結果だったのだ。「我々は民主主義の終わりにいるのではない。今ようやく始まったところだ」。初の社会民主党出身の首相となったヴィリー・ブラントは、一九六九年に政権に就いた際にこう宣言した。民主主義には平均的な市民が意見を言うことのできる、政党が呼ぶところの「力をつけた社会」が必要だ。これはキリスト教民主同盟が表面上実践するトップダウンの民主主義でもなければ、西ドイツの声高な学生運動が好むような無政府的民主主義でもない（学生たちは階級を一切尊重せず、一定の任期で改選される集団的リーダーシップをほぼ無視していた）。力をつけた社会では、個人は計画過程に関わっているグループに積極的に参加することによって意見を主張する。こうしたグループを一堂に集めることで、「協調行動」は大衆が経済政策を形作る手段を提供したのだった。(8)

社会民主党は、大衆は収入の安定と教育に対してより多くの連邦支出を望んでおり、教育は各州の責任ではない、と考えた。それらの分野への支出を引き上げればインフレを助長せずに成長を維持できるかもしれないと判断したシラーは、この方針に反対しなかった。だが、現実は彼の期待に応えることを頑なに拒んだ。経済は一九六九年終盤に大きく道を外れ、貿易黒字は増えすぎ、物価はシラーの専門家たちが作ったモデルが約束したインフレ率一パーセントよりもはるかに早く上昇した。「協調行動」を通じて組合代表たちが合意した賃上げ幅を労働者たちが拒否し、組合によらないストライキが何度も起こる。賃上げの割合がインフレ率にまったく追いついていなかったためだ。予期せぬインフレ率の急上昇に困惑したシラーは専門家たちに計算をやり直すよう命じ、予測のどこが間違っていたかを突き止めようとした。間違いが見つからないと、シラーは物価を引き上げようと不当に共謀してインフレを助長したとして企業を責めた。経済の動きが合理的でないのなら、何かが、あるいは誰かが、道を惑わせているに違いなかった。(9)

魔法の四角形が技術官僚の幻想でしかなかったことをシラーが認めるのは、もっとずっとあとになってからだ。彼が指揮する経済省が一九六七年に設定した五カ年目標のうち、予測通りの結果を出したのは失業率だけだった。四角形のほかの三辺、経済成長とインフレと国際収支は、政府の指示に従うことをとことんまで拒否する。一九六八年、一九六九年、一九七〇年に設定された五カ年目標も、やはり達成可能ではなかった。シラーが一九七一年に財務大臣の職を兼務し、配下の専門家たちの提案を支出計画や税法へと変換する権力を持つ「スーパー大臣」になってからも、約束した急速な経済成長、完全雇用、低いインフレ、国際収支の組み合わせを提供することができずにいた。固定為替相場制を崩壊させたアメリカの決断などの予測できない事態や政治的配慮の必要性があまりにも多く、シラーの忍耐力がもたなかったためだ。一九七二年、ヴィリー・ブラント首相はシラーの為替介入権を拒否した。これに怒り心頭のシラーは憤然と内閣を去り、それっきり公職からも姿を消した。(10)

その後、野党、キリスト教民主同盟とのつかの間の戯れを経て、シラーは自らの社会民主党の責任を追及した。この政党は戦後経済の奇跡、「ヴィルシャフツヴンダー」が永遠に続くという誤った認識を持っていた、と彼は語った。だが、その期待感を煽ったのはシラーと彼の仲間の経済学者たち、私情をはさまない技術官僚たちだったのだ。ドイツ経済は「繁栄の日の当たる頂点」に到達した、インフレと失業率は恒久的に克服できたとシラーが書いたとき、人々はそれを信じた。アメリカ人がウォルター・ヘラーを信じ、日本人が大蔵省の英知に兜を脱いだときと同じだった。長く続く好景気は、政府が経済を安定した道筋に乗せ続け、全国民のための雇用を保証してくれるだろうという、ほぼ普遍的な信頼を生んでいた。(11)

並外れた野心を持っていたカール・シラーだが、魔法の四角形を描いたとき、政府に与えた役割はごく控えめなものだった。フランスやイタリアの経済学者たちとは異なり、彼は政府が企業を運営したり、企業幹部を任命したりすることは望まなかった。国が健全な経済を保証できる最善の方法は、税や歳出、金利を調整しつつ、民間企業をやさしく導くことだと彼は考えていたのだ。一方、アフリカ、アジア、中南米で技術官僚や政治家が政府の適切な役割について持っていた理論は、そこまではっきりしたものではなかった。

当時は「開発途上国」と呼ばれていたそれらの国々は、政府の指揮のもと、近代化への行進を強いられていた。ほとんどの国民が小さな農地で米や雑穀、トウモロコシを育てていた社会が、あっという間に都会化された産業経済へと変身させられたのだ。四半世紀にわたり、国が主導する急激な産業化こそが貧困国の問題解決策なのだと思われた。ドイツでそうだったように、答えは上から降ってくるものだった。政府の計画担当者が重要と判断するに足ると考えられた利益団体——産業界の全国会議、鉱業の労働組合、大規模農家の組合、銀行協会など——の代表らと連携してひねりだした答えだ。これらの公認組織は、それぞれの業界に属するすべての企業や従業員を代表するものとみなされていたが、そうした企業や従業員が任命された代表と意見を同じくしているかどうかは考慮されていなかった。任命された代表者の英知よりも何百万という労働者や経営者たちの離散選択〔個人がそれぞれに評価・選択をおこなう手法〕のほうが人々の選好をより正確に反映するのではないかという考えは、代議制民主主義が円滑に機能することがめったになく、独裁者が指導権を握っている場合が多い開発途上国では、一般的な考え方ではなかった[12]。

この国家統制主義的な動きの知的な生みの親は、国を持たないラウル・プレビッシュという男だった。金融のメインストリームではほとんど知られていなかったプレビッシュは、開発途上国で経済のスーパースターとなった。一九五〇年代と一九六〇年代、彼は政府が経済成長を追求する方法について、世界中のどの経済学者よりも強い影響力を持つようになる。

一九〇一年にアルゼンチン北西部のトゥクマンというにぎやかな地方都市に生まれたプレビッシュは、社会不安に揺れつつも豊かな国で育った。かつて、彼の母方の祖父は議員を務めていた。だがプレビッシュが青年になるころには、祖父の栄光はとうに失われていた。一家にはまだ首都ブエノスアイレスに有力な親戚がいたが、金も栄誉もすでになかった。一七歳のとき、プレビッシュはブエノスアイレス大学の経済学部に入学する。短期間社会党とかかわったが、彼が政党新聞のために書いた最初の記事が政党政策に反しているとして非難されると、入党申請書を取り下げた。以降、プレビッシュが政治政党とかかわることは二度となかった。代わりに、彼はいつでも技術官僚、政治的しがらみのない経済の専門家と自称することになる。(13)

当時、アルゼンチンは世界でもっとも裕福な国のひとつだった。だが南米のほかのどの国とも同じく、その経済は一種類か二種類の商品の生産にかなり依存していた。アルゼンチンの場合、その商品とは牛肉と小麦で、そのほとんどがイギリスへと輸出されていた。イギリス人投資家がアルゼンチンの鉄道の大部分、そして農家や食肉処理場の多くを支配していた。小麦の国際価格が高ければアルゼンチンの経済は好調になり、価格が下がれば低迷する。ブラジルのコーヒーやチリの銅と同じだった。四年制大学の学位だけを武器に、プレビッシュは人口が少なく農業への依存度がきわめて高い母国と欧米先進国との関係について研究し始めた。そして彼が気づいたのは、アルゼンチンがヨーロッパよりもはるかに景気の波に左右されやすいということだった。対外借款が大きすぎ、経済は資源主導で多様化されていないためだ。アルゼンチン特有のこの状況を打破するためには、より工業化された国々が説く（だが必ずしも実践しているとは言えない）伝統的な自由市場の考え方よりも、型にとらわれない経済政策が必要だと彼は結論づけた。

スポーツが大嫌いで趣味も持たなかった堅物のプレビッシュは経済学に没頭し、まずは有力な農業圧力団体のために、そして次には政府のために働いた。キャリアの始まりは前途多難で、公式な海外出張中に政府が変わってしまったために任務が中断され、自費で帰国しなければならないことが二度もあった。だがプレビッシュの幅広い人脈は、彼を二九歳にして財務次官の地位に押し上げた。一九三五年、彼は独立した中央銀行を設立するよう政府に助言した。イギリスのイングランド銀行やアメリカの連邦準備銀行のアルゼンチン版だ。プレビッシュはその銀行の初代総裁に任命される。世界中のどの中央銀行と比べても特に若い中央銀行総裁として、彼は保守派アルゼンチン経済の国際的評価を勝ち取った。ヨーロッパで第二次世界大戦が勃発してからは、プレビッシュはアルゼンチンを英国から切り離して米国寄りにする、慎重な話し合いに深くかかわった。

だがその名声は、高まったときと同じくらい劇的に堕ちることになる。農家や牧場経営者を犠牲にして国内産業を守るために輸入税率が急激に引き上げられたおかげで、アルゼンチンは一九三〇年代に急速に工業化した。増え続ける都市部の労働者や工場経営者たちの関心は、それまで政治の世界で優勢だった小麦農家や砂糖王たちのそれとはかなり異なっていた。両者の対立は爆発寸前に膨らんでいく。自分は経済政策においては政治に無関係な専門家だと思っていたプレビッシュは、自らの政権内での外交活動が選挙違反や汚職で激しく批判されることに気づけなかった。一九四三年に起こったクーデターで、中央銀行が政府から独立した組織であるという認識は幻想だったことが証明される。プレビッシュはアメリカに近すぎ、ドイツに対して批判的すぎるとして非難を浴び、その座を追われた。(14)

個人的な資産もなく、収入もなくなった中央銀行総裁は、愛車パッカードを売却し、自宅を人に貸し、小さな一軒家に移らざるを得なくなった。コンサルティングの依頼はいくつか入ってきたが、為替レートを制御するためにワシントンに設立された国際通貨基金での重職の約束を、アメリカとブラジルは拒否した。ブエノスアイレスの軍事政権はプレビッシュが母国で歓迎されないことを露骨に示し、彼が国外で仕事を見つけることを可能な限り邪魔した。プレビッシュのキャリアは、終わったかに見えた。

選択の余地がなくなったプレビッシュは、一九四九年三月にラテンアメリカ経済連合体（ECLA）の顧問に就任した。ECLAは、好意的に見てもかなり地味な組織だった。世界列強の中心地からこれ以上はないというくらい離れたチリのサンティアゴに拠点を置くECLAは国連がわずかな予算で新しく作った組織で、これといった役割も与えられていなかった。プレビッシュの最初の仕事は、次の会議に備えて中南米の経済調査を準備することだった。彼が一九四九年五月にキューバのハバナで発表するまで極秘に扱われたその報告書は、世界を揺るがすことになる。

プレビッシュの演説は、自由貿易の原理に対する攻撃だった。具体的には、それぞれの国が一番効率よく生産できる商品を生産し、その商品を取引してほかの需要を満たすのが最善であるという昔ながらの主張が攻撃の対象となった。それは工業大国であればあてはまる、とプレビッシュは言った。だがほかにも「世界経済の周縁に追いやられており」、国際貿易で繁栄することに失敗した国は多く存在する。豊富な原料資源を輸出し、製品を輸入することでは周縁の国々は裕福にならなかった、とプレビッシュは主張した。彼らの輸出品の価格は、外国から買う製品の価格と比べれば長期的には下がっていくだけだったからだ。必要なだけの機械や薬を買うために、彼らはまるで踏み車を回し続けるハムスターのように、銅やバナナをただひたすら生産し続けなければならないのだ。

貿易における不利な立場のせいで、周縁国は投資に必要な資金を稼げず、労働者を生産的にできずにいる、とプレビッシュは主張した。不公平な貿易は、したがって、中南米における貧困の根本的な原因であり、「生産性の向上から派生する莫大な利益は、巨大な工業国の人々が得ている利益と比較可能な規模では周縁国に届いてはいない」とプレビッシュは訴えた。生産性の向上のために、周縁国は強力な製造分野を構築しなければならない。「工業化はそれ自体が目的なのではない。技術の進歩による利益を獲得し、国民の生活水準を漸進的に向上させていくためにこれらの国々が利用できる主要な手段なのだ[15]」

プレビッシュは、マルクス主義者でも孤立主義者〔他国と政治経済上のかかわりを持たない方針の提唱者・支持者〕でもなかった。第二次世界大戦後に多くの開発途上国で権力を握ったポピュリストと異なり、彼は外国資本を搾取的とはみなしていなかった。むしろ、貧しい国には外貨が少ないよりも多くあったほうがいいと考えていたのだ。政府が農場や工場を所有することには反対で、国際貿易が相互利益をもたらして経済効率を上げる仕組みについて理解していた。ある意味、経済における国家の役割についての彼の考え方は、カール・シラーの考え方をなぞったものだった。だが資本を集めてどの産業に投資すべきかを決めるのは民間の役割だとシラーが考えていたのに対し、プレビッシュは政府の計画にもっと積極的な役割を持たせようとしていた。たとえ非必需品の輸入を減らすことになってでも、政府が工場設備などの資本財の輸入を優先するべきかもしれないと彼は考えていたのだ。消費者製品などのそうした非必需品は国内の工場で生産され、高い関税によって外国との競争から守られる。そして、それらの商品はプレビッシュが「中央」と呼ぶ富裕国に輸出され、それによって周縁国が国民を貧困から救い出し、商品価格の変動に振り回されずにすむようになるのだ。

ハバナでの演説は、禁欲的な経済学者を一躍有名人にした。アメリカ政府でさえ、プレビッシュがECLAの恒久的な総裁になるべきだと同意したほどだった。権威を得た彼は、中南米を旅しては工業化の重要性を説いて回った。「産業革命の最初の国々が強いられた行進は、中心に先進国経済という太陽を据え、その周りをばらばらの軌道で周縁国が回る経済世界を創り出した」とプレビッシュは書いている。この軌道から抜け出すためには、周縁国は慎重に計画を練ってどの国内製造産業がもっとも有望かを見極め、それから国産製品が安い輸入製品に負けずに利益を出せることを外国企業を含む投資家に対して約束できるような輸入規制を設定するべきだと助言した。意図的に特定の輸入製品を国産製品で置き換えるというこの政策は、「輸入代替」と呼ばれるようになった。(16)

プレビッシュの仕事は中南米に特化したものだったが、彼の考え方は世界中の聴衆に受け入れられた。脱植民地化がたけなわな時代で、フィリピンからリビアに至るまでの各国が第二次世界大戦後の一〇年間で宗主国支配から脱却し、イギリスやフランス、ベルギー、スペイン、ポルトガル各国の植民地の多くで反乱が起こっていた。全般的に、去りゆく宗主国は、新たに独立した自らの出先国が引き続き経済的には従属的なままでいて、宗主国に原料を供給し、宗主国が製造する商品を買い続けるだろうと思っていた。プレビッシュはそこに別の視点を提示した。かつての植民地が工業大国になるという視点だ。インドからブラジルまでの各国が、どの産業をどのように発展させるかを決める計画担当の省庁を設立し、織物産業や製鉄所、そしてなによりも誉れ高い投資である自動車組み立て工場の設立を監督していった。

冷戦が深刻化する中、プレビッシュの代案は経済界以外にも示唆するところがあった。アジア、アフリカ、中南米諸国は対外援助や軍事支援、経済に関する助言をソ連から受けるのか、それともアメリカとその同盟国から受けるのか、どちらの側につくのかの選択を迫られるようになっていた。そしてそれらの国の多くが、共産主義と「自由世界」の対立に関与するというプレッシャーに苦悩していた。そのような対立は、彼ら自身のニーズとはほぼ無関係だったのだが。開発途上国が「中央」のはるかに裕福な国々とは根本的に異なっており、第三の道を進むべきだというプレビッシュの主張は必然的に、彼らが共同戦線を張るべきだという考えへと発展していった。

この考えが結実したのは一九五五年四月、アフリカとアジアの二九カ国の指導者たちがインドネシアのバンドンに集結し、アフリカ・アジア会議を開催したときだった。記者やカメラマンの大群が見守る中、中国の周恩来首席、インドのジャワハルラール・ネルー首相、インドネシアのスカルノ大統領、エジプトのガマール・アブドゥル＝ナーセル大統領、その他何人もの名士たちが植民地主義を糾弾し、アメリカと距離を置くことを強調した。ちなみにアメリカからも、そしてソ連からも、正式なオブザーバーは送りこまれていなかった。富裕国からのより大きな経済支援を呼びかけるだけでなく、バンドンに集結した代表たちはまるでプレビッシュが自ら書いたかのような経済原則を発表した。その宣言は、アジアとアフリカの国々が原料を輸出する前に加工することを促すものだった。「現在主流となっている経済状況を鑑みて」一部の国には貿易の流れを規制するだけの理由があることを強調し、「一次産品の国際価格やその需要を安定化させるための……共同での行動」を強調する内容だ。このプログラムは世界の経済勢力の均衡を変えるかもしれない、と開発途上国の指導者たちは思い描いたのだった。[17]

開発途上国間の共通性の主張は、世界の地図を塗り替えた。地球の新たなモデルのひとつには「中心」があり、ソ連とその従属国家だけでなく西ヨーロッパ、北米、オーストラリア、南アフリカ、そして日本がそこに含まれる。そしてそれ以外のほぼすべての国が、「周縁」と位置付けられた。また別のモデルでは冷戦時代の東西の区分を、裕福で「発展した」北と「開発途上の」南、あるいは「第三世界」という経済的な区分で分け直したものだった。ここで開発途上に分類される国々のニーズは、「資本主義社会」と「社会主義経済」のどちらとも異なっていた。さらに、より政治的に発展させた見方では、「共産圏」と「自由世界」、そして自らを「非同盟」とみなす多くの国々がいる構図が描き出された。経済状況はさまざまながら、世界の貧しい四分の三を占める国や植民地は口をそろえて、自らの経済発展の遅れの原因が「中心」との不公平な関係にあると訴えた。それから三〇年以上、「従属理論」というレンズは、外からこれらの国々がどう見られるか、そして彼ら自身が自らをどう見るかを決定づけていくことになる。[18]

従属理論家たちが進める基本政策、すなわち原料の価格を安定させて製造業を発展させるための政府の介入は、高所得国から強く反対された。高所得国の企業は安い原料と、開かれた世界市場を望んでいたからだ。高所得国はより自由な貿易を説いたが、その中にはちょっとした偽善以上のものが交じっていた。ほとんどの国が、高い関税や低い輸入割当で自国の製造業を守っていたのだ。また、多くの国が砂糖やコーヒー、その他の熱帯産品に高い関税を課していた。それは国内の農家を保護するためであり、まだ残っている植民地を他国よりも優先するためであり、そして単純に収益を上げるためだった。ほとんどが低所得国から来る衣服や加工食品などの商品は、特に高い貿易障壁にぶつかることになった。

プレビッシュの業績は、高所得国が作り上げたそれまでの経済の常識を再評価する基盤となった。貿易をもっと自由にすることを目的とした国際組織「関税および貿易に関する国際協定（GATT）」はプレビッシュの考え方を検証するよう、世界でもっとも著名な四人の経済学者に依頼した。一九五八年、研究者らは「一次生産国の間に見られる、商取引政策に関する現在の規則や慣習が相対的に見て彼らにとって不利になっているという不安感には、ある程度の本質があると我々は考えている」と結論づけた。過去の規範からの驚くべき脱却として経済学者たちが認めたのは、農業や鉱業に特化した国々は輸出産品の価格を安定させようとしたほうが、国際市場の残酷なまでの不安定さに受け身なまま耐え忍ぶよりもましかもしれないということだった。(19)

商品価格を安定化させる仕組みは、魅惑的なほど簡単なものに思える。旧約聖書によれば、ヨセフは古代エジプトで豊作だった七年の間に穀物を取っておき、飢餓の七年間に売ることでそれを実現している。一九六〇年代になると、その手法は「緩衝在庫」と呼ばれた。政府が緩衝在庫を持ちたければ、まずは指標価格を設定しなければならない。世界市場の商品価格が指標を下回れば、政府は商品を買い上げて貯蔵する。そうすることによって市場供給分を除去し、価格を引き上げるのだ。世界価格が指標を上回れば、貯蔵しておいた商品を売りに出し、市場価格をもとどおりに押し下げる。これによって約束されたのは、国の経済が一種類か二種類の商品を輸出することに大きく依存していた場合（チリの銅やガーナのココアなどがそうだ）、価格をより安定させることによって経済成長をより円滑にし、輸出品の価値が急激に下落した場合でも経済危機が起こらないようにするということだった。[20]

この安定のビジョンはあまりにも魅力的だったため、七七もの国（必然的にG77と呼ばれる）が国連に対し、この実現を求めたほどだった。欧米の反対を押し切って、その願いは叶えられる。一九六四年、開発途上国の世界的な経済的懸念に対処する国連貿易開発会議（UNCTAD）が設立され、開発途上国でもっとも著名な経済学者と言えるラウル・プレビッシュが、この新しい組織のトップに任命された。

UNCTADの初めての国際会議でおこなったスピーチで、プレビッシュはのちに「新国際経済秩序」と呼ばれるようになるものについての主張を展開した。彼によれば開発途上国の経済はまだ輸出産品に大きく依存しているが、商品に対する世界需要の伸びがあまりにも遅すぎるため、雇用を守りきれていないとのことだった。さらに、そうした輸出産品の購買力は、機械類やその他の重要な輸入品の価格と比べると弱まっていた。つまり開発途上国は新たな工場を運営したり雇用を生み出したりするために必要な機材を買うことができないのだ。商品価格を安定させるための協力、国内生産を支援するための輸入代替、そして外国からのより大きな財政支援が、開発途上国が成長に必要な資源をかき集めるためには必要不可欠だというのがプレビッシュの主張だった。[21]

プレビッシュのビジョンは、非常に影響力が強かった。輸入代替は大流行となり、何十カ国もが輸入許可証や補助金、減税、独占の認可やその他ありとあらゆる手法を活用し、産業化への道へと進んでいった。錫、コーヒー、砂糖、油などの商品を輸出する国々は供給を管理するためにカルテルを作ろうとし、価格の引き上げに成功した事例もあった。政府が銀行や船会社、航空会社を立ち上げて国内に高賃金の仕事を生み、母国の旗を他国に立てていく。新たな秩序が作られつつあるように見えた。[22]

多くの開発途上国にとって、二〇世紀の第三四半期は本当にひどい時代だった。中国では一九五九—六一年に何千万人もが餓死したし、一九六六—七一年には文化革命でさらに何百万人もが人生をめちゃくちゃにされた。戦争が朝鮮半島（一九五〇—五三年）、ベトナム（一九四六—七五年）、ナイジェリア南東部（一九六七—七〇年）、アルジェリア（一九五四—六一年）、その他多くの地域を荒廃させた。現在はバングラデシュになっている東パキスタンでは、五〇万人もの命を奪ったとされるサイクロン（一九七〇年）のあとで、残忍な内戦が起きた（一九七一年）。独立を巡る争いが反乱へと発展し、ケニア（一九五二—六〇年）、コンゴ（一九六〇—六四年）、モザンビーク（一九六四—七四年）などの地域で数えきれないほどの死を招き、グアテマラから南アフリカ、イランまでの圧政的な政府が反対派や農家、労働組合の指導者たち、単なる傍観者でさえも、誰にとがめられることもなく殺害していった。戦争や自然災害がなかった地域でも、何億世帯もが経済危機の瀬戸際で生活し、かろうじて生きていけるほどの稼ぎしか得られず、子どもに教育を受けさせたり健康を気遣ったりできるような余裕は望むべくもなかった。多くの人々にとっては日常だったこの無慈悲さをとりつくろうことなど、とてもできない。

だがこの苦難は、その四半世紀に起こったことのごく一部にすぎない。同じ時期、多くの開発途上国が、穀物や鉱物への依存から脱却して産業化への道を進もうとする中で驚異的な経済成長を遂げている。一九六〇年に独立したケニアはそこから一九七五年までに年六パーセント以上の成長を果たしたし、パキスタンとボリビアも同様だった。総合的に見ると、開発途上国はかなりの差をつけて欧米を上回る経済成長を遂げていた。急激な人口増にもかかわらず、国民一人当たりの所得はその一五年の間に五割以上増えている。世界銀行が中所得国と定めている五八カ国で、製造品は一九六〇年の輸出品のうちわずか五パーセントしか占めていなかった。たった一〇年の間に、その割合は三倍になる。いたるところで主要都市を取り囲むように膨らんでいった都市部のスラムが、成功の一番の指標だろう。地方での極貧生活から逃れてきた土地を持たない農民にとって、新しい工場で仕事を見つけ、都会で生活することは、どれだけ汚物と犯罪と緊張にまみれていても、村の生活よりはるかにましだったのだ。[23]

表面上、プレビッシュの公式はうまくいくように見えた。だが時間が経つと、重要な面でひどく間違った方向に進み始める。プレビッシュは賢明な技術官僚が集う省庁が良い結果をもたらす政策を実施し、輸入から国内経済を守りつつ、国内経済における競争を促進する世界を想定していた。だがほぼすべての国で、現実はかなり異なっていた。計画担当省庁は民間企業に対する生殺与奪の権利を持ち、国が何を輸入して何を輸出すべきか、新しい工場をどこに置いて何を製造するべきか、そしてとりわけ重要なのが、みんなが欲しがる許可証を誰に与えるべきかを決めていた。許可証の需要はきりがなく（インド人はこれを「許可証統治《ライセンス・ラジ》」と呼んだ）、指導者の親族や強い支持者が、儲かる独占企業を運営する権利を手に入れていく。貧しい消費者の代償など、まったく考慮されていなかった。外国投資は懐疑的に見られて厳しい統制下に置かれ、そのために腐敗した役人たちがさらに袖の下を手に入れるチャンスが生まれた。プレビッシュが輸入代替を短期的な政策であり、開発途上国で産業が根付いていけば徐々に減らしていくことを前提として考えていた一方、投資家や産業労働者たちは明らかに違う見方をしていて、他人を犠牲にしてでも自分たちの収入と富を守るべく、輸入障壁をそのまま残してほしいと要求した。[24]

蓋を開けてみれば、一九六〇年以降の開発途上国のすばらしい経済成長は、ダイナミックな新しい産業よりは昔ながらの原料によるところが大きかった。第二次世界大戦に続く苦難を経験したあと、開発途上国から輸出された食糧の価格は一九六五年から一九七四年の間に三四六パーセントも上昇した。UNCTADの鉱物物価指数は一〇年で倍増、一九六七年には一トンあたり二五二ドルだったパーム油は七年後には一〇四一ドルになっていた。こうした価格上昇に助けられ、もっとも腐敗したひどい政府に動かされている国々でさえ平均余命が伸び、学校に通う子どもの数が増え、懐中電灯やトランジスタ・ラジオのようなぜいたく品が普及した。だが、ほかの多くのことは変わらないままだった。大多数の国の経済は独占企業によって支配され、たいていは国が所有するそれらの企業の高い価格がすべての世帯や民間企業にとっては重荷になっていた。政府の締めつけのせいで新しく会社を立ち上げたり電話を引いたり、多くの地域では法的に家を建てたりすることも難しかった。より安定した、より多様化した経済成長の基盤を提供する代わりに、商品ブームは手っ取り早く金持ちになりたいという抗いがたい誘惑を差し出した(25)。

そして、ブームが終わりを迎える。高所得国の経済が一九七三年以降に破綻すると、原料に対する世界需要も減っていった。価格が下落し、開発途上国の本来の姿があらわになる。生産性が低く、事業を始めるのが難しく、新しいアイデアを促進する上でも高い障害が存在する場所だ。計画担当者たちが国の経済を新たな高みへと導くために考えた政策が、そして、特定の分野やコネを持つ特定の個人を優遇していた政策そのものが、経済成長の邪魔になった。カール・シラーのドイツでもそうだったし、メキシコとブラジルとインドネシアでも同様だった。政府の計画が繁栄を保障し、全国民の生活水準を引き上げるという考えは、悪質なまがい物だったことが証明されたのだ。

第3章　混沌《カオス》

リチャード・ニクソンは、経済にあまり興味がなかった。第三七代アメリカ大統領の関心はどちらかというと、現実的政治《レアルポリティーク》のほうにあった。戦争と平和、核の抑止力、権力の戦略的均衡といったようなことだ。一方、経済分野には政治的優位性を手に入れるチャンスがあまりにも少なく、大統領の力ではどうにもできない問題が多すぎた。インフレ、財政赤字、同盟国との貿易や為替レートに関する懸念が山積していたのでニクソンも経済政策を完全に避けて通るわけにはいかなかったが、そうした問題に彼が真剣に取り組んだのは、政治がからむ場合のみだった。不安定な為替レートは多くの国で深刻さを増していたが、大統領の時間と注目に値すると彼がみなす問題のうちには入っていなかった。ニクソンは、経済政策の詳細は専門家に任せっきりだった。そして、彼の目から見て一番の経済専門家は、アーサー・バーンズだった。

ニクソンが大統領に就任した一九六九年に六四歳だったバーンズは、アメリカでもっとも有名な経済学者の一人だった。第一次世界大戦が始まるころにオーストリア＝ハンガリー帝国から脱出したユダヤ人家族に生まれたバーンズは、父親が家の塗装で生計を立てていたニュージャージー州ベイヨンで育った。早熟だった青年はニューヨークのコロンビア大学への奨学金を獲得し、そこで経済学と出会う。コロンビア大学で博士課程に進んだ彼は、経済の不規則な変動について研究する景気循環学の先駆者、ウェズレー・ミッチェルの愛弟子となった。一九三〇年代後半には自身もコロンビア大学の教授となり、のちにはミッチェルの後継者としてアメリカ経済研究の最先端にある組織「全米経済研究所」の所長となる。そして一九五三年、ドワイト・アイゼンハワー大統領の下で大統領経済諮問委員会の委員長に任命された。

アイゼンハワーの副大統領だったニクソンは教師としてのバーンズの技量、そして簡潔かつ現実的な助言をする彼の能力を間近で見ていた。一九六八年に大統領選に出馬した際、彼は政策案を具体化させるチームの監督をバーンズに任せた。大統領就任にあたっては、バーンズを閣僚待遇の顧問としてホワイトハウスに招く。一番のお気に入りの経済学者が民主党員であることを、共和党の大統領はまったく気にしなかった。[1]

この新任顧問の専門分野はアメリカの経済政策だった。すなわち、インフレ、失業、そして景気循環の円滑化による安定成長だ。だが、そういったことをニクソンはほかの経済学者たちにやらせた。代わりにバーンズが与えられた仕事は貧困対策から税制改革、石油輸入割当といった、国内問題の寄せ集めだった。とはいえ、彼の主な役割は専門家としてのものだった。白髪をきれいに真ん中で分け、縁なしの眼鏡をかけ、いつもパイプをくわえた彼の姿は、夕方のニュースでおなじみになっていく。甲高い声でゆっくりと、短く歯切れよく話し、経済原則を辛抱強く説明してはニクソンの政策を左右両翼の批判者から守ったものだ。バーンズの夢は財務長官になることだったが、一九六九年一〇月、それよりはるかに重要となる仕事のオファーを受ける。ニクソンが、彼を連邦準備制度理事会（FRB）の議長に任命したのだ。

バーンズは、中央銀行の指導的地位に就いた史上初の経済専門学者だった。景気循環に関する彼の専門知識が、切実に求められていたのだ。一九六〇年代半ば、ニクソンの前任者リンドン・ジョンソンはアメリカに「銃とバター」を与えていた。つまり、ベトナムで軍事力を増強しつつ（銃）、増税も社会福祉削減もしなかったのだ（バター）。FRBは絶対に短期金利が上がらないようにし、政府が戦争資金を安く借りられるようにするというジョンソンの政策を忠実に支えた。短期的に見れば、この政策の組み合わせはほぼ全国民の雇用を創出し、賃金は急速に上がっていった。だが同時に、経済が追いつけないほどの速さで商品や労働者に対する需要も押し上げることになり、消費者物価は跳ね上がり、労働者の賃金と退職者の年金の価値を減らす結果となった。

バーンズがホワイトハウスから目と鼻の先にある連邦準備銀行の立派な大理石の建物に引っ越した一九七〇年一月までに、インフレ率は六パーセントを越えようかという勢いだった。それまでの二〇年間で最高の上昇率だ。一九六九年終盤にニクソンがベトナムにおけるアメリカの役割を縮小し始めたことで、工場生産が減ってきていた。だが一時解雇のニュースが新聞の一面を飾る中でも、賃金は上がり続けていた。高い失業率と高いインフレ率という嬉しくない組み合わせが、一九七二年のニクソンの再選をおびやかす。大統領は新しい議長が問題を解決してくれることを期待したのだ。バーンズはそれにうってつけの人材に思えた。世界広しといえども、景気低迷に政府がどう対処すべきかをアーサー・バーンズほど慎重に考える経済学者はいなかったからだ。

だがバーンズは、その計り知れないほどの名声にもかかわらず、一九七〇年代の経済戦争を闘うのに理想的な将軍ではなかった。彼は、もっとも重要なアメリカの経済機関として政治的圧力から守られるよう意図的に作られた機関の独立した指導者としては、自らを見ていなかったのだ。彼はニクソンの右腕であって、大統領の政治的需要に応えるという責務を負っていた。「頼んだぞ、アーサー。この国を不況から守ってくれ」とニクソンは言った。バーンズは大統領と自分との親密さを大事にしていて、それを守るためなら政治の風になびくこともやぶさかではなかった。公衆の面前ではいつでも冷静で礼儀正しい彼だったが、FRB

のほかの理事たちが彼の意見に反論しようものなら感情的になったり、気難しくなったりすることさえあった。彼はニクソン政権の歳入歳出計画を知っているのをいいことに、FRBの会議室の巨大なマホガニーのテーブルに二列で並んだ理事を前に、いくつかの政策を擁護した。(2)

そのころのFRBは重要な機関ではあったが、今のように御神託を授けるほどの組織ではなかった。FRBが経済を動かす基本的なツールは金融政策だったが、それがインフレ抑制という経済の中核的目標に重要なものだと、経済思想家たちはまだ認識するに至っていなかった。金融政策は主に、企業や消費者への短期貸付価格を動かそうとするものだ。FRBが金融政策を「締めつけ」れば、貸付のコストを引き上げようとしているということだ。建てられるビルの数は減るし、売れる車の数も減る。そうすれば資材や人材に対する需要の増加が抑えられ、企業は値上げしにくくなるし、労働者も賃上げを要求しにくくなる。遅かれ早かれ、価格の締めつけはインフレを弱めることになる。だが短期的には、失業率もまず間違いなく上がってしまう。逆にFRBが金融政策を「緩め」れば、貸付は安くなる。企業活動が勢いを取り戻し、失業者たちが呼び戻されるが、緩められた締めつけのおかげで企業は値上げを敢行し、労働者は賃上げを勝ち取れるようにもなるのだ。

FRBは経済に注入する資金の流れを締めたり緩めたりする蛇口をいくつも持っており、日々の仕事をどのようにこなすかは激しい論争の的だった。政治的にリベラル派寄りの学派は、FRBは平均的なアメリカ人にとってもっとも重要な雇用に注力すべきだ、と主張した。インフレ率にかかわらず失業率を四パーセント前後に抑えることが、FRBの主な目的であるべきだと言うのだ。それに反対する学派は、その多くが政治的には保守派に属していたのだが、FRBはきわめて短期的にしか投資を刺激したり雇用を創出したりはできないと主張した。したがって、金融政策の唯一の目的は価格を安定させることで、失業率は関係ないというのが彼らの言い分だった。ほとんどの政治家が、こうした両極端な意見を避けた。ニクソン同様、皆FRBにはインフレ率と失業率の両方を抑えてもらいたがっていて、自分たちの有権者に痛みを強いずにそれが実現されることを期待していた。

バーンズは、経済の主流のど真ん中に位置していた。同時代のほかの主立った経済学者たちと同様、彼もインフレは中央銀行の力が及ばない数々の要素が原因で起こるものだと考えた。それはたとえば労働組合の賃上げ要求（労働局）であったり、鉄鋼会社の値上げ（商務省）であったり、政府赤字（行政管理予算局）や為替レート（財務省）であったりした。バーンズはFRBの金融政策が物価上昇に貢献しているとは考えておらず、インフレが心配なアメリカ人はよそに助けを求めたほうがいいと発言した。「ドルの安定化の唯一、または主要な保護者として、連邦準備制度に頼るのは賢明ではない」と彼は一九五七年に語った。そしてFRBの議長として、彼は自らが率いる機関の無力さを強調し続けた。何十年も国家機密として扱われてきたFRBの極秘政策会議の議事録によれば、中央銀行がやろうとしてもインフレを抑えられるかどうか、バーンズは本気で疑っていたようだ(3)。

では、どうすればインフレは止められるのだろう？　バーンズの答えは、政府が「公共心理」に影響を与えるべきだというものだった。これは中央銀行総裁が持つ考えとしては、控えめに言ってもかなり型破りだった。イングランド銀行やブンデスバンクの総裁たちは、自らの役割を国の最高心理学者だとはまったく思っていなかったからだ。だがバーンズの考え方では、インフレと戦うなら、大統領、閣僚、そして独立した中央銀行経済は、労働組合に賃上げ要求を控えるよう説得し、値上げに反対し、企業には過熱しているときよりもむしろ後押しを必要としているときにこそ投資をするよう働きかけるべきだった。多くの意味で、彼の考え方は西ドイツの財務大臣カール・シラーのそれと驚くほど似通っていた。特に、政府の助言によって、何百万もの民間の意思決定者たちを経済安定化の方向へ導くべきだと言う点が酷似していた。政府が支出計画や税、金利を頻繁に調整して公共心理を形作るべきだという彼の信念は、経済を意のままに加速化させたり抑えこんだりするために金融政策を活用しようというニクソンの考え方とぴったり一致した。[4]

そういうわけで、当時もっとも著名な経済思想家の一人が経済的大惨事を統括することになった。一九七〇年の初めごろ、バーンズ率いるFRBはインフレ対策として金融政策を引き締めた。そしてその数カ月後には方針を逆転させ、積極的に政策を緩和して失業率が低下することを期待した。一九七〇年五月、金融政策だけでインフレを食い止めようとすると「非常に深刻な景気後退」が起こると警告し、バーンズはニクソンに対して賃金や価格の上昇を見直す委員会の設置を促した。ただし、規制はしないという条件で。この奇妙な経済的喜劇を見ていれば、政府がインフレ抑制に政治的代償をかけたがっていないことは明らかだった。一九七一年の前半にほんのちょっと落ちこんだだけで、アメリカのインフレ率は再び上昇し始めた。

バーンズがインフレを制御できないという問題は、単なる国内問題ではすまなかった。アメリカは間違いなく世界最大の経済国で、米ドルは国際貿易と投資の基軸だった。ドルの価値を損なったインフレは、四半世紀にわたる世界的な経済の安定をひっくり返すことにもなったのだった。

その安定は、第二次世界大戦の灰の中から生まれたものだった。一九四四年七月、連合軍がドイツを苦しめて太平洋を北上しながら日本へと向かっていたころ、戦後経済の計画を練るために四四の国の代表がニューハンプシャー州ブレトン・ウッズに集まっていた。主な議題は新しい国際金融制度のための規則。代表たちは、ほかの国が米ドルに対する為替レートを固定することに合意した。為替トレーダーが特定の通貨の為替レートを公式為替レートから引き離すようなことがあれば、その国の政府が市場為替レートを正常化させる義務を負う。このためには、国に出入りする金の流れを制御する必要があった。そして、中央銀行が金利を操作して、通貨を所有したがる投資家の欲求を抑える必要があった。また、市場レートを動かす規模で通貨を売買する必要があった。極端な場合には、政府は新しい組織「国際通貨基金」の許可を得て為替レートを変えることもできた。ただし、よっぽど緊急の場合以外はどの国もやってはいけないのが、通貨を支えるために輸入を制限することだった。狙いは国際貿易を促進することであって阻害することではない。大恐慌の再現は避けなければならなかった。(5)

為替レートを安定させて貿易障壁を引き下げたブレトン・ウッズ協定は、黄金時代を実現可能にした。この制度の最大の美徳は、政治家の動きを制限したことだった。閣僚が選挙に先立って経済を一時的に後押しするために金利の引き下げを要求したとしたら、中央銀行総裁はその行為が通貨の安定性を損ない、ほかの国の不興を買うかもしれないと主張することができる。同様に、もし国会議員が輸出を増やしたい企業を助けるために低い為替レートを要求した場合、政府はその要求を言下に拒否することができる。だが、この制度には、重大な欠陥がいくつかあった。インフレ率が上がると、中央銀行は問題に対処するために簡単に金利を上げることができなくなる。高い金利は外国からの金の流れを引き寄せ、米ドルに対する国内通貨の価値を押し上げる可能性が高いからだ。もし経済が暗礁に乗り上げてしまっても、中央銀行は経済を救済するためにただ金利を引き下げるわけにはいかない。投資家たちが国内通貨を棄ててドルに乗り換え、ドルに対する国内通貨のレートを引き下げてしまうからだ。そして、なにもかもがアメリカにかかっていた。アメリカは他国で余ったドルを一オンスあたり三五ドルの黄金で買うことを約束していたのだが、この取り決めはアメリカが大量の黄金を貯蔵しており、ほかの国がいつでもアメリカの黄金と交換できるドルを貯めこんだ

りしないことが大前提となっていた。(6)

一九六八年までにほかの国があまりにも多くの米ドルをかかえこんでいたので、アメリカが黄金でドルを買えるかどうかはもはやあやしくなっていた。金融制度が揺らぐ中、ブレトン・ウッズ協定が事態をさらにまずくする。一九六九年にFRBが上昇するインフレに対処するべくアメリカの金利を引き上げると、協定に基づいて為替レートを安定させるために、ほかの国々も自国の金利を上げざるを得なくなった――西ドイツがいい例だが、自国のインフレ率が制御できていたにもかかわらずだ。そして一九七〇年にアーサー・バーンズがアメリカの金利を引き下げ始めると、ほかの国もやはり対ドルレートの安定を維持するために、自国の金利を引き下げた。経済が過熱していた日本では、金利を引き下げるなど一番やりたくないことだったのだが。アメリカの安易な金融政策が、世界中でインフレを引き起こしていった。

火消しのため、各国政府は対インフレ政策に乗り出した。あまりにも魅惑的な内容だったので、有権者を怒らせることもなければ為替レートを変動させることもないはずと期待された政策――単純に、物価上昇の停止を命じたのだ。ノルウェーは、三年間で三度の価格凍結を実施した。オーストリアは、値上げ率が高すぎた企業に罰金を科した。ベルギーは、値上げの際には政府への通告を企業に義務付けた。スペインは、地元の商店で食品がいくらで売られるべきかを決めるよう、都市に権限を付与した。英国は価格だけでなく賃金、家賃、配当金も凍結した。カナダは、賃上げと値上げを承認する国家委員会を設立した。そしてアメリカまでもがこれに加わる。中央銀行総裁は通常、政府官僚がセメント一袋やコーヒー一杯の適切な値段を決めるという考えに眉をひそめる。だが一九七一年八月一五日、バーンズの後押しを受け、ニクソンは賃金と価格を九〇日間凍結することを全国放送で発表した。大統領は同時に、外国の政府がもうドルと黄金を交換できなくなることを突然発表した。「ニクソン・ショック」として知られるようになる発表だ。(7)

価格統制はたいそうな見世物になり、大衆はこぞって拍手喝采した。アメリカでは、ニクソン批判の筆頭に立つ『ニューヨーク・タイムズ』紙でさえ、統制を実施した大統領の「勇敢さ」を称えたほどだった。短期的には、この統制はただちにインフレを止めるかに見えた。だが、中央銀行の貨幣供給に由来する問題には対処しなかった。トウモロコシが不作だった年にウシを育てるのにかかるコストが高くなったり、猛暑の年にエアコンが品薄になったりという、定期的に起こる問題に対するある種の調整が不可能になったのだ。統制が続けば続くほど、一部の労働者がほかの労働者よりも大きな賃上げを勝ち取ったり、政府が一部の値上げだけ承認してほかの値上げを却下したりするのはなぜだと憤る有権者の反感が高まっていった。物価への影響も高まり、統制が解除された瞬間に爆発しそうな勢いだった。

その一方、黄金でドルを買うのをやめるというアメリカの決断も、不安定な為替レートをまったく安定化させなかった。為替レートの不安定化で金融市場が混乱し、企業は先を見通した事業計画が立てられなくなった。あやういことだらけのブレトン・ウッズ協定に代わる当然の代替案は、一ドルを手に入れるのにマルクやフランがいくら要るのかは市場に決めさせるというものだった。自由市場寄りの経済学者の多くが、この考えを気に入った。何百万という個人や企業がドルとドイツマルクの相対的価値について判断を下す中で、為替レートは自然と政府間の合意が達成できるよりもはるかに安定した均衡に向けて移行していくはずだ、と彼らは約束した。多くの中央銀行総裁と同様、バーンズも、通貨が市場の流れに任せてその価値を決められるという考えには強く反対した。彼の意見では、為替レートの適切な水準については中央銀行の指針がなければ、世界経済の安定を保つことなどできないのだ。だが、米ドル基軸の固定レートを維持するためには、アメリカ以外の国が固定レート維持という目標にすすんで注力してくれることが明らかに不可欠だった――アメリカ以外の国が、自国民にどのような苦難を強いることになろうとも固定レートを守ることが必要だったのだ。

制度を修復しようと、トップ会議が次から次へと開かれた。一九七一年終盤にスミソニアン研究所で開催された会議ではドルがほかの主要通貨に対して切り下げられるという奇妙な妥協がおこなわれ、それによってドルは通貨市場でほんの少し自由に動き回れるようになった。ニクソンは、スミソニアン協定が「世界の歴史の中でももっとも重要な金融関連の合意」だと述べた。

先のブレトン・ウッズ協定と同様、スミソニアン協定も米ドルを世界の金融制度の中心に据えたままだった。アメリカは意のままに経済を動かすことができる。ほかの国々は、アメリカの政策に応じて自国の通貨を許容範囲内に収めることを求められた。だが協定に署名したインクが乾きもしないうちに、血の臭いを嗅ぎつけた通貨トレーダーたちが襲いかかってきた。

一九七一年後半までには、ニクソンから迫られたバーンズは一九七二年の選挙前にアメリカ経済に弾みをつけるべく金利の引き下げを求めていた。そのほとんどをニクソン前任の民主党に指名されていたFRBの理事たちは、失業率を下げるためにも金利が引き下げられるべきだと賛成多数で同意し、議会の有力議員たちも同様の呼びかけをおこなった。彼らのほぼ全員が、失業率とインフレのあいだにはトレードオフがあるという広く信じられた考えを持っていたので、国民に仕事を取り戻せるなら高いインフレを容認することもやぶさかではなかったのだ。インフレ率がアメリカのそれよりもすでに高かった国々は、この動きに足並みを合わせることをためらった。西ドイツのブンデスバンク総裁カール・クラーゼンはシラー財務相からの要請にもかかわらず金利引き下げを拒否し、内閣も財務相の立場を支持することを拒否したため、シラーが辞任する事態となった。こうした混乱の中で通貨トレーダーたちは大はしゃぎしながらドルを投げ捨ててマルクを買い集めた。為替レートがものすごい勢いで合意された額を突破していたころ、大統領執務室《オーバル・オフィス》で録音された極秘のテープには、ニクソンがこの問題そのものと手を切りたがっている様子が記録されていた。首席補佐官H・R・ハルデマンが通貨危機は現在イタリアに激震をもたらしていると報告すると、大統領はこう言い返した。「リラのことなんぞくそくらえだ」(8)

アーサー・バーンズのあぶく銭は世界中に波紋を広げ、経済成長にターボチャージをかけたような勢いをつけた。いくつかの国では短期金利があまりにも低くなったため、インフレ率を計算に入れると、企業が支払うローンの額が借り入れのコストよりも低くなってしまったほどだった。そのような状況は当然、ビルを建て、機材を購入し、見つけられさえすればもっと多くの従業員を雇い入れる強い動機になる。建設ブームが起こり、自動車販売は過去最高を記録した。一九七二年、インフレ考慮後の平均的な市民の購買力はフランスとドイツでは三パーセント以上、アメリカとカナダでは四パーセント以上、そしてはるか遠くの日本、フィンランド、スペインといった国々では約七パーセント上昇した。ここでもやはり、政府や中央銀行によるタイミングの良い行動が繁栄をもたらしたようだった。ニクソン自身は、バーンズのFRBでの最初の数年は大成功だったとみなしていた。失業率が下がり、民主党の対立候補はさほど強い相手でもなく、五〇州中四九州の支持を勝ち取った大統領は楽々と一九七二年一一月の再選を果たした。(9)

だが、つけはいずれ回ってくる。経済学者が指摘したがることだが、金融政策の変更は中央銀行総裁が簡単に決めてすぐさま経済効果をもたらせる魔法のスイッチではないのだ。その影響はゆっくりと広がっていき、どのくらいの時間差が出るかは予測できない。一九七一年終盤から一九七二年初頭の安易な金融政策が価格や賃金に反映されるには数カ月かかった。ニクソンが再選されるころには、インフレは世界の主要経済で急激に上がり始めていた。

第4章　揺らぐ信念

インフレの再燃と為替レートの混沌が金融市場をひっかきまわしているころ、おしゃべり階級《チャタリング・クラス》〔政治的に活発な知識階級〕にはほかに関心事があった。彼らが心配していたのは、世界が経済のどん底に落ちこむかもしれないということではない。むしろ、時代が良すぎて、かつて想像もできなかったような規模の富を生み出す繁栄の原動力が経済と環境を崩壊させているのではないかということだった。新たな環境保護主義は、一九七〇年代初頭の経済成長についての人々の考え方を大きく左右することになる。そうした考えを持ったのは大多数の人々よりも明らかに裕福で経済的に安定している層だったが、彼らにとって所得の増加と物質的な幸福の向上は、褒め称えるべき業績ではなく対処すべき問題だったのだ。

一九七二年三月、ニューヨークのあまり知られていない出版社が『成長の限界』というおそろしい本を出版した。名高いマサチューセッツ工科大学の研究者たちによって書かれ、「ローマ・クラブ」という謎の組織の出版許可が記されたこの本は、コンピューターモデリングを利用して「人類の窮状」を分析するものだった。その言葉は明確に不吉な内容を告げ、どの高学歴な経済計画立案者にも負けないほどの自信をにじませていた。「現在の世界人口の成長傾向、産業化、環境汚染、食糧生産、そして資源枯渇が変わらないまま続くのであれば、この惑星における成長の限界は今後一〇〇年以内にやってくるだろう。もっとも可能性が高い結末は、やや急激かつ制御不可能な人口減と工業力の低下だ」[1]

『成長の限界』は世界中にセンセーションを巻き起こした。三七カ国語に翻訳され、最終的には一二〇〇万部以上が売れたのだ。どのページをめくっても、経済成長を求める人類の飽くなき欲求の結果である人口過剰のために世界はもうすぐ急停止すると警告していた。「現在重要とされている再生不能エネルギーの大部分は、今から一〇〇年後には非常に費用がかかるものになっているだろう」とこの調査は断言している。銅の大量の新発見を考慮に入れたとしても、すさまじい勢いで増え続ける需要が四八年後には地球の供給を枯渇させてしまう。人口増は「切実な土地不足」へとつながる。人類がほぼすべてを排出している汚染物質の割合は「幾何学級数的に増えているように思われる」。そして著者らは自分たちの予測に但し書きをつけて慎重に正当化してはいるものの、その論調は間違いなく終末論的だ。「未使用の開墾可能な土地が豊富にあれば、人口は増えることができるし、一人当たりの食糧も増える。土地がすでに使われているのであれば、もっと多くの人口か一人当たりもっと多くの食糧かは、絶対値と絶対値との間での選択となる」

全人口に行き渡るだけの食糧がない世界についての警告は、目新しいものではなかった。イギリス人聖職者トマス・マルサスは、ほぼ同じことを一七九八年に予測している。だが、マルサスはあまり人気を得られなかった。その主な理由は、予期された危機が二〇〇年近く訪れなかったからだ。『成長の限界』はマルサスのさらに先を行き、住居を暖める石油や工場で使う金属、飲むための清潔な水さえも不足する世界を予測した。だがこの本が本当に革命的だったのは、その科学的解説だった。四八のグラフと六つの表、それにコンピューターによる計算や正のフィードバック・ループについての議論を用いたこの調査は、マルサスには欠けていた定量的な厳密さを備えているように見えた。経済学者ウォルター・ヘラーやカール・シラーが経済の未来を予測するためにコンピューターの使い方を覚えたように、研究者たちは世界の運命を予言するツールとしてコンピューターを駆使したのだ。

『成長の限界』はあえて挑発的に書かれていて、批評家たちはその欠陥を容赦なく責め立てた。「このような予測がモデル作成の興味深い演習以上の意味を持つと考える、信頼できる経済学者がほとんどいないことは、この際どうでもいい」と『サイエンス』誌は噛みついている。のちに世界的な環境経済学の第一人者として知られるようになるウィリアム・ノードハウスは、本書の予測の基盤となっているモデルに四三もの変動要素があり、そのうち「実際のデータや実証的研究から引き出された要素や関係性はただのひとつもない」と指摘した。とある有力なフランス政府審議会は、「この分析は人類の創意工夫という蓄えを……まったく考慮していない」と訴えた。イギリスのサセックス大学の科学者グループは顔をしかめ、『成長の限界』が一〇〇年早く書かれていれば著者らは迫りくる石油不足のことは心配しなくてもよかっただろう、と指摘した。そのころ、石油はほとんど使われていなかったのだから。(2)

欠陥がどれだけあったにせよ、『成長の限界』は雇用とインフレ、増え続ける消費で頭がいっぱいだった政治家や中央銀行総裁らに対する挑戦状だった。戦後世界の驚異的な成長は、持続不可能なばかりではない。不道徳でさえあったのだ。世界は、自らの資源を不法に占有することで豊かになってきた。そろそろ、帳尻を合わせるときが来たのだ。「地球は有限である」と著者らは強調した。そして人口が増え続ける限り、一人ひとりがもっと少ない資源で生活することを学ばなければならなくなる、と。何億人もが慣れ親しんできた繁栄を維持する試みは、失敗する運命にあった。低い生活水準への強制的な調整は避けられない。「世界のシステムの基本的な行動パターンは、急激な人口と資本の増加、そしてそれに続く崩壊だ」。その崩壊は、著者らによれば、いつ起こってもおかしくなかった。

『成長の限界』は、単独で発生したものではなかった。環境保護主義という新たな目標が世界中に広まり始めていたころに登場したのだ。

戦後復興初期の必死だったころ、環境への配慮は手の届かないぜいたくだった。何億もの人々に住居と食糧を提供することが最優先で、再建された発電所から立ち上る煙は成功の象徴だった。繁栄が取り戻され、汚染が深刻化する中、一九四八年にペンシルベニア州ドノラ渓谷で気温逆転により発生した霧が原因で一七人が死亡したドノラ事件、一九五二年にはロンドンで街が高気圧に覆われて霧が発生し、大量の死者を出したロンドン・スモッグ事件のような悲惨な事件が起き、人々は環境汚染による健康被害に目を向けざるを得なくなった。英国では一九五六年から石炭を燃やす発電所を大都市から移そうという取り組みを始め、カリフォルニアでは一九六一年から新車にはスモッグを軽減する装置の取り付けを義務付けた。だが一九六二年、レイチェル・カーソンのベストセラー『沈黙の春』が殺虫剤の鳥や人間への害について指摘したころには、環境問題に対する社会の意識はまだ非常に低かった[3]。

同様に低かったのが、沿岸湿地の水を抜いたり発電所で石炭を燃やしたりといった人間のさまざまな活動がどのように植物や動物、そして人間にとっても有害かについての科学的認識だった。戦後二〇年の間に、何百もの新しいプラスチックや化学薬品が発明されている。政府機関にはその安全性を研究する資金がなかったし、生産する企業は独立した科学者たちがそのような研究をすることにまったく関心を持っていなかった。「よくわからない理由で人が死ねば、環境汚染が悪かったと言われるんだろう」というのが彼らの言い分だった。大気汚染を測定する際、当局はまだ一八八八年に発明されたリンゲルマン濃度表に頼っていた。検査員が煙突から立ち上る煙の濃さを紙に印刷された灰色のグラデーションと見比べるというこの検査では、空を暗くしない汚染物質は考慮されない。公害防止策は多くの場合、煙突を高くして汚染物質が風で遠くへ運ばれるようにし、パイプを長く伸ばして排水が海のもっと沖へと流れるようにする程度のものだった。(4)

一九七〇年代初頭に切迫感が増してきた環境に対する懸念は、そのころ生じてきた別の懸念と直接関係していた。人口過剰だ。戦後の人口増加を説明するのに「爆発」という言葉が使われたが、それはあながち間違いではない。世界は一九五〇年から一九七〇年の間に一〇億も人口を増やし、人口総数を五割増しにしていた。人口統計学的な成長がもっとも早かったのはアフリカ、アジア、中南米の貧困国で、中には一九七〇年になっても二〇年前からほとんど生活水準が改善していないような国もあった。「南」として広く知られる国々での急激な人口増加が極度の貧困と飢餓を招いていることは、明白に思えた。因果の連鎖が逆方向に向いているのではないかというより新しい見解——つまり、社会保障制度に欠ける国で暮らす貧しい人々は年をとったときに面倒を見てもらえるよう子孫を増やす必要があるのではないかという考え方——はまだ浸透していなかった。

そして、未来にはさらにひどい事態が待っていると考えられていた。人口統計学者たちは、世紀末までにさらに人口が二〇億増え、それによる壊滅的な影響は避けられないと予想した。「全人類を食べさせる闘いは終わった」とスタンフォード大学の生物学者ポール・エーリックは一九六八年の著書『人口爆弾』で宣言している。「現在どのような突貫計画が立ち上げられていようとも、一九七〇年代には何億人もが餓死することになるのだ」(5)

エーリックの考え方は、新たな社会通念となった。政府や世界銀行などの国際機関は環境災害を未然に防ぐため、家族計画を取り入れる。環境保護組織は人口増加を心配事リストの上位に移動させ、環境運動やそれに関連する人口増加停止運動は驚異的なほどにまで政党の枠を越えた。一九七〇年四月、世界初のアース・

デーで何百万ものアメリカ人がよりきれいな環境を求めて行進すると、そのパレードや演説、討論会はより良い世界を求める大学生たちや野生動物の生息環境を懸念するハンターたち、子どもの健康が心配な母親たち、週末に森を散策するのが好きな企業経営者たちを団結させた。突如として、エコはいいことになったのだ。(6)

リチャード・ニクソンまでが、この流れに乗った。だが、環境保護主義者たちに同調したわけではない。「やつらが興味を持っているのは、システムを破壊することだけだ」とは、一九七一年にホワイトハウスのテープレコーダーに録音された彼の発言だ。だが敏感な政治アンテナを持つニクソンは、絶滅に瀕したトカゲには無関心だし野外でキャンプをすることにも興味がないアメリカ人でも、人口過剰には懸念を示すことに気づいていた。ニクソンは議会に、人口委員会の設立を要請する。議会は承認し、委員会が人口増加による環境への影響を調査するべきだと具体的に示した。その結果である報告書はちょうど、一九七二年に『成長の限界』が出版されるころに発表されたのだが、「この国の人口が増え続けることによる実質的なメリットはない」と告げていた。これは、国道沿いの標識に人口を誇らしげに記すような都市を抱える国にしては、驚きの結論だった。住宅建設業者、家電メーカー、その他急速に増え続ける人口を顧客として繁栄してきた何千もの事業の先行きを脅かすものだったのだ。人口問題に真剣に取り組む委員会を設置したことで点数を稼いだニクソンは、報告書の調査結果の多くに反対意見を唱え、以後は報告書そのものを無視した。(7)

大西洋の向こう側では、イギリスで新たに刊行された有力な雑誌『エコロジスト』が、国の人口を五〇〇〇万人から三〇〇〇万人未満まで減らすことを一九七二年に提案した。スイスでは有権者の三分の一が、「スイスの人口過剰」を防ぐために移民の数を制限する構想を支持する。新設の国連環境計画はその年の六月に最初の会議を開き、自国の人口を制限しようとする政府の権利を是認した。人口増加防止についての政治論争にうんざりしたら映画館に行って『赤ちゃんよ永遠に』を観ればいい。これはイギリスとデンマークが共同制作したSF映画で、当局が子どもを産んだ者に死刑を科すことで人口過剰に対処するという、二一世紀のとんでもない世界を描いた作品だった(8)。

急成長する環境運動に対する政治的反応は素早く、しかもアメリカだけで起こったのではなかった。第一回アース・デーから二年と経たないうちに、カナダは水質汚染防止法を可決する。アメリカは、自国の貧弱だった大気汚染防止法を書き直した。カリフォルニアは初めて自動車の排ガス規制を実施し、フランス、スイス、カナダ、英国、日本、そしてアメリカはすべて、国内に環境局を立ち上げた。だがアース・デーが基本的にはポジティブなイベントで、より良い世界を作るための希望に満ちた団結の場だったのに対し、『成長の限界』は決定的にネガティブなメッセージを、環境政策に関する国境を越えた熱い議論の場に注入するものだった。人類は地球を破壊している、とこの新しい本は訴えた。そして、経済成長と国民総生産によって測定される所得の増加をいつまでも追い求める限り、事態は悪化するだけだと。法規制は、問題解決にほとんど役に立たない。もう手遅れなのだ。

新たに起こった環境運動は、それまで優勢だった経済の正統政策に真っ向から挑戦状を叩きつけた。多くの評論家が述べたように、一人当たりの所得増や国民総生産といった従来の経済指標は、環境への配慮をひどくゆがんだ仕方でとらえていた。製鉄所や精製所からの生産品が増えることは純粋にプラスとみなされ、結果として増える環境汚染がもたらす害によるマイナスは考慮されなかった。だがそのくせ、企業や政府が汚染のあとで汚れた水をきれいにするために金を使えば、それも経済成長として計算に入れられるのだ。環境保護主義者たちは、汚染すればするほど経済が早く成長しているように見える、と苦情を言ったが、それはまさに的を射ていた。

だがこうした事態から、まったく誤った結論が導き出された。経済成長が虚構である、あるいはもっとひどい場合は、繁栄が敵であるという結論だ。「人類の三分の一にあたる先進国が快楽主義に堕ちてしまい、消費という偶像やステータス・シンボルを崇め、最新の機器が持つ多機能性の奴隷となり、人類としての精神的な価値に背を向けてしまっている」と一九七一年の講演で同輩たちに訴えたのは、当時はまだ比較的貧しい国だったイスラエルの外交官だ。この新たな考え方での成長は、容認できない汚染、計り知れないほどの環境破壊、そして天然資源の無計画な乱用を意味した。一九七一年、イェール大学の二人の若き科学者が「この考えを受け入れるなら、人口やエネルギー生産、物の消費がいずれは制限されなければならないという結論を否定することは難しいだろう」と書いている。裕福な国はもっと裕福になろうと努力するべきではない。むしろ、人口や物理的な商品の量が増えない、「定常状態経済」を目指すべきなのだ。(9)

これは、単なる環境保護主義にとどまらなかった。第二次世界大戦以降、すべての非共産主義国が追い求めてきた目標を真っ向から否定するものだったのだ。戦後すぐの数年間、破壊と混乱のさなか、なによりも重要だったのが成長だ。経済成長は住む場所を失った何百万もの人々に食糧と住居を提供し、民主主義政府が戦時下の独裁政権に取って代われるよう支援し、生活水準をあまりにも迅速に引き上げたため、西欧と日本がソ連流の共産主義の魅力を拒絶したほどだった。だが一九七〇年代初頭に入り、そうした有権者のほとんどが車やまともな住宅、教育の機会を手に入れると、社会の中で影響力を持つ層が戦後世代の業績を放棄していく。繁栄は、過去のものとなったのだ。国民総生産はもう関係ない。未来研究者ハーマン・Ｅ・デイリーはこの状況をまとめてこう言っている。「貧しい者にとって、ＧＮＰの成長はまだいいものだ。だが裕福な者にとっては、それはきっと悪いものだ」(10)

事態は進んでいったが、新たな法律や技術のおかげで審判の日は警告を発した人々が予期したよりもずっと先延ばしにされていった。『成長の限界』が出版された当時、アメリカの平均的なトウモロコシ農家は一エーカーあたり八八ブッシェルを収穫していた。四〇年後、『成長の限界』では予期されていなかったことだが、トウモロコシの平均収量は遺伝子改良穀物や局所灌漑、畝の間隔をトラクターに教えてくれるコンピューターなどのおかげで六六パーセント向上していた。アルミの原料となるボーキサイトが地殻に含まれる量は限られていたが、値段が高かったため、アルミに代わる新素材の研究が進められ、ビール缶のリサイクル業も活発になった。自動車、ビル、発電所はいずれも化石燃料のはるかに効率的な燃焼方法を編み出し、メーカーが製品をひとつ生産するために必要となる原料も、ずっと少なくてすむようになった。イノベーションや規制では、迫りくる惨事を予測してコンピューターが引いた傾向線を変えることなどできないという、当時流行していた主張は、かなり間違っていたことが証明されることになる。[11]

だが、それはすべてあとになってわかることだ。一九七二年当時、目先の問題は空や川、海に流れこむ排出物を掃除することと、世界中に後先考えずに廃棄された何百万トンもの有害廃棄物という負の遺産に対処することだった。そのコストの大部分はメーカーや発電会社が負担することになるわけで、それらの企業は煙突から出て行く煙に含まれる有害なガスや物質を排除し、手近な湖に汚水を流す前には排水処理をおこなうことが新たに義務付けられた。過去には、企業は国民に環境被害という重荷を押しつけてそうしたコストを回避してきたとも言える。だが今度は新しい設備への環境上の許可や不法な環境汚染への罰金などで、政府から相応の負担を求められることになったのだ。

環境規制は、やがてはより良い健康とより清潔な環境という形で幅広い恩恵をもたらした。だが、企業の新工場や生産機器への投資の大部分を、汚染対策危機へと割かせることにもなった。世界の経済的な幸運が終わりを告げる中、成長の足手まといとなるもうひとつの要素になったのだ。[12]

第5章　大スタグフレーション

一九七三年が明けるころ、とある一流経済コンサルタントが未来についての疑いはないと発言した。その人物こそ、アーサー・バーンズのかつての教え子でリチャード・ニクソンの選挙顧問を務めたアラン・グリーンスパンだ。彼は顧客に対して、自信を持つようにと言って背中を押したのだった。グリーンスパンには政治的野望があり、それがＦＲＢの議長と大統領を支援した理由だった。上がり続ける価格と不安定な通貨にもかかわらず、彼はバーンズに責めるべきところを見出せなかった。彼の予測は、迫りくる危機を一切示唆していなかったのだ。「今ほど無条件に強気になれることはめったにない」と彼は言った。(1)

グリーンスパンは、型破りな考え方をする人物ではなかった。政府や中央銀行による明敏な管理がふたたび世界経済を荒波から救い出し、力強く安定した成長の道筋に戻したというのが世間一般の認識だった。「先進国は二〇年の好景気を前にしている」と報じたのは、イギリスの『ガーディアン』紙だ。消費者は明日など来ないかのように消費しまくっていた。仕事が安定していて、所得が上がることを確信していたからだ。トラックの部品からガラス、材木までありとあらゆる物資が不足していて生産増強計画が進まないと購買部長が文句を言うアメリカでは、ニクソンの大統領経済諮問委員会がインフレの低下により経済が七パーセント近くも成長すると予測した。「景気上昇は着々と勢いを増してきている」と述べたのは日本銀行で、イングランド銀行も「生産量の継続的な急増」を予測した。一握りの悲観的な予測筋が先に待ち受ける問題を予見していたが（ニューヨークの投資銀行ソロモン・ブラザーズのヘンリー・カウフマンは「一九七四年は問題が山積みだ」と警告した）、ほとんどの経営経済学者は、「現在の好景気はかなり長続きしそうだ」と自社の幹部社員に伝えた化学薬品大手デュポンのチャールズ・リーダーと同意見だった。(2)

この明るい見通しに影を落とすもっともわかりやすい脅威は、通貨市場における混沌だった。最新の経済報告書はどれも、前年にスミソニアンで締結されたばかりの為替レート合意とは逆に投資しろと訴えていた。ニクソンが「歴史上もっとも重要な通貨協定」と称えたこの合意は、ばらばらになりかけていたのだ。ばらばらになる過程で価値を高める通貨もあれば失う通貨もあったが、負け組の通貨にしがみつきたい者など誰もいない。為替レートがめちゃくちゃになっているというニュースが新聞の一面を飾った。この不安感には伝染性があり、インフレがふたたび上がり始めているという兆しがそれに拍車をかけた。一九七三年の一月から間もなくして、株価は世界中で長く苦しい下降を始めた。イギリスからアメリカ、香港、日本まで、投資家が持つ企業株式は二年のうちに半額以下となった。(3)

経済予測筋は株価の下落からただ目をそむけ、アメリカの経済学者ポール・サミュエルソンが言った「ウォールストリートの指数は過去五回の不況のうち九回を予測した」という皮肉を慰めとした。一九七三年の最初の数週間、迫りくる崩壊を訴える市場からのメッセージは望まれていなかっただけでなく、まったく信じられなかった。現状があまりにも良すぎたからだ。一九七三年一月はアメリカの住宅建設業者にとって史上二番目に忙しい月で、イギリスと日本でも住宅価格はうなぎのぼりだった。西ドイツ政府の調査は、一九七三年が「新たな景気変動の上昇期の始まり」で、経済は六パーセント成長する可能性が高いと判断した。

日本での予測はさらに良かった。三井銀行は仮に円高ドル安になったとしても、成長率は驚きの一二パーセントになるだろうと予測した。そのペースだと、日本の経済はたった六年で倍増することになる。そうならないわけがあるだろうか？　四半世紀にわたる戦後復興を経ても、日本ではまだ四世帯に三世帯が水洗トイレを持っていなかった。作るべきものはいくらでもあったのだ。(4)

そういうわけで、工場が時間外も操業を続けて一般家庭がかつてないほどに金を使っている現実経済の根拠のない高揚感にもかかわらず、金融市場は一九七三年初頭には実は混乱していたのだった。一月には、神経質なイタリア人たちがひそかにリラを持って国境を越え、スイスフランに換えに走った。このため、フランの価格があまりにも上がってしまってスイスが自国通貨をドルから切り離さざるを得なくなったほどだった。すると市場はドルに目を向ける。投資家たちがドルを放り出し、ドイツマルクや円に換えていく。ほんの束の間、普段なら軟弱なはずのフランスフランまでが強く見えた。投機家の夢が実現したかのようだった。世界中の中央銀行総裁は固定レート制度をどうにかしてつなぎとめようという無駄な努力で、自国の通貨を売って八〇億ドル以上を公式為替レートで買い集めた。二月一二日までには、投機家たちが勝利を収めていた。日本はドルに対して円を固定することを諦め、市場の勢いに任せることにした。投機家たちがすぐさま、円を釣り上げる。西欧の主要通貨もやはり上がっていった。大虐殺が終わったときには、一ドルで買えるのは六年前に買えたドイツマルクのたった半分、日本円のたった三分の二だった。ドルを核とするブレトン・ウッズ協定の固定通貨レートは、ここで息絶えた。(5)

嘆く人々の中でも代表的だったのが、中央銀行の人々だ。彼らの多くが、固定為替レートの重要性に宗教めいたほどの信念を抱いていたからだ。「毎週日曜日の理事会は、天気のせいだけにはできない陰鬱とした雰囲気に包まれていた」と伝えたのは、スイスの理事との会談後のアメリカ連邦準備制度理事ジェフリー・

ビュシェだ。だが、中央銀行の懸念はさほど重要ではなかった。ブレトン・ウッズ協定を放棄するという決断はもう撤回できない。それよりも重大だったのは、石油輸出国の立腹だった。彼らは常に製品を米ドルで値付けしていたのだが、ドルが崩壊したということは、何百万バレルもの石油で買えるドイツ製トラックや日本製I型梁の数が減るということだ。不満だらけの輸出業者カルテル、OPECとして知られる石油輸出国機構は、ドルの下落を埋め合わせるためにさらなる値上げを要求した。この交渉の過程で有名になったのが、それまではほぼ無名だったサウジアラビアの高官、アハマド・ザキ・ヤマニだった。[6]

一九七三年初頭に四二歳だったヤマニは石油市場関係者にとってはすでにおなじみの顔だったが、それ以外では謎の人物だった。法学者（サウジアラビアでは宗教学者を意味する）の息子として生まれた彼は、法律を勉強するためにカイロ大学に行くまでメッカで育った。今にも崩れ落ちそうなサウジの財務省で下級官僚として数年過ごした後、政府負担でアメリカに渡り、ニューヨーク大学とハーヴァード大学で法律の学位を取る。故郷に戻るとサウジアラビアで最初の法律事務所のひとつを開き、当時まだ貧しく孤立した国だったこの国で仕事をしたがっている外国企業向けにアドバイスを提供した。つぎにやってきたのが、皇太子の法律顧問としての仕事だった。皇太子はヤマニの聡明さと思慮深さが気に入ったに違いない。一九六二年、三〇歳のときに、ヤマニは石油だけを基盤に経済が成り立っている国では重要かつ強い権力を持つポスト、石油大臣に任命された。

ヤマニは、誰よりも異彩を放つ人物だった。省庁のほぼすべてが王族の血縁によって運営されている国で、平民だったのだ。英語とフランス語に堪能で、趣味はオペラとクロスカントリースキー。サウジの首都リヤドだけでなく、ニューヨークとウィーンにもなじみ深かった。底なしに礼儀正しい彼は膨大な人脈と鳴り止まない電話で知られ、メッカの大聖堂《グランド・モスク》にある彼専用の個室で瞑想していたかと思えば、イタリアのサルデーニャ島沖に浮かべたプライベート・ヨット上でディナーを楽しんでいたりした。サウジアラビアを離れると、アラブの民族衣装ディスダージャよりもロンドンのサヴィル・ローで仕立てたスーツを好んだ。波打つ黒髪と髭は常に完璧に整えられていた。この上なくテレビ映えするヤマニはカメラをまっすぐに見据えてゆっくりかつ簡潔に、やさしい口調で話すことができた。彼が毎夏を砂漠のテントで過ごしていると書いた新聞記事についてレポーターが質問すると、ヤマニはジュネーヴのインターコンチネンタルホテル最上階のだだっ広いスイートルームを愉快そうに見回し、こう答えた。「ここがテントに見えますか？」[7]

一九六〇年代、サウジアラビアはアメリカとソ連を除けば一番の石油産出国だった。だがヤマニが一九六二年に大臣になったとき、石油輸出国は貧しかったし、力もなかった。石油ビジネスは「セブン・シスターズ」と呼ばれる、世界中の石油備蓄四分の三以上を支配する欧米の企業グループが牛耳っていた。外国人が主導権を握っていたのだ。掘削機械もパイプラインも、ポンプ場も、石油を外国の精製所に運ぶタンカーも外国の所有だった。石油会社で重職についているサウジアラビア人、リビア人、イラン人、ベネズエラ人は数少なく、彼らの政府は技術的知識にも経済の専門知識にも欠けていた。サウジアラビアでは、王国の石油を汲み出しているアラムコというアメリカ所有のコンソーシアムが、一九六〇年代には一バレルあたり約三〇セントのロイヤルティに加え、一バレルあたり三二セントの「所得税」を支払っていた。これが、サウジ政府に年間一〇億ドルに近い金額をもたらしていたはずだ。[8]

サウジアラビアとその他の四カ国は、一九六〇年にOPECを結成した。セブン・シスターズを相手にもっといい取引をするためだ。だがこの組織は経験が浅く、内部の意見が一致せずに足並みが乱れていた。サウジ国王の代理人として、ヤマニは加盟国間の仲裁を試みた。これは、気弱な人間にはつとまらない仕事だ。

加盟国の中には、急速に増え続ける若い国民を食わせるために早急に石油収益金を必要としている国があった。あるいは、人口も少なくほかの収入源も少ないが、帝国主義やシオニズム、その他仮想も現実も含めた敵対者に対抗する政治的武器として石油を使える国もあった。一九六七年六月、イスラエルがエジプト、ヨルダン、シリアとの戦争に突入する中、一部のアラブ政府は欧米のイスラエル同盟国への石油輸送を停止するべきだと訴えた。攻撃を受けているときでも落ち着いた物腰を保てることを自負していたヤマニは、過激な措置に反対するという助言をした。石油の産出量を切り詰めることを公言する国の多くが、ひそかに約束を破ると知っていたためだ。この助言は受け入れられなかったが、彼は正しかった。石油は流れ続け、禁輸措置は屈辱的な失敗となった。

だが、ナショナリズムや社会主義の傾向はアラブ世界で強まっていて、アラブ人は鉱物資源を取り戻すべきだと訴えていた。脇へ追いやられることを恐れたサウジアラビアは、この流れの先頭へ出ることに決める。一九六八年六月、ヤマニは政府がアラムコに参加したがっている旨を発表した。そして世界中の首都をめぐり、彼らしい計算しつくされた方法で「参加」は「収用」とはまったく異なると強調しつつ、所有権を買い取れなければ一部の政府は外国資本の石油会社を強引に奪うかもしれないと示唆した。「参加は、国有化に代わる我々のやり方だ」と彼は主張した。アメリカ国務省の専門家らは、この提案を「計画というよりはむしろ策略」と切り捨て、アラムコはただちに提案を拒否する。アメリカはサウジに対し、アラムコから手を引くよう強い圧力をかけた。最終的には、ヤマニの戦略が勝利を収める。四年間粘った末、一九七二年終盤に欧米の石油大手企業はサウジアラビアとクウェート、アラブ首長国連邦、カタールにそれぞれの企業の所有権四分の一をすぐさま売却し、一〇年以内に過半数の支配権を譲ることに合意した。アラブの国々は、ついに役員会の席を勝ち取ったのだった。(9)

OPECの強まり続ける影響力は一時は北米、ヨーロッパ、日本からは慎重な目で見られていた。「アラブやその他の石油産出国の交渉力が強まっています」。一九七二年三月、ドルの世界的な購買力の低下を相殺するためとしてアラブ六カ国が少しの値上げを勝ち取って間もなく、ウィリアム・P・ロジャース国務長官はこうニクソンに警告した。もっとも裕福な国で増え続ける石油の消費量は、輸出国の勢いに拍車をかける。その証拠が見られたのが一九七二年九月だ。ヤマニがワシントンにあるジョージタウン大学の聴衆に対し、彼の母国はアメリカの石油需要に応える用意ができている、と訴えたのだ。その代わり、アメリカはサウジの石油の輸入税を免除し、精製所や化学プラントを購入できるようにしてほしい、と。アメリカの高官からの返答がないと見ると、ヤマニは『ニューズウィーク』誌のインタビューを受けてこう語った。「サウジアラビアがその手に宝石を持っていることを忘れないほうがいいでしょう」。それは、いまやサウジが石油価格に対して影響力を持っていることをほのめかす発言だった。

一九七三年一月、言われたことはなんでも承認してしまうクウェート議会が、「ユダヤ主義者の敵に対する武装闘争が始まった瞬間」に石油を武器として使うよう、アラブ諸国に促す決議案を可決した。ほかのアラブ政府も、同様の宣言をおこなう。このため、一九七三年の最初の数カ月はワシントンやロンドン、その他の主要国の首都でも、石油に対する懸念が広がる。すると四月、石油省高官にしてファイサル国王の息子サウード王子とヤマニがワシントンへ飛び、簡潔なメッセージを伝えた。アラブ対イスラエルの紛争解決にアメリカが手を貸してくれなければ、アラブ世界の指導者として働きたいという願望を持つサウジアラビアは、ほかの国々と足並みを揃えて石油価格を引き上げざるを得なくなる、と告げたのだ。ニクソンの国家安全保障担当補佐官ヘンリー・キッシンジャーがヤマニにこの会話は内密に、と頼むと、ヤマニは自分のメッセージがニクソン大統領に伝わらないのではと心配になった。マスコミを相手にする腕前がプロ級のヤマニは即座に、自分の訪米の目的を『ワシントン・ポスト』紙にリークする。アメリカの高官がヤマニは純粋に一市民として発言しているだけだと主張すると、サウジ政府がヤマニの言葉を繰り返した。そして五月にはファイサル国王自身がアラムコ幹部と会い、アメリカが中東政策を修正し、アラブ諸国の懸念を考慮することが「絶対に必要不可欠だ」と宣言した。数週間後、国王はアラムコの親会社のトップたちに会い、アメリカがもっと前向きにならなければ、「すべてが失われるだろう」と警告する。その警告を念押しするため、国王はアメリカのテレビ局に異例のインタビューまで許可した。(10)

裕福な石油輸入諸国がこの脅しを真剣に受け止めていたとしても、どう対応すればいいのかはわからなかった。一九六七年のアラブ対イスラエル戦争を終わらせるために全会一致で可決された国連安全保障決議二四二号は、イスラエルに「直近の紛争によって占領された地域」から撤退するよう呼びかけるものだったが、「すべての地域」という文言を入れなかったことは特筆すべきだろう。多くの国がイスラエルとは友好関係にあって、東エルサレムやその他の占領地域から完全撤退しろというアラブ諸国の要求を後押ししたがらなかったのだ。ガソリンとディーゼル燃料への税金を急激に引き上げることで石油輸出国の力を軽減させようという代替案は、国内の政治的配慮のために却下された。官僚や外交官が「エネルギー不足」や「エネルギー問題」「エネルギー危機」について膨大な量の覚書や外交文書を吐き出したが、実際の行動はどこに行ってもほとんど見られなかった。平和な隣人で友好な関係にあるアメリカとカナダでさえ、石油危機が起こった際の協力については合意できなかった。(11)

政策文書の嵐の背後にあった考えは、驚くほど混乱していた。エネルギー専門家や外交政策考案者は、産業界の繁栄が安価な石油にすっかり依存していることをあたりまえに考えていた。高額な石油がさらにインフレを招くことは議論の余地がないように思われ、まるで中央銀行にはインフレ関連の結果を制御する力がまったくないとでも言うかのようだった。世界的に一致していた考えは、OPECの攻勢が高値を招くだけでなく、ガソリンやジェット燃料、暖房用の灯油の物理的な不足も招くだろうというものだった。石油の利用者が急騰する価格にすぐ順応するかもしれないという可能性は、検討すらされなかった。ひょっとすると、最大の懸念は輸入国から莫大な金が流出する可能性だったかもしれない。経済学者用語で言えば国際収支の危機、というものだ。イランやクウェートやリビアが簡単に世界中のドルを掌中に収め、新たに手に入れたその富を一ドルも使わずに巨大な金庫にしまいこむのではないかとでも言わんばかりの危機感だった。[12]

緊張は、一週間ごとに高まっていった。一九七三年三月、ブレトン・ウッズ協定が永遠に葬り去られた数週間後、OPECの一一カ国が石油価格の一五パーセント増を要求した。表向きの説明は、ドルの目減りを埋め合わせるために値上げが必要だというものだった。アメリカはこれに反対するべく同盟国を集めようとしたが、日本、フランス、イタリアはOPECの要求に合意する方向に動いていた。迫りくるガソリン不足が懸念される中、輸出国と石油会社との価格交渉は場所をトリポリからベイルート、ウィーンからカイロへと変えながら、議論が紛糾して長引いた。会議が不合意に終わるたびに、懸念がトップニュースで示される。そして六月初旬、ついに取引がまとまった。年初には一バレル二ドル五九、あるいは一ガロン六・二セントだった公式基準価格は二ドル九〇となり、特定の地域からの原油は輸送費や原油の性質に応じてそれよりも少し高く、あるいは安くなるということになったのだ。さらに、基準価格は以後、一一の異なる通貨に対するドルの価値に固定されることになった。米ドルがさらに弱まることがあれば、石油のドル価格が自動的に上がるという仕組みだ。[13]

だが、外交官にストレスを与え、株式市場の投資家をおびえさせたOPECの脅迫に、石油の利用者はほとんど気づかなかったようだ。アメリカの消費支出は一九七三年第一四半期には年率一五パーセント上昇し、建築・設備に対する企業支出も年率二〇パーセントと急増した。イギリスの工場は生産能力の九四・七パーセントという最高記録で稼働していた。五月におこなわれた調査によれば、日本のメーカーは一九七四年初頭まで売り上げの急増が続くと予測している。世界中の経済官僚が、この楽観的な見通しに同調しているようだった。ドイツ政府が五月に発表した修正予測もバラ色だった。連邦準備制度理事会の見通しも同様だ。その春のFRB政策会議の議事録に、石油についての議論は見当たらない。パリに拠点を置く富裕国のシンクタンク、経済協力開発機構（OECD）が六月に発表した半期予測は、「今後一二カ月、拡大は……おおむね強いまま持続すると思われ、ほとんどの国の失業率をさらに改善させていくだろう[14]」と判断していた。

三カ月後、世界経済はまだ活況だった。「大局的に見れば、ほぼすべての物に対する需要が供給を上回る、非常に強い経済です」。デュポンの経済学者チャールズ・リーダーは、デュポン幹部にこう述べている。日本ではメーカーが強い需要に対処するため、今後一年に投資を二九パーセント増強する計画を立てていることが調査で明らかになった。西ドイツ政府は経済成長率が四パーセントを超えると期待しており、失業率はごくわずかだと見ていた。九月半ばになって石油輸出国が再び実力行使を示唆しているという知らせが届いたときも、とりたてて心配することはないように思われた。経済成長は主要経済で一九七四年末までゆるやかに上昇を続けるだろうというのが総意で、インフレは徐々に沈静化し、労働市場は強いまま維持されると考えられていた。世界経済が急激に悪化の一途をたどる気配など、みじんも見られなかった[15]。

一九七三年一〇月六日は、ユダヤ教の暦でもっとも聖なる日、贖罪の日《ヨム・キプール》だった。戦後の長く続いた経済成長がピークに達した一日があるのなら、このヨム・キプールの日ほどふさわしい候補はないだろう。

その日の午後二時、エジプト軍機がイスラエル空軍基地やミサイル発射台、レーダー基地を襲撃した。そしてその数分後、一九六七年の中東戦争以来閉鎖されていたスエズ運河沿いのイスラエルの防御設備を何千もの部隊がよじ登り始めた。同時に、占領されていたゴラン高原のイスラエル軍拠点にシリア軍の部隊と戦車が攻撃をかける。四八時間以内に、中東の六カ国がエジプトとシリア側について石油価格の倍増を申し入れた。石油会社役員による委員会との交渉が行き詰まると、輸出国は独自の行動を取り始める。一〇月一六日には新しい基準価格として一バレル五ドル一二セントが発表された。「あの日は、OPECが権力を握った日だった」とは、のちにヤマニが語った言葉だ。一九七三年の年明けから九カ月のうちに、世界でもっとも重要なエネルギー源の価格が二倍近くになったのだ。翌日、OPECに加盟するアラブ諸国は石油生産量を一〇パーセント削減し、その後一カ月ごとにさらに五パーセントずつ生産量を削減していくことに合意した。[16]

この脅迫は完璧なタイミングでおこなわれた。世界はちょうど、それまでにはなかった問題に直面していたからだ。その問題とは、物資不足だ。一九七三年の好景気で消費者は消費ブームに突入し、鉱山や農場、工場は、増え続ける需要を満たせるだけの生産量をどうしても確保できなかった。日本のメーカーは、電力から鉄鉱石まで、ありとあらゆるものが不足していると訴えている。FRBから一〇月一〇日に政策決定者に送られた地域の経済状況に関する議論をまとめた極秘の記録、いわゆる「レッドブック」には、「非常に強い経済で、労働力と物資の不足が幅広く見られる」と書かれている。ノースカロライナ州の繊維工場は従業員不足で夜のシフトを中止しなければならず、中西部の製紙業者は仕事を断らなければならなかった。同じく「極秘」のスタンプが押されていたのが西ドイツ経済省の、同国には産業をフル稼働させられるだけの労働者がいないと警告する文書だった。イングランド銀行は、石油とガスと石炭の不足が「需要のさまざまな不均衡を生み出し、経済の均衡を維持するのを難しくする」という見解を述べている。労働力と物資の不足は賃金と価格の引き上げ圧力が生まれることを意味しており、しぶとく残っていたインフレ問題を大きくすることになった(17)。

OPECが強引に石油の値上げを始めるよりもずっと前、急騰するインフレは一九七〇年代の飛び抜けて重要な経済問題だった。一九七〇年にはすでにスウェーデンの消費者物価が八・一パーセントと急増していたが、これは過去二〇年で最高のインフレ率だった。その翌年、一九六七年までは世界最低のインフレ率を誇っていたポルトガルが消費者物価の一五パーセント上昇を経験する。一九七二年までに、インフレ率が五パーセント以下の主要経済国はアメリカだけになっていた。しかも、これは世界経済の必須製品の価格が劇的に変わらない状態でだ。インフレは、一人歩きを始めていた。

インフレとの戦いは、「フィリップス曲線」と呼ばれるものが広く信じられていたためにややこしくなってしまった。初めてこれを発表したニュージーランド生まれの経済学者A・W・H〝ビル〟フィリップスにちなんで名づけられたフィリップス曲線は、各国が基本的な経済のトレードオフに直面していることを示したものだった。国が全国民に雇用を提供したかったら、高いインフレを容認する必要がある。そしてインフレ率を下げたかったら、短期的ではなく長期的に高い失業率を容認しなければならない。フィリップスはこの曲線を引く際のデータをイギリスでしか収集していなかったが、完全雇用経済の永続的な代償がある程度高いインフレ率だという考え方は、瞬く間に世界中の経済学者の間での通念となった。専門家たちが得た教訓は、中央銀行がインフレに立ち向かうことはできないというものだった。中央銀行がインフレ率を引き下げることに成功すれば、今後何年も失業率を引き上げることになるのだ(18)。

フィリップス曲線は、世界中で称賛されたわけではない。アメリカの経済学者エドムンド・フェルプスとミルトン・フリードマンは数年前からそれぞれフィリップスの理論に攻撃を始めていて、インフレ率と失業率は短期的にしか相関関係にないと主張した。だが、彼らの意見は明らかに極端だった。ＦＲＢのバーンズ議長も含めてそのころの主立った経済学者のほとんどが、インフレを手なずける代償は受け入れがたいほど高いと考えていた。インフレが引き下げられたとしても、そのあとに大量の失業者が出るのであれば、政治指導者たちがそれを容認しないからだ。ほどなくジミー・カーター大統領の首席経済顧問となるアメリカの学者チャールズ・シュルツは、この情勢をこう読み解いた。「完全雇用を獲得する方法はわかっている。問題はそこではない。昔ながらの、標準的な、実証済みのやり方なら完全雇用を獲得できるのだ——減税、金融緩和、特定の政策への財政出動だ。だがそれをやると、インフレを引き起こしてしまう」。そこで、経済を腐らせる緊急問題としてインフレを扱う代わりに、ほとんどの政府や中央銀行が、インフレを望ましくはないが避けられない厄介者と見なすことにした。それに対処する方法は、経済を鈍化させて人々から仕事を奪うことなく、インフレを可能な限り制御するというものだった[19]。

インフレを制御しようとする努力は、ほんの数年経てば聞く者には奇妙に思えるような問題に対する認識のせいで混乱に陥っていた。一九七〇年代に広く受け入れられていた認識は、インフレにはさまざまな種類があって、それぞれに異なる対処法が必要だというものだった。貨幣的インフレは、中央銀行が経済に現金を注入しすぎている際に起こる。「需要牽引型《デマンド・プル》インフレ」というものもあって、これは消費者と企業が経済の供給力以上に多くを買おうとしているため、売り手が高値を要求できる場合に起こる。そして「原価上昇《コスト・プッシュ》型インフレ」は、もっとも有害な種類だとみなされていた。これは原料や工業用品、労働力など、企業への投入を供給する側が引き起こすとされていた。鉱山の所有者や鉄鋼会社、労働組合がもっと高い価格や賃金を要求すると、そうした投入を使う企業は自分たちが売る製品の価格に上乗せせざるを得なくなり、インフレが高くなるという流れだ。

フリードマンは、インフレはすべて貨幣的だと主張した。中央銀行が貨幣供給の伸びを抑えさえすれば、インフレはなくなるのだと。それからほんの数年後、フリードマンの言葉、「インフレは常に、そしてどこでも、貨幣的現象である」は金科玉条として扱われるようになる。だが一九七三年、もっとも影響力を持つ経済学者たちは、フリードマンが偽りだとみなした種類のインフレのせいで眠れない夜を過ごしていた。デマンド・プル型インフレは増税と政府支出削減、高い金利、あるいは銀行融資の制限で制御可能だと思われていた。どの対策でも消費者や企業の使える金を減らし、需要と供給のバランスを取る作用があるはずだった。日本政府は猛烈な勢いでこの政策を実施し、製鉄会社やアルミ精錬所、化学メーカーに設備投資を抑えるよう指示しつつ、銀行には割賦払い融資を減らすように命じた。これもすべて、設備と労働力の需要を減らせば価格の上昇が抑えられると期待してのことだった。

コスト・プッシュ型インフレは、もっと厄介な問題だと考えられていた。政府は通常、この問題に政治的圧力と価格統制の組み合わせで対処する。政府の省庁が特定の産業の賃金や価格の引き上げの程度を定め、労働組合や従業員にそれらの「任意の」指針に従うよう圧力をかける、アメリカでは「強い要請」と呼ばれる技術を用いるのはまったくもってあたりまえの方法だった。それよりも融和的な手法なら、政府委員会を立ち上げて特定の賃金や価格がどの程度上がってもいいかを判断するというものがある。いずれにしても、食料品店の店員やタイヤ工場の従業員が手にできる昇給が外部の専門家が適正と判断した範囲内なら、政府は経済を混乱に陥れずに徐々にインフレ率を引き下げられるという考えが前提となっていた。[20]

強い要請と価格統制は通常、大喝采を呼ぶものだった。少なくとも、最初のうちは。不当に値上げをする大企業を批判し、正当な取り分よりも多くを要求する無責任な労働組合を攻撃するのも一般的だった。ほとんどの場合、統制が実施されると値上がりは止まり、政府の統計で測定されるインフレ率は下がり始めた。だが、そのあとには現実がやってくる。小売業者がプリーツ入りのワンピースを発売し、この複雑なデザインは去年のワンピースより高い値段を正当化する、と主張するのだ。食品加工業者は干ばつでトマトが不作だったので、ケチャップを値上げしなければならないと主張する。港湾労働者は自分たちの生産性が向上したので、航空整備士や販売員よりも大きな昇給の権利があるはずだと主張する。数カ月もすれば不公平さに対する不満が急激に膨らみ、新しい商品やサービスを生み出すことに注入されるはずのエネルギーが、統制を潜り抜けてもっと高い利益や賃金をしぼり出す努力に費やされることになる。

一九七三年後半までには、インフレはありとあらゆる対処法への免疫をつけてしまったかのようだった。中央銀行は身動きが取れなくなってしまう。一〇月二日、アラブの石油会社が値段を釣り上げる二週間前、FRBは短期金利を引き下げるべきかどうかを検討し、意見は賛成六票、反対五票で分かれた。民間の予測筋もどっちつかずの見方だ、とバーンズは二週間後に同僚に話している。この不明確さの理由のひとつは、あるFRBのトップの経済学者が語ったところによると、一部の予測担当者が使ったコンピューターによる予測モデルでは「これまでに経験のない近年の価格の乱高下を適切に計算に含めることが」難しかったからだということだった。専門家たちは、途方に暮れていた。(21)

結果論にはなるが、工場や車、発電所を動かすために石油が果たす重要な役割を思えば、一〇月一六日にアラブの輸出国が宣言した急激な値上げが大量の石油を輸入する国で深刻な経済混乱をもたらすことは、自明だった。だがなぜかこのリスクは当初、気づかれないまま見過ごされていた。むしろ、高所得国の空気は楽観的なままだった。禁輸措置が発表されたあとでも、イギリスとフランスの両政府は一九七四年の経済成長が力強いものになると予測している。一一月一四日になって、石油が一バレル二ドル九〇セントではなく五ドル一二セントで売られるようになってもまだ、ＦＲＢはアメリカの経済成長を上方修正しつつ、失業率予測を下方修正していた[22]。

人々が現実に気づいたのは、オイルショックから六週間後の一一月下旬になってようやくだった。九月、日本経済があまりにも過熱していたので、政府は勢いを抑えるために特別な対策をとったほどだった。一一月、同じ政府が今後数カ月の経済成長率の予想をゼロにまで下方修正する。フランスの経済学者たちは成長が急降下するかもしれないと警告した。ＦＲＢでは一一月一四日の楽観的な予測がごみ箱に放りこまれた。ＦＲＢのある経済学者は、一二月一二日にこう予測している。「所得は破壊され、企業や消費者の心理は冷えこみ、現時点で経済がまだ維持している上昇傾向は失われる」。インフレ率が一九五二年以来最高を記録していた西ドイツでは、極秘におこなわれた経済省予測が一九七四年には二〇〇万人の仕事が失われるかもしれないと見こんでいる。ヴィリー・ブラント首相は単刀直入に、国会にこう告げた。「事態は悪く、さらに悪くなるかもしれない[23]」

フィリップス曲線は、しつこいインフレと経済停滞を考慮に入れていなかった。必然的に、この予期せぬ脅威には独自の名前がつけられる。「スタグフレーション」だ。消費者物価を押し上げつつ経済成長を抑えこむことで、一九七三年の石油価格ショックは低い失業率と低いインフレに注力する国、代表的なところでは西ドイツやスイスのような国にまで、スタグフレーションをもたらすかに思えた。スタグフレーションは、中央銀行総裁や財務相の経験も役に立たないような問題だった。インフレを止めるために金利を上げるのと雇用を守るために金利を下げるのとどちらがより重要かという議論が過熱する中で、スタグフレーションははるかに頑固な問題の症状のひとつに過ぎないことが証明されることになるのだが、このときはほとんど気づかれていなかった。世界に四半世紀にわたる前代未聞の繁栄をもたらした経済モデルそのものが、崩壊したのだ。[24]

そのモデルは、生産性の驚異的な向上を基盤としていた。生産性は、経済の中でも特に複雑な要素のひとつと言えるかもしれない。基本的な考え方としては、経済が労働、資本、原料の一定量から多くを生産すればするほど、その経済はより裕福になる、というものだ。一人の労働者が自分の腕力だけで生産できる量には物理的な限界があるので、生産性を向上させるためには機械や技術、事業手法をよりうまく活用することになる。生産性を測定する方法はさまざまあって、その測定方法はかなり難解になることもある。だが、健全な経済が手持ちの資源を着実により良く活用できるという考え方には、議論の余地はほとんどない。

生産性の急速な向上は、戦後の企業にかなりの利益をもたらした。利益が増えると従業員の賃金も上がり、株主の配当も増え、企業税収も増え、さらに多くの商品やサービスを生み出すための新たな能力のための投資も増えた。「黄金時代」をもたらしたのは、この好循環だったのだ。だが人々がほとんど気づかないまま、一九七三年一〇月に石油危機が訪れたときには、生産性は長く続いた世界的繁栄の終焉に向かって鈍化していた。[25]

生産性問題を引き起こしたのは、一九七三年一〇月に訪れた石油危機ではない。石油危機は、世界中で生産性を圧迫していたいくつもの要素のひとつに過ぎなかった。石油の高値は、安価な石油を前提として構築された産業基盤全体を時代遅れにしようとしていた。世界は、その後何年も続く困難かつ金のかかる調整に苦しめられることになる。西ドイツの経済諮問委員会が、この状況をこう分析した。「原油の輸入減少により、経済は新たな困難に直面する。この困難は、従来の経済管理手法では解決できない」[26]

生産性の破綻には、深い意味合いが含まれる。政府や中央銀行総裁たちは、「従来の経済管理手法」――

金利や税金、政府支出の増減——で健全な経済を取り戻す方法を知っていた。少なくとも、知っていると思っていた。だが、下がっていく生産性の伸びをもとに戻そうとしたら、経済学者の道具箱は恥ずかしいくらいに空っぽだったのだ。

第6章　ゴールド・ボーイズ

一九七三年冒頭の空気は、高揚していた。その一年後、オイルショックが世界経済全体を震撼させると、世界の空気は大きく変わっていった。インフレ率が上がっていく。西ドイツは、国内産業が一九五五年以来ずっと労働力として依存してきた移民労働者の流入を禁止したばかりで、オーストリアも同様の措置を取ろうとしているところだった。ヨーロッパの北から中央で「従業員募集中」の札がはがされ、何百万人単位の労働力をドイツに提供してきたトルコやユーゴスラヴィア、ポルトガル、ギリシャの家族たちが苦しみ始める。英仏海峡の反対側の空気はより一層陰鬱で、炭鉱労働者のストライキによって停電が起こると、工場は週三日営業を強いられた。日本では、有力紙『毎日新聞』が「壊滅的」と描写するほどの状況に対処しようと、大臣たちが右往左往していた(1)。

こうした危機の真っ最中に、迫りくる失業者の列とスタグフレーションの向こうを見通すのは難しかった。だが世界経済の劇的な変化、すなわち為替レートの激変と物価の不安定化は、想像を超えて、大きく長く影響をもたらすことになる。この影響がもっとも直接的に感じられたのは世界の金融制度だ。複雑さを増す銀行や証券会社のネットワークが、労働者の貯金と輸出業者の稼ぎを生活水準の向上には絶対に欠かせない新しい工場や高速道路、住宅へと換えていった。銀行はオイルマネーで膨れ上がり、その使い道についての判断は、どのような銀行家も経験したことがないほどのリスクを生んでいた。のしかかる金融危機を最初に予見したうちの一人が、長身で威厳のあるイギリス人、堂々たるイングランド銀行総裁ゴードン・リチャードソンだった。

リチャードソンは、ぱっと見た以上にアーサー・バーンズと共通するところが多かった。一見するとバーンズは隅から隅まで英国貴族のように見えたが、実はまったくそのような男ではなかった。バーンズ同様リチャードソンも、長きにわたる階級格差を頭脳と野心のみでかきわけてきたのだった。

一九一五年にノッティンガムの食料品店の息子に生まれたリチャードソンは私立の名門男子校、ノッティンガム高校で代表生徒に選ばれ、ケンブリッジで法律を勉強するための奨学金を勝ち取った。第二次世界大戦後はロンドンの法律事務所で顧問弁護士として名を馳せる。シティ・オブ・ロンドンでもっとも由緒あるマーチャントバンク〔手形引受けや証券発行などに特化したイギリス独自の投資銀行〕であるJ・ヘンリー・シュローダー銀行に引き抜かれ、一九六二年には会長の座に就く。汚れひとつない清潔な風貌、堂々とした身のこなし、いつも飲んでいた「ニューヨーク風に作った」ドライマティーニで知られた彼はアメリカからオーストラリアまで世界各地の合併や株式公開買い付けを手がけ、のんびりとした家族経営のシュローダー銀行をもっとも国際的な金融機関へと造り変えた。一九七三年七月、五七歳のとき、保守派のエドワード・ヒース首相が彼にイングランド銀行第一一六代総裁就任を要請し、リチャードソンはイギリス財政界の頂点に上り詰めた[2]。

ピンク色のフロックコートとトップハット姿のドアマンが訪問者を出迎えてくれる世界最古の中央銀行は英国経済の心臓部に位置し、途方もない力を持っていた。女王陛下の政府の借入を管理していたのだ。また、どの企業が輸入や海外投資のための外貨を手に入れられるかを決めるのがイングランド銀行だった。金利を通して、事業や住宅購入のための信用量を規制していたのもイングランド銀行だ。そして二種類のイギリス主要金融機関を公的に監督していた――英国債を取引するマーチャントバンクや手形引受け商会と、ほとんどの英国人が貯金を預けていた主要市中銀行（バークレイズやナショナル・ウェストミンスター銀行など）だ。

ロンドンのマーチャントバンクは世界中の企業や政府向けに新規株や債券の発行を手がけていたため、総裁の影響力はイギリス諸島よりはるか広範囲に及んだ。イングランド銀行の幹部が民間銀行の運営に引き抜かれることもしばしばあり、シティ全体への中央銀行の影響力をさらに強固なものにした。総裁の権限の大部分は法律で定められているわけではなく、その権限の曖昧さこそが、総裁により一層の権限を与えていた。桑の木が植わる修道院のように静謐な中庭をスレッドニードル街の豪奢な一階のオフィスから眺めながら、イングランド銀行総裁は世界のどの中央銀行総裁よりも強い権限を行使していたのかもしれない(3)。

リチャードソンが銀行トップの座に就いた直後、その権限が脅威にさらされる事態が起こった。ブレトン・ウッズ協定に基づき、各国政府は為替レートを固定しておくために金利を制御し、現金の流れを制限する数々の規制を実施してきた。だが協定が一九七〇年代初頭に崩壊すると、そうした規制の多くが放棄される。国境を無視して、現金はもっと多くの見返りが得られたり、税金がかからなかったりする場所へと流れていった。その大半がたどり着いたのが、世界的銀行センターであるロンドンの米ドル建て口座だった。

そうした現金の多くは、石油価格を引き上げたことでかつてないほど莫大な額のドルをかき集めていた中東や北アフリカの石油国家のものだった。オイルマネーの流入は、一九七三年前半だけで驚きの八〇パーセントという増益をロンドンの大手銀行にもたらす。イギリスの主要銀行の外債は、一九七〇年から一九七四年までの間に三倍に増えた。世界中の銀行が儲けの分け前にありつこうと、ロンドンに支店を開いたほどだった(4)。

流入する現金の額はあまりにも大きく、大手銀行ではその金を貸し切れないほどだった。イギリス政府は、余剰現金を大手銀行よりも簡単に融資することができる「セカンダリーバンク」なるあやしげな機関を通じての貸し出しを奨励する。そうしたセカンダリーバンクの融資の多くは不動産投機に使われた。それが、当時は好景気で儲けを得る簡単でリスクの低い方法だったのだ。だがお祭り騒ぎは一九七三年一一月、ロンドン・アンド・カウンティ・セキュリティィーズというセカンダリーバンクが破綻したときに突如お開きとなる。この破綻は支店長たちによる不正の結果だったのだが、ほかの金融機関の破綻も次々と招いた。銀行は生き延びるためにあわてて債権を回収しようとしたが、融資先の多くが不動産に投資をしてしまっており、返済できる現金を持っていなかった。セカンダリーバンクは国際金融の標準から言えば小規模ではあったが、世界最大級のナショナル・ウェストミンスター銀行のような堅固な銀行からかなりの借入をしていた。法的には、リチャードソンもイングランド銀行も一切責任は負っていなかった。リチャードソンはそれでも虚空に突撃していき、英国の大手銀行に資金を無理やり注ぎこませた。その資金はすみやかに、セカンダリーバンクへと流れ落ちていった。(5)

セカンダリー・バンキング危機は、不愉快な秘密を露呈させた。世界でもっとも重要な国際金融センターで、誰も銀行にしっかりと目を光らせていなかったのだ。一九七三年一一月時点でイングランド銀行がロンドン・アンド・カウンティ・セキュリティィーズから受け取った最新の財務情報は三月三一日付の貸借対照表で、融資や預金、その他の債務についての詳細は記載されていなかった。もっと大手の銀行でも、ヴィクトリア朝時代と変わらない非公式な手法でしか監督されていなかった。銀行の記録を詳細に点検し、財務報告書を熟読するために銀行の事務所を訪問する調査官など存在しなかった。「完全な損益計算書すら開示しなくてもよかった」とのちに語ったのは、クラインウォート・ベンソンというマーチャントバンクの重役だ。

だいたい六カ月おきくらいに各銀行の幹部がイングランド銀行のディスカウント・オフィスの長を訪問して現状を報告する。年に一回、各主要金融機関の会長がイングランド銀行総裁とのお茶会に招待され、その金融機関の短期資金調達がじゅうぶんか、不動産貸付を切りつめたほうがいいかなどを総裁が大きな声でひとりごちる。総裁が眉を上げたときが注意を払えという合図だ、と言われていた。[6]

会長たちが具体的にどのように注意を払うべきかは、わざとぼやかされていた。イングランド銀行はいつでも、謎めいた存在であることを好んだからだ。その指導者たちは、スピーチをすることを避けた。広報部門の仕事は「マスコミを銀行に入れず、銀行をマスコミにさらさず」にいることだとも言われていた。銀行の公式な歴史学者が言うことには、「一九八〇年以前の年次報告書を見ると、幹部が何をやっていたのかどころか、誰が幹部をやっていたのかさえ誰も特定できない」そうだ。フランスやカナダ、西ドイツ、アメリカの銀行を統率していたような詳細な規則はほとんど作られなかった。たとえば、あるロンドンの銀行が、数カ月以内に過剰な対外融資が返ってくる見込みで、それが総裁の懸念に応じておこなわれたものだと報告したとする。だが、総裁が対外融資を五パーセント縮小したかったのか二〇パーセント縮小したかったのかは、誰にもわからなかった。[7]

銀行のこのような監督の仕方には、それなりに利点があった。ロンドンがもっと居心地の良い場所だったころ、ディスカウント・オフィスの側近たちは、銀行総裁たちとお茶を飲んで競争相手についての噂話を集めていればよかった。市場にフランス債を放出している貸し手がいるとか、ある金融機関の顧客が困っている、などといった話をディスカウント・オフィスが小耳にはさむと、オフィスの長や、場合によっては総裁自らが、当該銀行を呼んで対応を迫ることができた。イングランド銀行には罰金を科したり強制命令を下したりする権限はなかったが、道徳的勧告力は非常に大きかった。イングランド銀行の覚えが悪い金融機関とは誰も取引をしたがらない。総裁のご機嫌がよろしくないという噂が漏れる可能性がほんの少しでもあれば、どれだけ強情な銀行でも従わざるを得なかった。

リチャードソンが一九七三年に就任したころ、イングランド銀行は金融革命に必死で追いつこうとしていた。シティに開設した外資系銀行には通貨を取引してオイルマネーを獲得できるようそれぞれ個別に許可を与えていたものの、通常、承認の基準となっていたのは、その銀行が合法な組織であるという出身国からの言質程度だった。イングランド銀行にもっぱら市場のゴシップや緊急警告を伝えていた守旧派の銀行家たちは、自分たちの真っただ中に腰を落ち着けた外国の金融機関とはおぼろげにしか付き合いがなかった。さらに心配なことに、イングランド銀行は新参者の銀行の商習慣については、その会計方法も、貸付承認の手順も、危機管理の手法も、ほとんど何も知らなかった。何年もかけて、主に個人的な人脈を通じて、イングランド銀行はイギリスの名だたる銀行についての分厚いファイルを蓄積してきたのだ。ロンドンに新規参入してきた銀行には、イングランド銀行はほぼ無知なものもあったのだ。

リチャードソンは銀行監督となると初心者だったが、総裁としての最初の数カ月で経験した狂乱の展開は、彼にイングランド銀行の欠点を痛感させた。一九七四年の冬、なんの予告もなしに、彼は革命的とさえ言える二つの対策を講じた。一つは国内向けのもので、ディスカウント・オフィスに代えて新しい銀行監督部門を置いたこと。ディスカウント・オフィスの職員はたったの二〇人で、その中の誰一人、銀行の記録を定期的に調べるような責務を負っていなかった。だが新たな銀行監督部門はもっと大規模で、もっと専門性が高くなる。銀行総裁たちはもう、ただお茶を飲みに来るだけではすまない。銀行は融資や預金、貸入についての詳細な情報を定期的に提出し、監督部門の責任者は調査官を派遣して銀行の書類をくまなく調べ、職員に聞き取りをおこない、銀行の方針を精査するのだ。イングランド銀行にそのようなことをする権限を与えた法律はなかったが、リチャードソンは、イングランド銀行による監督を拒否する金融機関はすべて、シティでは敬遠されるだろうと正しく推測した。[8]

リチャードソンのもうひとつの対策は、国外向けのものだった。彼ららしい静かで控えめなやり方で、中央銀行総裁たちは国際銀行ブームが新たな、予見できないリスクを生み出しているという事実に注意を促し始めていた。ドイツのブンデスバンクの有力な副総裁オトマール・エミンガーは一九七三年一一月、銀行家たちが在外預金をかき集めようと奔走する様子を見て、「個々の金融機関が持つ財政的関心は、金融業界全体のより大きな利益と相反するように見える」と警告した。FRBのアーサー・バーンズとの私的な会談でリチャードソンはさらに踏みこみ、海外からのドルの大量流入（このドルが外貨に換えられて世界中に貸し出される）は銀行制度全体の均衡を崩す可能性を挙げた。そして、この問題をバーゼルで議論するべきだと提案した。[9]

スイスのライン川のほとりにある小さな都市バーゼルは、世界でもっとも重要な中央銀行から成る謎の組織、国際決済銀行の本拠地だ。第一次世界大戦を終わらせたヴェルサイユ条約に基づくドイツの賠償金支払いを扱う目的で一九三〇年に設立されたこの組織は、一九六〇年代には主に中央銀行間での現金の移動のために存在していた。この仕事はあまりにも専門的で退屈だったため、専門家でもなければちゃんと説明できる人間はほぼいなかった。だが、このわかりにくさにはそれなりに利点があった。銀行を訪れる要人をチェックするマスコミがあまりいなかったのだ。

一九七〇年代、中央銀行総裁たちはだいたい月に一回程度集まり、仕事の話をした。つまり、経済状況について議論したということだ。一九七四年三月と四月の議題は、膨らみ続ける石油輸出国の財産をどうするかというものだった。富裕国の銀行を溢れさせているドルから利益を上げるためには、銀行はそのドルをほかの通貨に換えて貸し出す必要がある。たとえ借り手がきちんと返済をしたとしても、これにはさまざまなリスクが伴った。為替レートが不利な方向に動けば、返済額は銀行が預金者に確約しなければならないドルの価値より低くなってしまう。石油王国が突然ドルを返せと要求してきたら、そのドルを使ってイギリスのポンドやオランダのギルダーで五年間の融資をしてしまった銀行は、あわてて現金をかき集めなければならなくなる。

これはぞっとするような予測だった。国際金融と変動為替相場という新たな世界では、銀行はかつてないほど密接にかかわり合っていたからだ。互いに融資し合って融資を組むのに力を合わせるだけでなく、銀行は外貨も取引してそれぞれに顧客の要求に応えていた。多くの場合、こうした取引は将来の為替レートを当てにしておこなわれていた。たとえば、あるスペインの繊維会社が六カ月以内に西ドイツマルクで一〇〇万マルクを受け取る見込みであれば、その一〇〇万マルクの価値をスペインのペセタで固定し、銀行は会社がその金を受け取る時点で為替レートが予測とは違っていた場合に生じるリスクを引き受ける。その際、銀行は同じような契約をほかの銀行と結んで自行のリスクをヘッジする場合がある。そうした取引が常に何千とおこなわれている状況でひとつの大手銀行が破綻すれば、それがどの国であっても、世界中の銀行や経済にとっては大きな問題となる。にもかかわらず、この新しい国際金融の世界を取り仕切る権限を持つ中央銀行総裁は誰一人としていなかった。ＦＲＢのヘンリー・ウォーリッチ理事は、バーゼル会議のあとで同僚たちにそっけなくこう言った。「こうした類の責任分担は、今後明確にされる必要がある」(10)

だが、明確にしている時間はなかった。一九七四年五月、危機が迫っていた。

最初の一撃は、誰も思いもしなかったような場所に襲いかかる。それはニューヨークやロンドン、東京などの世界を股にかける大手銀行ではなく、アメリカの中流の金融機関、フランクリン・ナショナル銀行だったのだ。

ニューヨーク市郊外に拠点を置くフランクリン銀行は、快調だった支店経営が大手銀行の拡張によって圧迫されたため、支店長たちがもっと大きな利益を求めて国外に狙いを定めた。一九六九年にはバハマに支店を開く許可をFRBから取りつける。フランクリン銀行の帳簿に問題のある融資が記載されていることに審査担当が懸念を示したにもかかわらず、FRBは続いて一九七一年にロンドンに支店を開く許可も出した。これで国際的な銀行としての地位を確立したフランクリン銀行は、なによりも欲しかった賞品を手に入れる。一九七二年六月一日、イングランド銀行が外貨取引の許可を与え、フランクリン銀行は大手の仲間入りを果たしたのだ。一カ月後、ミシェル・シンドナというイタリア人の弁護士が、フランクリン銀行の株式の二一・六パーセントを取得した[11]。

当時五二歳だったシンドナは、地方のシチリアでの貧困生活からイタリアのビジネス界の頂点まで上り詰めた人物だ。八百屋の息子だった彼は法律を勉強するために大学の奨学金を手に入れ、第二次世界大戦中に野菜の密輸で初めての大金を稼いだ。オーダーメイドのイタリア製スーツの胸ポケットから常に白いハンカチを覗かせる隙のない出で立ちの彼はマフィアともカトリック教会とも、イタリアの政界エリートともつながりを深めた。ヴァチカン銀行の投資案件を扱うほかにイタリアやドイツ、スイスの銀行も動かせる持ち株会社を複数所有し、ほかにも多種多様な財産や製造関係の株式も持っていた。アメリカではほとんどビジネスをしたことがなかったが、フランクリン銀行がその足がかりになると考えたのだ。

だが、シンドナの弁護士たちは、彼の株式保有では銀行の支配権は得られないと主張した。支配権を求めれば、FRBの審査担当がシンドナのほかの業務も精査する口実ができるので、これは大事な点だった。シンドナが主張するようにフランクリン銀行の株式をあくまで投資目的で購入すれば、ＦＲＢの承認は必要ない。

シンドナは、物言わぬ株主とは程遠かった。まずは為替市場での取引を強化するよう、銀行に圧力をかける。そして間もなく、銀行の国際事業部門を運営させるために長年の仕事仲間を送りこんだ。彼らは銀行が自らの出資者に対する融資を制限する規制を無視して、シンドナの会社に多額の融資をし始める。フランクリン銀行の為替トレーダーは為替レートの動きを読み誤って多額の損失を出したが、シンドナの手先たちは彼の帝国内で現金を行ったり来たりさせることで損失を隠した。すべてのシンドナ銀行を監督する権限を持つ銀行監督機関が存在しなかったので、この不正が露呈することはなかった。だが噂は流れ、一部の銀行は懸念を深めて一九七三年の秋にはフランクリンとの外貨取引を取りやめた。だがこれも、部外者にはまだ露見していなかった。一九七三年一二月、ニューヨークのセントレジスホテルでの夕食の席で、イタリアのジュリオ・アンドレオッティ首相がシンドナの外貨取引をわざわざ褒め称え、彼は「リラの救世主だ」と絶賛した。その翌月、駐イタリア米大使ジョン・ヴォルプはシンドナを「今年の顔」と呼んだ[12]。

一九七四年五月三日、ロンドンの銀行が市場の噂話を当局に伝えたあと、許可されていない取引や公開されていない損失の証拠をニューヨークの捜査員たちが発見する。五月一〇日、ＦＲＢが主導権を取った。だがＦＲＢの職員たちは、フランクリンを簡単につぶすわけにはいかないことにすぐさま気づく。フランクリンは何百もの為替取引に関係していて、その中にはまだ何カ月も先まで満期にならないものもあった。フランクリンが急に閉鎖されれば、壊滅的な損失をこうむることになる取引相手の銀行が出てくる。世界的な金融パニックに火をつけることをおそれ、アメリカ当局はフランクリン銀行を生命維持装置につないだまま、銀行がまだ残っているものを売ってしまう前に徐々に縮小させていくことにした。

フランクリン銀行の問題は、金融安定時代が終わったことを示す最初の兆しに過ぎなかった。アメリカが被害を抑えようと奮闘している間にも、西ドイツが不気味なほどによく似た問題に直面していた。この最新の脅威が生まれたのはケルンで、ここではほぼ無名の銀行が突然、地球の反対側の金融市場をひっくり返したのだ。

ケルンの財界エリートを顧客とする民間の金融機関バンクハウス・ヘルシュタットは、「貯金はギャンブルであってはいけない」というスローガンを掲げていたが、やっていることは逆だった。トップのイワン・ヘルシュタットは配下の若い為替トレーダーのチーム「ゴールド・ボーイズ」を使い、内部規制をくぐりぬけて為替市場で好きなようにギャンブルすることを許していた。ヘルシュタットの財務報告書は大手会計事務所が証明したものだったが、取引損失の可能性を覆い隠せるだけの十分な資産を記載していた。その資産には、スイスのイーコン銀行への預金も含まれていた。この国の厳格な銀行機密に関するさまざまな法律のために、イーコン銀行はヘルシュタットの預金額をいかなる第三者にも開示することができない。だからヘルシュタットの監査人もドイツの銀行検査官も、情報の検証をおこなわなかったのだろう。もし検証していたら、イーコン銀行が実在しないことに気づいたはずだ。検査官が六月二四日になってようやくヘルシュタットを閉鎖したときには、その損失は五億マルク近くにまで膨れ上がっていた。預金者に返済できる手持ち資金の六倍の額だった。

だが、これも次に起こることと比べれば小さな問題だった。ドイツ当局はとある木曜日の午後四時にヘルシュタットを閉鎖した。『デア・シュピーゲル』誌が「財政的混乱を回避するための……電撃的対応」と称した動きだ。だがアメリカとは違い、ドイツの監督機関はヘルシュタット銀行が外国の銀行とかなりの取引をしているという事実にあまり注意を向けなかった。銀行の閉鎖は時差があるほかの国の銀行から支払いを受けたあとで、外国の銀行への支払の一部が送金される前だった。予定されていた送金はすべて差し止められ、世界中の銀行に損失をもたらして通貨市場に何カ月にもわたる混沌を引き起こした。[13]

ヘルシュタットの大失敗からの余波は、あまり大々的に報道されこそしなかったがある意味もっと恐ろしい、第三の世界的銀行破綻を招いた。イスラエル・ブリティッシュ銀行の破綻は世界経済を脅かすようなことなどまったくなかったが、銀行制度の安定を維持するために構築された手順に危険な穴があることを露呈させた。[14]

イスラエル・ブリティッシュ銀行はイスラエルで六番目に大きな銀行だったが、世界の標準からすれば取るに足りない規模だった。一九二九年にポーランドからの移民がパレスチナ・ブリティッシュ銀行として設立したこの銀行は、イギリスのユダヤ人コミュニティ指導者ウォルター・ネイサン・ウィリアムズの後継者たちによって支配されていた。ウィリアムズ家はシオニスト運動に強い影響力を持ち、イスラエルの右翼政党と深いつながりがあった。一九七四年までにこの銀行はイスラエル国内に八支店を持ち、ロンドンにも子会社銀行を開く。ウィリアムの義理の息子の一人、ウェールズ生まれのハリー・ランディという会計士が会長を務めていた。もう一人の義理の息子、ジョシュア・ベンシオンが副会長と総責任者を務めた。ロンドンのホルボーンに置いた本部ウィリアムズ・ナショナル・ハウスで、この二人はほかにもイギリスの保険会社からイスラエルのワイナリーまで、いくつもの会社を動かしていた。[15]

内部融資（銀行から自行の幹部や職員への貸付）は銀行業務の中でも特に狡猾なものだ。悪意ある銀行員が、自行から盗みを働く手段を提供するからだ。一九七〇年、イスラエルの銀行検査官がイスラエル・ブリティッシュ銀行に対し、まさにそうした理由からウィリアムズ系列会社への融資を制限するよう命じた。だがランディとベンシオンは受け入れなかった。資産の一部をテルアビブのイスラエル・ブリティッシュ銀行からスイスの二つの銀行に移すことで規制をかいくぐったのだ。そしてそのスイスの銀行から、ランディとベンシオンが経営するスイスと小さなリヒテンシュタイン公国のさまざまな会社に七五〇〇万ドルを貸し付け、これらの会社はイスラエル・ブリティッシュ銀行の資産をその担保とした。このやり方なら、ランディとベンシオンはイスラエルの外為管理を破ってイスラエルから金を持ち出すこともできた。[16]

ヘルシュタット事件によって、このごまかしも明るみに出た。金融市場が混乱状態の中、銀行があわてて外国取引を減らし始める。その中に、テルアビブのイスラエル・ブリティッシュ銀行の預金も含まれていたのだ。一九七四年七月、バンクハウス・ヘルシュタットの破綻から二週間後、テルアビブのイスラエル・ブリティッシュ銀行は外国の預金者に支払う現金が足りないことに気づく。ベンシオンはイスラエル当局に、スイスの資産を担保に緊急融資を申請した。融資の書類を準備していて初めて、イスラエルの中央銀行の弁護士たちは、その資産がすでに凍結されていることに気づいた。ランディとベンシオンの会社におこなわれた秘密の融資の担保に使われていたのだ。その事実を受けてイスラエル当局はイスラエル国内の業務を閉鎖し、テルアビブのイスラエル・ブリティッシュ銀行はロンドンのイスラエル・ブリティッシュ銀行からの融資を返済できなくなった。ハリー・ランディが「我々は経営を続けます」と約束したにもかかわらず、ロンドンの銀行は二日後に破綻する。[17]

その後の捜査によって、イスラエル・ブリティッシュ銀行がヘルシュタット事件の罪のない被害者などではないことが判明した。規制当局をごまかして繁栄してきた銀行だったのだ。月曜日から金曜日までは、イングランド銀行を満足させるため、ロンドンにたっぷりの現金を保管していた。週末になるとロンドンの子会社銀行がテルアビブの親会社銀行にその金を融資し、テルアビブの銀行がイスラエル当局の要件を満たせるだけの十分な短期資金を手に入れる。融資は月曜に返済され、またしてもロンドンの銀行に潤沢な資金があるように見せかける。音楽が止まってみれば、イスラエル・ブリティッシュ銀行は見かけよりもずっと大きな風呂敷を広げていたことがわかった。業務があまりにも複雑に入り組んでいたために、法廷監査人たちが事態の解明に何カ月もかけなければならなかったほどだった。負け組に入っていたのがアメリカ政府だ。イスラエル・ブリティッシュ銀行がフランクリン・ナショナル銀行に二一〇万ドルの債務を負っていたからだ。しかも、イスラエル・ブリティッシュ銀行は小規模で、比較的簡単な構造の銀行だった。二カ国にたった九支店しかない銀行で起こっていたことに監督官たちが気づいていなかったのであれば、東京の第一勧業銀行やニューヨークのチェース・マンハッタン銀行など、オイルマネーが詰めこまれた巨大銀行で起こっていることで、知らないことがどれだけあるだろうか？[18]

ミシェル・シンドナはその後、フランクリン・ナショナル銀行の破綻について六五件の重罪で有罪判決を受けることになる。アメリカの刑務所で四年の刑期を務めた後イタリアで投獄され、一九八六年に青酸化合物が混入されたコーヒーを飲んで死んだ。彼の死が自殺だったのか、このスキャンダルでアンドレオッティ首相のような政治家の名前をほのめかすのを防ぐために殺されたのかは、結局謎のままだ。イワン・ヘルシュタットは、一九九一年に心神喪失状態であると宣言されるまでに詐欺罪で二回の有罪判決を受けた。ジョシュア・ベンシオンは四七〇〇万ドルの窃盗罪でイスラエルで告発され、イスラエルの有力な聖職者《ラビ》二人が寛容な処置を求めたものの、一九七五年に一二年の実刑判決を受けた。だが、一九七七年にはメナヘム・ベギン首相によって釈放されている。ハリー・ランディが詐欺罪で受けた五年の実刑判決は、イギリスの裁判所で一九七九年に覆された。人当たりのいいシンドナ、でっぷりと太ったヘルシュタット、信心深いベンシオン、そして弁舌爽やかなランディ。それぞれにまったくタイプは違うが、全員が銀行監督業務に大きく空いた同じ穴を悪用したと言う点で共通している。銀行業務が国境を越えていれば、どの国のどの銀行監督官も、事態を完全に、かつ明確に見通すことができないのだ[19]。

ゴードン・リチャードソンはこの問題をアーサー・バーンズと話し合い、一九七四年初頭にはほかの中央銀行総裁にも提示した。たとえかかわっているのが小さな銀行であっても、国境を越えた銀行業務にからむ問題は火元からはるか遠く離れたところで膨大な経済危機に転じる可能性がある、と彼らは主張した。一九七四年一二月、中央銀行総裁らはこのようなおそろしい伝染病が二度と起こらないよう、各国の銀行監督官が対策を講じてほしいと要請した[20]。

何十年も経った今、一九七五年二月にバーゼルのフレイ菓子店の二階にある殺風景な会議室に集まった銀行監督官たちの頭の中を想像するのは難しい。参加者たちは技術官僚だった。栄えある中央銀行理事ではなく、無名な銀行の規制担当者だったのだ。互いに面識のある者はほとんどおらず、言語でさえ共通ではなかった。会議室に集まっていた代表たちはヘッドホンをつけ、通訳が誰かの発言を英語、日本語、イタリア語、フランス語に訳すのを聞いていた。休憩時間の世間話にも苦労するほどだった。

彼らは、自分たちにどの程度の権限があって、どこまで情報を共有していいのかがよくわかっていなかった。国内の政治的関心に配慮しなければならない者もいて、テーブルを囲む面々は必ずしも自国の銀行について完全な権限を持っているわけではなかった。ＦＲＢはバーゼルに代表が来ていないアメリカの通貨監査庁の代弁をすることができなかったし、日本銀行がその場にいない大蔵省とあまり近しくないことは有名な話だった。外交的配慮も邪魔をした。とりわけフランスは、金融規制をアメリカ、カナダ、日本は含まないヨーロッパの問題として捉えたがった。この新たな「銀行規制および監督業務委員会」が具体的に何をするべきかも、明確にはなっていなかった。議題は、主に議長が決める。慎重な駆け引きがいくつかおこなわれた結果、リチャードソンはその役目を、銀行問題に対処した経験がほとんどない同僚のために勝ち取った。イングランド銀行のジョージ・ブランデンだ。(21)

当時五二歳だったブランデンは、イングランド銀行の究極の内部関係者だった。イングランド銀行のキャリア職員の息子に生まれた彼は、第二次世界大戦での兵役とオックスフォードのユニバーシティ・カレッジで勉強したあとに就職して以来ずっとイングランド銀行で働いてきた。一九七〇年代初頭には管理サービス部門の責任者にまで昇進し、事務局とコンピューターシステムの監督業務をおこなっていた。銀行監督業務の専門家ではなかったが、イングランド銀行にほかに適任者がいるわけでもなかった。つまるところ、シティの監督は会計基準よりも社会規範を基盤としていたのだ。ブランデンの組織力は、監督経験のなさを補って余りあるものだった。彼は銀行制度についてのデータがほとんどない点に狙いを定め、職員には外貨預金や不動産融資、関連会社への融資について詳細に記した月次・四半期報告書の提出を命じた。その数字をもとに、ブランデン配下の監督官たちは銀行同士を比較し、その行動を統制するしっかりとしたルールを作ることができるようになった。(22)

バーゼルでの最初の会議で、ブランデンは中央銀行総裁からの要請として、委員会には銀行危機の可能性を早期に警告するシステムを開発してもらいたいと発言した。だが、このプロジェクトは非現実的であるとしてすぐさま放棄される。その代わり、数カ月にわたる議論の末、監督官たちは全員がもっとも懸念していた唯一の問題に注力することにした。銀行の外国拠点の監督だ。

簡単に言ってしまうと、一九七〇年代の銀行には外国で支店を立ち上げる方法が三つあった。ひとつは子会社銀行。これは外国にある地方銀行のようなもので、その国のすべての規制に従わなければならない。そしてなにより、子会社銀行は自らの金融資産（銀行用語で言えば資本）を持っていなければならず、仮に親銀行が破綻したとしても自行の債務は自力で返済できるようにしておく必要がある。支店はこれとは違い、外国の金融機関がよそに置く出先機関に過ぎない。独自の資産は少ないか、ほとんどない。支店が預金者への支払いができなくなると、本店が支店の債務を引き受ける場合もあるし、引き受けない場合もある。カナダとスウェーデンは海外支店にはあまりにも問題が起こる可能性が多すぎるとして、それを許可していなかった。三つ目の方法は合弁銀行で、複数の外国金融機関が株式を持つ。この方法の問題は、何かが起こったときに外国の共同経営者の誰が責任を取ってくれるのか、というものだった[23]。

こうした外国所有の経営に潜在的な問題がひそんでいることは、全員の意見が一致するところだった。外国の出先機関は世界中にあった。ヨーロッパの主立った金融中心地にある外国所有の支店の数は、一九七一年の三〇三店から一九七四年には四七二店にまで増えていた。だが、それについての監督官の認識は、衝撃的なほど低かった。自国の銀行が外国で何をしているかについてはほとんど、あるいはまったく知らず、多くの国の法律が、監督官たちに国境を越えて情報を共有することを禁じていた。ドイツの銀行はルクセンブルクの子会社銀行を通じてポーランドにかなりの融資をおこなっていたが、それについてドイツの監督官は何も知らなかった。だがルクセンブルクにあったドレスナー銀行子会社の破綻は世界最大級の銀行を崩壊させていたかもしれず、そこと取引をしていた何百もの重要な機関を道連れにしていたかもしれない。日本の銀行は欧米で急速に拡大を続けていたが、日本銀行はそうした銀行の外国支店については「ほとんど」検査をおこなっていなかったと認めている。連邦準備制度理事会はアメリカの大手銀行の大部分を監督していたが、外国には一人も検査員を置いていなかった。アメリカの銀行は母国では禁じられている業務、たとえば債券の発行受託や先物商品取引をおこなっていたが、アメリカの監督官はそこに目を光らせることがまったくできていなかった(24)。

一年かけてこうした事態を調査し、監督官たちは合意に達した。一九七五年九月、彼らは各国が法律を改正し、監督官が国際的に情報を共有できるようにするべきだと勧告した。母国の監督官が外国の銀行支店を検査する許可を得られるべきで、支店がある国の監督官は外国所有の支店について親銀行がある国から要請があれば、検査できるようにするべきだと彼らは考えたのだ。

善意により生まれたこの合意はバーゼル合意と名づけられ、国家主権についての時代遅れな考え方がより先進的な、国際協力の必要性についての理解に取って代わられている証拠だとして祝福された。だがもっとも難しい問題、国境を越えて運営する金融機関に対する最終的な責任がどうなるかについては未解決のまま残されていた。「いかなる状況においても監督責任がどこにあるのが最善かを厳密に定める、明確なルールを決めるのは不可能である」と彼らは結論づけた。新しい合意のどれひとつとして、イスラエル・ブリティッシュ銀行を破綻させたような不正行為はもちろん、フランクリンやヘルシュタットが引き起こしたような危機を防ぐことはできない。国際的銀行を規制するために各国の権力をどう使うかという問題はあまりにも多くの政治的問題をはらんでいたため、監督官たちはその問題に触れること自体を諦めてしまったのだ。世界金融の新たな世界には、最初から責任者がいないことになった(25)。

銀行監督官たちの話し合いが長引けば長引くほど、多くのオイルマネーが輸出国の口座に流れこんでいった。サウジアラビアからの軽油の公定価格は一九七三年一〇月には五ドル一二セントだったのが一九七四年一月には一一ドル六五セントに、そして一九七五年には一二ドル三七セントになり、OPEC加盟国の受け取った支払額は一三五〇億ドルに達した。その金が金融システムの中を流れていく間に、世界中の銀行がフランクフルトやニューヨーク、ベイルート、アトランタに支店を開き、預金を手に入れようと奔走し、それまで接点のなかった借り手に融資を申し出た。このビジネスに群がる銀行の多くは国際融資の経験が浅く、新しい顧客ともあまりなじみがなかった。これは時限爆弾のようなもので、監督官たちにもそれはわかっていた。バーゼルで議論すれば議論するほど、銀行が無視したがっている問題——銀行の資本不足——がますます心配になってきた。[26]

資本は、銀行業務において決定的な役割を果たす。もっとも基本的なところでは、もし銀行が多額の損失をこうむっても、預金者や取引相手に返済できる資産があることを示すのが資本だ。銀行は投資家に自行の株式を売ったり、毎年の収益の中から一部を取り分けておいたり、特定の融資が焦げつくことを予想して準備金を構築したりすることで、資本を増やす。ここで共通しているのは、銀行の資本は顧客には貸し出せないということだ。万一必要になったときのために、現金と短期証券の形でただ貯めておかれる。理想的には、銀行が融資をすればするほど、不払いが起こったときのためにより多くの資本を取り分けておくべきだ。だが銀行家なら、資本を多く持てば持つほど株主への還元が少なくなることは痛いほどわかっている。一九七〇年代半ばになるころ、多くの銀行が資本をほとんど持っていなかった。世界でもっとも影響力の強い銀行家と言っても過言ではないニューヨークにあるシティコープのウォルター・リストンは、洗練された管理業務によって銀行資本の必要性は低くなる、と主張した。そして、彼の銀行は資本をできる限り少なくすると明言したのだ。大手銀行の融資や取引業務が盛んになっても、彼らの資本はそれに応じて増えてはいかなかった。[27]

最初に公に警報を鳴らしたのは、アーサー・バーンズだった。バーンズはFRBがフランクリン銀行を強引に救済し、ヘルシュタットからの後遺症を抑えようとしたことにショックを受けていた。一九七四年一〇月にホノルルでおこなわれた米国銀行協会向けのスピーチで、彼は社交辞令を省いた。「銀行は急速に成長しすぎている」と彼は言った。短期預金を積極的に集めすぎていて、融資の期間と返済の可能性にあまりにも注意を向けずに金を貸し過ぎている、と。銀行が拡大するにつれ、「銀行に対する信用を維持するうえで非常に大きな役割を果たす資本というクッションが薄くなっている。とりわけ、我が国の最大級の銀行組織でそれが言える」。規制当局は、「一呼吸」を強いて、銀行がもっとしっかりとした基盤の上に立つまでは拡大を遅らせるべきだというのが彼の言い分だった。(28)

大衆はこうした問題について事実上何も知らなかった。世界中の銀行監督官が銀行の体力を示す主な数字(資本の割合から融資、その他の資産まで)を開示していなかったからだ。まれに情報が漏れると、監督官たちはごまかした。アメリカで二番目と三番目に大きいファースト・ナショナル・シティ銀行とチェース・マンハッタン銀行が問題のある金融機関の公式なリストに載っていることを『ワシントン・ポスト』紙が一九七六年一月に暴露したときも、監督官である通貨監査官ジェームズ・E・スミスはその二行が「世界でもっとも健全な銀行機関の部類に入る」と断言した。大量の借り手が明らかに融資を返済できなくなっている状態でどうして健全でいられるかについては、スミスは言及しなかった。ほかの国では、状況はさらに悪かった。フランスや日本の銀行の多くがほとんど資本を持たず、借り手が融資の返済に失敗した場合は、事実上政府に債務を負わせることになる状態だった。(29)

銀行がどの程度の資本を持っているべきかという問題はあまりにも繊細だったので、監督業務委員会は一九七六年一〇月、この問題を議論しないことに決めた。問題は、それぞれの国がそれぞれに解決することとされたのだ。だがこの問題に積極的に取り組める国はなかった。銀行が外国の競合銀行よりもはるかに多くの資本を持つことを要求されたなら、競争上は不利になってしまう。一九七五年にニューヨーク連邦準備銀行のトップになったポール・ボルカーと一九七七年に通貨監査官になったジョン・ヘイマンがアメリカの銀行に対して資本規模を上げるために新規株を発行したり収益を取り分けたりしておくよう指示したときは、激しい抵抗にあった。資本規模をほんの少し上げるだけでも、何年もかかるのだ。そういうわけで、オイルマネーが流れ続けて国際融資が大流行する中、銀行の素晴らしい成長はますますもろくなっていく基盤を覆い隠していた。ゴードン・リチャードソンが恐れていたように、国際金融は監督官が安全かつ健全に維持できる範囲を越えて急速に拡大していく。欲とオイルマネーを燃料とした無謀な銀行業務が世界金融システムを服従させ、数年後には深刻な影響が出ることになるのだ。(30)

第7章　割り当てと愛人と

世界経済が活況の間、政治家や政府役人は喜んで自らの功績を認めていた。だが一九七三年の最後の数カ月が始まるころに景気が下降に転じると、今度は責任を押しつけられることになった。黄金時代の間は雇用を生み出し、生活水準を引き上げるのにあれほど役立つように思えた同じ法律や政策が、今度は経済発展の障害として吊るし上げられることになったのだ。専門家を自任していた政府の規制担当者たち、公益のために働く無党派の公僕の彼らは、利己的な官僚として非難の的になった。イノベーションを抑えこんで非効率なままにすることで自らの権力を守ろうとしている、というのだ。より激しい競争が経済復活の鍵になるという考えが勢いを得ると、その過程で規制撤廃への世界的流れも力を得ていく。

とは言うものの、規制撤廃への初期の動きは長期的な経済懸念というよりも、リチャード・ニクソンの政治的問題によるところが大きかった。一九七三年一〇月に石油危機が襲ってきたとき、アメリカはガソリンやディーゼル燃料の高値と不足に対処できるだけの備えができていなかった。無計画・無秩序な開発が都心部から郊外へと広がっていった結果、ほとんどの住宅と増え続けるオフィスビルやショッピングセンターが人口の少ない、公共交通機関のない地域に建てられた。一部の大都市を除き、ほぼすべての住民が一人一台の車で通勤していた。アメリカ人の大型車愛はもはや伝説的で、巨大なV８エンジンと効率の悪いエアコンが、いつしか燃費を低下させていく。一九七三年に道路を走っていた平均的な車は、一九六三年と比べて一八パーセントも多くガソリンを食っていた。普通のドライバーなら毎週一回は満タン給油をしなければならないため、アメリカ人はガソリンスタンドの行列でかなりの時間を費やしていた。そしてディーゼル燃料の供給がまちまちだったためトラック輸送に支障が出始め、工場は商品を届けられず、アメリカの広大な土地を横切って貨物を運ぶ運転手たちを怒らせた。それまでのホワイトハウスの住人の中でもとりわけ政治の運勢占いに熱心だったニクソンは、断固とした行動を起こすときだと気づいた。そこで一九七三年一二月、彼はエネルギーの皇帝を任命した(1)。

その任命は、一九七〇年代初頭の政府としては多くの意味で典型的な反応だった。変動する価格に経済が自力で調整するだろうという考えは、黄金時代には広く受け入れられてはいなかった。市場勢力への不信感は蔓延しており、ほぼすべての国で、貯蓄口座につく利息から商店の営業時間といった経済活動のありふれた細かい事が法と規制、官僚の気まぐれで決められた。政府も規制を利用して、政治闘争をせずに特定の社会政策を強化した。株式仲買人は、投資家が株の売買時に支払う手数料について合意しておくことが認められていた。この価格協定は表面上は、仲買人の助言なしに投資しようとして判断を誤るかもしれない少額投資家を守ることになっていたが、実際は仲買人の利益を膨らませるためのものだった。大規模事業は面倒なテレタイプ通信機のテレックスで通信していた。規制当局が安い市内通話と相殺するために長距離電話の料金を高く設定したからだ。アメリカの銀行業務もこのように管理されていたせいで、金利が上がったときには事業に融資が流れこむ一方、住宅の抵当貸付が干上がってしまうことになった。この縛りはあまりにも長い間あったたので、まったくあたりまえのものとして受け入れられていた。

野放図なエネルギー市場に秩序を取り戻すためにニクソンが選んだ男は、物事をそうした観点からは見なかった。財務副長官ウィリアム・サイモンは、競争が激しい資本主義を公然と擁護する人物だった。当時四六歳だったサイモンは地方債、つまりアメリカの国と地方の政府が発行する免税証券〔利子が非課税の証券〕の取引で財を成した。財務省トップクラスの役人の多くとは違い、サイモンは名門大学《アイビー・リーグ》の出でもなければ、大学院卒でもなかった。知的好奇心よりもスポーツのほうに関心があった彼は小さなカレッジで勉強し、無名の債券業者に就職し、そこから実力で一流の投資銀行ソロモン・ブラザーズのシニアパートナーにのしあがった。市場ではチャンスはいつでも一瞬で消えてしまう。そこでの人生は、彼に果敢に行動を起こす癖をつけた。なんといっても決断が速いのが彼の特徴で、あるジャーナリストが「人間電動ノコギリ」と称したほどだった。サイモンは敬虔なカトリックだったが、カトリック教を右派イデオロギーとする考え方にはいら立ちを隠さなかった。「私は不干渉主義者だ」と、彼はインタビューで語っている。「私は、トマス・アクィナス〔一三世紀イタリアの神学者、スコラ哲学者〕の考えを信じている。……個人ができること、そして個人がすべきことは、コミュニティがその個人のためにするべきではないのだ[2]」

サイモンは、一期目のニクソンが示した政府の低い役職を断り、一九七三年一月の二期目の頭にニクソンが彼を財務副長官に任命するまで辛抱した。石油価格がすでに上がり始めていたため、ニクソンはすぐに石油の輸入に関する議論の多い規制を見直す委員会の議長を務めてほしいと彼に要請した。サイモンはエネルギー分野に知識があったわけではなかったので、国と連邦の規制でがんじがらめの分野に彼が初めて触れる機会となった。サイモンは、これらの規制は奇妙なものだと、公然と主張した。議会はニクソンに、石油市場に新たに介入することを強く希望していた。サイモンは激しく反論し、ニクソン政権は石油の生産や精製に関して今以上に権限を持つ必要がないし、持つ意志もないと宣言した。彼の考えによれば、市場に任せておけば、価格上昇に目をつけた連中が産出量を増やしてリスクをとるのだから、おのずと不足は補われるはずだった。価格を引き下げる可能性がある唯一の力は、彼がぶっきらぼうに言うには、「一バレルの石油からガソリンを生み出す力だ(3)」

ニクソンと議会との関係は、すでに悪くなっていた。間もなく彼を失脚させることになるウォーターゲート事件もあったし、副大統領のスピロ・アグニューは脱税の罪を認めた末に一九七二年終盤に辞職に追いこまれていた。政権批判と和解しようとする役人もいたかもしれないが、この新たなエネルギー皇帝は批判を煽るばかりだった。サイモン皇帝の領土は正式名称を連邦エネルギー事務所と言い、大統領行政府に置かれることになる。断固とした行動を邪魔しそうな多くの連邦政府機関や部署よりも上位に置き、エネルギー政策を意のままにしたがりそうな議会の委員会から守るためだった。サイモンは財務副長官の職責と兼務してエネルギー事務所を動かすことになり、経済に対する桁外れの影響力を手にした。ニクソンの考えによれば、エネルギーは辣腕にしか対処できないやっかいな問題だったのだ。そのたとえとしてニクソンは、閣僚の面々にアルベルト・シュペーアを引き合いに出した。一九四二年にドイツの兵器産業を監督した建築家だ。ヒトラーが武器生産の完全な権限をシュペーアに与えていなかったら、ナチスドイツはもっと早く戦争に負けていたに違いないと言うのだ(4)。

ガソリンの行列と天然ガス不足に対する民衆の怒りを鎮める一番わかりやすい方法は、生産を増やすことだった。だがサイモンは、いくら自分の影響力が強くても、そこまでは力が及ばないことにすぐ気づく。アメリカの海岸沖や連邦政府所有地、アラスカでの掘削はすべて連邦法の管轄下にあり、一九六九年にカリフォルニア州サンタバーバラ近くの沖合で起こった石油流出事故もまだ記憶に新しかったため、議会は掘削をそう簡単にさせるつもりはなかった。議員たちもまた、エネルギー市場を規制する法律を変えることについてはうしろ向きだった。そうした法律のひとつが、全国的にエネルギー不足が起こった場合に石油供給の割り当て計画を政権に求めるものだった。サイモンはエネルギー部門の責任者になって三週間後にそれを実行し、必要に応じてガソリンやジェット燃料、その他の石油やガス製品も配給制にする計画を立てた。彼の計画には、自由市場のエッセンスが加えられていた。配給命令が出たら、運転免許を持つ一八歳以上は全員毎月三二―三五ガロンのガソリンを受け取ることができる。だが、配給チケットは自由に取引することもできる。価格を決めるのは政府ではなく市場になるのだ。

サイモンが提案した配給計画は、茶番だった。彼は本心では配給制度に反対で、自分の計画を施行するつもりはまったくなかった。計画を発表して議会やマスコミから喝采を浴びたあとで、サイモンはその計画を棚上げした。代わりに、民間企業が石油とガスの生産を増やせるよう、規制の壁を低くする。一九七四年の最初の数カ月、このエネルギー皇帝はマスコミをすぐ集められる自らの立場を利用し、エネルギーに対する政府の規制に声高に反論した。官僚主義と規制に対するサイモンのきわめて公的な攻撃は、経済における政府の役割についての幅広い議論のきっかけとなった。

エネルギーは、アメリカの経済部門すべての中でもっとも規制の厳しい部門だった。そして、その規制はほかの規制とは比べようもないほど複雑だった。一九三八年の法律は連邦動力委員会に対し、天然ガスの価格が「正当かつ合理的」であることを保証するよう命じている。委員会はその命令を実行するために、天然ガスをガス井からほかの州の貯蔵タンクに移すパイプラインに規制を敷いた。州境線を越えないパイプラインについては、権限がなかったためだ。一九五四年、パイプラインだけでなく、生産者がガスに課する料金も委員会が規制するべきだという決定を最高裁が下し、委員会の権限と業務量は劇的に拡大した。だが、パイプラインと同様、連邦政府はひとつの州の中で生産されて消費されるガスについては権限がなかった。ということは、州内の発電所と州外の発電所は、同じガス井から採掘したガスに対して異なる代金を支払う可能性があるということだ。このため、連邦動力委員会はガスが州間パイプラインに入った時点で何万ものガス井からの天然ガスの価格は規制するものの、まったく同じ製品が州内パイプラインに流れこむぶんには無視することになった[5]。

　ガス井の規制などしたことがなかった委員会は、完全に混乱してしまった。一九五五年、各ガス井の所有者が価格を開示する文書を提出する手続きを定める。そうすれば、所有者は適正な利益を出せるだけの高さに値段を設定しなければならなくなる。委員会は、実績のあるアイデアを盗用していただけだった。この手法は一九〇〇年代初頭から鉄道や電力会社を規制してきた手法とほぼ同じだったからだ。

　だが、この方法にはちょっとした問題があった。ガス井の経営は、鉄道の経営とはまったく違っていたのだ。ガスと石油の両方を産出する井戸は数多く、そのすべてについてどの発掘と開発コストがガスの価格設定に織りこまれるべきか、どれが石油の価格に織りこまれるべきかを決める際には複雑な判断が求められた。ほかの井戸と比べると主要な市場から遠く離れた井戸もあり、高い輸送費に応じてガスの価格を調整する必要があった。新しい井戸は、何十年も前に掘られた井戸よりも掘削コストが高くなる。このいわゆる新しいガスについての取得原価基準の価格設定は近くにある古いガスよりも高くなり、「新しいガス」のほうを売りづらくした。さらに、四七〇〇もの生産者が大量の価格情報を提出してくるので、委員会は一九六〇年にすでに、それぞれの井戸から出るガスの適正な価格を算出するには八三年もかかる、しかもこれ以上新しい井戸が掘られないと言う前提でだ、と推定した。そしてこれらの調査は、安価な「古いガス」が消費者の暖房用に保管されるべきか、投入原価を引き下げたい化学薬品メーカーに売るべきかという、政治的にデリケ

ートな問題に応えてはくれなかった。(6)

天然ガス市場は過去にも混乱したことがあったが、すべてではないにしても一部の井戸元価格の連邦規制は、さらに混乱を招いた。一九六〇年代半ばごろにはテキサスやオクラホマ、その他のガスが豊富な州は、州外の顧客にガスを売るよりも州内で売ったほうが儲かっていた。そうすると生産者は当然、できる限り地元でガスを売ろうとする。ガス井のない州の顧客は、家庭や企業にガスを供給するガス会社も含め、必要なだけの天然ガスを手に入れることができなかった。州間販売価格が売り手と買い手の交渉ではなく政府によって定められていたため、仮に顧客が供給を確保するために余分に支払える元手を持っていたとしても、ガスを買うことはできなかった。

クリーブランドでは一九七〇年一月に地元の天然ガス貯蔵タンクが底をつき、七〇〇の企業で三万人の従業員が一〇日間にわたって一時解雇される事態になった。一九七一年のガスの配給は全国で需要に約二パーセント足りず、一九七二年には五パーセント、一九七三年には六パーセント以上不足していた。ニューヨーク州からノースカロライナ州までの東部各州では天然ガスが取れないにもかかわらず一般家庭の暖房や工場の稼動に大量のガスを使うため、一番大きな打撃を受けた。普段ならエネルギー産業を鋭く批判する『ワシントン・ポスト』紙でさえ、政府による価格設定が新たなガス源の探査をためらわせているという米国ガス協会の主張を受け入れたほどだった。間違いなく保守派の『リーダーズ・ダイジェスト』誌は毎月一八〇〇万世帯に届けられていたが、一九七三年四月に読者にこう伝えた。「我々は不必要にガス不足におちいっている」(7)

アメリカの石油市場は、ガス市場と比べるとさらに不合理だった。州境線を越える石油パイプラインにつけられる価格は二〇世紀の初めごろから連邦規制下にあり、一九三二年には議会が輸入される石油やガソリン、潤滑油に課税し、国内の生産者が自社の石油を売れるようにした。この規制は一九五五年、アイゼンハワー大統領が任命した委員会が、国家安全の観点から輸入量を国内需要の一〇パーセント未満に抑えるべきだと勧告したことでさらに締めつけられた。精製業者がこの勧告を無視し、一九五六年後半の輸入量が需要より一二パーセントも高くなると、アイゼンハワーは太平洋岸を除く全地域の主要な精製業者に対し、原油の輸入を「自主的に」一〇パーセント削減するよう命じつつ、小規模な精製業者は輸入に際して連邦政府の認可を取るよう求めた。これが実際問題どういうことだったかというと、何バレルの輸入原油がバージニア州のスタンダード・オイル・オブ・インディアナに行き、何バレルがニュージャージー州のヘス精製業者に行くかを内務省が決めるということだった[8]。

奇妙なことに、自主的な行動によって石油の輸入量を制限しようというこの試みの結果、輸入は減るどころか増えていった。輸入石油を十分に手に入れられない精製業者は国産原油を多く買わなければならず、国内石油の価格が釣り上げられる。アメリカの石油は輸入石油より一八パーセント高い値段で売られていたが、その石油がどこで掘られたものでも、精製業者がガソリンやディーゼル燃料を精製して受け取る代金は同じだった。つまり、国内石油への依存率が高い精製業者は利潤が圧迫されることになる。それが、精製業者ができるだけ多くのバレルを輸入する大きな動機になる。それまでテキサスやルイジアナの石油を使っていた精製業者は競争条件のせいで選択の余地がないと主張し、中東やベネズエラの石油を使う許可を求めた。

この「自主的」プログラムが石油輸入の抑えこみに失敗すると、アイゼンハワーは一九五九年に輸入規制を義務化した。この強制プログラムでは、各精製業者が自主的プログラムで最後に受けた配分の最低八〇パーセントに相当する輸入割当を受け取ることになっていた。だが、そこには多くの複雑な要素が絡み合っていた。通常は高額な輸入元であるはずのカナダ西部の石油価格よりも国内石油の価格のほうが高くなると、中西部の精製業者がカナダの石油を輸入し始めたのだ。輸入総量を同じに保つため、政府は中東やベネズエラから石油を運んできていた太平洋側の精製業者の割り当てを減らさざるを得なくなった。これらの大規模精製業者は高価な国内石油をどうにかして買わずにすませるべく、政治的理由から特別な輸入割当が認められていた小規模精製業者と取引して規制を潜り抜けようとした。小規模精製業者は大規模精製業者と「愛人契約」を結び、自社で石油を精製することもなく、自分たちの輸入割当分に利幅を乗せて転売した。

また別の迂回方法として、暖房のために石油を大量に必要とする東海岸のニューイングランド地方は、割当制度外で暖房用の石油を輸入する権利を勝ち取った。このため、よその石油元売り業者は北東部で安い暖房用の石油を買い占め、それを西海岸へと運んだ。そしてとりわけ不可思議だったのが、「ブラウンズビル・ループ」として知られるようになった方法だ。これは、メキシコの重質原油を船でテキサス州ブラウンズビルに送り、加熱してタンクローリーに積み替え、そのタンクローリーを国境の向こうのメキシコへと走らせるというものだった。そこでタンクローリーは環状交差点をぐるりと回り、リオ・グランデ川を越えてアメリカに戻ってくる。そしてブラウンズビルの船着き場に戻ってくると原油を船に積み、精製所に運ぶ。これで、陸路運ばれた輸入石油に与えられている特別割り当ての条件を満たせるのだった。(9)

石油の輸入割当制度は、複雑怪奇だっただけではない。並外れて非効率でもあった。一九六九年、輸入規制は東海岸の精製業者が中東の原油を一バレルあたり二ドル三〇セントで買う代わりに、国内の石油を三ドル九〇セントで買うことを事実上要求していた。もちろん、ニクソンの対インフレ政策がいくら値上げを抑えこもうとしても、この値段の差は消費者へのしわよせとなる。そして国産石油の使用義務によって国内の石油備蓄が激減していく中、外国の備蓄への依存が高まっていく。政策が意図していた、まさにその逆の事態が起こっていたのだ。ニクソンの対インフレのお役所仕事が、状況をさらに悪化させる。一九七二年の夏、役人たちは精製業者に対し、もっと安く運転できるようにとガソリンの産出量を最大限に増やすことを奨励した。手持ちの石油からのガソリン精製量を増やすということは、暖房用の灯油などほかの製品を減らすということになる。予想にたがわず、冬になると暖房用の灯油が不足した。[10]

情報通の市民であっても石油輸入割当の複雑さにはお手上げで、新しいガスと古いガスの争いについてはほとんど理解できなかった。一方、ガソリンスタンドでの行列と暖房用の灯油不足は生活に身近な問題だ。一九七四年の不安に満ちた数カ月、アメリカ人は聞き慣れない説明を何度も耳にすることになる。規制がエネルギー問題を引き起こしているかもしれず、規制撤廃で問題は解決するかもしれない、と。

規制撤廃は、一九七四年に突然生まれた新しい概念ではなかった。議会は一九五七年にも鉄道やトラックに対する規制の一部を縮小することを一時期検討したことがあったし、一九六八年には連邦通信委員会が顧客に対して電話網に自分たちの機器を一部だけ接続することを許し、これが電気通信分野の規制撤廃の第一歩となった。付け加えるならシカゴ大学のジョージ・スティグラーやロナルド・コースといった経済学者が、特定の商品やサービスの価格が政府機関の独断ではなく競争によって決まったほうが経済はうまくいくと主張し、一九五〇年代から規制撤廃の知的枠組みを作り始めていた。一九六七年にはフォード財団がこの論争に飛び入り参加してワシントンのシンクタンク、ブルッキングス研究所の研究に対して一八〇万ドルを助成し、それが一九七五年までに規制や規制撤廃に関する一二五冊の本や雑誌記事、論文という形になった。エネルギー「危機《クランチ》」を警告し、石油・ガス業界が一九七一年に価格規制の撤廃を求め、保守派のシンクタンク、アメリカン・エンタープライズ政策研究所は規制撤廃を研究するために独自のプログラムを立ち上げた。だが、こうしたことも、現実にはあまり影響力がなかった。「競争促進的な規制改革は政策的処方としては雄弁だったが、広く認識された問題を探求する解決策のひとつに過ぎなかった」と、政治科学者マーサ・ダーシックとポール・J・クワークは一九七一年に書いている(11)。

実際はどちらの政党の政治家も、エネルギーの規制撤廃については態度を決めかねていた。国内の石油・ガス生産量は増やしたかったが、山師がもっと井戸を掘ろうと思うほど値段を釣り上げさせたくもなかった。エネルギー政策はその時々の政治的ニーズに合わせて行ったり来たりし、不可能を可能にしようという無駄な努力で不幸にも規制に規制を積み重ねる結果となった。

一九七三年三月、インフレ対策を命じられたニクソンの生活費審議会は、石油の価格と主要な石油会社の利益幅に規制を設定した。この全面的な新規制を承認して一カ月後、ニクソンは方針を逆転させて「新しいガス」の規制撤廃を呼びかけ、石油輸入割当は七年をかけて段階的になくしていくと発表した。これで、価格規制は縮小することになる。だが六月になると政権は再び方針を変え、価格の六〇日間凍結を命じた。この凍結には石油製品の価格も含まれたため、ガソリンが散発的に不足する事態となった。八月になって凍結が解除されると、新しい井戸からの石油の価格は統制から解除されたが、既存の井戸からの石油は解除されなかった。ガスと同様、「新しい石油」は「古い石油」よりも高く売ることができたのだ。たとえ「古い」井戸と「新しい」井戸がほんの数キロしか離れていなくても、その規制は変わらなかった。

規制についてのニクソンの考えが首尾一貫していなかったとしたら、議会で提示された考えはさらに理解不能だった。議員がもっと掘削をと呼びかける中、委員会は天然ガスの価格を低く抑えて掘削を控えさせるため、連邦動力委員会の権限を強化する法案を作成した。一九七三年一一月、原油禁輸措置が始まってから七週間後、価格を規制すれば井戸の所有者がすぐ手に入る石油を汲み上げることをためらうだろうとわかっていたにもかかわらず、議会は原油価格と供給に対する連邦の規制を一九七五年八月まで延長した。連邦法は、需要と供給の法則に関係なく、エネルギー価格が低いまま抑えられるべきだと定めた[12]。

これが、サイモンが一九七三年一二月に連邦動力委員会のトップを引き受けたときの状況だった。彼は規制撤廃に関する上司の両面性にはまったく共感していなかった。のちに、彼はニクソンの経済政策について「常軌を逸していた」と評している。ニクソンの公式声明にもかかわらず、エネルギー皇帝の地位にはアルベルト・シュペーアの独裁的権力は一切含まれていないことにサイモンは気づく。「効率的で能率的に仕事をするという私の計画が、政府機関による集中型の資源配分とは一切関係がないことに私は気づいた」と彼は書き記している。ペンの一振りでワシントンを変革させることができず、サイモンは代わりに大演説をしてみることにした。自らを規制撤廃の預言者とし、何層もの政府統制からエネルギー部門を解放することを機会があるごとに主張し続けたのだ[13]。

最初のチャンスが訪れたのは、一九七四年一月だった。議会に対し、連邦の価格規制のために一部の世帯は暖房用の灯油を一ガロン二三セントで買えるのに、近所の別の世帯は倍も払わなければならない事態になっている、と指摘したのだ。三月には、いろいろある中でもとりわけ石油の価格を法律に成文化しようとする法案に拒否権を発動するよう、ニクソンを説得した。その後間もなくして、ニクソンは共和党の指導者たちに、天然ガスの価格に対する連邦規制を終わらせたいと伝える。「もっと高い天然ガスと、天然ガスがもう手に入らない状況と、どっちがいいんだ？」と彼は尋ねた。だが、彼の計画は完全に行き詰まってしまった。共和党は議会の上院でも下院でも少数派だった。エネルギー規制撤廃を支持する方向で一致団結していたとしても、それを実現するための票数がなかったのだ。それにそもそも、一致団結すらしていなかった。暖房や多くの従業員を職場に届ける公共交通機関の主な燃料が石油である北東部の共和党員の優先順位は、石油とガスが取れる地方のオクラホマ州の共和党員や、電気やエアコンのコストのほうが冬の暖房にかかるコストよりずっと大事なフロリダ州の共和党員の優先順位とは異なっていたからだ[14]。

石油とガスの規制撤廃は、かなりの難問だということが判明した。膨大な量の投資に関する判断、供給協定、価格設定の公式が、既存の規制を基盤としていたのだ。一部の工場や発電所の所有者は、何年も先まで固定価格で天然ガスを購入する契約を交わしていた。突然規制が撤廃されて古い井戸の所有者がもっと多くのガスを固定価格市場に出すようになったらガスの平均価格が下落して、固定価格契約者は競合他社よりも高い金額を払い続けなければならない。その一方、新しいガスの価格が自由化されて古いガスの価格に上限が設けられたままだったら、古い井戸の所有者は相場以下でガスを売るよりも、もう井戸を閉鎖してしまったほうがいいと考えるかもしれない。価格規制がすっかりなくなってしまったら石油の価格は下がるのだろうか、それともペルシャ湾の輸出国が設定した水準まで上がるのだろうか？　誰もはっきりとはわからなかった。それに、もしアメリカの埋蔵天然ガスが枯渇して、規制撤廃が新たな生産を刺激することに失敗したら？　そうなったら、アメリカの暖房費が高騰するだろう、と議会は警告を受けた[15]。

一気に規制を解除する代わりに、議会と以後四代の政権はためらい続け、掘削を奨励しつつも消費価格を低く抑え、農家から輸送システム、化学メーカーまでさまざまな利害関係者に対し、エネルギーは十分にあると約束し続けた。一九七八年に可決された米国エネルギー法がエネルギー価格の規制を撤廃するはずだったものの、天然ガスの価格に対する連邦の規制は一九九〇年代に入るまでなくならなかった。石油輸出に対する規制は国内の供給量を十分に保持し、それによって価格を低く抑えるためのものだったが、これは新たな油田の発見によってアメリカが石油輸入国から輸出国へと転換したあとでも、二一世紀まで続くことになる[16]。

エネルギー皇帝としてのサイモンの在職期間は、短かった。一九七四年五月にニクソンが彼を財務長官に任命したからだ。この新しい職責の中でも、彼は過剰な規制がもたらす害に対する猛烈な攻撃を続けた。そして、一九七四年八月にニクソンがウォーターゲート事件で退陣を強いられたあとで就任した、ジェラルド・フォード大統領という重要な協力者を得る。九月一〇日、フォード政権が生まれて一カ月後、サイモンは石油と天然ガスの価格規制を含むエネルギーに対する「政府の制約を排除する徹底的な取り組み」を呼びかけた。「政府は」とサイモンは言った。「エネルギーの効率的な市場配分に対して短期的・中期的に大きな障害であったし、今もあり続けている」。フォードはこの主張を政府の規制全般に拡大し、インフレを第二次世界大戦終了後の一九四七年の価格規制以来もっとも高い水準にまで押し上げていた要素のひとつだと訴えた。(17)

ガソリンスタンドでの行列や天然ガスの輸送遮断に対する民衆の怒りの中、このような非難は規制撤廃を学術的な議論のテーマから身近な問題へと変身させた。サイモンは、派手に主張するチャンスを逃さなかった。一九七五年二月、財務長官は連邦規制とインフレが「我々の社会基盤を目立たぬよう、静かに、だがせっせと食いつくしているきわめて有害な力だ」と宣言した。二週間後には、「我々はこの経済をあまりにもひどく締めつける政府規制を取り去らなければならない」と書いている。だが、どこから手をつければいいだろう？　エネルギー規制撤廃が行き詰まり、フォード政権は規制撤廃の政治的展望にもっとも見込みがある業界に目を向けた。運輸だ。(18)

運輸は、アメリカ経済の中でも最初に厳しい政府統制にさらされた業界のひとつだった。一八八七年の州際通商法が生み出した鉄道を管轄する新しい連邦政府関係機関は、規制の歴史の記念碑的な存在だった。時を経て、州際通商委員会や類似の機関がパイプラインや湾岸船、川船、バス、トラック、飛行機を管轄していった。

これらの規制には、主に二つの目的があった。運輸業界の安定を図るためと、運送業者が特定の荷主や製品、地域によって差別をしないためだ。ひとつの国内航空路を飛ぶことが許されたのは一社か二社の航空会社だけで、費用は政府が認可した額と定められていた。新しい航空路を飛びたいという航空会社の申請が許可されることはまれだった。二都市間で貨物を運びたいトラックの所有者は、自分が市場に参入することで公共の「便宜と需要」が満たされることを証明しなければならなかった。この点については、すでにその陸路を使っているトラック会社が弁護士を使ってでも争う構えだった。トラック会社はほかにも積荷の種類や請求する費用について承認を得る必要があったが、これはほかのトラック会社や鉄道から不当に仕事を奪わないようにするためだった。鉄道の運賃の変更が正当と認められるかどうかについての調査はいつまでたっても終わらなかった。湾岸船会社は運ぶ貨物全種類について、並行して走る鉄道よりも運賃を低く設定しなければならなかった。だがあまりに低くし過ぎて鉄道の仕事を奪うほど下げてもいけなかった。

他の政府もほとんどが同様の規制を敷いていたか、直接運輸会社を所有していた。そして、ほぼすべての国が「フラッグ・キャリア」と呼ばれる、国際競争を制限することで政府が利益を守る国有の航空会社を所有していた。数多い例の中からひとつを挙げると、ブラジルはアメリカと条約を結んで両国間を飛べる航空会社の数を明記し、どの空港が使えるか、何便提供できるか、どの大きさの飛行機が使えるか、そして運賃はいくら請求できるかも定められていた。これもすべて、アメリカのキャリアだったパン・アメリカン航空（パンナム）とブラジルのキャリアのヴァリグ航空が乗客を均等に分け合えるようにするためだった。新参の航空会社がアトランタとリオデジャネイロの間に旅客機を飛ばしたくても、門戸は閉ざされていたというわけだ。

運賃と市場参入に対する規制は、何十年にもわたって運輸会社の利益を守ってきた。高い料金と非効率性は業界の大前提で、運輸機構の利用者だけでなく、経済全体の重荷となっていた。空の旅はぜいたくで、ほとんどのアメリカ人の手が届かないほどの値段だった。すべての国内便の座席が半分以上埋まらないこともしばしばだった。メンフィスからカンザスシティまでテレビセットを運ぶトラックは、許可されている品物を帰り荷用に見つけられなければ、空っぽで帰らなければならない。鉄道の収益の二パーセントは損害請求の支払いに費やされていたが、そのコストを荷主に転嫁することを規制当局が許していたので、鉄道会社はこの二パーセントを減らそうと努力する理由もなかった。だが、一九七〇年代までに運輸機構は高い燃料価格と、規制されたトラック会社や鉄道会社を相手にするよりも自社でトラック部隊を所有したほうが儲かると気づいたメーカーや小売業者を失ったための損失で、窮地に立たされていた。大手の貨物鉄道会社は倒産の危機にあり、航空会社も生き延びるためには政府の助成金が必要だと警告していた。[19]

こうした状況の中、フォードとサイモンは政治勢力の反対側に同志を見つける。マサチューセッツ州のエドワード・ケネディ議員だ。ケネディは民主党議員の中でも特にリベラルなうちの一人で、運輸業界の政府規制が弱者を助けるものとは程遠く、消費者を踏み台にして一部の企業とその企業でたっぷり給料をもらっている従業員に利するだけだと確信するに至っていた。一九七五年の冬、彼は六回にわたる公聴会を開催する。そこでは学者や消費者代表、そしてフォード政権の高官が、高い航空運賃、空っぽの飛行機が日常化し、一部航路での不十分なサービスの一方でほかでは過剰なサービスが提供されているとして規制を非難した。その数カ月後、政権は航空会社の規制を撤廃する計画を公表する。そしてついでに、トラックや鉄道の規制も撤廃されることになった。

サイモンの熱弁があまりにも劇的に国民の意識を変え、鉄道会社の経済状況があまりにも切迫していたため、規制撤廃への支援は思想の壁を越えたのだった。一九七七年に大統領として政権に就いた民主党員ジミー・カーターは、航空会社の規制をおこなう民間航空委員会のトップにコーネル大学の経済学者アルフレッド・カーンを任命した。カーンはすぐさま、自分の機関の仕事をなくすよう議会に働きかけ始める。議会は喜んでこれに応じ、その年の終盤には、国内の航空貨物の価格規制を撤廃した。一九七八年、議会は旅客運賃に対する連邦当局の規制を撤廃し、航空会社が飛べる航空路の決定も連邦の管理下から外した。トラック、バス、鉄道、海洋貨物の経済規制撤廃がそのあとに続く。最終的に、尋常でないほどの規制撤廃熱に浮かされた議会は、運輸市場における政府の権限を劇的に抑える法律を九年で八案通過させた[20]。

運輸は、手始めに過ぎなかった。議会は一九八〇年、銀行が預金者に支払う金利の規制撤廃に関する法案を通過させる。大方の予想に反してこの法案は金融業界を大幅に成長させ、政府高官からは経済のどの分野がもっとも功績を上げたかを決める権限を奪った。電気通信、電力、その他の業界の競争を制限するアメリカの規制はすぐに厳しい目にさらされるようになり、石油と天然ガスの規制撤廃も同様にすぐさま政治課題に復活した。この動きはあっという間に国外へも広がり、営業時間を規制する法律や店で売れる商品を制限する法律、企業に価格協定カルテルの結成を許す法律、高い国際航空運賃を保護する法律に批評家たちが狙いを定める。一九七八年までに、規制撤廃の波はあまりにも広がり、ルイ一四世の時代から国が経済を主導してきたフランスでさえ、政府が一八五年ぶりにパンの価格規制を撤廃したほどだった[21]。

航空と通信では、規制撤廃がイノベーションの波を引き起こし、翌日配送サービスや格安航空会社、それに携帯電話革命などが生まれた。これらはウィリアム・E・サイモンのような擁護者たちが約束したまさにその景気刺激剤となった。規制撤廃は、夕方六時半には商売をやめることが法律で定められていたヨーロッパの都市に新しい暮らしをもたらし、瀕死状態だったアメリカの鉄道業界を復活させ、日本の消費者には割引で買い物をする初めての経験をもたらした。

だがほかの分野では、規制撤廃は期待通りの効果を上げなかった。その中のひとつが、サイモンが規制撤廃運動を始めたアメリカのエネルギー分野だ。変動する価格に消費者が慣れるにつれてガソリンスタンドの行列は姿を消し、天然ガスの緊急遮断も忘れられていったが、サイモンが予測したような掘削ブームは起きなかった。国内の石油生産は一九七〇年から生産者が好きなように料金を決められるようになってだいぶ経つ二〇〇八年までは減少傾向にあり、天然ガス生産が一九七〇年代の水準を超えるまでにも二三年かかっている。

規制撤廃は膨大な利益をもたらしたが、代償は高かった。預金や融資につく利息の規制撤廃はアメリカの銀行業界をやや不安定にし、住宅ローンの融資に特化する貯蓄・貸付組合は一九八六年から一九九五年の間に千以上が破綻した。そのコストの大部分は、納税者に強制的に転嫁された。ほかの業界でも、規制を受けていた企業は競争がほぼ皆無の状態で安定した収益を上げ、それによって安定した高賃金の雇用を提供していた。その独占状態が崩壊し、人為的だった高値が暴落すると、規制の下で繁栄してきた従業員や株主は自分たちの状態がかなり悪くなったことに気づく。劇的に安い航空運賃は何百万もの人々に人生初の飛行機体験を提供したが、新規参入の格安航空会社との競争で、古参の航空会社の従業員は賃金カットや失業を経験することになった。アメリカの老舗バス会社グレイハウンドの路線数は、空の旅が安くなったために六年間で四〇パーセントも減少する。そうなるとバス運転手の賃金が大きく切り下げられ、激しいストライキが起こり、一九九〇年には会社が倒産してしまった。大西洋の向こう側では、一九九一年に規制が撤廃されてから、ブリティッシュ・テレコムが一〇万人の雇用を削減している。[22]

だが結局、規制撤廃の影響がプラスだったことは否定しようがない。古い仕事や古い会社が消え去る中で新しいものが生まれ、規制のために遅らされていた新製品——変動金利預金口座、携帯電話、ゴルフファンやグルメなどに向けた民間テレビチャンネル——が消費者に利益をもたらした。かつては規制当局の独断で決められていた価格やサービスを企業が交渉できるようになって経済成長は後押しを受け、企業はより生産的に仕事を進められるようになった。だが規制という皮膜構造がなくなると、黄金時代の非常に根本的な側面だった安定と安心は決定的にそこなわれてしまう。政府が生産性の伸びを復活させ、経済を再活性化しようとする中で、安定は手の届かないぜいたくになってしまったのだった。

第8章　輸出マシーン

目前に迫る危機を日本に気づかせたのは、トイレットペーパー問題だったのかもしれない。一九七三年一〇月下旬、アラブの石油産出国が価格を引き上げ、供給を減らしていたちょうどそのころ、日本ではトイレットペーパーが品薄になるという噂が大阪で出回った。新聞がそのネタを拾い上げ、間もなく主婦の大群が雑貨店に押し寄せて、目につくトイレットペーパーを残らず買い占めていった。不足などしていないという政府の声明は、パニックに拍車をかけただけだった。尼崎では買い物客の群れに押し倒されて年配の女性が足を骨折した。静岡では一人の男性が「念のために」と一〇〇〇個ものトイレットペーパーを購入した。東京では個人客への販売に制限が設けられた。日本のちっぽけな集合住宅がトイレットペーパーで埋めつくされる中、政府が介入し、狂乱を収めるために卸売業者に倉庫のトイレットペーパーをすべて放出するようにと命じた。(1)

混乱がトイレットペーパーの市場にまで広がる中、日本がおそろしい苦境に直面していることを、国民の誰一人疑いもしなかった。高騰する石油の価格は、ほかのどの富裕国よりも強く日本を脅かした。黄金時代のさなか、世界中でもっとも経済成長が抜きんでていた日本は、物乞いのような時代から世界第二位の経済大国へと変貌を遂げていた。だが、予想外に裕福になった社会の夢を、オイルショックが危険にさらす。東京の政府は過去に例のない日本の業績を維持しようと必死だった。その努力が世界貿易のパターンを変え、世界のほかの産業国家で危機感を高める一因となったのだった。

一九六〇年代は、信じられないような一〇年だった。一九六〇年、日本では農家で働く人数（一二八〇万人）のほうが工場で働く人数（九四〇万人）よりも多かった。そして後者の多くが、ミシンを前に背を丸めたり、成形機が安いプラスチックの人形を吐き出すのを何も考えずに眺めたりして生計を立てていたのだ。そこからの一〇年間でメーカーは欧米の最新の機器に膨大な額を投資し、何百万もの雇用を増やしながらも、一時間あたりの生産量を年間で合計一〇パーセント以上増加させた。インフレ調整後、日本の一人当たり所得は二倍以上になり、何百万もの消費者が冷蔵庫や自動車、カラーテレビを買えるようになった。就職は売り手市場。企業は従業員をつなぎとめるのに必死で、なかなか腰を落ち着けてくれない従業員に終身雇用を約束さえした。この新しい習慣は、すぐに崇高な伝統とみなされるようになる。(2)

だが一九七〇年までには、通商産業省（通産省）で日本の未来を計画するのが仕事のエリート官僚たちは、経済がもうすぐ墜落するのではないかと心配し始めていた。この懸念には十分な根拠があった。繁栄の基盤が、見た目ほど頑丈ではまったくなかったからだ。

日本の超特急での成長は、三つの要素に端を発していた。ひとつは、欧米の技術の導入。日本企業は外国の特許を大量に取り入れ、海外の工場と同じくらいに国内の工場を効率化させた。ある推計によれば、ほとんどが輸入されていた新技術のおかげで、石油危機が始まるまでの日本の経済成長率は約二パーセント押し上げられていたそうだ。二つ目が、莫大な資本投資だ。利息収入にかかる税率の低さに助けられ、一般家庭の貯蓄率は一九五〇年代後半に急上昇する。銀行はその貯金をメーカー向けの融資に転用した。三つ目の大きな要素は、最初の二つと密接に関係しているのだが、規模の経済だった。職人の小さな工場が姿を消し、最新の機器を詰めこんだ巨大な工場に取って代わられていったのだ。[3]

公式に「高度経済成長期」と呼ばれる日本のこの時代は、ほとんどが製造業の話につきる。一九七〇年までに、国民所得の四五パーセントが工場で生まれていた。だが、高度成長がいつまでも続くわけはない。欧米の技術で工場を最新化することで得られる大きな利益は、もう取りつくしてしまった。低利ローンと過剰な熱狂が、この国に必要とされている以上の資本投資へとつながる。そしていったん大規模工場が効率で劣る町工場を締め出してしまうと、生産性の爆発的な伸びも繰り返し起こりはしなかった。一九七〇年にはすでに日本の産業生産高の半分以上が、三〇〇人以上の従業員を抱える工場で作られていたのだ。

その一方、経済のほかの分野はまだかなり非効率だった。日本には一九七〇年時点で七一万一二六九軒の食料品店があった。四三世帯に一軒の割合だ。平均的なパン屋の従業員数は二人、平均的な薬局もわずか三人。小売店の規模を制限する法律のおかげで、毎年何千軒もの小規模商店が開業していた。銀行ではたった数百ドルを円に換えるのに一五分から二〇分はかかり、次から次へと窓口をたらいまわしにされ、それぞれから取引の承認を受けなければ日本円は渡してもらえなかった。電子製品や金属製品などの産業では奇跡の数年の間に生産性が急成長を遂げていたが、トラック輸送や鉄道の生産性はほとんど向上していなかった。[4]

通産省の計画担当者たちは、一九七〇年代を近代化の時代になると見越していた。そこで彼らは日本のサービス分野の強化について話し合う。大規模な小売店を許可すれば、何十万人という家族経営の店主たちはもっと生産性の高い仕事を見つけなければならなくなる。そしてメーカーに対しては金属を叩く仕事を離れ、高学歴の従業員を雇う先進経済にふさわしいコンピューターや飛行機のエンジンなどのハイテク製品へと移行するよう促した。円が上がり続ける中で日本経済は高速回転を続け、一九七〇年代前半に起きたブレトン・ウッズ協定の崩壊は、肉体労働中心の製造業から離れようとする日本の動きを先進的なものに見せた。一九七一年から一九七三年のたった二年で工場労働の一時間あたりのコストがドル換算で三八パーセント上昇し、日本からの輸出品の大部分は世界市場での競争力を失った。一九七三年には一八パーセントにまで達していたインフレ率には従業員の給料が二桁アップしてもまだ追いつけなかったが、その賃金アップは日本の輸出を海外でさらに高くつくものにした。石油危機が一九七三年秋に日本経済を強打するころまでには、日本の実業家たちは将来を危惧し、主婦たちは新聞が「狂乱物価」と呼ぶものに憤っていた。(5)

安価な石油は、大量のエネルギーを消費する化学薬品、アルミ、鉄鋼の工場が石油や天然ガス資源のほとんどないこの国で繁栄するうえで大いに役立った。このため、OPECの価格の釣り上げは即座に日本産業の中核を脅かす事態となった。一夜にして、懸念が悲惨へと転じたかのようだった。二年前、企業が組み立てラインやレジに並ぶ従業員を確保するのに必死だったころは、中学を出たばかりの一五歳の少年でも平均五・八件の採用通知を受け取っていた。ところが一九七三年の最後の数カ月では、不要となった従業員が首切りに直面していた。まずは女性が「操業規模の縮小」の影響をもろに受け、ほとんどを女性が占めていたアルバイトやパートタイムの従業員が、夫や父親の雇用を守るために解雇される。だが収益が落ちこむにつれ、男性ももっと安上がりな外注業者に取って代わられるようになり、フルタイムからパートタイムに労働時間を減らされたり、早期退職に追いこまれたりした。貴重な石油を節約するため、政府が企業に対して消費エネルギーをもっと減らすようにと命じると、工業生産は急激に下がっていく。警察当局は、三月になって労働組合が昇給を求める毎年の「春闘」に入る時期に、暴力を伴う紛争が起きる可能性があると警告した。(6)

政府は、楽観主義を広めようとできるかぎりのことをした。一九七四年一月には、一九七五年三月までの成長率を二・五パーセントと予測する。その予測が実現していたとしても、日本はアメリカの爆撃機が街を火の海にしていた一九四五年以来、最低の経済成長を経験していたことになる。それでも、まだ昇給を賄えるだけの成長は見込めたはずだ。だが、現実ははるかに厳しかった。石油危機が輸入価格を劇的に引き上げたために貿易収支が激しくマイナスに転じ、日本が明かりをつけておくための石油に支払えるだけの外貨を持っているのかどうかさえ疑われ始めた。同時に、上がり続ける物価はインフレが鎮静化するという政府の予測を裏切る。インフレが年率二〇パーセントを越えようとする中、日本銀行は経済が弱体化しているにもかかわらず、金利を上げるほかなくなる。通産省の有力な事務次官、山下英明はマスコミに対し、とにかくインフレ問題を解決しなければならなかった、と語った。そうしなければ、「日本経済は完全に崩壊していただろう」と彼は警告した。(7)

対インフレ政策は、消費者や企業に大打撃を与えた。一九七三年の日本は、まだ世界のスーパースターだった。だが一九七四年半ばにはどの富裕国よりも業績が悪く、社会の平和が脅かされていた。日本は、石油代を払うために十分なドルを早急に手に入れる必要があった。政府首脳は、輸出を強化する以外に選択肢を見いだせなかった。(8)

輸出主導の成長は、斬新なアイデアではまったくなかった。一九五〇年代から一九六〇年代にかけて、日本はまずブラウスやラジオの輸出から製造分野を再建し、次に繊維や鉄鋼へと移っていった。石油と工場機器の輸入にかかるコストが輸出で稼ぐ金よりも高かったため、ほとんど毎年貿易赤字を出していた。だがそうして輸入された資本財が、工場生産の大規模な成長の基礎となってくれたのだ。日本が初めて輸出した自動車はごくわずかな数ながらも、アメリカとタイの道路を走りだす。一九六八年九月にカリフォルニア行きのコンテナ船が運行を始めて輸送費が安くなると、アメリカの家電量販店の棚は日本製のテレビやステレオ、電子レンジの重みでたわむほどだった。日本の慢性的な貿易赤字が、黒字に転じたのだ(9)。

即座に、アメリカで政治的反発が起こる。アメリカの自動車会社、鉄鋼メーカー、電子機器メーカーが、太平洋の向こうで突然生まれた競争相手に憤慨したのだ。一九六八年春、国務省は日本とヨーロッパに対し、アメリカへの鉄鋼輸出を「自発的に」制限するよう求める。数カ月後、アメリカのカラーテレビ製造業者が、日本製のテレビに懲罰的な税金を課するよう政府に嘆願した。そして八月、大統領選に向けて南部の票を獲得したいリチャード・ニクソンは南部の繊維会社に対し、毛糸や合成繊維の生地の輸入を制限することを約束した。

ニクソンは、この約束を実行した。一九六九年一月に就任して間もなく、彼は一番腕利きの選挙顧問を繊維問題の責任者につける。日本に対して断固とした処置を取るのかと記者に聞かれると、彼はこう答えた。「この問題は自発的な対処を待ちたい」。この発言の明らかな含意は、日本が繊維輸出を制限しなければ、議会はアメリカが受け入れる日本の繊維製品の量に制限を設ける法律を通過させるということだった。日本は、この仄めかしを無視するわけにはいかなかった。アメリカは日本にとって最大の取引相手で、一九六〇年代後半には輸出品の三分の一がアメリカに購入されていたからだ。また、アメリカは日本の同盟国でもあり、庇護者でもあった。軍事支出が比較的少なかった日本だったが、何万もの米軍部隊が本州と、遠い沖縄の島に配置されていたのだ。佐藤栄作総理大臣が主に日本への沖縄返還について議論するため一九六九年一一月にワシントンを訪れたときには、繊維問題も議題に含められていた。想像しにくいかもしれないが、世界の二大経済大国のトップが、毛糸や合成繊維について二時間以上も議論を重ねたのだ。政府の最高幹部たちが二年も困難な交渉を続けた結果、両国は一九七二年初頭についに合意に至り、日本は国内企業からアメリカへの繊維製品輸出量の伸びを抑えることになる(10)。

アメリカの怒りの激しさは、日本に衝撃を与えた。たかが衣服の繊維のことで、大統領が首相を怒鳴りつけるなどと誰が想像しただろう？　これを受けて、通産省は日本企業に対する指針を見直した。「「何があろうと輸出を拡大しなければならない」という考え方はもはや適切とはみなされない」と通産省は一九七二年に宣言する。「状況によって、このような政策は他国の不興を買う傾向がある」。日本は今すでに輸出している製品を大量に輸出するだけよりも、知識集約型の製品を輸出する方向に改善していくべきだ、と通産省は助言した。(11)

通産省は、ただ公平無私な助言をおこなっていたわけではない。現実には、企業は危険を承知で通産省の助言を無視していた。そこで通産省は、アメとムチを使い分けて指針の実施を呼びかけた。アメは、エネルギー効率を向上させたり通産省が優遇する商品の生産を増加させたり、斜陽産業の規模が縮小していく中で失業した労働者を支援したりした企業に対する助成金や奨励金つきの融資だった。なかには、競合企業同士が独占禁止法を無視する許可を勝ち取り、どの工場を閉鎖するかを自分たちの間で話し合って決めることさえあった。ムチはアメほどわかりやすくはなかったが、同じくらい重要だった。通産省の助言を無視した企業は、銀行からの融資が受けにくくなるかもしれない。輸入から守ってほしいという要請は、同情を得られないかもしれない。それに、政府が輸出品に対して「自主的な」制限を突きつけるかもしれない。通産省の言葉は法律というわけではなかったが、歯向かおうという企業は数少なかった。

エネルギーが欠乏し、過剰な生産能力が重荷となり、日本の隆盛の原動力となっていた重工業は衰退を始める。組合は大量解雇を避けるために一九七五年の賃金を抑えることを提案したが、鉄や鋼、繊維、アルミ、石油化学製品を作る工場の多くはもう救いようがなかった。企業経営者の間では、ある経済学者が一九七六年にかなり控えめに言ったように、「一九七〇年代後半には妥当とみなされていた九パーセント成長は、今となってはかなり可能性が低いように思われる」という認識が広まった。需要の回復が見込めず、工場がまるごと解体されていく。メーカーは千人単位で従業員を切り始めた。一九七三年から一九七九年の間に、八〇万人が職を失っている。一九七六年、失業率は一九五〇年代初頭以来初めて二パーセントを超え、そこから下がろうとしなかった。(12)

旧経済の衰退を軽減するため、政府は大量解雇を避ける政策で介入した。事業の衰退している分野から成長分野へと従業員を移した雇用主には奨励金を出す。賃金助成制度、研修助成金、出稼ぎ労働者が仕事を探す支援をする助成金も出た。労働時間が減らされた労働者の賃金を補塡する補助金も出た。特定の産業の雇用主が四五歳以上の労働者の再教育に合意すれば、政府が一年分の賃金の四分の一を支払うことにもなっていた。だが、外国の観測筋からは通産省は万能のように見えていたかもしれないが、実際には目的を達成するのにかなり苦労していた。日本の造船会社向けの注文が一九七三年から一九七八年の間に九〇パーセントも減少すると、この産業を縮小させる必要性は一目瞭然だった。だが地元の造船所をなくしたがる地域などないし、ドックを閉鎖したい会社もない。造船業界の危機が始まって五年も経った一九七八年にようやく、国会は国と地方政府、銀行、商社、造船会社が資金を提供する解体事業の設立を認可した。一九八〇年の終わりごろまでに、このカルテルは日本の造船所一三八カ所のうち五〇カ所を閉鎖し、一一万九〇〇〇人の仕事が失われたが、残った造船所はより堅固な足場を確保できることになった。(13)

同様の展開が、ほかの多くの業界でも見られた。一九七二年、日本は一〇〇万トン以上のアルミを生産していた。一〇年後、生産量は七〇パーセント減少し、精錬所も半分が閉鎖されていた。ドリルやコンプレッサー、扇風機といった簡単な電気製品を作る工場は、製品の需要が消散するのを目の当たりにする。製紙業者は一九七七年から一九八一年の間にボール紙の製造を七分の一閉鎖し、繊維会社はナイロン繊維生産の五分の一を放棄した。一九七二年に苦労の末に合意した日本がアメリカへの合成繊維の輸出を制限するという取り決めは、無意味なものとなった。輸出が上限に達することなどなく、繊維を作っていた工場の多くが完全にシャッターを下ろしてしまったのだ[14]。

旧経済は、新経済に道を譲った。安価なエネルギーと安価な労働力よりも、エンジニアリングとデザインのほうが重視される経済だ。日本はトン単位で売られる日用品ではなく、自動車や高度な電子機器、精密機械を作って裕福になるのだ。

新経済がもっともわかりやすく目に見えたのが、自動車産業だった。日本の自動車メーカーが戦後に果たした成長は、ちょっとした伝説だ。織り機やミシンの製造から事業を始めたトヨタは、ちっぽけな自動車製造部門をたたんでしまおうかと悩んでいた一九五〇年に韓国で戦争が勃発し、軍用トラックの注文が舞いこんだおかげで窮地を脱した。オートバイの製造から始まったホンダが最初に乗用車を作ったのは、一九六三年になってようやくだ。一九六〇年代半ばまでに、これらのメーカーは大手企業となり、日本の自動車産業は年間二五〇万台以上の車を製造していた。急速に増える収入を消費者が車に費やしたくても、日本車以外にほとんど選ぶ余地がなかった。輸入税率のせいでアメリカ製のフォードやドイツ製のフォルクスワーゲンは価格に三〇―四〇パーセント上乗せされていたし、大型の輸入車の登録料も小型の日本車と比べるとかなり高かったからだ。いずれにせよ、外国車を扱いたがる自動車ディーラー自体、数が少なかった。一九六六年に日本が輸入した車は合計で一万五二四四台にとどまっている。

一九七三年の石油価格の急騰は、日本の自動車メーカーにかなり有利に働いた。小さくてとりわけ快適ではなかったものの、日本車は大型のアメリカやヨーロッパのモデルと比べれば相当燃費が良かったのだ。政府に促され、自動車メーカーは新しい組み立てライン、エンジンやトランスミッション、部品の製造工場を日本中に建てていった。一九六六年、日本は世界中の車の五パーセントを作っており、品質が低くて仕上げが安っぽいという評価を受けていたが、これは事実だった。ダットサンやトヨタが海外で人気商品になったのは、一九七三年にガソリン価格が高騰してからだった。そうなったとき、自動車メーカーは新たに生産力を増強していたため、すぐに製造を加速させることができた。日本の自動車製造工場は一九七三年には四五〇万台だった製造台数を、一九八〇年には七〇〇万台にまで増やしている。トラック、自動車のエンジン、馬力のあるバイクの製造がフル回転になった。台数で言えば日本の年間自動車輸出量は一九七三年から一九八〇年の間にほぼ三倍となり、トラックに限れば輸出量の増加はさらに早かった。品質が向上するにつれ、外国のより裕福な買い手が日本の車にもチャンスをやろうという気になってきた。一九七八年に円がドルに対して急激に高くなったことも、売り上げにはさほど影響を与えなかった。そのころまでには日本車はアメリカでも普通に見かけるようになっていて、一九八〇年のアメリカでの自動車売り上げの四分の一を占めるまでになっていた[15]。

通産省の計画担当者たちが思い描いたとおり、小型車は日本の新しい「知識経済」の最先端そのものだった。日本の従業員一人あたりの研究開発費は一九七〇年代にインフレ調整後で七〇パーセント増加し、日本を模造品メーカーからイノベーションの源へと変身させた。「もっと軽く、もっと薄く、もっと短く、もっと小さく」という信条が日本の産業全体に広がる中、高速コンピューター、一流の光学レンズがついた最先端カメラ、数値制御された工作機械、高性能カラーコピー機が工場から吐き出されていく。すべてが黄金に変わったわけではなく、通産省が何年も支援し続けたジェットエンジン開発の努力は無駄に終わったが、この国を輸出大国に変えるだけの成功は見られた[16]。

一九七三年の石油危機は、日本の国際貿易収支をふたたび赤字に転落させた。一九六九年以前の恒常的な状態に逆戻りしたのだ。一九七四年の貿易赤字は六〇億ドルを超え、歴史的に見ても圧倒的に大きな赤字となった。だが、その赤字は一時的なものだった。再構築されたばかりの輸出システムが本格化する一方で膨大な数の規制が輸入を制限する中、日本は空前の勢いで貿易黒字を積み上げていく。この黒字が、経済をよみがえらせた。一九七五年までに、日本はふたたび成長に転じる。もっとも、一九七三年以前よりはゆっくりとではあったが。一九七〇年代後半から一九八〇年代前半にかけて、日本はほかのどの大規模産業経済国よりも速いペースで成長した。その利益が自らをある程度犠牲にして得たものだったということは、あとになってようやくわかることだ。知識集約型の製造システムを構築することに鋭く焦点を当てた政府は、この国の驚くほど非効率なサービス分野についてはほぼ完全に無視していた。日本のサービスにおける生産性は、一九七〇年よりも一九八〇年のほうが低かった。その後の数年で、大型店舗を作る上での障害やトラック輸送における競争の規制、週末にはATMを動かせないという規制、その他同様のさまざまな制約が、経済成長を停滞させる原因としてみなされるようになる。だが当時は製造業が盛況だったため、日本のサービス分野の悲惨な状況はほとんど注意を引かなかったのだった。[17]

日本の貿易黒字そのもの以上に、石油危機から生まれた貿易のパターンは長年続く問題となる。日本は、原料を供給する国――インドネシア、イラン、サウジアラビア、カナダ、オーストラリア――に対してはずっと貿易赤字を続けていた。だが、日本と競合する最先端の工業製品を作る高所得国に対しては、大幅な黒字だった。日本の貿易が赤字から黒字に転じるころ、アメリカは一九七五年以前のほぼ収支が合っていた状態から、長引く大幅な貿易赤字へと転じていた。重工業の中心地で、「ラスト・ベルト（錆びついた工業地帯）」と呼ばれるようになる中西部の北寄りの地域は、のちに「産業の空洞化」と名づけられる病気の犠牲者だった。カナダとヨーロッパにもそれぞれラスト・ベルトがあり、イギリスはミッドランド地方、ドイツはルール地方、そしてフランスとベルギーは炭鉱と鉄鋼の町が、アメリカのかつては工業の中心地だった地域と同じくらいに衰退していく[18]。

黄金時代の間は、どの国のメーカーも自社製品に対する一見天井知らずの需要から利益を得ていた。利益率は高く、農業や鉱業、サービス分野よりもはるかに儲かった。そしてその高い利益が昇給を支え、新製品を生み出す研究開発を支え、さらに多くの工場を建てるための設備投資を支えた。だが一九七三年を過ぎると、世界的な成長は鈍化する。石油の高値が操業コストを引き上げる中、最先端の製造業への日本の強引な参入、そして日本に続く台湾と韓国の急速な産業化によって、世界中の製造能力が突然過剰になったのだ。メーカーの利益が急落し、工場は生産能力の数分の一で操業するか、完全に閉鎖されるかしていった[19]。

議会制民主主義において、工業全体の消滅とそれに伴う大量の雇用喪失を黙って受け入れる政府など存在しない。問題を抱える産業を救済しなければという政治的圧力は膨大なものだった。アメリカ、カナダ、そして西欧諸国はいずれも、工業を育て、工業労働者の雇用を守る政策で製造業に圧力をかけるという対応を取った。政策は国によってさまざまだったが、その内容はおおむねどこも同じだった。製造業は、経済成長において特別な、かけがえのない役割を果たすものだと言われていた。通常は平均よりも高い給料を払い、国の生産性向上の大部分を担い、サービス業よりもはるかに多くの研究開発費をかけるものだ。日本は、輸出を補助しつつ日本市場から外国製品を締め出すという不公平な競争の手法を通じてこの製造業の基盤をおびやかしている、と批判を浴びた。通産省が手を回していると推測されたこの攻撃を受けて、他国の政府も自国の製造業が繁栄できるよう、「公平な条件」を整備する必要に迫られた。

アメリカでは、救済の努力は主に輸入に対する保護の形でおこなわれた。石油危機に続く不況真っただ中の一九七四年、企業や労働組合が輸入によって「深刻な被害」を受けていると主張しやすくなるよう、議会が道を開く。政府は一九七四年の通商法を利用して他国にアメリカ向けの出荷を制限するよう圧力をかけ、輸出を自発的に制限しない場合、新しい法律では被害を受けた企業が高い輸入関税を求めることができ、加害者である外国製品をアメリカ市場から締め出すこともあり得ると脅しをかけた。靴からタイプライターまで、あらゆる製品のメーカーが「深刻な被害」――それがどの程度のものか、法律では定義されていなかった――に脅かされていると訴えるために列を成し、外国の競争相手を締め出すよう政府に要請した。その結果、奇妙な産業政策が生まれた。どのような経済的基準から見ても特に重要とみなされる産業ではなく、ワシントンでもっとも政治的影響力を持つ産業が優遇されるようになったのだ。[20]

新しいルールの仕組みの典型的な例が、ボルト、ナット、ネジ業界だ。アメリカにはナットとボルトの工場が何百もあり、高度に自動化されたものもあれば、分厚い手袋をつけた従業員がトングでボルトを一個ずつつまんで加熱炉で熱しているような古いものもあった。一九七七年一二月、企業や労働組合からの嘆願を受けたアメリカ国際貿易委員会という独立政府機関が、この地味な業界が輸入によって深刻な被害を受けていると認定した。輸入製品のほぼ四分の三は、日本から来ていた。委員会はカーター大統領に対し、輸入品のボルト、ナット、ネジに対して、商品価値の最大二〇パーセントの関税を課すよう働きかける。カーターはそれを拒否し、自由貿易の擁護者、そして親日家としての評価を高めた。[21]

その数カ月後の一九七八年六月、議員たちは国際貿易委員会に対し、この問題をもう一度見直すよう要請した。委員会はふたたび、高い関税を勧告する。今度はカーターが折れ、一九七九年一月からの三年間限定で一五パーセントの関税上乗せに合意した。高い輸入品価格のおかげで国内のメーカーも自社製品の価格を上げることができ、ナットやボルトを使うアメリカのメーカーは大幅に高い値段を支払わなければならなくなった。ある推定によると、アジアからの輸入品を制限するには「救済された」雇用一人分あたり五五万ドルの費用がかかるそうだ。ちなみに、このころの平均的なボルト製造業従事者が稼いでいたのは、年間二万三〇〇〇ドルだった。ここまでしても、カーターの政策は時代遅れの産業を守ることができなかった。アメリカのナット、ボルト、ネジ工場の一九八〇年代半ばのインフレ調整後総売り上げは、一九七九年と比べると一五パーセント低かった[22]。

ボルト製造は、雇用の維持という名目で一九七〇年代に政府の支援を受けた数多いアメリカの産業のひとつに過ぎない。直接的な補助金は珍しかった。もっと一般的なメーカー支援の手法は一九七四年の通商法を利用して関税や割り当てを課し、輸入品の価格を引き上げ、必要とされなくなった製造業の雇用を保護するコストを事実上アメリカの消費者に負担させるというものだった。ボールベアリングやカラーテレビ、特別強度鋼、そしてその鋼を引き延ばして穴を開ける工作機械のメーカーは軒並み輸入規制を勝ち取り、名目上はもっと競争力を高めることができるようになった[23]。

ヨーロッパは、日本の輸出ブームに揺れる産業を支援するためにもっと折衷的な方法を取った。テープレコーダー、繊維、自動車、トラック、バイク、特殊鋼、ボールベアリング、テレビの輸出を制限するよう日本に対して要求する一方、造船所や鉄鋼メーカー、航空機業界に助成金を放出したのだ。「地域支援」を認める欧州経済共同体の規則に基づき、政府は南イタリアや東ドイツとの国境沿いの西ドイツ地域など、経済的に困難と見なされる地域のメーカーに支援を注ぎこんだ。それでも、メーカーの利益は回復しなかった。主な理由は、大型の工業団地を閉鎖させてでも過剰な生産能力を減らそうとするヨーロッパ政府がいなかったからだ。

一九七七年、ベルギー外務省の高官エティエンヌ・ダヴィニオンが産業エネルギー担当の欧州委員会委員になった。ダヴィニオンは、鉄鋼や化学薬品などの重工業の過剰生産能力問題に対する自由市場での解決策はないと確信していた。ヨーロッパの各国が隣国からの輸出に対して壁を作り、加盟九カ国間の自由貿易の取り決めを無効にして自国の重工業を守ろうとするのではないかと恐れたのだ。実際にそうなったら、石炭と鉄鋼産業を復興させるという目標で一九五〇年代に設立された欧州共同体の存続そのものが危ぶまれるかもしれない、と彼は懸念していた。[24]

ヨーロッパでもっとも有能な鉄鋼メーカーを擁する西ドイツからの強い反対を押し切り、ダヴィニオンは鉄鋼カルテルを設立する計画を押し通した。考えとしては、鉄鋼メーカー同士が話し合って生産能力を制限し、価格を固定すればいいというもので、ただし企業と政府が古い工場を近代化させるか閉鎖することが条件だった。この取り決めを輸入によって乱されることを避けるため、欧州共同体は日本やほかの国々と輸入制限について交渉を重ねた。許可された輸入品は、合意された価格でしか売ることができないようにするのだ。ダヴィニオン計画はヨーロッパの鉄鋼購入者にとってはかなり高くつくものだったが、鉄鋼メーカーにも縮小を強いるという効果を狙っていた。古い工場が閉鎖されていき、一九七八年から一九八一年の間にヨーロッパの鉄鋼関連では五人に一人が解雇されることになった。欧州委員会からの圧力を受け、一九八〇年代にはさらに多くの職が失われる。織物繊維、化学薬品、ガラス製造などの産業での過剰な生産能力を排除するために、同様の「危機カルテル」が設立された。一九七五年、ヨーロッパの造船業者が新たに登場したアジアの競争相手、大きな補助を受けた韓国に立ち向かったときには、ヨーロッパ各国政府は同じくらいの補助金で対抗し、その額は船を作るコストの半額近くにのぼることもあった。それでも、一〇年のうちにヨーロッパでは一〇〇近い造船所が閉鎖されることになる。[25]

アメリカとカナダは、現金での救済や危機カルテルを好むヨーロッパを痛烈に批判した。だが、車だけは例外だった。両国は一九六五年に単一の自動車市場を創り上げ、デトロイトを本拠地とする「ビッグスリー」と言われる自動車メーカー（ゼネラルモーターズ、フォード、クライスラー）が両方の国で工場を操業し、国境を越えて自由に車や部品を動かしていた。一九六〇年代後半までは市場を独占していたが、そこへ安いできそこないの日本車が入ってきて、いい車が買えない学生や若者から市場に食いこんできた。品質が向上するにつれ、日本のメーカーは着実に市場シェアを増やしていく。とりわけ、一九七三年に石油価格が高騰してからの伸びは目覚ましかった。一九七九年のイラン革命に引き続いて二度目の石油価格高騰が起こると、北米で作られた大型の、大量の燃料を消費する車の需要は急激に落ちこみ、小型で燃費のいい日本車の需要が急上昇した。

一九七九年、デトロイトに本拠地を置くビッグスリーの中で一番小さいクライスラーが倒産の危機に立たされる。品質が悪いという評価が客を遠ざけていたし、製品ラインには需要が高かった小型車など一切含まれていなかったのだ。同社と自動車労組はワシントンに助けを求め、クライスラーの破綻は組み立てラインや部品工場で二〇万人の雇用を消失させると訴えた。激しい議論のさなか、議会はクライスラーを生き延びさせるために一五億ドルの融資をおこなう連邦保証に合意する。(26)

この保証はクライスラーがすぐさま破綻することを防いでくれたが、業界のもっと大きな問題を正すことはできなかった。一九八〇年がアメリカの自動車製造の歴史でもっともひどい年になりそうな気配が見えてきたころ、自動車労組とフォードは一九七四年の通商法に基づいて苦情を申し立てた。アメリカの自動車業界が日本からの輸入品によって深刻な被害を受けていると主張し、制裁を求めたのだ。国際貿易委員会はこの嘆願を退け、日本からの輸入品ではなく、高金利と、アメリカのメーカーが小型自動車を作っていないという事実がこの業界の問題の主な原因のひとつだと結論づけた。だが、国内の自動車メーカーや自動車の部品メーカーが一九八〇年の一年間で約三〇万の職を奪い、自動車生産量が四分の一も減る状況の中、一九八〇年一一月の大統領選挙に先立って政府が行動するべきだという圧力が無視できないほど高まる。接戦となった選挙戦のさなか、日本からの輸入車に対する規制に公然と反対していたカーターはその立場を変えた。対立候補のロナルド・レーガンはかつて自由貿易への支持を公言していたが、デトロイトにあるクライスラーの工場で従業員に対し、自動車は特例だと告げた。アメリカ政府は「いずれかの方法で日本を説得し、彼ら自身の利益のためにも、我が国の産業が立ち直るまでの間、アメリカに大量に流れこむ車の量を減らさなければならないとわかってもらう必要がある」とレーガンは主張した(27)。

アメリカから貿易制裁をちらつかされ、日本の通産省はアメリカへの自動車輸出の「自主規制」を宣言する。レーガンの就任から三カ月と経っていない一九八一年五月一日のことだった。その後三年度にわたり、毎年一六八万台を超える自動車をアメリカには出荷しない、と日本は約束した。その翌月、日本政府がカナダへの自動車輸出は前年を五・八パーセント下回るという「予測」を発表すると、自動車メーカー各社はその予測に合わせてそれぞれに輸出計画を調整しなければならなくなった。「自主」規制はその後何年も続き、北米の消費者にきわめて高いコストを負担させることになる。国際貿易委員会の試算によると、日本の輸出規制は一九八四年にアメリカで四万四一〇〇人の雇用を生んだが、車の購入者には高い価格という形で八五億ドルの負担を強いた。換算すれば一雇用あたり一九万三〇〇〇ドル、アメリカの自動車産業労働者が稼ぐ年収の約六倍の負担額だ。カナダでの一雇用あたりのコストはさらに高かったと思われる(28)。不要な自動車産業労働者に、よそで別の仕事をするようにと金を渡したほうがよっぽど安くあがっていたはずだ。

日本のほうが、結果的にはましだった。自主的な輸出規制のおかげで少ない車を高い値段で売ったため、日本の自動車メーカーは一九八〇年代前半、アメリカとカナダからの利益を七〇億ドル程度は余計に稼いだ。北米に組み立て工場を建てたほか、日本企業はこの利益を活用して最先端モデルを開発した。北米に輸出できる自動車の数が制限されているなら、売ることのできる車の中でももっとも利益の上がる自動車を出荷するのは理に適っている。アルミや化学薬品、鉄鋼製造の衰退で職を失った日本の労働者たちは自動車産業ですぐに仕事を見つけることができ、産業の転換という難しい状況に伴う苦痛を和らげることができた(29)。

困窮する産業を「労働者を支援する」という名目で救済するのは、一九七三年以降の一〇年間に工業化社会で主要な事業となった。「構造調整」の名のもと、採算性の悪いメーカーは国からの直接の支援で何十億ドルもを手に入れ、輸入規制やカルテルの合法化など、競争を減らす政府の政策によって可能になった高値でさらに何百億ドルも稼いだ。だが本当のコストは、ひいきされた企業が搾り取ることのできた高値や補助金の範疇をはるかに超えていた。世界中が生産性の伸び悩みに苦労していたそのとき、ほとんどの国の構造調整プログラムは停滞する産業をダイナミックで革新的な対策ではなく、ほんの少しの成長で組織的に支援するものだった。それが生んだ最終的な結果は、生産性の落ちこみを終わらせるのではなく、深刻化させるものだったのかもしれない。

これは、鉄鋼業界で顕著に見られた。ほぼすべての国が、経済のためでなければ国家の威信のために、鉄鋼産業を抱えていた。鉄鋼はほかのどの製造業よりも高い賃金を提供するのが常で、強力な労働組合が従業員を代表して交渉してくれるものだった。鉄鋼業を守っていれば、政府は産業労働者が就ける中でももっとも魅力的な仕事の一部を保持することができた。コストの一部は、納税者が負担した。さらに一部は、鉄鋼を使う産業の労働者が負担した。そういった産業の雇用主は外国の競合他社よりも高い金を払って鉄鋼を手に入れなければならず、そのためにあまり高い賃金を出すことができなかったからだ。だが、鉄鋼業を救済するコストの一部はさらに複雑で、実現しなかった経済成長の形を取っていた。一九七〇年代、鉄鋼はもっとも革新性の低い製造業のひとつだった。アメリカのデータによれば金属会社、主に鉄鋼メーカーは売り上げのわりには研究開発にかける費用がほかのすべての製造業の平均よりもはるかに低かったし、特許の数もずっと少なかった。機材は古く、したがって最新の技術も取り入れていなかった。やがて一九八〇年代半ばから、政府があれほど高いコストをかけて守ってきた製鉄所の多くが新しい製鋼・鋳鋼の手法に押しやられて廃業していく。こうした技術は、政府が製鋼の古いやり方を補助してまで守っていなければ、もっと早く発展していたかもしれない(30)。

同様に、危機の最中、政府は衣料品分野も甘やかしていた。多くの国で、衣服製造業は一九七〇年代にはほかのどの産業よりも多くの従業員を雇用していた。だが自動化設備の不足により――教育を受けていない従業員がミシンの前に背中を丸めて座り、ブラウスやズボンを一針ずつ縫っては一着ごとに歩合で支払いを受けていた――富裕国で高い賃金を受け取る労働者よりも、貧困国の労働者のほうが安く服を作れる構造になっていた。安価な衣服という利益を国民に許す代わりに、アメリカを筆頭とする先進国政府は一九七三年に国際協定を結び、衣服貿易を制御するために関税と輸入割当を認めることとした。「多国間繊維取り決め」と呼ばれるこの協定はすぐに、一つの国が別の国に何着のブラジャーや毛糸のセーターを輸出できるかを具体的に決める、細かい合意へと転じる。この協定は消費者を犠牲にしてまでも富裕国の生産性が低い衣料品業界を三〇年にわたって守り続け、社会的平和は保全できたものの、もっと経済成長に貢献できたであろう産業への資本と労働力の移行を遅らせることになった。

当時は認識されていなかったが、黄金時代の終わりは全面的な経済変化の始まりで、二〇世紀に入ってからずっと流行していた巨大な工業団地が経済成長の原動力でなくなるときだった。工業団地の代わりに、メーカーはもっと小さな工場を分散させたネットワークを編成し、国境を越えたサプライチェーンでつないで従業員の数もぐっと減らしていく。賃金の高い工場での仕事が誰にでもある時代は終わった。新しい経済では価値はイノベーションとデザイン、そしてマーケティングからくるもので、原料を加工品に仕上げる物理的なプロセスからは生まれない。新興工業大国の日本と韓国は一九七〇年代終盤には例外だったが、わずか数年でこの二国も製造業の従業員を減らし始める。過去の栄光を取り戻そうと躍起になる政府はその事実が気に入らなかったが、産業経済はゆっくりと情報経済に道を譲っていて、政府の支援がどれだけあっても昔に戻ることはできないのだった。

第9章　夢の終わり

製造分野の苦労は経済的には大変なものだったかもしれないが、心理的にはさらに壊滅的なものだった。一九七三年の終わりに不景気が訪れたとき、富裕国の民間労働者のうち四分の一以上が製造業に従事していた。運送トラックの運転手から工場の向かいにあるバーのウェイトレス、年金を受け取る退職者まで、工場からの給料に直接頼っていなくともさらに多くの人々が製造業に生活依存していた。福祉国家の広まりにも助けられ、戦後の産業拡大はこの膨大な労働階級に安定して改善していく生活水準と、それまではなかった経済的安定感をもたらしてくれていた。だが高賃金の職が失われていき、労働者たちが過去四半世紀の物質的利益と上昇志向を維持しようと必死で走っても前進できない状況になってくると、福祉国家は恩恵よりも重荷になってくる。生活水準が上がり続けることを約束したのにそれを実現できない国の無能さは目に見える社会の怒りへとつながり、甚大な政治的影響をもたらすことになった。

戦後の数年で、どうして暮らしはほぼ全員にとってあれほど改善したのだろう？　もっともよく知られている答えは、エリート層の意見にもっとも影響を与えたもので、有名なアメリカ人経済学者サイモン・クズネッツが推し進めた考え方だ。彼の説明は先進工業社会の発展をもっと公平な所得の分配に関連づけたもので、クズネッツ曲線として知られている。

ボリシェヴィキ支配下のロシアで統計学者として教育を受けたクズネッツは、一九二二年にアメリカへと逃げ出した。コロンビア大学で経済学を学び、アーサー・バーンズより一年早く修士号を取ると、景気循環理論のウェズレー・ミッチェルの愛弟子となる。バーンズにとっても師匠となる人物だ。一九二七年、博士号を取ったクズネッツは、その後バーンズが責任者を務めることになる全米経済研究所に加わる。そして、国民所得と生産性を追跡する目的で今もまだ使われている統計概念の多くを開発した。一九三〇年代から使われている、経済の規模と成長を比較するための指標である国民総生産は、クズネッツが生んだと言っても過言ではない。もっとも、彼の指標を使うほとんどの政治家と異なり、彼自身は国民の幸福についての多くの側面はGNPでは捉えきれないと強調しているが。一九三四年、彼は議会でこう語った。「国家の幸福とは……国民所得の測定から推測することはほぼできない」[1]

第二次世界大戦の最中、クズネッツは経済成長の根源に注意を向けた。一四カ国分のデータを揃えたあと、彼は一カ国内での所得の分布はその国の経済発展がどの段階にあるかに関連している可能性がある、と結論づけた。

クズネッツは、一九五〇年代にに経済がもっとも発展していた国は三段階の成長を経てきた、と主張した。第一段階では農業社会が産業化・都市化し始め、多くの農民や職人が地歩を失う。彼らの技能が価値を失うと収入が減少し、その一方では手元に現金を持つ人々が新しい産業に投資して利益を得る。これが一八世紀終盤に始まった産業革命時代で、「機械の破壊屋」たちが自分たちの貧困の原因だとして蒸気動力の織維織機を破壊した時代、政府が黙認した独占によって一部の工場主が消費者を踏み台にして成功した時代でもあった。何百万人もの労働者たちが絶望的な貧困に陥る中、社会の格差は広がっていった。

数十年経てば産業化の初期のストレスは和らいでいく、とクズネッツは述べた。土地を失う農家や仕事を失う職人が減ってくるからだ。だが、技術を持たない労働者が都市部にあふれ、雇用主は賃金を上げなくても工場に十分な人員を確保できるため、発展の第二段階にあたるこの時期でも賃金は落ちこんだままだ。失業者や障害者に対する政府支援の欠如は、賃金がどれだけ安かろうと与えられた仕事を受ける以外の選択肢を労働者から奪っていた。これが一九世紀半ば、カール・マルクスの世界だ。資本を持つごく少数の人々が、悲惨な状況を改善する望みなどほとんどない、貧窮する労働階級から搾取していた時代だった。

マルクスは自分が生きた時代の状況を正確に理解していた、とクズネッツは言う。ただ、そうした状況が資本主義経済の恒久的な特徴だと思いこんだ点では間違っていたのだと。経済が発展の第三段階に進むと、もっと多くの人々が都市に流れこみ、出生率が低くなる。そうすると、一世帯の収入で少ない子どもに食べ物や教育、健康な生活環境を与えやすくなる。都市部で生まれた労働者は学校に通い、近代経済で求められる技術を身につけている可能性が高い。彼らは、親の世代に産業都市にやってきた学のあまりない労働者に取って代わっていった。彼らのほうが政治的影響力も発揮しやすかったため、所得規模の底辺近くに属する家庭を支援する社会計画を策定する法律を勝ち取る。したがって経済が発展の一定の段階に達すると所得の不平等が正されていく、という理論をクズネッツは打ち立てた。これは一九世紀後半からイギリスで見られた現象で、アメリカとドイツでも第一次世界大戦以降に起こっていた。第二次世界大戦後は、もっと大きな規模で発生していたようだった(2)。

不平等が最初はかなり広がっていくが、やがてまた狭まってきてU字曲線を描くという考え方は、黄金時代に経済政策を定めた人々にとっては慰めになった。政府の指針が景気循環を手なずける一助になっていることは誰もがわかっていた。世界がそれまでに経験してきた以上の着実な成長と低い失業率を保証してくれるものだったのだ。クズネッツの理論は、少なくとも産業国ではより平等な社会がもたらされ、安定した仕事と高い賃金が伴うものだと示唆しているように思われた。収入が増えるにつれてほぼ全員が、年々生活が向上していくのを目の当たりにした。平均的な人々も、富裕層と同様に富を蓄積し始めた。富裕層と貧困層の間の溝は、ほぼ全員の暮らしがどんどん良くなっていくにつれて、徐々に狭まっていくはずだった。それは非常に魅力的な展望だった。

所得分布の変化を評価するのは、危険な試みだ。「所得」を定義する方法は数多い。ある学者は労働者の税引き前の時給で変化を研究するかもしれないし、別の学者は個人ではなく世帯に注目し、賃金だけでなく投資による所得も計算に入れるかもしれない。この二人の学者が唱える説は、まったく異なる内容になるだろう。また、国の人口の間で所得がどのように分布しているかを測定する方法も数多くある。慢性的に失業している人口ともっとも裕福な上澄みの一パーセントの平均所得を比較するのと、中間層の取り分の変化を調べるのとでは、異なる洞察をもたらすだろう。短期的傾向は長期的傾向とは違うかもしれない。株価が下落したらそれは富裕層が株を売っても一、二年は儲けが少なくなることを意味し、一時的に所得の分布が平均化したように見えるかもしれない。だがその効果は、株価が上がればすぐに元に戻ってしまう。そしてもちろん、所得の測定は富の分布の正確な図を示してくれるわけではない。ほとんどの世帯が所得を得てはいるかもしれないが、不動産や株価、債券、事業を所有している割合はずっと少ない。

いずれにしても、もっとも裕福な国の経済資源が第二次世界大戦以前よりも以降のほうがより平均的に分布したことには議論の余地がないだろう。経済エリートたちが飢えることこそなかったが、一九五〇年代と一九六〇年代、データが入手できたもっとも裕福な一二カ国のうち一一カ国で、総所得のうち上位一パーセントの世帯が占めていた割合は一九二〇年代と一九三〇年代の割合よりはずっと減っていた。一九六二年の西ドイツでは九世帯に一世帯が平均家計所得の半分以下で暮らしていたが、一九七三年にこの最底辺の所得層に属していたのは一六世帯に一世帯に過ぎなかった。一九四〇年代の終わりにはアメリカの全世帯の三分の一が公式な貧困ラインを下回る所得を報告しているが、一九七三年、インフレ調整後の平均時給が最高を記録した年には、それが九世帯に一世帯にまで減っている。最低所得層が最高所得層に近づくことができなかったのは、スイスだけだった[3]。

所得の増加は、多くの人々が家を購入したり貯金をしたりできるようにした。つまり、黄金時代には富ももっと広く分布していたことになる。一九三九年にはオランダの上位一パーセントの世帯が国の富の半分近くを所有していたが、一九七三年にはその割合が四分の一にも満たない程度にまで下がっている。ノルウェーのもっとも裕福な一パーセントが一九四八年に所有していたのは国全体の富の三四パーセントだったが、一九七三年には二二パーセントしか所有していない。一九六〇年代のフランスとアメリカで書かれた遺言状の記録を見ると、つましい暮らしをしている人々が所有していた資産価値は戦前よりも高かったことがわかる。財産は持ち主のために賃料や金利、配当などを生むことが多いので、富が広く分布していれば、所得はもっと平等になるはずだった。

この平等の拡大は、魔法のように起こったわけではない。一九三〇年代と一九四〇年代初頭、多くの国が戦争資金を稼ぐために所得に対する最高税率を引き上げた。中には、この高い税率が何年も続き、高所得者の収入の最大八〇パーセントまでを吸い上げた国もある。高い相続税は次の世代へ大きな資産を引き継ぐことを困難にし、時間をかけて富の分布を平均化していった。この結果が見られるのが、パリにあるピカソ美術館だ。ここは相続税代わりにフランス政府が没収した美術品であふれている。あるいはイギリスのナショナル・トラストが運営する風格あるマナーハウスも、かつては何世代にもわたって裕福な一族が所有してきたが、家長の死で払いきれないほどの相続税が発生したため、邸宅を手放したものが多い。

労働者の組織化も、平均的な労働者が暮らしを良くする一助となった要素だ。多くの国では、戦後に政治指導者たちが組合により強い影響力を持たせた。これは国の団結を促すため、あるいは西ドイツや日本の場合のように、勝利した連合軍からの指示があったためだ。製造特需は組合の力を増強した。戦後の時代、新しい仕事の多くが製造業だった。数多い例の中からひとつをあげると、一九五〇年の日本では労働者五人に一人が製造業に従事していた。一九七〇年にはそれが三人に一人まで増えている。製造業に携わる労働者は、農業やサービス業の労働者と比べて組合に加入する割合が高い。そのため製造業の成長は、いつまでも増え続ける有望な組合員候補を組合に提供した。どのような工場でも農業や家事、日雇い労働、その他技術や教育を身につけていない労働者が就ける仕事より高い賃金を払っていた。このため製造業の成長は当然、労働人口のかなりの割合にとって所得水準の増加を意味した。

だが、強力な組合は必ずしも所得のもっと平均的な分布をもたらすわけではない。労働協約〔労働組合と使用者とが取り交わす労働条件についての合意〕が対象とする労働者は、もっとも貧しい層とは程遠い場合が多いからだ。とはいえ戦後における組合の影響力は、個別の雇用主や業界全体と賃金交渉をおこなうだけよりもはるかに大きかった。政治交渉のテーブルには必ず参加する出席者となり、最低賃金の引き上げ、解雇からの保護、有給病気休暇、有給休暇、老齢年金を力強く支持していた。一部の国では、労働人口に大量に加わった女性の昇給にも組合が一役買い、共働き世帯の所得を一気に引き上げた。あるいは、全国組合の指導者たちが企業組織のトップや政府高官とまで交渉し、労働者の賃金として支払われる国民所得の割合と配当として支払われる割合を決め、企業の株主や小規模事業の所有者に回る額を制限することで所得の分布を平均化していった。(4)

だが、経済学者トマ・ピケティが示したとおり、戦後のさらなる平等のもっとも大きな要因のひとつは、経済政策というよりも惨劇によるものだった。第二次世界大戦は膨大な量の資本を破壊した。集合住宅、商店、オフィスビル、工場が粉々に爆破され、製造機械や家具も失われたのだ。資産が爆撃されたり接収されたりしなかった企業でも、価格統制や原料の欠乏、顧客の財政問題でかなりの痛手を受けた。そうやって消失した資産を所有していたのは一握りの人々だったので、資本の破壊によって富の分布が平均化された。そしてその財産の大部分が賃料や配当、利息を生み出すために使われ、それが富裕層のポケットに流れこんでいたので、富の消失は所得を平均化する傾向があった。富裕層と貧困層の間の溝は、貧困層の暮らしがましになったからだけではなく、富裕層の状況がほんの一時とは言え、悪くなったから狭まったのだった。(5)

さらなる平等へという傾向は、ちょうど賃金の上昇が鈍化し始めた一九七〇年代半ばに逆転した。このタイミングは世界中どこでも一緒だったわけではないし、富裕層の収入が平均的な稼ぎ手やもっとも賃金の低い層よりどの程度多かったかも、国によって大きくばらつきがあった。一部の国は所得が平均以下にしかならない国民の購買力を増強するために子どもがいる家庭をさらに援助したり、以前なら融資を拒否されていた住宅購入者や企業経営者にも融資をおこなうよう銀行に勧告したりするなどの対策をほかの国よりも多く実施した。だが、二〇世紀の最後の四半世紀は、高額の賃金と投資をほしいままにしていた層が非常に高い生活水準を享受していた一方、賃金労働者の大半が現状を維持するのに必死だった時代だという点は共通していた。

所得の不平等が拡大していることが最初に明らかになったのは、アメリカでだった。容赦のない不況の最中だった一九七四年、賃金の中央値（一人の人間が労働人口の半数よりも多く稼いでいるが、残りの半数よりは少ない金額）は、インフレ率よりも伸び率が低かった。経済が改善するにつれて女性労働者の賃金は過去の水準を取り戻していたが、男性の賃金はそうはいかなかった。四〇年経っても、アメリカの平均的なフルタイムの男性労働者が稼ぐ賃金はインフレ調整後で一九七三年よりもまだ低かった。全世帯の下から五分の三を占める層が受け取る家計所得の割合は下降を始める一方、上から五分の一の層が受け取る割合は上昇を始める。もっとも早く上昇したのは、一番の高額所得者の割合だ。一九七三年、上澄みの一パーセントが受け取っていた額は家計所得全体の七・四パーセントを占めていた。そして世紀末までに、その割合は倍以上になっていた。(6)

イギリスでも、平均的な勤労者世帯は一九七四年から一九七九年の間に購買力を失っていった。所得の不平等は最初は広がらなかったが、これは労働党政府の対インフレ政策が高賃金労働者の昇給を厳しく抑えこんでいたからというだけの理由だ。一定額以上を稼ぐ労働者は賃金に上限が設けられ、場合によっては、最高額の稼ぎ手には一切昇給が与えられなかった。必然的に所得はより平等になったが、それも制約が撤廃されるまでだった。一九七七年にそれが撤廃されると管理職や専門職の賃金は急上昇し、所得の不平等が拡大する。高額な年金やその他の政府給付金は特に退職者や片親家庭など、一部の層の所得を増加させた。だが所得の分布は一九八〇年代にはさらにねじれていき、その後数十年にわたってどんどん不平等になっていく。(7)

ほかの富裕国における格差はそこまで激しいものではなかった。たいていの場合、不平等な賃金の影響を最小限に抑えるため、政府が介入したからだ。たとえばカナダでは賃金格差は一九七〇年代半ばから広がっていたが、所得の不平等は低賃金層を対象とした政府の給付金のおかげでそこまで広がらなかった。最高所得者たちが他を引き離し始めたのは、一九八〇年代になってからだ。日本では、一九七〇年代を通して所得はどんどん平等になっていった。だが一九八一年ごろにいったん不平等が広がり始めるとそこからあまりにも着実に広がり続けたため、二〇〇五年にはある作家が「先進国の中でももっとも格差が大きい部類に近づきつつある」と書いたほどだった。長年社会民主主義的平等の砦と思われてきたスウェーデンでも一九八一年ごろに所得格差が広がり始め、スペインとスイスでも同様だった。世界的に数少ない例外のひとつがフランスで、税金や給付プログラムを積極的に活用して一九七〇年代から一九八〇年代にかけての所得格差を縮める努力をし、それを二一世紀に入るまで維持し続けた。

状況が違えば、所得の格差が大きくとも深刻な問題にはならなかったかもしれない。どんな時代でも、ほかよりもずっといい思いをする人々はいるものだ。だが一九七〇年代と一九八〇年代に見られた平均的世帯と高所得世帯の賃金格差の広がりは、世界的に起こっていた賃金上昇の大きな鈍化と時期が一致していた。賃金上昇の鈍化の正確な範囲ははっきりしていない。一九七〇年代は、ほとんどの国が製造分野の賃金情報しか収集していなかったからだ。だが、製造業の賃金についてははっきりとわかっている。欧米と太平洋沿岸の富裕国一八カ国は例外なく、一九七四年以降に製造業の賃金上昇の著しい落ちこみを経験している（インフレ調整後）。労働者の賃金と隣の高所得者の賃金との格差が広がる中、低賃金の労働者たちは安定した中流階級の暮らしが足元から崩れていくのを実感していた[8]。

すばらしい黄金時代にこれほど劇的な変化をもたらしたのは、なんだったのだろう？　もっともよく耳にする説明は、労働者の賃金上昇の急激な鈍化と広がる賃金格差には政治的判断がかかわっている、というものだ。ある国での最低賃金引き上げの失敗、別の国での雇用を阻害する厳しい規制、富裕国の労働者が低賃金国との競争にさらされてしまう国際貿易協定、企業経営者が自分の業績や部下の賃金などおかまいなしに自分の給料を勝手に決められるようにした法律。だが、こうした考え方が一般的になるのも仕方のないことかもしれない。人は、自分が実際に経験する問題の原因をなじみのあるわかりやすいものに求めるものだからだ。評論家や政敵が責任のなすりつけを手伝ってくれればなおさらだ。

だが、純粋に国内問題だけを説明したのでは不十分だ。国によって社会的・政治的影響は異なるものの、賃金上昇の鈍化と格差の広がりという現象は世界的に起こっていたもので、すべての高所得国と多くの中所得国に影響を及ぼした。世界的な傾向の有意義な説明も、やはり世界的であるべきだろう。もっとも疑わしい容疑者は、ニュースではめったに報道されないある経済比率に潜んでいる。その数値の年ごとの変動はとりたてて関心を引くものではないが、その長期的な傾向は世界の状況に大きく影響する。経済学者たちはその数値を、「労働分配率」と呼ぶ。

労働分配率は、仕事をしている労働者一人あたりに支払われる賃金の額を、仕事をしている労働者一人あたりの国民所得額で割ったものだ。もっとわかりやすく言うと、この数字は、配当や利益の形で資本の所有者に入ったり生産にかかる税の形で政府に入ったりする金額ではなく、賃金に入る国民所得の割合を示している。労働分配率は、経済というパイの中で労働者が手にする割合を正確に推定するものではない。多くの労働者が、資本所得も得ているからだ。小規模企業の経営者が自分に払っている週給はささやかかもしれないが、会社が利益を上げていれば、それもその経営者のものだ。だが圧倒的多数の労働者にとって、資本所得はごくわずかという場合が多い。貯蓄口座に数ドルの利息がついたり、経営者の株からわずかな配当が与えられたりといった程度だ。したがって、労働分配率の変化が示すのは、資本所有者と総合的に比較して労働者がどの程度稼げているかだ。

一九七〇年代後半、この労働分配率が下がり始めた。一国だけではなく、世界各地でだ。一九七四年にアメリカと西ドイツで始まった下降は翌年、日本とイギリスでも起こる。そこから一九七六年にはオーストラリアに、一九七八年にはカナダに、そしてイタリアとオランダには一九八〇年ごろに広がった。一九九〇年代初頭までには、フィンランドと中国までもが労働分配率の減少を経験している。最低一五年分のデータが入手可能な四六カ国のうち、一九七五年以降に三七カ国で統計的に労働分配率の深刻な減少が見られる。ある推計によると、賃金の形で支払われた所得の割合は、世界的に見て一九七七年から二〇一二年の間に五パーセント下落したそうだ。そして、この傾向は日本の「バブル経済」が一九八〇年代の終わりにはじけるより前、一九八九年のドイツ統一のショックが起きる前、一九九四年に北米自由貿易協定が通過する前、そして二〇〇〇年代初頭に中国が世界経済の主要国として台頭するずっと前から進行中だった。[9]

単体で見れば、労働分配率の減少は誰かがもっと貧しくなっているということを意味するわけではないし、雇用主がどうやって賃金を決めるかの傾向が変わったことを必ずしも反映するものでもない。経済が十分な速さで成長していたら、労働分配率が減少していてもすべての労働者の賃金は上がり得る。だがパイ自体の成長する速度が遅くなっていて、同時に労働分配率が縮小していたら、多くの労働者が受け取るパイが小さくなる可能性はかなり高い。国民所得の中で労働者に対する報酬の割合が減少していたとすれば、増えている割合はおそらく資本の所有者の取り分だ。そして、資本の所有者は圧倒的に高所得層に多い。つまり、理論上は労働分配率の減少が経済の均衡を崩す要因になるはずはないとしても、実際にはそれによって上澄みの一握りの人間だけが前進を続け、下層の多くの人間が置き去りにされているという印象を与えるのももっともだ。[10]

この労働分配率の世界的減少の主な理由は、そこに働いている力を経済学者たちが解読できた範囲で言えば、おそらくは技術が進歩する速度の加速化だったと思われる。技術は一九七〇年代終盤には失業率の上昇に直接影響した。さまざまな作業に必要な労働者の数を減らしたからだ。だがその後は業界全体が新しいやり方で仕事をすることを可能にし、それによって競争を加速化させた。老舗の鉄鋼メーカーは鉄鋼業への参入に必要な何十億ドルというコストによって競争から守られていたが、それも電気アーク炉が開発されて新規参入企業がもっと安く製鉄所を建設できるようになるまでだった。そしてアメリカでは都市部の家畜飼育場から遠く離れた場所で牛肉をカットしてパック詰めする新技術のおかげで、一握りの精肉会社が長年享受していた優位性と価格決定力が打ち崩された。競争の激化は企業の利益を圧迫し、組合や労働者が賃上げ交渉をしにくくした。

もっと根本的なところでは、技術は現代経済に求められる技能の組み合わせを変えた。自動化によって技能や職人の技の付加価値が下がると、労働市場における労働者の交渉力が弱まった。一九五〇年代には電話会社の従業員によるストライキによって電話がつながらなくなり、利用者の生活に支障が出た。だが一九八〇年代には、電話会社の従業員がストライキをしても電話利用者はほとんど気づかなかった。電話サービス自体は影響を受けなかったからだ。工場の労働者が賃上げを要求すると、会社のほうは製造をもっと賃金が安い外国に移すという脅しを使うのが常套手段になった。製品の品質やブランドの評判を落とさずにそうすることができるようになったからだ。力のバランスが雇用主側に偏ってきて、組合にとっては賃上げや雇用の確保の交渉がますます難しくなり、多くの産業の労働者にとっては不可能にさえ思えてきた。労働者にできることはせいぜい、自分たちの職場のあり方を変えている新しい技術にできるだけ熟練するよう学習することくらいだった。最悪の場合は、自分たちの専門技能が情報化の時代に十分な賃金を受け取れるだけの価値を失い、早期退職に追いこまれる可能性もあった。

恒久的な繁栄をもたらしたという堂々たる主張にもかかわらず、当時の一流の経済学者たちはなぜ多くの人々が地歩を失っているように感じているのか、確かな答えを出すことができなかった。急速な技術変化の時代にあっては、政治家も、職業訓練と教育の重要性について陳腐な言葉を並べる以外にたいしたことはできなかった。政府が万人に経済の安定をもたらしてくれると信じるように教えこまれた一般大衆は、怒りを募らせながら指導者の不遇を見つめた。この怒りは、福祉国家の財源である税金に対する逆襲という形で爆発することになる。

福祉国家という概念は戦争の真っただ中に生まれた。そしてそれと同時に、社会における政府の役割の認識も変わった。政府がセーフティネットを提供するべきだという考え方は、新しいものではなかった。ドイツは一八八三年にはすでに疾病保険法を採用していたし、スウェーデンの障害者保険は一九〇一年にまでさかのぼる。だがこうした政策は主に都市部の産業労働者を念頭に作られたもので、それ以外の人々にはほとんど、あるいはまったく役に立たなかった。たとえば、スウェーデン自慢の失業保険制度は一九五〇年になってもまだ賃金労働者の七〇パーセントしか補償しておらず、ほかの労働者は守られないままだった。アメリカの老齢年金制度であるソーシャル・セキュリティは、一九三七年に始まったときには農業従事者や家庭内労働者、自営業を除外していた。限られた補償対象と非常に好都合な人口分布のため、政府はそうした補償をわずかな費用で提供することができた。最初のソーシャル・セキュリティの小切手が一九四〇年に送付されたとき、三五〇〇万人の退職者が受け取ったその小切手を支えていたのは三五〇〇万人の労働者とその雇用主が支払う税金で、所得の最初の三〇〇〇ドルのうち一パーセントを負担していた。年収一二〇〇ドルという平均的なアメリカの製造業従事者にとって、この税負担は年間一二ドルだった。(11)

福祉国家の基本的な狙いは、恩恵を万人に届けることだった。子ども手当が一九四五年にイギリスとカナダで、その翌年にはフランスで設立されたとき、給付は子どもの数だけに基づいていて、各世帯の収入は考慮していなかった。都市部の労働者を支援するために作られた政策からほとんど恩恵を受けない農業従事者たちの圧力を受け、スカンジナヴィアの四つの政府は健康保険と年金を全国民に提供することを約束し、農家や自営業者も対象とした。

中流階級がくまなく対象になると、社会給付を充実させるのは政治的に無視できない目標になった。保守派の共和党員だったアイゼンハワー大統領は一九五六年、ソーシャル・セキュリティの給付対象を身体障害労働者にまで広げる。その翌年、保守派のキリスト教民主同盟とキリスト教社会同盟の西ドイツ連立政権は老齢年金額を六〇パーセント引き上げた。イギリスでは保守党が政権を握っていた一九五〇年代でさえ、政府の支出の中で社会保障給付の割合がじりじりと上がっていく。戦後のもっと新しくもっと平等主義な社会の中で、古い金と新たな富の政党は、労働階級に対する無関心が理由で非難されたくはなかったのだ[12]。

一九六〇年代を通して、繁栄のおかげで政府はもっと寛大になることができた。六〇年代の始まり、子ども手当や年金、障害補償や失業補償などの政府からの直接の現金給付は、富裕国では平均すると国民所得の六・八パーセントを占めていた。一九七〇年代初頭までに、この平均は一〇パーセントを超えている。北欧の中では動きの遅かったフィンランドでも、一九六三年には国民疾病保険を立ち上げた。その翌年、イタリアではすべての高齢者に国費による年金を支給することにした。しかも、年金制度にほとんど、あるいはまったく払いこみをしていなくても受け取れる年金だった。フランスとイギリスは、インフレ率よりも素早く子ども手当を引き上げていった[13]。

全国民を対象とする福祉国家は、直接の支給だけにとどまらなかった。ジョン・F・ケネディ大統領の暗殺からわずか六週間後の一九六四年一月、後継者のリンドン・ジョンソンは貧困撲滅を宣言する。それに応えて議会は貧困層に対する食糧支援と、税金を資金源とした貧困層・高齢者向けの医療補償を制定した。アメリカ、イギリス、そのほかにも数カ国が、各家庭に対して一切の条件や制限なしに、政府が資金を拠出して最低限の賃金を保証するという「負の所得税」の美徳について議論した。何百万人もの新しい学生を受け入れるための大学を拡大する支出は膨大なものになった。日本では、高校卒業後に進学する子どもの数は一九五〇年から一九七五年の間に八〇〇パーセント近く増加し、西欧でも高卒後に進学する生徒の数が三倍にまで増えた。大学生のほとんどが、学費が安かったり無料だったりする国公立の学校に進学した。医師や教師の子どもは道路清掃員や工場労働者の子どもよりも大学入試試験でいい点を取る割合がはるかに高かったので、無料の高等教育は増え続ける中流階級を喜ばせる新たな補助のひとつとなった。

先進国の中で、福祉国家に反抗した唯一の国が日本だった。一九四五年の敗戦から四半世紀以上、日本の指導者たちは自らの国を復興の最中にある貧困国家とみなしており、福祉プログラムなど賄えるはずがないと考えていた。経済的な見返りが大きいことは明らかだったので教育への投資には前向きだったものの、欧米で広がっていた政府支出の給付には慎重だった。だが、一九六〇年代に日本が経済を三倍近くにまで増やすという見事な復活を遂げたあとでは、政府もそういつまでも貧乏国家を自称しているわけにはいかなくなった。大きな祝福を受けて、日本は一九七三年に新たな健康保険、年金、そして所得補塡プログラムを展開する。日本人は、これを「福祉元年」と名づけた。日本の未来があまりにもまばゆく光り輝いていたために、国民がようやく長年の苦労から見返りを受けられるようになった年だ(14)。

こうした制度には、どれも金がかかる。福祉国家は平均的な国民の政府との関係を、給付を提供するだけという関係から、比較的平和な時代に初めて、税金という形で収入のかなりの割合を負担するよう国民に求める関係に変えていった。

歴史的に見ると、国家政府に直接税金を支払っていた個人は少なかった。アメリカも例外ではない。ヨーロッパとアジアで第二次世界大戦が勃発した一九三九年、すべての連邦税を合計しても国民所得の七・六パーセントにしかならなかった。この税金の大部分は間接的なもので、したがって基本的には目に見えなかった。政府は、労働者の賃金から引かれる税金よりも、関税やウイスキーやタバコにかかる税から、はるかに多くの収入を得ていたのだ。国民所得総額のうち、連邦所得税が占めていたのはわずか四〇分の一。個人所得にかかる公式な所得税率は七九パーセントとかなり高額だったが、その税率を支払っていたのは企業トップや映画スターなど、ほんの一握りの人々だけだった。アメリカの世帯の約五分の四は、さまざまな控除を差し引いたあとの所得が納税義務が生じる二五〇〇ドルを下回っていたため、連邦政府に所得税を納める義務を負っていなかった。[15]

ほかの多くの国でも状況は似たり寄ったりだったが、戦争でその状況が一変する。戦時中、政府が課徴金や超過利潤税、その他さまざまな方策を課したため、税負担が急激に大きくなったのだ。極端な例を挙げると、ナチスドイツは戦争の資金を得るために占領国にかなり厳しい税金を課し、移住したり国外退去になったりしたユダヤ人などの犠牲者の財産を奪うために税制度を悪用した。連合軍側でも、イギリスの所得税は一九三七年から一九四三年の間に四倍にまで上がっている。基本的な非課税控除は引き下げられ、終戦までにはほとんどの労働者が所得税を支払っていた。高所得者でもっとも高い所得税率は、成層圏レベルの九八パーセントにものぼった。

戦争は徴税官に強引な取り立てをさせるようにもなった。「今必要なのは現金で、現時点の所得からの現金だ」と一九四〇年に宣言したのは、イギリスの大蔵大臣、サー・キングズリー・ウッドだ。一握りの裕福な人々だけが所得税の納税義務があったころ、たいていは年に一回か二回の送金による納税が許されていた。

だが税制度に突如として組みこまれた何百万人もの中流階級は年に一回の高額な支払いをすぐにできるほどの現金を手元に持っている可能性が低く、加えて政府は、軍隊や武器を賄うために安定した現金の流れを必要としていた。最初に行動を起こしたのはアメリカで、一九四三年には雇用主に対し、従業員の賃金から税金を天引きするよう要求する。「源泉徴収の手法を用いない限り、連中から税金は取れない」とは、アメリカのとある財務省高官が法案の承認を議員に求める際にした説明だ。イギリスでは、労働者があたかも毎週の稼ぎの中から政府に貢献できるすばらしい機会を源泉徴収が与えてくれているかのように、この制度を「稼ぎながら支払う」制度と名づけた。やり方はどうあれ、毎週の給与明細ごとに税金の痛みが増していくのを実感させられるという現実からは、逃れようがなかった。[16]

戦争が終わっても所得税率はおおむね高いまま残ったが、最初のうち、労働者はごくわずかか一切税金を納めなくてもいいような税率構造になっていた。日本では戦前・戦中のほとんどの期間、所得税を払っていたのは一〇〇万人に満たない。一九四七年にアメリカが強いた改革によって納税者の数が七〇〇万人に達しても、課税可能な所得を得ていた日本人の成人は七人に一人にとどまっていた。イギリスでも一九四九年には一四五〇万人の労働者が所得税を支払っており、一〇年前の三八〇万人からは増えていたが、全成人の半数近くがまだ税金を支払っていなかった。一九五一年、子どもがいる一般的なアメリカの家庭が所得の中から連邦税として支払っていたのは三パーセント未満で、多くの家庭がそもそも納税義務を負っていなかった。カナダでは、「個人に対する直接税」は一九五〇年時点で個人所得の六・四パーセントしか占めておらず、戦争中よりも三分の一低かった。西ドイツでは一九五八年の改革を受けて基本税率が二〇パーセントになってはいたものの、平均的な労働者を守るために作られた手当のおかげで、大半が所得の中から支払った税金は六パーセントに満たなかった。[17]

平均的な稼ぎ手には軽い税を、高額所得者には非常に高い税率を課すことで税引き後の所得は多少なりとも平等になり、重要な社会的目標を達成することができた。だが膨大な数の人々がほとんど、あるいはまったく所得税を支払わない制度では、福祉国家の拡大を支えるに足りるだけの収入はどうしても得られなかった。

福祉国家は、すばらしい業績を上げた。年を取ってから極貧に喘がなくてもよくなった何百万人もの年金生活者たちに、尊厳を取り戻したのだ。障害保険は仕事中の事故で労働者の家族が貧困に陥るのを防いでくれたし、健康保険のおかげでどんなに貧しい子どもでも医者にかかれるようになった。失業保険は失業した者が感じる不況の痛みを和らげてくれるだけでなく、彼らが応援する企業や商品を買うメーカーも助けてくれた。経済学者たちは社会保険制度を「自動安定装置」と呼んだが、それも当然だった。なにしろ、苦しい時期には消費者の手に現金を残しておいてくれたのだから[18]。

だが、慈悲深い政府は無料では手に入らない。賃金、収益、そして消費が円滑に成長を続けるなか、福祉国家の負担はそれ以上の速度で増えていった。先進国では、一九六〇年から一九七四年の間に所得補助プログラムだけでもインフレ率を追い越して一五〇パーセント増加している。先進国二四カ国のうち、一九七四年に国民所得の中から社会保障に費やした割合が一九六〇年より低かったのは小国アイスランドだけだ。社会的支出が労働者の賃金上昇率を越えてくると、福祉国家は恩恵であると同時に重荷としても見られるようになってきた[19]。

ほかの多くの出来事と同様、一九七三年の危機は転換点だった。生産能力の伸びが鈍化し、営業利益が下降線をたどるなか、労働者の賃金上昇率も鈍化し始める。だが、福祉国家の拡大は止まらなかった。それどころか、経済停滞によって職を失った何百万人もの労働者が失業手当を受け取るために列を成したのだ。さらに何百万人もが、もういまさら新しい仕事を探すほど若くないと考え、年金の早期受給を始めた。一九八〇年までに、西ヨーロッパの女性のほとんどが六一歳の誕生日を迎える前に労働人口から外れていた。男性も、ほとんどが六三歳までには退職している。住宅支援や食糧援助などの所得に基づく給付も、さらに多くの家庭が給付対象となるにつれて増えていった。アメリカ政府の食料配給券《フードスタンプ》制度の費用などは、受給対象者が五割以上増えたため、一九七四年から一九七六年の間に倍増している。(20)

その重荷を負ったのが、社会保険だ。経済的に厳しい時期には、社会保険は本来の設立目的に沿った働きをし、失業という惨劇から家族を守って世界的不況の被害を軽減してくれた。だがその任務を達成するために税金や強制的な積立金の形で多額の現金を吸い上げ、一番マニアックな政策オタクでもなければ理解できないような公式に従って再分配していた。数ある中から一例を挙げると、一九七〇年代前半、西ドイツで経済が五二パーセント拡大する一方、政府の支出は九三パーセントも増加している。西欧全体を通して、一部の健康保険や高等教育を除く社会保障制度は、一九七〇年代の終わりまでに経済の六分の一を占めるまでになっていた。(21)

給付を切り詰めるのは、どの国でも政治的自殺行為だったので不可能だった。それ以外の方法で帳尻を合わせるには、税金を引き上げるか借入をするかしかない。一九六五年、もっとも裕福な二四の国で平均すると国民所得の二四・八パーセントを税金の形で徴収している。福祉国家は拡大を続けていき、平均的な税額は一九七三年までに国民所得の二八パーセントに近づいていた。一九七七年までに、この数字は三一パーセントにまで増えている。たった一二年の間に、圧倒的な増加率だ。税率の引き上げは、例外なくすべての先進国で起こった。もっとも極端だったのはスウェーデンで、この一二年の間に税の取り分が驚くべきことに一三パーセントも増え、一九七七年に国民が稼いだクローナの四五パーセントが税金に取られるほどだった。[22]

その汚れ仕事の大部分を引き受けたのが、インフレだった。ほとんどの富裕国で所得税法は数多くの所得枠を設定し、所得が増えればひとつ下の枠よりも高い税率が課せられるようになっていた。オーストラリアではひとつめの所得枠に課せられるのは八パーセントというささやかな税率だったが、二七枠目にあたる収入を得ていたら六六パーセントも税金を払わなければならなかった。イタリアではこれが三二の段階に分かれていて、税率は一〇パーセントから七二パーセントまでと幅広かった。日本では低額所得者は一〇パーセントしか払わなくてもよかったが、高額所得者は最大七五パーセントも支払わなければならなかった。原則としてこの段階はインフレによって変動したりはしなかったので、労働者の毎年の給料が消費者物価指数に合わせて上がっていくだけだったとしても、増えた分のリラや円やドルには、去年の所得よりも高い税率が課せられる可能性が十分あった。すると、インフレ調整後では労働者が持ち帰れる給料の額が減ってしまうことになる。したがって、給料は毎年上がっているように見えたとしても、所得が上のほうの枠に当ててはまってしまえば使える金は少なくなるような印象を受けるのだった。[23]

そのため、インフレの一〇年間に税金がもっと苦痛で、もっと議論を呼ぶものになっていったのは偶然ではない。仮に家計所得がインフレに追いつけていなくても、政府はその所得の中からますます多くの割合を持っていくようになっていた。工場労働者や道路清掃者は、雇用主と同じくらいにこの痛みを感じていた。遅くは一九六九年まで、稼ぎ手が一人という西ドイツの平均的な家庭では一マルク余分に稼ぐごとに一九ペニヒを支払っていた――つまり限界税率は一九パーセントだ。だが、一九七八年までには西ドイツの家庭の限界税率は倍近くにまで増えていた。もっとも裕福な層を除くイギリスの家庭が所得の中から一九七九年に支払っていた税金は、一九六九年より一〇パーセント増えている。ジャーナリストのピーター・ジェンキンスの計算によれば、子どもが二人いる夫婦が平均的な産業労働者の賃金を稼いでいた場合、一九七六年に支払っていた税金はその稼ぎのうち二六パーセントで、たった四年で七パーセントも高くなっていたとのことだ。カナダではもっとひどかった。平均的なカナダ人の所得税率は、一九五八年から一九八五年の間に二〇パーセントも上昇していたのだ。[24]

少なくとも政治的観点から同じくらい重要なのは、高い税率が個人の所得に重荷として直接のしかかっていたという事実だ。当初は、収益にかかる税金や従業員の社会保険料といった形で企業が福祉国家の費用の大部分を肩代わりしていた。言うまでもなく企業はその出費を株主や従業員に転嫁していったわけだが、従業員には、そうしたコストは目に見えていなかった。そして富裕国では政府が受け取る額のかなりの割合、一九七〇年なら四三パーセントもが、販売税のような消費税や、相続税のような財産と富にかかる税金の形で支払われていた。一九七〇年から一九八〇年の間に、富裕国の大半で事業税、消費税、富裕税が国民所得と比較すると急激に減っている。先進国では、所得税と社会保障費が一九七〇年には政府の収入の三四パーセント、一九七五年には三八パーセント、そして一九八〇年には四〇パーセント近くを占めていた。福祉国家の費用はますます所得税に依存するようになり、それを直接支払う労働者は給与明細からどんどん天引きされていくのに気づいた。政府支出の負担を肩代わりする額が増えているという賃金労働者たちの苦情は、まったく正当なものだった。[25]

だが、平均的な市民が所得の中から課税側へ支払う額が年々増えていっても、帳尻はなかなか合わなかった。国民に約束した社会保障のコストを賄うために政府が借り入れをし、多額の財政赤字があたりまえになっていく。アメリカ政府の赤字は一九六〇年代には微々たるものだったが、一九七〇年代にはかなりの防衛費が削られたにもかかわらず、三倍にまでなっている。日本政府の支出は、一九七三年まではだいたい収入と同じくらいだった。だがそれ以降は、大幅赤字が毎年の恒例行事になっていく。西ドイツも一九七三年まではごくわずかな赤字しか出していなかったが、七〇年代の残りの期間は大幅赤字になってしまった。(26)

富裕国政府の懐具合の劇的な変化は、国民所得に対する政府債務の比率を見れば一番わかりやすい。一九四六年から一九七四年にかけて、この比率は途切れることなく下がっていた。第二次世界大戦からの負債を国が支払い、新しい債務を回避していたからだ。一九七五年を皮切りに平均負債比率が上がり始め、この傾向は二一世紀に入ってだいぶ経つまで続いた。一九七〇年代後半に借入債務が積み上がる中でも金利は急上昇を続け、利息の支払いが政府の予算の中で大きな項目となる。この負担もやはり、政府の収入の大部分に貢献していた所得税や社会保障負担額を支払っていた賃金労働者たちに回された。その負担が子どもたちの代にまで回されるのではないかと彼らが恐れたとしても、無理はない。(27)

もっと以前の穏やかだった時代、高額な税金の代わりに充実した社会給付が得られるという形は非常に人気だった。アメリカでは一九六〇年代に税金に反対する運動が散発的に起こったが、それは通常、地方政府が学校への給付や公園の整備に使うために取り立てた財産税にからむもので、連邦政府や州政府が年金、医療、貧困層や失業者に給付するために使う所得税に関するものではなかった。そうした抗議運動はかなり散発的で、全国的な規模からすればさほど重視はされなかった。だが一九七〇年代に入って為替レートとインフレ率の制御がきかなくなって未来がかなり不明瞭になり、経済環境がどんどん不安定になってくると、福祉国家を支えるためにもっと収入を上げようとする政府の努力は、さらに強い抵抗に遭うようになっていく。最初の税反対運動は、裕福でのどかな王国デンマークで湧き起こった。発端は、モーゲンス・グリストラップという税金専門の個性的な弁護士だった。(28)

グリストラップの法律事務所は噂によればコペンハーゲン最大の事務所で、節税を専門とし、デンマークでは所得から利息の支払いを控除することができるという点を利用してダミー会社同士で何件も融資をし合うよう顧客に助言していた。一九七一年一月三〇日、当時四四歳のグリストラップは税金について話すためにテレビ番組に出演する。自分の納税申告書を掲げてみせ、納税義務がゼロであることを示すと、彼は第二次世界大戦中にドイツの鉄道を破壊した愛国者に脱税者をなぞらえた。

グリストラップのたとえは一夜にして大反響を呼び、彼を一大政治勢力に仕立て上げた。デンマークの政治は長年「古い」政党と呼ばれる四大政党に占められていて、それぞれが農家や労働組合など、特定の利益団体とつながっていた。この古い四大政党はほぼ常に社会保障法については合意していて、国会で多くの法案が何の異論もなく通過するほどだった。有権者は、そのような状態に旋風を巻き起こすと約束するよそものにすぐさま飛びついた。保守派が彼に国会の議席を与えるために推薦することを拒否すると、グリストラップは新たに得た名声を足がかりとして一九七二年に「進歩党」を立ち上げる。進歩党には公的な組織がほとんどなかったが、時の権力者に対する鋭いコメントで大衆の注目を集めるのはグリストラップの得意とするところだった。デンマークの武力を解体し、国防省の代わりに電話を一台置いて自動応答音声がロシア語で「我々は降伏する」と言うようにすればいい、という発言はその一例だ。「現在の政治でできうるもっとも真剣なことは、エスタブリッシュメントをからかうことだ」と彼は断言した。(29)

現在も続く税反対運動が始まったのがデンマークだったのは、偶然ではない。一九六〇年代は好景気だったものの、一九七〇年のデンマークはヨーロッパでもっとも経済成長が遅く、一九七一年も前年よりほんのわずかましだったに過ぎない。インフレ率は、先進国の中でも特に高い部類だった。そして、デンマークにおける福祉国家の強化は過酷な重荷となっていく。一九六五年、デンマーク人は国民所得の二九・五パーセントを税金として支払っていた。そのわずか六年後、政府は国の総所得の四〇・八パーセントを徴収している。一般家庭ははっきりと財政的苦痛を感じ、支出の伸びは経済全体の伸びよりもさらに鈍化した。この低迷に輪をかけたのが、小国の未来に対する不安感だ。一九七二年、投票率九〇パーセントという国民投票で、デンマーク人は圧倒的多数の賛成によって欧州共同体への参加を決めた。だが一年以内に、少なくとも半数のデンマーク人がその決断を後悔していることが世論調査で明らかになっている。

グリストラップは、写真栄えがする人物というわけではなかった。「肥満型で、服装はいつ見ても乱れている」というのが、アメリカの外交官が国務省に報告した内容だ。だが、その彼が効果的な票の獲得者だということが実証された。一九七三年一二月、首相になったら所得税を排除して一〇分おきに官僚を一人クビにすると約束した選挙運動を経て、進歩党は国会で二番目に大きな政党となった。「激震の選挙」とデンマーク人が呼んだこの選挙は、一夜にして国の政治を変えた。進歩党を連立政府に組み入れたがる政党はどこもなかったが、政権に対するグリストラップの容赦ない攻撃は、彼の発言に弾みをつけた。一九七〇年代半ばにおこなわれた世論調査では、社会保障制度と所得再分配に対するデンマークの態度がはっきりと否定的になっていることが判明した。「現在のデンマークは……福祉から撤退しつつある。少なくとも、福祉によって求められる税負担からは撤退しつつある。これは望まざる、そして苦悩の末の撤退だが、撤退には違いない」と語ったのは、『フィナンシャル・タイムズ』紙の特派員だ。(30)

グリストラップと同じような人物が、ノルウェーにもいた。グリストラップより一世代年上のアンデルス・ランゲは一九二〇年代から一九三〇年代にかけて右翼の「祖国党」とかかわっていたが、戦争中はナチス政権に強く反対していた。戦後はケンネルクラブ〔犬の品種の指定や飼育の指導などをおこなう団体〕に就職して『ドッグ・ニュースペーパー』を発行するようになる。当初は政治問題といえば犬の所有者にかかわる税金問題くらいしか取り上げていなかったが、やがて、もっと政治的な話題が載るようになる。この新聞社は資金問題と従業員による使いこみが原因で一九五三年に倒産するが、ランゲはフリーランスの民衆扇動家としても同時にキャリアを築き、若者の社会主義運動やその同類によるデモ活動に対する抗議運動を組織した。ランゲが一九六〇年に新聞を再発行し始めると、共産主義者や政治家、官僚に対する攻撃が連載記事になった。一年後、『ドッグ・ニュースペーパー』は『アンデルス・ランゲ・ニュースペーパー』に改名した。視野を広げ、この新聞は間もなく、不満を抱く人々の政治運動を生むことになる。

ノルウェーの経済はヨーロッパの他のどの国よりも健全だったが、それでも税金や官僚に対するランゲの不満は共感を呼んだ。一九七三年四月、オスロの映画館で開かれた市民集会では、アンデルス・ランゲの「税と公的介入の大幅低減を目指す党」の立ち上げが投票で決定された。その一カ月後、グリストラップがオスロを訪れて支援を表明する。グリストラップと違ってランゲはタカ派だったが、福祉国家に対する不信感という点ではグリストラップと同じ意見だった。ランゲは、アメリカ人の自由市場経済学者ミルトン・フリードマンの支持者であり自由意志論者の作家アイン・ランドのファンであることを公言していた。一九七三年の総選挙でランゲの政党が五パーセントの票を獲得すると、六九歳の彼は反税政策をもって議会に乗りこんだ。

スカンジナヴィアで生まれたばかりの反税運動は、すぐに北海の向こう側でもわずかながら反響を呼んだ。そこでの問題はイギリス人が「レート」と呼ぶ、不動産の価値を査定してつく税金だった。一九七〇年に政権に就いた保守派のエドワード・ヒース首相のもとでは、国民所得の割合で見た税収が一九七〇年から一九七三年までの三年連続で下落していた。保守政党は高額な税から距離を置き始めていたものの、主に労働党が支配していた大都市の政府は、地元のサービスを縮小したり従業員を減らしたりすることにはうしろ向きだった。経済が危機に陥り、一部の地方税納付者が納税を拒否していた一九七四年に、保守派は政治的好機を見出す。彼らの代弁者は、マーガレット・サッチャーという名の若い女性大臣だった。「地方政府は、経済の成長が追いつかないほどの勢いで支出を続けています」と、サッチャーはラジオで語った。そして、保守党は地方税を廃止し、「国民が支払えるレベルの課税」に置き換えると約束した。[31]

デンマーク、ノルウェー、そしてイギリスでは、福祉国家を支持する政治的合意はゆっくりと分裂しつつあった。やがてはグリストラップを刑務所に送ることになる税務調査が政府によっておこなわれていたにもかかわらず、一九七五年一月の選挙でもデンマーク進歩党は予想に反して国会の二八議席のうち四議席しか失わなかった。進歩党に投票したのは、さまざまな背景を持つ人々だった。ただ、世論調査によって判明した彼らの共通点は、「通常、政治家は国のために正しい判断を下すと信頼できる」という言葉に強く異議を唱えているということだった。アンデルス・ランゲは一九七四年に死去するが、カリスマ性のある若いビジネスマン、カール・ハーゲンによって進歩党として再編成されたランゲの政党は、ノルウェーの政界では主要な保守派勢力となった。そして二〇一三年にはついに政府に食いこんでいく。長年にわたる国内での争いを経てイギリスの保守党は貴族の地位を放棄し、戦後の福祉国家への支持も捨て、祖国が標準以下の経済成長を運命づけられているという信念も捨て去った。彼らはマーガレット・サッチャーに率いられ、もっと小さな、もっと包摂的でない政府という、新たな方向へと向かっていったのだ。[32]

第10章　右への転換

一九七三年に始まった経済危機は、ほぼすべての民主主義国家で有権者に動揺と疎外感を与えた。政府がそれまでの四半世紀にしてきたように雇用ともっといい職場環境、そしてもっと高い生活水準を保証してくれると思っていたのに、突きつけられたのは緊縮経済と不安定さ、上がらない賃金とシャッターの下りた工場だったのだ。古い、昔からある政党は、新たな経済の現実になにひとつ役立つことは言えなかった。彼らの政策はたわわに実る果実を分け合う方法は論じていたが、生産性の向上を復活させて急激な技術進歩の世界に順応していく方法は想定していなかった。

昔なら、有権者は異論もなく政党の公式見解を受け入れていたかもしれない。彼らの社会的地位が、政治的選好を左右していたからだ。ヨーロッパでは、カトリック政党、社会主義政党、そして農業政党が特定の層から相当の支持を得ていた。カナダの新民主党の中核は労働組合だったし、アメリカの南部は一〇〇年以上にわたって民主党の強力な地盤だった。だが一九七〇年代までにかつては当てにできた彼ら有権者たちは教育を受け、成功し、移り気になり、ひとつの政党をずっと支持し続ける義務感をあまり感じなくなっていた。イタリアでは、地元の司祭の意見はもうそれほど重視されなくなっていたし、アメリカの工場労働者は組合指導者の説得にどんどん耳を貸さなくなっていた。投票者集団がばらけていくなか、戦後時代の安定した政府は、一握りの国会議員の死去や離脱で簡単にひっくりかえってしまうような、薄っぺらの連立政権に道を譲った。

こうしたことを研究する政治学者や社会学者たちは、何か根本的な変化が起きたのではと示唆する。「一九七四年のどの時期においても、イギリス、カナダ、フランス、ドイツ連邦共和国、イタリア、ベルギー、オランダ、ノルウェー、スウェーデン、デンマークの議会で過半数を占めていた政党はひとつもない」と断言したのは三極委員会という、新しく設立された（そしてすぐに論争を呼ぶこととなる）国際的な実業家と外交関係者から成る集団による調査だ。専門家たちは、新たな問題について議論し始めた。「統治不能性」だ。(1)

統治不能性は、さまざまな形で現れた。政府はますます秩序を保つことができなくなっているようだった。ヨーロッパでは西ドイツのバーダー・マインホフ・グルッペ、イタリアの赤い旅団、スペインのETAなど、無法集団による誘拐や暗殺が新聞の一面を飾る。アメリカ大陸でも、犯罪率が急増した。一九七五年のアメリカでは、国民二〇人に一人の割合で窃盗犯罪が報告されている。国民国家そのものも攻撃の対象となり、政府の地方分権化を求めたり、あるいは地域独立を目指したりする政党がケベックやスコットランド、ユーゴスラヴィアで勢いを得ていった。そして、それに加えてスキャンダルがもたらした不安定さが、一九七四年には世界三大経済国で指導者の交代を余儀なくする。五月には西ドイツのヴィリー・ブラント首相が、第一の側近の一人が東ドイツのスパイだったことが判明したのちに辞任。八月にはリチャード・ニクソンが、一九七二年の大統領選挙活動中に共和党のスパイが民主党の事務所に侵入した事実を隠蔽しようとしたウォーターゲート事件で現職大統領初の辞任という結末を迎える。そして一二月には、日本の田中角栄首相も職

権を乱用して不動産取引で利益を得ようとしたという批判を受け、退陣を表明した。(2)

これら三つの事件は詳細こそ異なるものの、どれも非常に熟達した、そして非常に人気の高かった政治家の失脚という共通点を持つ。一九三三年にナチスの手を逃れてノルウェーへと脱出したブラントは、長く輝かしい経歴を持っていた。中でも有名だったのは、マルクス主義の基盤から社会民主党を引きはがし、工業系の労働組合や組合員以外のもっと幅広い層に受け入れられるよう再構築したことだ。一九七二年に彼が再選を目指した際、東ドイツやポーランドと関係を正常化させて国家間の緊張を和らげ、家族を再会させようという彼の運動「オストポリティーク」を、西ドイツの有権者は熱烈に支持した。国政でのキャリアが一九四六年にまでさかのぼるニクソンは事件のほんの二年前に再選運動で見事な当選を果たし、五〇州中四九州の支持を得て、六一パーセント近い票を獲得したばかりだった。犯罪への恐れと人種統合運動への反感を利用し、中流階級と労働階級の白人有権者から成る支持基盤を築いたのだった。田中角栄は退陣後にアメリカの航空機製造会社ロッキード社から賄賂を受け取るというまた別のスキャンダルで逮捕されることになるのだが、それまでは利権政治に基づく強力な選挙構造を築き上げていた。国の金をコンクリートに変えるのがあまりにもうまかったので、彼の崇拝者たちが「コンピューターつきブルドーザー」と呼んだほどだった。(3)

だがこのように強力な男たちですら、策略家としての何十年にもおよぶ経験と電話帳のように分厚い人脈をもってしても、ほんの数年前なら肩をすくめただけで受け流されただろうスキャンダルを乗り越えることはできなかった。政治環境が変わっていたのだ。

一九七〇年代半ばに認識されていた統治不能性は、社会不安というよりも政治停滞にかかわるものだった。それは、二つの大きな社会的変化の結果起こったと言われている。ひとつは、教育と繁栄が一般大衆に声を上げる勇気を与えたということ。市民はもはや教会や組合、企業組織の指針に盲目的に従うだけではなくなったのだ。代わりに、彼らは自分たちにとって何が一番いいか、自分で決めるようになった。もうひとつの変化は、国家があまりにも大きく成長し、あまりにも多くの人々に直接影響を与えるサービスや補助金を提供したため、市民が以前よりもずっと政府の動きを注視するようになったことだ。この二つの変化はいずれも、政治家がもう何かしらの大義のために勝手に決断を下せば従順な有権者がついてきてくれると期待できなくなったことを意味していた。福祉国家という贈り物は、当然の権利になっていた。政治家がばらまく新しい給付に有権者たちが感謝していた時代は終わり、有権者は絶対的に見ても、あるいは他人との比較でも、自分たちの生活をちょっとでも悪くするような変化は阻止するべく運動を起こすようになったのだ。このようにますます声高になっていく有権者たちには明らかに守りたい経済的利益があり、自分たちの声が聞かれることを期待していた(4)。

統治不能性に対する懸念は、経済停滞に直接関連していた。経済が急速に成長していた黄金時代には、政府はほぼすべての人の状況を改善することができていた。子ども手当を増やしたり、学費が安いか無料の新しい大学を創ったりする費用が、子どものいない共働き世帯の手取り収入を減らさなくても捻出できたのだ。だが経済成長が鈍化し、あるいは縮小までするようになると、統治はゼロサムゲーム〔利益が損失で相殺される状態〕になった。幼稚園児や年金生活者など特定のグループに多くの資源を注入すると、ほかのグループから資源が奪われることになる。インフレの引き下げなど、最終的にはほぼ全員に恩恵をもたらす政策でさえ、長期的な恩恵のために短期的苦痛を受け入れることを大衆が嫌がったために失敗した。

福祉国家は生活水準の着実な向上を約束しただけでなく、さらなる平等の促進も約束した。だがその約束も経済破綻の犠牲となってしまった。恵まれないと感じる人々すべてに支給できる現金を政府が失ったからだ。イギリス人ジャーナリストのサミュエル・ブリタンは、イギリス政府が実施したある調査を引き合いに出した。回答者の八〇パーセントが、自分以外の全員が毎週六ポンドを受け取っているのに自分だけ五ポンドしかもらえないよりは、全員が毎週横並びで四ポンドもらうほうを選ぶと答えたのだそうだ。「政策が格差や差異の排除に注力すればするほど、取り残された者が感じる怒りは大きくなる」とブリタンは注意喚起し、「満たしきれない期待を生むという自由民主主義の傾向」を警告した。政策の変更によって損をする可能性のあるグループが現在すでに持っているものを守ろうという動きを起こし、公選された政府は自らの改革ができなくなってしまう。この矛盾が、代表民主政を統治不能に陥らせるのだ。(5)

民主主義の全盛期は終わったという見方のもっとも有名な擁護者はおそらく、アメリカ人経済学者マンサー・オルソンだろう。直に会うと感じが良くて温和なオルソンは、裕福な民主主義国家の見通しが穏やかとは程遠いと主張した。彼の目に映る世界は社会的結束が全体として弱まっており、幅広い基盤を持って広く共有される関心を代弁する組織が、狭い目標を持った少数のグループに負けているというものだった。この変化の理由は、簡単な算数の計算結果だ。大きなグループが政策に影響を与えていれば、さまざまな利害関係があるグループの構成員それぞれが享受する恩恵は平均的な、ごくわずかなものになってしまう。たったひとつの目的のために闘う少数のグループなら、その目的に関してだけ政策に影響を与えられれば、その政争から得られるものはずっと大きい。この理屈でいけば、たとえば心臓外科医は心臓病学協会として活動するほうが、アレルギー専門医や腎臓専門医なども含むもっと大きな医師会として活動するよりも得るものが大きいということになる。

オルソンが見た危険とは、このように特化した組織が構成員に直接関係する利益のためだけにしか目的を定義しないということだった。社会を幅広く代表する大きな組織は長期的な観点を持つことができ、共通の利益のためなら一時的な後退も容認する。だが影響力と構成員を失うにつれて力は小さな組織へと移っていき、それぞれが構成員の関心を引きつけて満足させるために短期的な政治的勝利を求めて執拗に活動するようになる。このような小さなグループが影響力を強めていき、頻繁に手を組むようになると、政府が共通の利益に向けてより大きな目標を達成することを阻害するのだ。

対象の狭い特定利益集団が増えることで影響を受ける問題のひとつが、国際貿易だ。大きな組織は、自由貿易を支持する傾向があった。国際競争の増加によって個別の産業や労働者集団が痛手を受けたとしても、そのほうが経済成長を幅広く促進するとわかっていたからだ。小さなグループは、もっと視野が狭い。全国労働組合が靴の関税を引き下げる貿易協定を支持したとしても、靴メーカーの組合はまず間違いなくその協定に反対するだろう。同様に、特定利益集団は、一部の労働者の仕事や企業の利益を危険にさらすような新しい技術の導入を阻害しようとすることもしばしばだった。特定利益集団が増えるにつれ、経済はもっと柔軟性に欠ける、変化を受け入れようとしないものに変わっていく、とオルソンは警告した。そうなると、経済成長の鈍化は避けられない。「結局のところ」とオルソンは書いた。「特定利益集団と談合は、自らが活動している社会の効率性と所得総計を低下させ、政治生活を敵対的なものにする」(6)

オルソンは政治的には保守的で、右派の多くと同様、民主主義富裕国における明らかな動脈硬化を、とりわけ労働組合のせいだと主張した。だが統治不能性に関する議論が興味深いのは、あらゆる政治勢力から唱えられた点だった。マーガレット・サッチャーの経済政策の多くを称賛したサミュエル・ブリタンは、リベラルな代議制民主主義の優勢は「現在成人している人々が生きているうちにすたれるだろう」と予見した。だが、民主左派のヴィリー・ブラントも同じようなことを予見したと言われている。一部のマルクス主義者の間では、統治不能性は「後期資本主義」の現れだと見られていた。これは資本主義が自らの矛盾によって最終的に崩壊する前に、政治秩序が正当性を失う段階を指す。一方、自由原理主義者《リバタリアン》にとっての統治不能性

は単に、政府が国民に約束したすべてを提供する手段を持たないというさらなる証拠に過ぎなかった。(7)

統治不能に陥ったように見受けられたのは、富裕国市場経済だけではなかった。鉄のカーテンの向こう側では、選挙によって選ばれたのではない共産政党が支配するソヴィエト従属国家が、統治の危機に突入していた。この危機は、西欧や北米、日本の民主主義国家が直面しているものよりはるかに厳しかったことがのちに判明する。

ソ連圏諸国は経済的無能の事例として思い出されることが多いが、それは歴史の見方としては単純すぎる。実際は、東欧とソ連の国営経済は彼らなりに戦後の黄金時代を享受していた。国内総生産や一人当たり国民所得などの統計的概念は品物やサービスが国の決めた値段ではなく市場価格で売られることを前提としているために同一条件での比較は難しいものの、ほとんどの推計が、鉄のカーテンの向こうでも経済成長は早かったことを示唆している。根本的な景気動向をより正確に評価するためにインフレと為替レート変動の影響を排除しようとしたイギリス人経済学者アンガス・マディソンによれば一九四八年から一九七三年の間、ソ連と東欧の一人当たり国民所得のほうがベルギーやデンマークよりも早く増加し、オーストラリア、カナダ、アメリカよりはさらに早かったそうだ。マディソンの推計によれば一九四八年、ハンガリー人の平均所得は平均的なアメリカ人の四分の一程度しかなかった。その後四半世紀でアメリカの一人当たり国民所得は急速に増えたが、ハンガリーのほうが大幅に増加は早かったとのことだ。(8)

共産主義国の急速な経済成長は、市場経済の好調と同じところから始まっている。戦争による破壊は、膨大な再建需要を生んだ。何百万人もの労働者が、馬を操って畑を耕す生活から新設の工場で重機を扱う仕事へと移ったのだ。それらの工場は、第二次世界大戦以前には一般的だった小規模企業よりもずっと大きく、ずっと資本集約型だった。共産主義の経済計画立案者は、規模の経済の熱狂的な信者だった。カール・マルクスから学んだ彼らは、社会主義社会を創るには産業化が欠かせないことをわかっていた。そしてマルクスの考え方を基盤に生産の物理的な量を重視する経済学者たちからは、産業化のもっとも効率的な方法は巨大で中央集約型の複合施設を建てることで、そうすれば鋼を流し、薬品を混ぜ、繊維を織るのも効率よくできるようになることを学んでいた。

このマルクス的効率主義が、制度に浸透していった。計画立案者たちは何トンの鋼や何平方メートルの布が作られるべきかを決定し、工場長たちはその目標を達成できるかどうかで評価された。ほかの国営工場はどのくらいの量の鋼や布を買い、それを使ってどのくらいの量のトラクターやワンピースを作ればいいかを指示された。そして計画立案者たちは国営農場にトラクターを買うよう指示し、国営の小売店にワンピースを何着売るかを指示した。国際貿易には、現金よりも物々交換が用いられることがしばしばだった。プラハの食料品店の棚に突如としてバナナが並んだら、それはおそらくチェコスロヴァキアの貿易担当者がバナナを生産する国に機械を輸出することに決め、支払いの一部を果物で受け取ることに合意したからだった。

共産主義経済は商品の生産にはかなり長けていたが、消費者が本当に欲しがっているものを作るということにかけては、まったくもって無能だった。武器や重工業製品が優先され、平均的な家庭向けのアパートや車にはあまり資源が割かれなかった。品質やイノベーションに対する見返りがほとんどなかったので、生産される商品はおしなべて時代遅れの粗悪品だった。そして計画立案者たちは買い物客が適正な数のワンピースを購入することについてはかなり注意を払っていたが、西側のファッション誌で写真を目にした女性たちが好むような色や柄、デザインのワンピースかどうかはまったく考慮していなかった。製品の多様性に対する潜在的需要は、明らかに非社会主義的だったからだ。中央集約型の経済計画のもとですべての工場は最大限の生産効率のためにかなり前倒しで割り当てを決められており、これでは個人的嗜好に合ったものを買いたいという消費者の欲求が満たされるはずもなかった。大衆を満足させるという行為が優先されたのは、それが政情不安を鎮めるために欠かせないという場合だけだった。(9)

不穏な空気がソ連圏で明らかになったのは、一九七三年のオイルショックよりもずっと前だ。史上初めて、ソ連内で生まれつつある人権運動が政治的抑圧に対抗して声を上げようとしていた。人々の暮らしを良くすることができない国家は、一九七〇年以来政府が価格凍結によって混乱を抑えこんでいたポーランドですでに反乱を招いており、一九六八年にソヴィエトが占領して政治・経済改革を終わらせたチェコスロヴァキアでも同様だった。一九七四年三月、ハンガリーではより自由主義的な政策が「資本主義ににじり寄っている」という非難のなか、ソ連の反対で頓挫させられた。石油価格の高騰がソ連の狙いを邪魔する。ほとんどの共産主義国家が輸入しなければならなかった重要な原料のコストを引き上げ、西側の貿易相手の成長を鈍化させたオイルショックは、ソ連圏内の国々が統治不能に陥るのを防いでくれたかもしれない経済成長を生み出すことをいっそう難しくしたのだった。(10)

一九七〇年代半ばの経済ニュースは、執拗なほどにマイナス思考だった。だが、世界が統治不能になりつつあるという切迫した警告にもかかわらず、有権者は民主主義政府が自らを改革できるはずだという信念を棄てなかった。代わりに彼らが棄てたのは、乳と蜜を約束するカリスマ的な指導者への信頼感だ。一九七〇年代半ばは、シャルル・ド・ゴールやリンドン・ジョンソンのような伝説的な指導者の時代ではなかった。求められていたのはビジネスライクな指導者、思想的というよりは有能で、経済危機に直面しても安定を約束できる、現実主義な男たちだったのだ。

先人たちと比べ、この新しい世代の指導者たちは二つの意味で抜きんでていた。その特徴のなさと、有能そうな雰囲気だ。ハンブルクでカール・シラーに経済を学び、一九七四年五月にヴィリー・ブラントが退陣した後を継いで西ドイツ首相となったヘルムート・シュミットは、ソヴィエト連邦に対してより厳しい政策を強く主張した有言実行の実利主義者《プラグマティスト》だった。リーダーシップについての彼の哲学は、頻繁に繰り返していたこの文章に集約される。「ビジョンが見える人々は、医者に行くべきだ」。世界的にはジスカールとして知られ、シュミットがドイツのトップに就任した二週間後にフランスの大統領に選出されたヴァレリー・マリー・ルネ・ジョルジュ・ジスカール・デスタンは名門エコール・ナシオナル・ダドミニストラシオン（国立行政学院）の卒業生で、国際経済の複雑な事柄を専門としていた。不祥事で逮捕された田中角栄の後任として一九七四年一二月に日本の首相になった三木武夫は、日本の政治家の中では風変わりな人物だった。政党への献金者や地方の役人に建設契約を与えてご機嫌を取ることを拒否したからだ。国内でその名が知れ渡っていたのは率直な語り口のためだけではなく、話すときの見事なほどに生真面目なふるまいのためでもあった(11)。

そして、ジミー・カーターも忘れてはならない。原子力潜水艦の元指揮官であり、ジョージア州の田舎でピーナツ倉庫の経営者でもあったカーターは、有能で清廉潔白な指導者としてのイメージを確立した。バプテスト派の日曜学校で教えてもいた彼は非常に信心深く、アメリカの外交政策に倫理性を注入するという彼の約束は、ベトナム戦争と中南米の残虐な指導者をアメリカが支援していたという事実に心乱された国民の琴線に響いたようだ。一九七七年一月の大統領就任式の後、大衆の味方というイメージを固めるため、彼は極寒のペンシルヴェニア通りを車ではなく徒歩で移動した。

この指導者たちは、真剣な男たちだった。インフレが自国経済をむしばみ、国民の政府に対する信頼を失わせていることを見て取ったのだ。彼らは福祉国家の限界を認識し、高い税率に対する民衆の抵抗の深さも理解した。企業経営寄りの考えをしないでもなかった。企業が投資を増やしてもっと多くの従業員を雇えるのは、収益性があってこそだということをすすんで認識していたからだ。石油価格の高騰が国の製造業の大部分をすたれさせたということも理解していて、自らが国民に対して何を言っていたにしても、閉鎖された工場が再開されることは二度とないとわかっていた。生産性向上を復活させるのが繁栄を取り戻す努力の中で最大の難関だということも、十分に認識していたのだ。

だが、どれだけ努力を重ね、互いに何度も会合を繰り返しても、彼らが生み出すことができたのはごくわずかな回復に過ぎなかった。日本の経済が三木首相と彼の後継者たちのもとで一九七四年から一九七九年の間に成長できたのは年平均二・六パーセントで、それ以前の六年間の成長率と比べるとかろうじて三分の一にしかならなかった。ドイツとフランスの成長もほぼ同じペースで、アメリカは丸一パーセント近く少なかった。この六年間の先進国全体の成長は一・九パーセントとささやかで、人口の増加を考慮すると、平均的世帯の所得がほとんど伸びていないことを意味していた。

しかも、これは税抜き前の話だ。政治的な急場しのぎのため、政府は年金生活者や失業者に現金を給付しなければならず、企業が従業員に給料を払い続けられるように補助金も出さなければならなかった。批判が高まる中でも政府がそれを実行したのは、ほかに選択肢を思いつかなかったからだ。そしてこの政策に必要な資金を獲得するために、労働者の稼ぎと消費者の支出からますます高い割合を抜き取り続けた。ジスカール政権下のフランスでは税収は一九七四年には国民所得の三四パーセントだったのが、一九七九年には三八パーセントにまで増えている。日本では、二二パーセントから二四パーセントへと増えた。二三の富裕国全体で、国民所得から引かれる税金の割合はこの五年の間に三パーセント増えていた。このように高額な税にもかかわらず一九七九年の失業率はどこの国でも六年前より高くなっていて、インフレも再び急上昇し始めていた。

急激に変化した世界の経済状況は、大きな政治的影響をもたらした。高い税率とそれを支持しているとみなされた政党が、非難の的になりかけていたのだ。これが最初に明らかになったのは、一九七六年一月三〇日のことだった。

冷えこむ金曜だったこの日、ストックホルムの王立劇場でおこなわれていたアウグスト・ストリンドベリの『死の舞踏』のリハーサルを、スウェーデン警察が中断させた。舞台上から役者たちが見守るなか、五七歳の舞台監督イングマール・ベルイマンに対し、脱税について質問したいことがあるので同行願いたい、と平服の警察官が告げる。世界的に評価されている映画監督で現代スウェーデン文化のもっとも有名なシンボルでもあるベルイマンにとっては屈辱だった。パスポートを取り上げられ、アパートを捜索され、街を出ないようにと警告されたのだ。二年の懲役もありえた罪に問われたベルイマンは、「精神的に不安定になった」としてカロリンスカ病院に入院した。

ベルイマンの事件がトップニュースを飾って間もなく、警察は女優ビビ・アンデショーンのアパートを捜索した。一〇本以上のベルイマン作品に出演した女優で、五歳の娘を持つ母でもあったアンデショーンは、二万三〇〇〇ドルの税金を未納しているという疑いで電話も弁護士への連絡も許されず、三六時間にわたって拘束された。すると三月三日、『長くつ下のピッピ』といういたずら好きの赤毛の女の子が主人公の物語で世界的に有名な六八歳の作家アストリッド・リンドグレーンが、『モニスマニアのポンペリポッサ』という短編小説をスウェーデンでもっとも広い読者層を誇る『エクスプレッセン』紙で発表した。この物語は、成功した作家が収入の一〇二パーセントにもなる税金を要求される、というかなりあからさまな風刺だった。「彼らは本当に、私があれほど尊敬し、あこがれた賢い男たちなの？」気の毒なポンペリポッサは、彼女に税を課した政治指導者たちについてこう語る。「彼らは何を実現しようとしているの？　この上なく心が狭くて、ありえないような社会？」リンドグレーン自身、躍起になって税を取り立てようとする税務官ともめた経験があることを明かしていたので、この物語は事実に基づいていたのだろう(12)。

検察はこの三人についてはいずれも脱税の根拠を見つけるに至らなかったが、スキャンダルは簡単に消えてはくれなかった。病院に二カ月入院した後、ベルイマンはバルト海に浮かぶ風の強いフォーレ島にある自宅に戻る。四月になるとそこから『エクスプレッセン』紙に公開書簡を送り、税当局の嫌がらせが原因でスウェーデンを離れることにしたと発表した。ベルイマンは、捜査がきっかけで「この国のすべての人々が、いつでもいかなる形でも、特定の官僚主義によって攻撃を受け、中傷されることがあり得る」ことに気づいたと語った。そしてさらにこう付け加える。「この官僚主義は、進行性の早い癌のように広がっている」。映画スタジオは閉鎖し、次回作をスウェーデンで制作する計画は中止する、と彼は語った。そして彼が支払い義務を果たさずに逃亡するのだと「まともな考えを持ったスウェーデンの納税者」に思われないよう、資産は国の税務委員会に託した。その日の午後、ベルイマンはパリ行きの飛行機に乗りこんで祖国を去った。その五日後、税監査官がベルイマンの主張に反論し、税務官のほうが正しく、ベルイマンが間違っていたと訴える。だが監査官がマスコミに公表した数字が示したのは、政府が監督の所得の一四〇パーセントにものぼる税金を求めているという事実だった(13)。

この三つの事件は、政治的大嵐の火種となった。ベルイマンもリンドグレーンも、ゆりかごから墓場までを保障して不平等を最小限に抑えるための高い税金を強く支持する社会民主党の有名な支持者だったのだ。

文化的象徴の二人が今、主義を放棄しようとしているかに見えた。九月一九日に議会選挙を控えた世論調査では、社会民主党の人気が急落する。オロフ・パルメ首相は政党の没落の責任を「反動的プロパガンダの融雪洪水」のせいだと述べたが、従業員の収入をあたりまえのように半分以上持っていき、小規模企業や自営業者に厳しい罰則を与える税制の正統性に対して、反動的などではまったくない有権者たちが有名人のスキャンダルをきっかけに疑問を感じ始めたというのが実際のところだった。

官僚主義に対して急激に増え始めた不満には、それなりの根拠があった。一九五〇年から一九七五年の間にスウェーデンで創出された一〇〇万人分の仕事のうち、半数以上が公的部門の仕事だった。拡大する福祉国家がそれまで以上に民生委員や職業相談員、幼稚園教諭などを採用したため、政府が雇用するスウェーデン人の数はその四半世紀だけで一五一パーセント増えている。労働力の増加率の五倍という勢いだった。

寛大な社会保障制度が国民から幅広い支持を受けていた一方で、スウェーデン人たちは指導者が一般の人々の声に耳を傾けなくなっているとこぼし始めていた。社会民主党は高額な年金や有給家族休暇ではなく、過剰な官僚制度と関連づけられるようになっていく。「アストリッド・リンドグレーンとイングマール・ベルイマンはその抗議によって、不平と、正当な不満の水門を開けた」と書いたのは独立新聞『ダーゲンス・ニューヘイテル』紙の社説だ。とりわけ若い労働者が福祉国家など役立たずだと思うようになっていて、社会民主党に背を向け始めていた。一九七六年には初めて一八歳が投票権を得たという事実も、政党に有利には働かなかった。リンドグレーンが再び寄稿してスウェーデンは「官僚主義的独裁政権」に変貌する瀬戸際だと書いたことも、政党には不利に働いた。(14)

選挙が近づくにつれて、黄金時代の終焉は思いがけず国中で実感されるようになっていた。スウェーデンは一九七三年の石油危機とその余波を、近隣のどの国よりもうまく乗り切っていた。パルメ政権は経済を刺激するべく全力を注ぎ、消費を促すために付加価値税を切り下げたり、社会給付を増強したり、生産ラインを動かし続けて従業員を解雇しないようメーカーに助成金を出したりした。この積極的な刺激策のおかげで、他国で景気が後退する中でも失業率が下がって賃金が急上昇した。だがスウェーデンは、いつまでも金で問題を解決し続けることはできなかった。製造された商品の膨大な在庫が国中の倉庫を埋めつくす。政府は工場に生産し続けるための助成金を出したが、それを買いたがる客が誰もいなかったのだ。一九七六年初頭、下がり続ける需要と高い労働賃金がスウェーデンの輸出の足を引っ張り、経済が縮小し始める。

社会民主党は一九三二年以来ずっとスウェーデンを統治していた。ほとんどのスウェーデン人が、ほかの政党による政権を一度も見たことがないほどの長さだ。だが一九七六年九月一九日、根深くつらいものとなる低迷に経済が突入するなか、有権者たちは社会民主党から権力を奪い去った。衝撃が世界中に広がる。「スウェーデンのモデルが修理工場へ」と喧伝したのはロンドンの『フィナンシャル・タイムズ』紙だ。一部の有権者が社会民主党から離れたのは政党が強く後押ししていた核武装に反対するためだったが、そちらはおおむね無視された。事の是非はさておき、このときの選挙は政府から力を剝ぎ取る指令だと解釈された。スウェーデンの非社会主義政党は福祉国家の痛烈な批判者とはとても言えなかったが、彼らの成功によって、政府が容認可能な代償のもとでより高い生活水準と経済の安定をもたらすことができるのかどうかという、昔ながらの問題が蒸し返されることになった。(15)

イギリスは、一九七〇年代経済の新たな現実に順応するのがスウェーデンよりもはるかに遅かった。というより、ほとんど順応しなかった。

一九七四年二月、まだ石油危機にとらわれたままのイギリスは、恐怖感に覆われていた。インフレは二〇パーセントに近づきつつあり、メーカーは鉱山労働者によるストの危機に直面しながらも石炭と電力を節約するために操業を週三日に減らし、北アイルランドは内戦状態にあった。「誰がイギリスを統治する?」と保守派は訴え、対立する労働党があまりにも過激になっていて、住居の所有さえ禁止するかもしれないと主張していた。四年にわたる保守党政権のあとにエドワード・ヒース首相をその座から追い落そうともくろむ労働党では実際に社会主義派閥が優勢で、中でも「ミリタント・テンデンシー」という過激派がかなり影響力を増していた。労働党は「権力と富のバランスを根本的かつ不可逆的に、労働者とその家族に有利なように変えていく」ことをマニフェストに掲げており、北海の石油と製造分野の大部分が国有企業に所有されるべきだと主張した(16)。

怒れる有権者たちはどの政党にも過半数の票を与えず、一九二九年以来初めて、絶対多数政党のない中途半端な議会が生まれた。ヒースが自由党の議員一四人の支持を得ようと交渉する間、三日間にわたってイギリスは無政府状態になった。自由党が尻込みし、ヒースは一九六四年から一九七〇年まで首相を務めた労働党のハロルド・ウィルソンに屈服する。ウィルソンは少数与党の政府を築き、一〇月に再投票を実施できるまではいくつもの少数政党に我慢させてでも権力にしがみつくことを選んだ。二度目の挑戦で労働党は過半数の議席を獲得したが、本当にかろうじて過半数といえるだけの数だったので、ぎりぎり政権維持できるかどうかというところだった。かろうじてでも過半数を勝ち取れたのは、有権者の多くが投票に行かなかったからだ。

労働党政府は、一九七四年から一九七九年にかけて政権を握っていた。最初はウィルソン政権、次に一九七六年三月からはジェームズ・キャラハン政権のもと、第二次世界大戦以来どの先進国経済よりも無能だったのかもしれない統治をおこなった。インフレ率は手に負えないほど暴れまわり、一九七四年には一九パーセント、一九七五年には二五パーセント、一九七六年には一五パーセントだった。だがフィリップス曲線が保証したはずの相殺は、まったく起こらなかった。失業率上昇を食い止めることなく、高いインフレ率は投資を遠ざけてさらに失業を招いてしまった。経済が縮小し、生活水準が落ちていくなか、一九七五年三月には二ドル四三セントに相当していたポンドの価値はみじめなほどに落ちこみ、一九七六年九月には一ドル六六セントしか買えなくなっていた。その同じ月に開かれた労働党の年次党大会は、富裕国ではなく貧困国の地位に陥ったイギリスが初めて、国際通貨基金（ＩＭＦ）に緊急融資を要請する事態になったという知らせに激震した。

キャラハンを弁護するわけではないが、彼は不運な星のもとに生まれた人物だった。父親を早くに亡くして女手一つで貧困のなか育てられた彼が下院議員に選出されたのは一九四四年。そこから努力を重ね、ありとあらゆる主立った閣僚ポストを歴任するまでになった。ハロルド・ウィルソン政権では外相として、一九七五年六月の国民投票で圧倒的賛成を勝ち取ることになる欧州共同体へのイギリスの参加条件を再交渉するうえで大きな役割を果たした。だがウィルソンは翌年三月に突然退任し、六四歳だったキャラハンがその後継者となる。「首相とは！　大学にもいかなかった私が！」とは、党内選挙に勝利した彼が叫んだといわれている言葉だ。

彼がダウニング街一〇番地にある首相官邸に引っ越した三週間後、ある労働党議員が自分の死を偽装しようとしたかどで裁判にかけられることになって離党したため、労働党はかろうじて得た過半数を失っていた。キャラハンは政権継続のため、スコットランドやウェールズの少数政党と常に交渉しなければならなくなる。彼の長所のひとつは外交的な性格と表面的には落ち着いた態度で、そのために「お天気ジム」というあだ名までつけられていた。また、組合運動とも親密な関係にあった。一七歳で内国歳入庁の事務員として働いた後、税務署員たちをまとめあげて組合を作った点を評価されたのだ。「現在生きている人物の中で、ジェームズ・キャラハンほど今は絶えつつある昔ながらの労働運動を体現した人物はいない」。一九八八年、ジャーナリストのピーター・ジェンキンスはこう書いた[17]。

だが、首相に対する組合の敬意も、融和を呼ぶには至らなかった。イギリスの労働運動は歴史的に見ても闘争心が強く、雇用主の提案する失業につながりそうな変化には多くの組合がことごとく、執念深いほどに反対することで知られていた。ドイツやオランダ、スカンジナヴィア諸国の組合は生産性を向上させるイノベーションが組合員の賃金を引き上げ、経済のほかの分野で多くの仕事を生む可能性があることを理解していたが、イギリスの組合指導者間の話し合いではそのような話題は異端とさえみなされた。国有のイギリス石炭庁が二世紀にわたる採炭でもう掘りつくされたような炭鉱を閉鎖しようとしたときでさえ、全国鉱山労働組合は全力で反抗した。建設・製造の労働者や港湾労働者、トラック運転手らを代表する運輸一般労働組合の長だったジャック・ジョーンズはあまりにも影響力が強かったので、一九七四年の選挙期間中にはこんな落書きが登場したほどだった。「仲介者をはぶいて、ジャック・ジョーンズに投票しよう」

イギリスのすべての組合がここまで攻撃的ではなかったものの、一般の労働者たちは圧倒的多数が賃金の上昇を抑制することでインフレを食い止めようという政府の「所得政策」を拒否した。キャラハンがダウニング街の首相官邸に引っ越すころには、パターンはもう決まっていた。雇用主が政府の設けた範囲内で昇給を決める。組合がその提案を拒否してストライキを起こす。雇用主は政府から暗黙の許可を受け、譲歩するという流れだ[18]。

古くからある海岸リゾートのブラックプールで開催された一九七六年九月の党大会で、キャラハンは労働党左派に単刀直入な警告を発した。「永遠に続くと言われた快適な世界、財務大臣のペンの一振りで完全雇用が約束され、税金と赤字支出が切り下げられる、あの快適な世界は失われてしまった」。キャラハンは忠実な党員たちにこう告げた。「我々は、金を使えば不景気からは抜け出せ、税金を切り下げて政府の支出を押し上げれば雇用は拡大できると信じていた。率直に申し上げて、その選択肢はもはや存在しない」。彼が主張する生産性の増加と公的支出の厳しい管理は、一九七四年一〇月におこなわれた直近の選挙で掲げたマニフェストでメーカーの国有化を訴え、大企業が「国家の需要と目的に合致した行動」を取るべきだと擁護してきた政党には歓迎されなかった。労働党に資金を出し、地方委員会の多くを支配していた労働組合は、高い生産性と公的支出の引き締めを、解雇と年金引き下げと解釈した。それは、彼らの計画には入っていなかった。(19)

ポンドの価値が下がって輸出が押し上げられたため、そしてIMFからの緊急融資が受けられたため、イギリス経済は一九七六年後半にささやかながらも回復を始めた。ただ、業績が良かったというのは国の直近の水準に比べて、という意味に限られる。ほかの先進国と比べるとイギリスは経済成長、資本投資、そして貯蓄額でも最下位だった。インフレはまだ狂乱状態だったし、それを止めるために金利を上げるようイングランド銀行に命令するよりも、キャラハン政権は賃金上昇を抑えこみ、できるだけ痛みを少なくしたままで成果を上げられることを期待し続けた。だが、その期待は裏切られた。一九七七年七月、イギリス最北部にあるダラムで開催された毎年恒例の炭鉱労働者のイベントでキャラハンが演台に座るなか、炭鉱労働者のリーダーー、アーサー・スカーギルは組合員に対し、「さらに賃金を抑えこもうとする政府の助言や要請を無視する」よう呼びかける。自分が話す番になるとキャラハンは炭鉱労働者たちに向け、「国のために」賃金の抑制を受け入れてくれるよう訴えた。「炭鉱労働者も、この国という家族の一員だ」。これで売りこむのは、かなり厳しかった。(20)

一九七八年の夏、労働党政府は翌年の賃金を五パーセント以上増やすべきではないと宣言した。これは、かろうじてインフレ率の半分程度になると見込まれた。組合の指導者たちは現場の過激派たちが勝手にストライキを起こすのではと懸念し、政府の指針を言下に拒否して通常の賃金交渉に戻るよう要求した。「三年も賃金を抑えこまれて、もううんざりだった」と、ヨークシャーのうらぶれた町、ハルのトラック運転手は思い返す。キャラハンが組合の要求を拒否すると、自動車製造労働者、トラック運転手、鉄道労働者、看護師、墓掘人までもが仕事を放棄した。病院は患者を追い返し、ニワトリはエサを与えられずに餓死した。一九七八―七九年の暗く雪深い冬は、「不満の冬」として歴史に残ることになる。ゴミ回収業者が回収を拒否したため、ロンドンっ子たちのゴミがレスター・スクエアに積み上げられた冬だ。労働日数にして三〇〇〇万日が失われ、生産は崩壊した。議論がようやく解決したとき、ストを起こしていた労働者たちは政府の五パーセントという指針をはるかに上回る賃上げを勝ち取っていた。一九七九年三月、たった一票の差で、議会はキャラハン政権の不信任案を可決した。[21]

その一票と、そのあとに続くイギリスの政治の原動力としての労働党の崩壊は、マーガレット・サッチャーによるところが大きかった。一九五九年に議員に選出されたサッチャーは福祉国家を築き上げた戦後のコンセンサスを毛嫌いしていて、そのコンセンサスに同調した自党を厳しく批判していた。一九七五年二月、当時保守党の環境問題担当の広報官だった彼女は、保守党の党首選で元首相エドワード・ヒースを破ってイギリスの政治体制に激震を走らせる。そしてサッチャーはキャラハンに対し、経済が再び沈没しかけ、インフレ率が上がり、世界が石油危機に直面している最中に選挙を実施するよう求めた。今度の選挙は、イランの国王《シャー》を退位に追いこんだ一九七九年一月の革命直後におこなわれることになった。

サッチャーは、単刀直入で歯に衣着せぬ人物だった。一九七〇年代終盤に広く共感を呼んだ彼女の考え方は、イギリスが長く続く経済停滞に脅かされているというものだった。だが多くの同胞たちとは異なり――キャラハンが一九七四年に労働党の指導者たちに、「私が若かったら、よそへ移住するだろう」と語ったのは有名な話だ――彼女はその停滞が不可逆的だとは思っていなかった。サッチャーは、民間主導の経済活動を押さえつけ、経済成長を妨げた責任を高い税金と福祉国家に負わせた。彼女は同時に、変化に抵抗する組合と、地代だけで生活することに満足している地主の貴族たちのことも軽蔑していた。努力と起業家精神の美徳の擁護者だったのだ。「税金を切り下げればそれだけですべてが変わって、一夜のうちにこの国が繁栄すると信じるほど甘い考えの持ち主は一人もいません」。選挙の一週間前、サッチャーはラジオでこう語った。「ですが私たちが信じているのは、労働に対する見返りが得られる社会を創ることと、そうではない社会を創ることとの間には雲泥の差があるということです。真の福祉社会になるためには、イギリスは再び繁栄するほかないのです[22]」

サッチャーの台頭を実現した、自己利益を強調する知的基盤については、多くの本が書かれている。ロンドンのシンクタンク「経済問題研究所」が一九六〇年代と一九七〇年代に自由市場を広めるうえで果たした役割、ヒース流保守党政治の融和的態度に対する辛辣な批判者としての、当時は国会議員だったサー・キース・ジョセフの一九七四年の出現、未来の保守党政権のアイデア創出機としての政策研究所の設立、インフレを抑えこむためにジョセフが採用した通貨供給規則、そしてジョセフがサッチャーに教授した多種多様な自由市場の考え方。イデオロギー的な関心だけでなく企業の利益が、そして国内だけでなく国外が、新しい保守派の議題の背景にあったのは間違いない。ジョセフが一九七六年におこなった講義で「この国は過剰統治されすぎ、支出しすぎ、課税されすぎ、借り入れすぎ、人が多すぎだ」と述べたとき、彼はミッドランド地方の製造業者やシティの銀行家が何年も前から口ずさんでいたのと同じ曲を歌っていたのだった[23]。

こうした努力は保守党にかなりの知的基盤を与えたものの、労働党を縮小に追いやったのはこうした競合する考え方の誕生だけではなかった。労働党の陥落は、なんといっても、第二次世界大戦後の繁栄をもたらした経済モデルの破綻の結末だった。一九五〇年代と一九六〇年代を通じて、労働党の考え方が福祉国家を定義づける政策に浸透していくなか、イギリスでの暮らしは改善を続けていた。だが一九七〇年代までには、イギリス人が期待するようになった着実に上がり続ける生活水準を、どのような経済政策ももたらすことができなくなっていた。この消えゆく夢こそが、保守派に権力を与えたのだ。一九七九年五月三日、保守党は議会で六〇議席を勝ち取り、マーガレット・サッチャーが首相に就任した。

大西洋の反対側では、ジミー・カーターがジム・キャラハンのそれによく似た愛想の良さを発揮していた。大統領の座に就いていた四年の間に、彼は同じような不運に見舞われることになった。

カーターがホワイトハウスに入ったとき、アメリカ経済はイギリスよりもずっと堅調な状態だった。ほかのどの主要国経済よりも素早い成長率を生み出しつつあったし、一九七七年一月には七・五パーセントだった失業率は、一九七九年夏までには五・七パーセントにまで着々と下がっていた。だが、こうした結果を健全な経済の証だと誤解した者はいなかった。まだアーサー・バーンズが議長を務めていたFRBはジェラルド・フォードが再選されるようにと一九七六年下半期には金利を引き下げ、カーターにはインフレ率上昇という有毒な置き土産を遺していた。カーターは一九七八年一月にバーンズをその座から追いやることに成功していたが、そのころまでにインフレ率は二桁台に戻りつつあった。FRBがインフレを抑えこむために積極的に翌日物金利を引き上げている間、財務省の短期債の金利は長期債の金利に迫る勢いで上がっていた。一九七八年八月一八日、ついに逆転が起こる。投資家は、政府に一〇年間金を貸すよりも二年貸したほうが儲かるようになったのだ。金融市場では「逆利回り曲線《イールドカーブ》」と呼ばれるこの異常な状態は、警鐘だった。一九七九年の後半に景気後退が訪れる可能性が高いことを知らせる、まぎれもない警告だったのだ。

そこへやってきたのが第二次石油危機だった。イランの革命と、石油生産を制限しようというサウジアラビアの決断によって生じた危機だ。一九七四年以来安定していた一バレルあたりの原油平均価格は、一九七九年にかけて二倍に高騰した。アメリカ人有権者にとってもっと身近なガソリンの価格で言えば、一ガロンあたりの値段が七〇セントから一ドル一一セントに値上がりし、それを買うためにはしばしば行列に長時間並ばなければいけなかった。ガソリンスタンドの店主がポンプに「ガソリン売り切れ」という張り紙を貼るようになると、カーター政権は供給がさらに厳しくなったときに備えて配給切符を印刷した。国全体を襲ったパニックは、自前の車両で荷物単位の仕事を請け負う個人営業のトラック運転手たちが運賃の連邦規制のせいでディーゼル燃料の値上がり分を顧客に転嫁できないと苦情を訴え始めたときに暴力化した。トラック運転手たちはストライキを宣言し、一部が石やコンクリートブロック、銃弾をストライキに持ちこんだのだ。引っ越し中の家族は、業者が道路に出るのを怖がったために家具が運送中のまま到着しないという事態に見舞われた[24]。

カーター政権は、面白みのない政権だった。彼が引き継いだ深刻な経済問題については誰が彼を責めたわけでもなかったが、大統領自身も彼の顧問たちも、事態を変えるために何かできるという印象を与えるわけでもなかった。一九七九年四月の石油価格の規制撤廃、そして一九八〇年には強健な反対を押し切ってのトラック輸送と鉄道業界の規制解除を含め、カーター政権は経済を縛りつけていた鎖の一部をほぐす重要な対策をいくつか講じた。だがそのどれひとつとして、カーター自身が一九七九年七月一五日にテレビカメラの前に立ち、一億人の視聴者に向かっておこなった演説で国家最大の脅威と定義したものには触れていなかった。「未来に対する我々の信頼の崩壊が、アメリカの社会的および政治的枠組みを破壊しようとしている」と大統領は語った。「この国の史上初めて、大多数の人々が今後五年間はこれまでの五年間よりもひどくなると考えている」。それから一年と経たない一九八〇年三月、カーターはクレジットカードやその他一般家庭の借り入れにかかるコストを引き上げる新条件を発表した。「インフレは信用融資による支出によって増幅されている」と、彼はテレビ演説で国民に訴えた。「消費者は借金をしすぎているのだ」。国民の消費が抑えられれば事態はそうひどくはならない、とでも言っているかのようだった。[25]

ロナルド・レーガンが表舞台に登場したのは、こうした不満だらけの状況の中だった。レーガン主義はサッチャー主義と同様、何の前触れもなく現れたわけではなかった。自由市場の信奉者たちは、福祉国家に対抗するためにシンクタンクや大学の調査研究所などの知的な上部構造を構築するために何年もかけて慎重に投資を続けてきたのだ。それと同時に、彼らは一九六〇年代から、多種多様な社会的・法的変化に対する憤りを共有する草の根団体のネットワークをはぐくんできていた。人種統合のために地域以外の学校へ子どもを通わせる強制バス通学、中絶がしやすくなる法案、職場でも統合を促進するための差別是正措置《アファーマティブ・アクション》、学校での性教育の拡大などに反感を覚える彼らは、こうした変化を元に戻す媒体として共和党を利用することを決意していた。[26]

だが、こうした考え方には、アメリカの政治を決定的に右へと方向転換させるだけの力はまだなかった。一九七六年、レーガンが保守派の末端に名を連ねたとき、伝統的な穏健派の共和党大統領ジェラルド・フォードは政党の大統領候補指名をレーガンに与えることを拒否した。当時、経済は一九七三―七五年の不況による大失敗から回復しつつあるところで、インフレ率は下がり、アメリカの最高の日々が終わるという恐怖はまだ国を襲っていなかった。一九七九年後半、債券市場が予見した景気後退が予定通りに訪れると、雰囲気が変わる。保守派の優勢は、一一パーセントを超える住宅ローン金利が若い人々からマイホームの希望を奪い去り、建設現場の鉄筋工や自動車産業の工具屋たちに解雇通知が送りつけられる中で訪れたものだった。

レーガンが用いた言葉やその自信たっぷりの態度は、世界が統治不能になったというイメージと相反していた。彼は強さのイメージと、アメリカ政府が適切な人々の手にかかれば外国の敵に立ち向かい、祖国の繁栄を回復できるという信念を体現していた。「今のほうが四年前より暮らしは良くなっていますか?」一九八〇年一〇月におこなわれたカーターとのテレビ討論で、レーガンは国民にこう問いかけた。その数日後の大統領選でレーガンは国中を席巻し、四四州で勝利を収めた。前年におこなわれたイギリスでの選挙と同様、何百万人もの労働者階級の有権者が福祉国家の政党に背を向け、避けようのない景気の落ちこみという語り口を拒否した候補に票を託したのだ。新しい考え方と努力が古き良き時代を取り戻すことをレーガンは約束し、アメリカ人は積極的に彼を信じた。[27]

レーガンとサッチャーは一九七〇年代に知り合っていたが、近しい友人とはとても言えなかった。一九六九年にレーガンがカリフォルニア州知事の一期目を務めていたころ、イギリスの保守派のグループが彼を招いて、イギリスでもっとも強い影響力を持つ企業経営者の集団、英国経営者協会が毎年ロイヤル・アルバート・ホールで開催している「ピクニック」でのスピーチを依頼した。『新たな地位ある者の責務《ノブレス・オブリージュ》』と題した彼のスピーチは、「従来は人民の権利とされてきたものを政府が侵害するという、止めようのない行進」に対して警告するものだった。このような大仰な言葉はアメリカならたいした騒ぎにはならなかっただろうが、イギリス上流社会の礼儀の水準からすれば、注目を浴びるものだった。レーガンはロンドンを頻繁に訪れるようになり、カリフォルニア州政府の規模を削減したという彼の話は聴衆を夢中にさせた。サッチャーがレーガンと初めて会ったのはどうやら一九七二年、ヒース首相が主宰した昼食会だったようだ。その後一九七五年四月には、彼が州知事の任期を終え、彼女は議会で保守党の指導者に選出された直後に庶民院で長い会話を交わしている。(28)

サッチャーと同様、レーガンは経済政策となるとシンプルなテーマを訴えた。生活水準を引き上げる手段はインフレを安定させ、税を引き下げ、政府の規模を縮小することだというものだ。二人にとって、技術的な詳細は些末なことだった。サッチャーの有力な経済顧問キース・ジョセフとアラン・ウォルターズは、低い失業率と高い所得への路は通貨供給にあると主張するミルトン・フリードマンなどの通貨主義経済学者《マネタリスト》〔経済の貨幣的側面を重視する経済学〕に賛同していた。レーガンの顧問には、通貨主義者もいれば健全財政と低い金利を支持する伝統的な小規模政府の共和党員もいたし、所得の限界税率が低ければ仕事と起業への強いインセンティブが生まれると主張する「供給重視《サプライサイド》の経済学」と呼ばれる新説の支持者まで幅広かった。

通貨主義者は、供給重視派をインチキ商品の売りこみ屋とみなしていた。伝統主義者は通貨主義者が通貨供給に固執するのを馬鹿にしたし、政府が赤字になろうとも累進課税を引き下げようとする供給重視派は信用しなかった。供給重視派からすれば、財政赤字と通貨供給はほとんど重要ではなかった。だが三者ともに、自分の考え方だけがアメリカンドリームを復活させることができ、アメリカ人が期待するようになった生活水準の引き上げも回復させられるのだと信じていた。

富裕国の右への方向転換は、まだ終わっていなかった。一九八二年一〇月、ドイツの社会民主党は、連邦議会の信任投票で敗北する。国政選挙に負けることなくして、ヘルムート・シュミットは八年以上就いていた政権の座を追われた。

世界三位の経済大国だった西ドイツは、一九七〇年代後半にほぼすべての富裕国を抜く業績を上げていた。

インフレはヨーロッパの大部分の国よりも低いままだったし、失業率も、一九七三年の石油危機以前と比べればずっと高かったものの、イタリアやフランスの水準よりははるかに低かった。比較的高い生産性の成長率のおかげでドイツは強いマルクの影響に対抗することができ、自動車や工場機械は世界市場で競争力を維持できていた。この一〇年の間、昔よりずっとペースが遅かったとはいえ、ドイツ人労働者の生活水準は上がり続けた。だが、二度目のオイルショックがシュミットの破滅を決定づけた。一九七九年の頭には一バレルあたり一六ドル程度だった原油価格は一九八一年初頭までには倍以上、想像できないくらいの水準である三八ドルに値上がりしていた。中央銀行は一九七三年に一度目の石油危機がインフレを押し上げたときに教訓を学んでいた。今回は、インフレが望ましいものかもしれないなどと考えることを拒否し、金融政策を強く引き締めて消費者価格が手に負えなくなるのを防いだ。世界中で金利が高騰するなか、経済成長は鈍化し、西ドイツの輸出主導経済に深刻な打撃を与えた。シュミットは、景気後退と高い失業率の責めを強く受けた。首相の人気が衰えるのを見て連立の中では小さいほうの政党だった中道派の自由民主党が寝返り、政府を転覆させた。

シュミットの後任でキリスト教民主同盟の指導者ヘルムート・コールは右翼過激派などではなかったが、彼はスウェーデンやイギリスの戦略から学習していた。官僚主義を激しく非難し、「腕が何本もある怪物」の政府を縮小すると約束した。建国以来の三二年中二〇年にわたって自党が西ドイツを支配していたことはどうでもよかったし、連邦政府の機関が主にキリスト教民主同盟の立ち上げたものだということもどうでもよかった。コールは税の引き下げと、仕事に対するインセンティブを改善するための社会給付の変更を主張した。彼は、福祉国家を破壊するのではなく、改善することを約束したのだ。有権者が見る限り、社会民主党はもうネタ切れだった。その後、社会民主党は一六年にわたって政権の座から離れる。(29)

コールの就任から二カ月後の一九八二年一一月、次は日本の番だった。日本の福祉国家は一九七三年以来急速に拡大していて、政府は年金給付を倍増させ、高齢者向けの無償医療を導入し、自営業者の健康保険料を引き下げていた。政府の支出は急上昇し、経済成長の鈍化によって税収が細っていくなかでも上がり続けた。一九八〇年までには、納税者が反乱する最初の兆しが見え始めていた。「日本国民の税負担が多くの西欧諸国のそれより低かったとしても、納税時には日本人にとってたいした慰めにならなかった」とアメリカ人政治学者エリス・クラウスは語った。いくつもの政権が借り入れで税を抑えこもうとしたが、それにも限界があった。一九八〇年、日本政府はアメリカ、イギリス、フランス、イタリア、そして西ドイツまで合わせたよりも多くの国債を売り、その借り入れで政府支出の三分の一を賄っていた(30)。

社会保障を抑制するのは、政治的に不可能だった。代わりに、政府はなんとも日本らしいやり方で危機を食い止めた。一九八〇年秋、行政管理庁長官を務めていた中曽根康弘の主導で、臨時行政調査会の設置が決定されたのだ。中曽根は、戦後日本では珍しい人物だった。材木商の息子として彼が生まれたのは東京から電車で数時間、日本の中央部に位置する内陸の群馬県だった。東京帝国大学で学び、第二次世界大戦中は海軍主計を務めた彼は、官僚にもなれるキャリアを捨てて一九四六年に議員に立候補した。一九五一年、アメリカによる占領を批判する手紙をダグラス・マッカーサー将軍に届けたことで忠実な保守派として名を成す。以来、彼は自由民主党の右派にしっかりと腰を据え、政党の派閥のひとつを率い、いくつもの省庁を動かしたが、首相になるほどの幅広い支持はどうしても得られなかった(31)。

中曽根の広報活動が実を結び、「行政改革」が政府縮小の婉曲表現だということを誰もが理解した。委員会が一九八二年初頭にいくつかの報告書を提出すると議会は熱狂的にその提言に従い、三五五の法律を撤回または見直し、公務員の賃上げ率を引き下げた。議会を支配する自由民主党は、一一月二七日に中曽根を首相に選ぶ。「増税なき財政再建」というスローガンは、英語に訳すとぎこちなく聞こえるが、日本の有権者にとっては、ロナルド・レーガンの口から出た言葉のように聞こえた[32]。

スウェーデンの有権者が社会民主党政権をひっくり返してから六年の間に、保守政党はどの国でも次々と政権を握っていった。自信に満ちた自己主張の強い新たな指導者たちが、統治不能性の懸念を解消してくれた。残る質問は、低い税金ともっと自由な市場、大きな個人責任、そして息の詰まらない国家を目指す彼らの政策が、かつての頑健で健全な経済を取り戻せるかどうかだった。

第11章　サッチャー

何世代もの保守党信奉者が懐かしむほんのりと暖かい記憶の中では、世界的に右派が政権をとったことで一九七三年以来悪化し続けていた経済危機が終焉したことになっている。だが、現実はかなり違っている。福祉国家に反対することで権力を手にした指導者たちはインフレに狙いを定め、粘り強さと闘志に燃える一部の中央銀行総裁の助けをもって、やがてはインフレの制御に成功した。もっとも、その代償は想定よりもはるかに高くついたのだが。彼らはソヴィエトの共産主義との闘いにも勝利した。彼らの中には、一九八〇年代の終わりに東欧全域で民主主義が発展した際にもまだ在職だったものもいた。だが、安価な石油とともに姿を消した経済の安定感を回復する段になると、彼らが追い落とした市場中心主義ではない政治家たちより効果的とはとても言えなかった。完全雇用と高い平等性、経済の安定は、彼らの能力で実現できる範囲には含まれないことが証明されてしまったのだ。

一九八〇年ごろの保守的経済思想にひとつだけテーマがあったとすれば、「ルールは重要だ」ということだっただろう。これは現代という文脈では、斬新な考え方だった。黄金時代とそれ以降を通じて、つまりは第二次世界大戦の終焉から一九七〇年代後半にかけて、経済政策はデータ収集屋と計算屋の軍団を従えた秀才の領域だった。アーサー・バーンズやカール・シラー、ラウル・プレビッシュのような専門家が特殊な経済的知見を持つとされ、彼らだけが経済の未来の道筋を予見して、大多数の幸福をもっとも改善できる方策を無私無欲で決定してくれると思われていたのだ。政府が経済を完全雇用と低いインフレの方向に向けて動かしていけるという仮定そのものが、その操縦に十分長けた人物が存在することを前提としていた。だが一九七〇年代の経済的混沌を経て、人々には専門家の公正な予見力を疑うだけの理由が生じていた。長年イングランド銀行に勤めた経済学者チャールズ・グッドハートは、一九八九年にこう書いている。「中央銀行総裁であれ財務大臣であれ、一九七〇年代にインフレを抑えこむことに失敗した金融当局は、彼らが本当に公益のために働いているのかどうかを再検討させるきっかけを生んだ……ひょっとしたら、ほかの政治的・官僚主義的目標に左右されているのではないかと思わせたのだ(1)」

新たな保守的な考え方では、問題の核心は裁量にあった。政治家は裁量によって適切と判断した方法で支出と課税をおこない、その責任を問われることがなかった。金融政策に関して言えば、中央銀行総裁は仮に高いインフレを生むとしても、裁量によって金利を自由にいじることができた。一九七二年にバーンズがリチャード・ニクソンの再選を確実にしようとやったことがそのいい例だ。そして裁量とは、官僚が好きなように規制を設け、市民を攻撃して個人の自由を侵害できるようにすることを意味した。まさに、アストリッド・リンドグレーンが書いた架空の王国、『モニスマニア』の世界だ。

一九六〇年代初頭、アメリカ人経済学者ミルトン・フリードマンは中央銀行の金融政策を決定する確固としたルールについての主張を展開した。フリードマンは、あるときは住宅建設の減退に対して銀行貸し出しを奨励し、あるときは賃金の大きな上昇に対処するために短期金利を引き上げるなど一貫性がなく予測不能な金融政策の変化が、インフレの根本原因に対処せずに経済を混乱させたと訴えた。「インフレはいつでもどこでも、貨幣的現象だった」と彼は述べ、それを制御する唯一の方法は、中央銀行が、物価を引き上げずに所得が増やせるような特定の割合で通貨供給を伸ばし続けるようにするルールを設けることだ、と主張した。(2)

世界経済が好況だった間、フリードマンの主張は役人よりも理論家の関心を引きつけていた。一九六九年、イングランド銀行のある幹部は彼の主張を「粗野な希望的理論であり、現代社会の特定の解決困難な経済問題に対する憤慨から生まれたものだ」と切り捨てている。ブレトン・ウッズ協定が崩壊して現金が洪水のように国境を越えていき、国内の経済状況にまったく関係ない理由で国の通貨供給が急激に変化する様子は、マネタリズムをいっそう非現実的なものに見せた。だが経済計画担当者や中央銀行総裁が一九七三年以降に根を張ったスタグフレーションの前に力なくもがくなか、フリードマンの主張と彼の信奉者たちが新たに台頭してくる。政府から独立した機関である西ドイツのブンデスバンクは一九七四年終盤になって、短期金利を調整するよりも通貨供給を伸ばすルールに従うことでインフレの制御を試みると宣言した。二年以内に、スイスからオーストラリアまでの各国中央銀行が追随することになる。(3)

フリードマンが提案したように金融政策を自由操縦に任せるためには、まずは中央銀行が通貨供給のどの指標を気にするべきかについて合意する必要があった。これは、簡単な問題ではなかった。原則として、直ちに支払いに充当できる現金の量を気にするべきだというのがマネタリストの考えだった。現金を使うかどうかという判断が財やサービスの価格に影響する可能性があるからだ。五年定期に縛られた現金ならそう簡単には動かせないので、金融のルール上は無視してもいいことになる。だが、現金を測定する方法はいくつもあった。カナダ銀行はM1と呼ばれるものにのみ着目し、現金と当座預金口座に入っている預金だけを計算する一方、日本銀行はM2と呼ばれる、貯蓄口座の現金も含む指標を採用していた。通貨供給のまた別の定義であるM3は、M2に含まれるすべてに加えて譲渡性預金（CD）と、銀行制度の外側にある短期金融市場における短期資金の一部まで含む。ほかの指標もあって、それぞれ支持者がいた。

マネタリー・ターゲット（通貨供給量の目標値）が決まれば、中央銀行または政府の監督機関はそのターゲットがどの程度早く成長するべきかを決めなければならない。理屈としては、選ばれたMが急激に増えすぎたら、消費者や企業は経済が対応できる以上に金を使ってしまい、インフレ率が上がる。だが増えるスピードが遅すぎても、経済は生み出せるはずの雇用と富を生み出さなくなる。中央銀行の主な役割は短期金利と金融ルールを調整して目標を達成し、それによって預金者や銀行家がすぐに使える現金を増やしたり減らしたりすることだった。中央銀行は猛吹雪で事業活動ができなくなる、ある月の貿易赤字が急に増えるといった現実世界の出来事に反応して政策を修正するべきではない。Mだけに注目しているべきなのだ。

では、雇用や賃金など、ほかの問題についてはどうなるのだろう？　マネタリストの見解では、政府も中央銀行も、すべての国民に雇用や高い賃金を約束することはできないというものだった。堅実な金融政策でインフレを抑える以外に失業率を引き下げる一番いい方法は、労働市場への介入を避けることだ。最低賃金法のような政策は一部の労働者を、雇うには高くつきすぎる存在にするかもしれないし、寛大な失業給付を出せば失業者たちが新しく仕事を探す必要性に迫られず、家でぐうたらするようになるかもしれない。政府の大規模な雇用創出政策も、効果は長続きしない。大幅な財政赤字のせいでMが急速に上がり、中央銀行は金利を引き上げて最終的には民間投資を鈍化させざるを得なくなるからだ。このため、通貨供給のルールを設定するところから、小さな政府と均衡のとれた予算を要求するルールの設定へと移行するのは、知的には小さな一歩だった。その前提となっていたのは、こうしたルールが可能な範囲で最善の経済効果につながるという考えだった。

一九七七年一〇月、マーガレット・サッチャーを指導者に選出してから二年後、イギリス保守党はルール党となっていた。この変化は、かなり公然とおこなわれた。その前年、サッチャーの指導下で発表された政党初の年次政策綱領は、まるでハロルド・マクミランかエドワード・ヒースといった保守党党首がつぶやいた言葉のようだった。彼らは「公共支出の削減と制御」を広く呼びかけ、「個人責任とそれに伴う自由」を、無意味な詳細は気にすることなく奨励したのだが、この一九七七年の政策綱領はそれとはかなり調子が異なっていた。規律と厳格さを匂わせるものだったのだ。一般論にとどまらず、政府の規模を制限する新たなルールを推し進める内容だった。「我々の意図は、国家支出と収入を、国全体の毎年の産出と所得のごくわずかな割合に抑えることだ」。そして、ミルトン・フリードマンの作戦そのままのインフレ対策ルールを定めた。「通貨供給成長率を厳しく管理する」[4]というものだ。

一九七九年におこなわれた選挙でサッチャーが大勝利を収めたおかげで、保守党はこうした考えを実行に移すことができるようになった。大蔵大臣サー・ジェフリー・ハウは、インフレの引き下げが政府の最優先の経済課題だと宣言した。彼は自分が支持する通貨供給目標、M3の成長を翌年中は七パーセントから一一パーセントの間に抑えることでこれを達成するよう、イングランド銀行に指示する。M3と国民所得の相関関係は「かなり予測不能な形で推移している」というイングランド銀行総裁ゴードン・リチャードソンの警告を無視して押し切った形だった。ハウが提案した成長率は一七パーセントというインフレ率よりもはるかに低かったので、イングランド銀行が実際に目標を達成していたら、イギリス経済は一九八〇年にはインフレ調整後で一九七九年よりもはるかに少ない現金で動いていたことになる。企業の借り入れコストはとてつもなく高くなり、住宅ローンの利率高騰も住宅市場を停滞させていたはずだ。ハウが実施したのは、インフレを排除することを期待した経済へのショック療法にほかならなかった。[5]

サッチャー政権は、数年にわたる借入計画の指針となるルールも定めた。国民所得における公的支出の割合を減らすことを目指したものだ。支出に対する締めつけは経済を、少なくとも短期的には鈍化させる。だがマネタリスト理論はこれがほんの一瞬の冷水で、浴びたあとの国は回復して再活性化され、インフレの呪いもなく繁栄できるようになると教えていた。この回復を後押しするため、サッチャー政権は消費者支出にかかる税金を引き上げ、所得税率を引き下げた（特に高所得者の所得税率は大きく引き下げられた）。消費にかかる税金が高くなれば一般家庭は消費するより貯蓄に走り、銀行は企業に貸し出せる預金が増えて雇用が生まれる。所得税を引き下げれば労働者や起業家は稼いだ金のもっと多くの割合を手元に残すことができ、それによってもっと仕事を頑張ろう、リスクを取ろうという気になるはずだった。[6]

だが、この政策はマネタリストたちが約束したようには働かなかった。金融の深い専門知識を持った者にしか理解できない議論の中で、専門家たちはM3が果たしてM1やM2、あるいは通貨供給のほかの指標よりも本当にすぐれた目標なのかどうかを論じた。こうした議論は当然、政府のM3目標が達成されても結果が出なかった場合には、ほかの通貨供給指標の支持者の非難を許すことになる。いずれにしても、目標は達成不可能だったことが証明された。サッチャリズムが始まって六カ月後の一九七九年一一月までにM3は政府が望んだよりもはるかに速い一九パーセントという勢いで成長しており、消費者物価のインフレもまだ上がり続けていた。政府の財政赤字も、やはり上がり続けていた。一方、イギリスの高い金利に引き寄せられた外国投資が為替レートを押し上げ、イギリスの輸出品は世界市場で競争力を失っていく。一九七九年末までに、イギリス大蔵相の経済学者たちは一九三一年以来最悪の景気低迷を予測していた。[7]

経済が急降下し、インフレ率はまだ一五パーセントを超えた状態で、ハウは大きな賭けに出た。金融目標をさらに低く下げたのだ。「通貨供給政策からの離脱に議論の余地はなく、どのような対インフレ戦略の成功にも必要不可欠である」と述べたのは、政府が一九八〇年に出した財政報告書だ。一九八〇年を通じて百万もの失業者が給付金を受けている現状を指摘して、インフレを引き下げるのはもっと少ない人的損害で可能だと指摘するものもいたが、サッチャーはそのような人物には我慢がならなかった。彼女は、その年の八月に休暇を過ごしたスイスで会ったアメリカ人のカール・ブルンナー教授のような外国人マネタリストの助言を聞くようになる。そしてマネタリーベース〔市中に出回っている流通現金と民間の金融機関が中央銀行に預けた金の合計〕の制御という退屈極まりない話題については、のちにイタリア首相となるマリオ・モンティのような専門家の個人授業も受けた。彼らの指導は、金融政策を妥協させようという連中は弱くて決断力がなく、そもそもイギリスを今の混沌に突き落とした連中と同類だというサッチャーの見解を補強した。彼女が毛嫌いしたうちの一人が、彼女の金融政策を実行した張本人のゴードン・リチャードソンだ。サッチャーはリチャードソンを、「イングランド銀行を動かしているあの馬鹿」と切り捨てた。(8)

一九八〇年一〇月、経済の困難な状況に対する厳しい批判の真っただ中、サッチャーは保守党の大会に姿を現し、慎重に磨き上げた文言でこう語った。「引き返したいのならご自由にどうぞ。この女性は引き返しませんよ」。だがそれから一カ月と経たないうちに彼女は引き返し、一時的に金融目標を棚上げするというハウの提案に合意した。一九八一年一月、政府の指示で動くイングランド銀行は間違った金融ルールに従っている、と新たな専門家の一団が結論づける。彼らいわく、イングランド銀行はM３ではなく、通貨供給の異なる定義に注力するべきだったのだ。その判断ミスは、高くついた。サッチャーの当選から一九八一年夏までの二年間にイギリス経済の産出は六パーセント縮小したが、工業都市の現実はそれよりさらに厳しいものとなった。(9)

悲惨な経済状況から二年経った一九八一年の春、ハウは渋々ながらルール集を窓から投げ捨てる。イングランド銀行にM3の成長を規制するよう求める金融ルールは、それ以降は単なる口約束でしかなくなった。経済の中で政府支出を削減するという目標は新たな政府予算では放棄され、税は引き上げられた。「公的支出を思ったほど低く抑えられなかったとき、私はそれだけの金を使うのならその分をなんとしても取り戻さなければならないという見方を持った。つまり、課税で取り戻すということだ」とサッチャーはのちに語っている。(10)

高い税金の予算は、大不評だった。当初、保守党の調査では有権者の六七パーセントが政府の実績に不賛成だった。だが予算が発表されるとインフレ率はようやく下がり始め、一九八二年の春には一桁にまで落ちていた。経済はようやく、成長を始めたのだ。そこから八年間は、成長を続けることになる。「一九八一年の予算は、一九四〇年にドイツ空軍とイギリス空軍が激しい空中戦を繰り広げたバトル・オブ・ブリテンに匹敵するほどの政治的出来事として見られるようになった。サッチャー政権の栄光のときだった」と謳い上げたのは当時大蔵省の高官で、その後ハウに代わって大蔵大臣となったナイジェル・ローソンだ。(11)

だが、サッチャリズムは神話作者たちが主張するような勝利を勝ち取るまではいかなかった。サッチャーが政権に就いて最初の二年間の経済が行き詰まっていたころ、グレート・ブリテンは一九三〇年代以来もっとも厳しい縮小を経験していた。北海に新しくできた油田から汲み上げられた石油からの税収は別として、成長を取り戻したのは新しい、より多岐にわたる金融政策への取り組みだった。M3崇拝が間違いだったとは認めないまま、政府は徐々にマネタリズムそのものを放棄していった。一九八二年、ハウは国会に対し、イングランド銀行は今後、M3、M1、為替レート、その他の要素を組み合わせたものに注力していくと告げる。「通貨の一つだけの指標では金融情勢を完全に説明することはできない。入手できるあらゆる証拠にだろう。[12]

照らして評価されるべきだ」と彼は宣言した。ミルトン・フリードマンなら、そんなセリフは書かなかった

富裕国一二カ国の中で、英国は一九七三―七九年の製造業における労働生産性の成長率で最下位に位置していた。将来の投資のために家庭や企業が取り置いている国民所得の割合を示す純貯蓄でもやはり最下位だった。イギリスはあまりにも長く沈没していたため、政治家や企業経営者はこの不幸せな傾向にある程度の諦めをもって対処した。まるで、一九世紀にあれほど力強かった国が二〇世紀には衰退することを、運命そのものが自ら定めたかのようだった。だが、サッチャーは運命論者ではなかった。彼女は国の病を時代遅れの制度のせいだと判断した。中でも彼女の逆鱗に触れたものが二つある。労働組合と、国有企業だ。自らのマネタリスト的実験が失敗に終わると、サッチャーはこの二つに目を向けた。これらが労働党の支持の温床となっていたのも、マイナス要素だった。[13]

労働組合は一八二〇年代以来ずっとイギリスで優勢を誇り、一九〇〇年の労働党設立の背後にあった主要勢力だった。第二次世界大戦後、組合がストライキやピケを実施するうえでの制限を新たな労働党政権が撤廃すると、労働組合はさらに影響力を大幅に増し、一九五〇年までには九五〇万人の労働者を代表していた。労働組合の運動の中では異なる派閥があったものの、労働組合会議で多数派を占めていた大規模な産業別労働組合は伝統的な社会主義路線を推進し、重工業の国有化と経営における組合の関与を訴えた。炭鉱は一九四六年に国有化され、発電所は一九四七年、鉄道、バス、トラック、船会社とトーマス・クック旅行代理店は一九四八年に国有化された。さらに、政府は一九五一年に鉄鋼業も引き継いだ。保守党政権がその後一九五〇年代に入ってから鉄鋼業を売却したが、一九六七年には再び国有化されている。一九七〇年代になると、

ヒース政権下の保守党が、国防に欠かせないとみなしたロールスロイスの航空機エンジン事業と、ほかにも三一社の航空機メーカーや造船業者を掌中に収めた。一九七四年に政権に就いた労働党政権は組合の圧力に屈し、困窮した企業を政府のポートフォリオにどんどん付け加えていった。その中には破産した自動車メーカーのブリティッシュ・レイランドや、一〇〇万ポンド以下の価値しかない土木建築請負業者のドレイク・アンド・スカルも含まれた。また、英国国営石油会社という事業体も設立し、そこを通じて国が北海の石油の大部分を直接支配した。(14)

国有化された産業の業績は、いい時代でもあまり感心できるものではなかったが、一九七〇年代に入ると急激に悪化した。民間企業が投資利益率一七パーセント程度を稼いでいた一〇年間で、国有企業は合わせても四・三パーセント程度の利益しか得られていなかった。国有企業の組合は、生産性の向上に見合わない高額な賃上げを毎年のように勝ち取っていた。政治介入は日常茶飯事で、発電会社は国内設計による原子力設備を購入するよう指示され、鉄鋼業は国産の石炭を使うよう指示された。直接的にせよ間接的にせよ、主要な決断を政府が下すような企業で役職に就くことを経験豊富な民間企業経営者たちが敬遠したため、経営は混乱していた。掘りつくされた鉱山や時代遅れの製鋼所、商業的見込みが全くない造船所などに、何十億ポンドもの税金が注ぎこまれた。(15)

一九五〇年代以降の調査では改革と民営化が繰り返し呼びかけられてきたが、変わることはほとんどなかった。労働党が政権を握る前に労働階級の暮らしがどれだけ厳しかったかをしっかりと覚えていた国民は、たとえ国営の電気通信会社ブリティッシュ・テレコムがいつまでたっても電話を設置しに来てくれなくても、国営企業におおむね同情的だった。労働組合は、国有産業の民営化に反対する立場だった。意外なことに、国内企業の多くも同じ意見だった。エドワード・ヒース政権は一九七〇年代初頭に国の産業所有率を大幅に拡大しつつも自由企業を奨励していたが、そのヒースは回顧録の中で、彼が民営化を提案したとき、「企業経営者組織から、今の段階でこの計画はこれ以上進めるべきではないという助言を受けた。イギリスの資本主義はあまりにもひどい状態にあったので、少なくとも書類上、いずれは民営化にふさわしい魅力的な候補となるかもしれない大企業を引き受けたがる者が誰もいなかったのだ[16]」と語った。

サッチャーが一九七九年に政権を引き継いだころには、国有産業はイギリスの総産出量の一〇パーセント程度を占め、一五〇万人の従業員を雇用していた。野党のリーダーとして、サッチャーは国有企業に関してはこれといった発言をしていたわけではなかった。そして、それにはちゃんと政治的理由があった。この問題に触れるのは組合に向けて赤い布を振り回すようなもので、そのような対立的な態度が労働争議にもううんざりしている有権者に受け入れられるはずがなかった。首相候補だったサッチャーが思い切ってできたのは、ストライキを呼びかける前には無記名投票で組合員の承認を得るよう組合に求めるなど、労働法の比較的穏やかな改革を提案する程度のことだった。

だが水面下では、保守党の右派がもっと強力な一撃の基礎作りをしていた。一九七七年七月、保守党の経済再建グループ（未来の保守党政権が国の困窮した経済を復興させる方法について考えるグループ）が、国会議員ニコラス・リドリーが長を務める委員会からの極秘報告書を受け取った。この「リドリー報告」は、国有企業に反対する主張を展開するものだった。「ますます多くの国有化産業が、その中で働く者の利益のためだけに運営されている。もっと仕事を、そして一人ひとりにもっと多くの賃金をという圧力が強い」。だがこの報告書は、国有産業に対する「正面攻撃」は政治的に賢明ではないと主張している。代わりに推奨したのは、「産業を部分的に民間に戻すよう、ある程度内密に準備する政策」だ。その方法のひとつは、投資資本に対する特定の利益率を各企業に設定し、その要求に応えられない事業は閉鎖か売却を求めるというものだった。

あるいは、製鉄公社や全国石炭庁のような大企業をもっと小さな事業に分解し、大企業を一度に民営化するよりも手間なく各事業を売却しやすくするという方法もあった。これらの提案がもし世間に知られていたら、かなりの議論を呼んだだろう。

だが、未来のサッチャー政権にとってそれよりも大きな意味を持っていたのは、報告書についていた極秘の添付資料だった。この添付資料は、次の保守党政権が就任してから六カ月から一八カ月以内に対抗勢力が挑戦を始め、重要産業を混乱させる口実として賃金や解雇にからむ議論を持ち出すだろうと予測していた。これが起こる可能性がもっとも高いのは石炭産業だと報告書は予測している。この警告はおそらく痛いところを突いただろう。報告を受け取った保守党指導者たちは、一九七四年に前の保守党政権を引きずり下ろした全国的な石炭ストライキをまざまざと思い出したはずだ。翌年、マスコミにリークされたリドリー報告のもっとも微妙な助言は、政府が炭鉱労働者の全国組合との全面戦争に備えるべきだというものだった。発電所で大量の石炭を貯蔵し、急な指示でも石炭をすぐに輸入できるような緊急対応策を策定し、石炭の備蓄がなくなったときのために石油燃料の発電機を設置し、必要に応じて石炭を運べるよう、組合に所属していないトラック運転手を採用することを推奨している。委員会は、ストに参加した従業員が失業保険を受給できなくなるよう法律を改正することを提案した。もっと大胆だったのは、暴力的なピケ行為に対処できる「警察の大規模な機動部隊」の設立を提案したことだ。そこにこめられたメッセージは、見逃しようがなかった。将来の保守党政権が経済を修復したかったら、労働組合との正面衝突は避けられないのだ。(17)

サッチャーは首相になる前にこの助言を聞いていたが、すぐさま行動に移さないだけの巧妙さは備えていた。インフレに対処して政府支出を抑えることが、まずは最優先だった。組合にはいずれ手をつければいい。それに、サッチャーは保守党が少数野党だということを十分認識していた。彼女が勝利したのは労働組合員のおかげだ。通常なら労働党に投票していたはずの彼らは、マイホームを持ち、子どもを大学に行かせることを夢見てサッチャーを支持した。将来有望なこうした人々が労働党の無能さにうんざりしてそれまでの慣習を捨て、一九七九年に保守党を選んだのだ。だが、彼らはそれでも労働組合の価値はまだ信じていた。保守党が権力の座を守り続けられる唯一の方法は、こうした有権者の階級的な忠誠心を破ることだった。サッチャーは長期戦を戦っていた。労働党の支持者を敵に回すのではなく、獲得したかったのだ。

手始めは労働組合を攻撃したり製鉄公社を売却したりすることではなく、人々にマイホームを持たせることだった。一九七九年、サッチャー政権は、地方自治体が所有する「公営住宅」居住者に、住んでいる家を市場価格よりはるかに安い値段で買う権利を与える法案を提出した。これは、大衆のための民営化だった。イギリスでは、一〇世帯に三世帯が公営住宅に住んでいた。二〇年以上の居住者は、その住居を半値で購入できる。買いたいかどうかまだわからないのなら、一〇〇ポンドの保証金を払って固定価格で購入する権利を二年間確保できる。住居を売却する自治体は、住宅ローンを提供する義務があった[18]。

「購入権 Right to Buy」と呼ばれるこの制度は、労働党の中核的支持者をターゲットにしていた。公営住宅の大部分が労働党政権下で建てられたもので、入居者は忠実な労組系有権者だった。購入権に関する法律が議会で制定されて二年半後の一九八三年の春までに、イングランドだけでも二七万四六五〇軒の公営住宅入居者がマイホームを手に入れていた。世論調査によれば、一九七九年に労働党に投票した後マイホームを購入した有権者の五九パーセントが、次は労働党には投票しなかったことがわかっている。購入権は、庶民に理解できるレベルでおこなわれた民営化だった。これが一般市民の支援を集めながら前進していくにつれ、国有企業を民営化するうえでの政治的障害は取り去られていった[19]。

国有企業の民営化は、一九七九年には斬新なアイデアではなかった。ウィンストン・チャーチル率いる保守党政権は製鉄公社を一九五〇年代初頭に民間に売却したし、ドイツではコンラート・アデナウアー首相の政権がフォルクスワーゲン株の大半を一九六一年に公募で売却している。「民営化」という言葉はナチスドイツで生まれたが、第二次世界大戦後はあまり広く使われていなかった。一九七九年の選挙運動時、保守党のマニフェストはその言葉を使うこと自体避けていたのだ。保守党の政治家ナイジェル・ローソンが一九七九年五月に大蔵省高官の職を与えられたとき、彼の職務が「民営化」ではなく「資産の処分」という言葉で定義されたことからもわかるように、「民営化」という言葉は扇動的過ぎるとみなされていた。

その同じ月におこなわれた新政権最初の予算に関する演説で、ジェフリー・ハウは「資産の売却」に、「公的部門の規模を縮小する」方法として言及した。だが彼が発表した唯一の政策は、政府が五一パーセントを所有するブリティッシュ・ペトロリアム（BP）の持ち分を、ほんの少し縮小することだけだった。BPは当時すでにロンドン証券取引所で売買されていた。サッチャーは「民営化」という言葉を使うことをためらわなかった。民営化を追求するために八名からなる内閣の小委員会を設立し、新政権発足から二カ月経つか経たないかの一九七九年七月一九日までに、ローソンは製鉄公社から全国バス会社まで、売却できるかもしれない資産をリストアップしていた。そのうち、完全に売却されることになっていたのは国有貨物輸送公社のみで、政府は「従業員を納得させるため」、ほかの企業については共同所有を選んだ。[20]

サッチャーの狙いの壮大さが初めて明らかになったのは一九八〇年八月、ローソンがロンドンでおこなったスピーチで、政府は「国有産業の大々的な民営化政策に乗り出した」と発表したときだった。それでも、移行はゆっくりとしかおこなわれず、ブリティッシュ・テレコムや全国石炭庁のような独占企業ではなく、競争市場で稼働する企業の政府持ち株が売却されていった。リドリー報告書が示唆したように保守党は水面下で活動し、国有企業のあまり知られていない事業を閉鎖したり、大規模事業体から物議をかもさずに売却できそうな小さな事業を切り出したりした。そうした努力にもかかわらず、政府の戦略は強い反対に遭った。全国石炭庁が一九八一年二月に赤字経営の地下炭鉱二三カ所を閉鎖することを提案したときも、炭鉱労働者全国組合は全国二四万人の炭鉱労働者にストライキをさせると脅しをかけた。サッチャーはすぐさま譲歩し、炭鉱の補助金を復活させ、輸入を制限して利用者がイギリス産の石炭以外に選択肢を持てないようにした。政府がまだ備えのできていないうちにストライキを起こさせる危険は冒せなかったのだ。一九八一年九月にローソンをエネルギー庁長官に任命したとき、彼女はこう言った。「ナイジェル、炭鉱のストライキを起こさせるわけにはいきません(21)」

一九八三年六月に次の総選挙がおこなわれるまでに、公営住宅の売却を除く民営化はたったの二〇億ポンドしか利益を出していなかった。保守党は、産業の民営化を選挙の論点にはしないことに決める。一方、公営住宅の売却は、何十万人もの労働者階級の有権者の支持を集めた。それに加えて一九八二年のフォークランド島におけるアルゼンチンとの闘いでのイギリスの勝利、さらに労働党の分裂もあって、保守党は決定的な勝利を勝ち取り、サッチャーはイギリス経済の改革に積極的に乗り出すことができるようになった。

サッチャーは、労働組合の弱体化と民営化とを直接結びつけて考えていた。彼女はイギリスの二大経済問題として、しばしば「独占国有産業」と「独占労働組合」を挙げている。サッチャーにとって幸運なことに、彼女の敵は実に典型的な人物だった。ヨークシャーの炭鉱労働者で過激派のアーサー・スカーギルは、一九八二年に全国炭鉱労働組合の委員長となった。赤字炭鉱の閉鎖を食い止め、組合員のために高い賃金を勝ち取るためにいつでもストライキを起こそうというスカーギルの態度は、万人の知るところだった。彼は一九八二年と一九八三年に三度ストライキを呼びかけたが、組合員の賛同を得ることに失敗していた。政府はまずは石炭の備蓄をし、その後ほかの組合との関係を改善し、選挙から三カ月後には全国石炭庁長官にイアン・マクレガーを指名した。スコットランド生まれの投資銀行家で長年アメリカに住んでいたマクレガーは国有のブリティッシュ・スチールの経営から身を引いたばかりだったが、そこでは一四週間にわたるストライキを乗り切り、従業員を半減させることに成功していた。

マクレガーが全国石炭庁の責任者に任命されたのはスカーギルに対するあからさまな挑戦だったが、彼はその挑戦を受けて立った。一〇月、鉱山労働者組合は残業を禁止し、これ以上の炭鉱閉鎖を一切拒否すると発表した。一九八四年三月六日、全国石炭庁は二〇カ所の炭鉱を閉鎖することを発表する。これにより二万人の仕事が失われるはずだった。複数の炭坑で労働者が仕事を放棄し、三月一二日、組合投票をおこなわずして、スカーギルは全国規模のストライキを決定した。[22]

炭鉱労働者のストライキは、サッチャーの首相としての身分が保証されるかどうかが決まる瞬間だった。全国炭鉱労働組合は「内なる敵」だ、と彼女は国会で訴えた。それ以前からスト破りをした炭鉱労働者に対する暴力やスト破りをした労働者を職場へ運んだタクシー運転手の殺害などがあったため、世論は反労組に傾いていた。サッチャーは、慎重な準備とほんの少しの幸運のおかげで勝利を収めたのだ。スカーギルを毛嫌いする炭鉱労働者たちは仕事を続け、一部の発電所は燃料を石炭から石油に切り替え、稼働している炭鉱で組合が積み上げた障害物を大人数の警察が撤去した。一九八四―八五年の冬、明かりが消えることはなかった。そして一九八五年三月には、炭鉱労働者たちはストライキを中止した。イギリスでもっとも強力な労働組合が征服されたのだ。ストライキが始まったころは、全国石炭庁は一七〇の鉱山を運営していたが、その五年以内に半分以上が閉鎖され、七万九〇〇〇人分の職が手厚い補助金とともに消えることになった。[23]

炭鉱労働者に立ち向かったサッチャーの人気はイギリス産業の大規模な民営化に道を開き、スカーギルの敗北は戦場から強力な敵を排除した。炭鉱労働者のストライキが始まって間もない一九八四年五月、国有のブリティッシュ・ガスは陸上の油田に持っていた持ち分の半分を売却した。その二カ月後、同社が北海に所有し、エンタープライズ・オイルに組みこまれていた油田がロンドン証券取引所に上場する。八月には自動車メーカーのジャガーが継続企業の前提で売却された。一二月になるとブリティッシュ・テレコムの五一パーセントが売却されて三九億ポンドを売り上げたが、これはそれまでのイギリスで発行されたどの株式と比べても六倍の金額だった。造船所も、一九八五年を皮切りに次から次へと売りに出される。ブリティッシュ・ガスは一九八六年一二月に上場を果たし、五四億ポンドの値がついた。その翌年、政府はブリティッシュ・エアウェイズ、ロールスロイス、そしてイギリスの主要な空港の大部分を運営していたイギリス空港公社も手放した。ブリティッシュ・スチールは一九八八年に民営化され、水道と電力もあとに続く。一九八〇年代の終わりまでには国有企業の規模はだいぶ縮小され、各業界への何十億ポンドもの補助金が予算から削られた。政府は、人口の五分の一にあたる一〇〇〇万人が新たに民営化された企業の株を取得し、株主になった、と豪語することができた。[24]

英国内では、個別の民営化の詳細については激しい議論が交わされることになる。批判者は政府が株式をあまりにも安く売りすぎたために最大限の利益を得ることに失敗したと指摘し、国有の独占事業が経済的な利益もなく民間の独占事業に置き換わっただけだ、一部の企業経営者は企業が民営化されたときに不当な利益を手にしたと批判した。一部の民営化は、サッチャーが一九九〇年に退陣したあとにも実施された。八カ所の原子力発電所を運営していたブリティッシュ・エナジーと列車が使うインフラを所有していたレイルトラックの売却は大失敗で、多額の救済措置を要した。もっともやっかいだった民営化は、おそらく国有のイギリス国鉄が提供していた赤字のサービスを、国からの補助金を受ける民間企業にフランチャイズ化したときのものだっただろう。この民営化もやはり失敗して赤字になり、最終的には政府にフランチャイズ権を返還した。「民営化」された企業の新たな事業者が、実はほかのヨーロッパ政府が所有する企業だったという皮肉な事例は見過ごされていた。(25)

一部の国有企業は、民営化によって劇的に変化した。堅苦しくて古臭いブリティッシュ・テレコムは民営化して間もなく、新たな競争相手と対決しながらも国有時代に稼いだことがないほど高い投資資本利益率を叩き出すようになった。新しい環境になじむのに苦労した企業もある。ロールスロイスの労働生産性は一九八七年の売却後に急落し、利益も感心できたものではなかった。民営化の奇跡的な効果に対して無差別に批判を浴びせるのは間違っている。民営化企業の実績は、明らかに玉石混交だからだ。(26)

議論の余地がないのは、民営化がイギリス経済の強制的な再構築につながったという点だ。そのもっとも熱狂的な擁護者で自由市場寄りのシンクタンクの責任者マドセン・ピリは、一九八八年にこう熱弁をふるった。「イギリスの民営化政策はおそらく、ヘンリー八世下での修道会の解体以来最大の権力と財産の移行だった」。国有事業の役割が徐々に消えていくなか、六五万人の労働者が国の雇用から強制的に民間経済へと移された。税金を財源とする補助金を奪われた産業分野は、大手企業が赤字事業を閉鎖していく過程で急速に縮小していく。一九七九年には労働力の三〇パーセントを採用していた製造業の雇用は、イギリスがはっきりとサービス経済へ移行していくサッチャー政権下で二二パーセントにまで減っていた。炭鉱組合以外の労働組合も力を失い、労働法の変化によって弱体化しただけでなく、一世紀以上にわたって組合の基盤を形成してきた産業の急激な崩壊によっても弱体化していた。一九七九年には、イギリスの労働者の五四パーセントが組合員だった。わずか八年後、組合は全体で三〇〇万人近い組合員を失い、その数字は四二パーセントにまで減っていた。(27)

民営化は、あまり耳にしないが非常に深淵な変化にも道を開いた。サッチャー政権に促され、地方政府はそれまで公共サービスと思われていた事業を次々と入札にかけた。近所の運動場でクリケットをしようと思ったら芝生を刈りこむ民間業者に数ポンド払わなければならなかったし、住宅支援を申請したかったら地元政府が業務委託した会社に申し立てをおこなわなければならなかった。民間業者がイギリスのゴミを回収し、不法入国者を投獄した。市場原理は学校や公共交通機関にまで入りこんでいった。もっとも、ロンドン地下鉄は最終的には地下鉄《チューブ》の一部を民間事業者に明け渡すという破滅的な決断を撤回せざるを得なくなったが。サッチャーと支持者たちがあれほどまで熱烈に願ったとおり、起業家精神と民間事業、リスクをいとわない冒険心に対するこの国の長年にわたる猜疑心は、市場に対する強い信念に道を譲った。保守党政権が一八年間続いたあとで一九九七年に労働党がようやく議会の支配権を取り戻したとき、社会主義のわずかな痕跡を拭い去ったのはトニー・ブレア率いる「新生労働党《ニュー・レイバー》」だった。

サッチャリズムの核となっていたのは、実は切羽詰まった動きだった。経済の失策に対する土壇場の抵抗だったのだ。一九七〇年代の不遇な傾向が手つかずのままあと一〇年続いていた場合に比べれば、結果的には間違いなくイギリスをずっとましな状態にしてくれた。個人的資質という観点からは、彼女の率直さ、考えていることをそのまま口にしたがる彼女の性格、そして目の前に立ちふさがる障害物や敵をブルドーザーのように押しのけるやりかたは、礼節を重んじて直接対決を避ける傾向がある人々が大半を占める国では当惑のもとだった。だがサッチャーの生まれながらの楽観主義、そしてイギリスが再び自力で活力と繁栄を取り戻せるという確固たる信念には、伝染性があった。サッチャリズムは、経済停滞が避けられないと思いこんでいた国には気付け薬のようなものだった。「明白な事実は、イギリス経済が生まれ変わったということだ」。当時の大蔵大臣ナイジェル・ローソンは、一九八八年にこう宣言した。[28]

だが、経済的な観点から見れば、サッチャーの業績は輝かしいとはとても言えない。一九七九年から一九八一年に実施された最初のマネタリスト的実験は、あらゆる側面から見て大失敗だった。一九八一年には突然の方針変更で状況が改善し、イギリス経済はほかの西欧諸国を抜き去って成長したが、それでも上昇傾向からは程遠かった。世界的水準に比べればインフレ率はまだ高いままだったし、一九七九年から一九八九年の間の消費者物価は年率七・五パーセントと、イタリアを除くほかのどの主要経済国よりも高かった。サッチャーが政権に就いてから九年近く経った一九八八年の冬になるまで、イギリスの工場は彼女がダウニング街に入居したときと同じほどの生産量を取り戻せなかった。イギリスの瀕死だった生産性の伸びをサッチャーが復活させたと言い切ることもできない。彼女が在任していた一一年間の労働生産性の伸びは、それ以前の一〇年間と比べるとずっと遅かった。一九八〇年代後半の数年にわたる堅調な成長は数年の経済不振に続いて起こったのだが、保守党がイギリス経済に頑健さを取り戻したと単純に考えるのは間違っている。[29]

なかには、サッチャーの政策で得をしたイギリス人もいる。一〇〇万を超える労働者階級の家族は「購入権」のおかげでマイホームを持つチャンスを手に入れた。ただし、そのために自分たちの収入以上の金額が必要になると知って、買った家を売却した者も相当数いたが。資本を持つ者はより投資しやすい環境で成功を収め、起業を考える者は国がにわかに起業家精神に関心を覚え始めたために道が開けた。そのころ、スコットランドの東海岸と北部の島々も北海の石油を掘削し、加工し、輸送するための労働力需要が高まったために潤っていた。だがイングランド中部と北部の工業都市や炭鉱都市では、雇用に関するサッチャーの政策は壊滅的な結果をもたらした。失業給付金に申し込んだ人の数は一九七九年五月のサッチャー当選時には一一〇万人だったが、一九八一年初頭には二〇〇万人、そして一九八五年秋には三〇〇万人に達し、そこでようやく減り始めた。一九八〇年代、イギリスはほかのどの主要な高所得国よりも高い失業率を記録している。失業問題があまりにも深刻だったので、サッチャーの個人的な最優先事項だった政府支出と税金の引き下げは放棄されてしまった。失業者の数が膨大になったため、社会給付支出を削減することは不可能になり、サッチャーはそのための努力も諦めてしまった。[30]

イギリスの失業率が一九八〇年代後半に急激に減り始め、一九八六年の三三〇万人からサッチャーが辞任する一九九〇年までに半減していたという事実は、彼女の政策が停滞していたイギリス経済の目を覚まさせた証拠とみなされることが多い。だが、失業率の数字だけでは全体は見えてこない。サッチャー政権は失業給付金にたびたび変更を加えたが、合計一七回にもわたるその変更は、失業保険の受給者を減らすための意図的な努力だった。このおかげで、新しい雇用が不足しているにもかかわらず、公式な数字が引き下げられたのだ。

さらに、一九八〇年代後半からは、失業率をあからさまに引き下げようとして、サッチャー政権は失業者に疾病手当や傷病手当の資格を与えるよう医療機関に促した。そうすれば、もう失業者とはみなされなくなるからだ。障害のために働けない人の数は一九八五年から一九九〇年の間に四〇パーセント増加し、失業給付手当名簿から四〇万人の労働者を削除した。サッチャーが政権に就く二年前の一九七七年、政府による調査によって、五九歳の女性のうち四パーセントが長い病気のせいで働く能力が制限されていることが明らかになった。一九八七年には、失業率低下が報告され、その年代の女性の二一パーセントが働けないほどの障害を伴う病気を患っていることになっている。障害と失業のあいだで、膨大な数の国民が労働力から外れていった。サッチャーが一九七九年に首相に就任したときには、五五歳から六四歳の男性のうち一〇人に八人が働いていた。彼女が辞任したときは、それが一〇人のうち六人に減っていた。残りは、仕事を探すこと自体諦めてしまっていたのだ。[31]

サッチャーは、秘密の方程式を知っていたわけではない。彼女の政策は、イギリスの一見瀕死の経済を一九八〇年代後半に復活させたとしてかなりの称賛を受けた。だが一九七九年から一九九〇年までの在職期間にわたり、経済は彼女が首相になる前の一〇年と同じくらいのスピードで成長しただけだ。失業者の長い列がサッチャー就任時よりも短くなるのは二〇〇〇年の秋になってようやくで、黄金時代の衰え始めていた数カ月と同じくらいその列が短くなることは二度となかった。だが、サッチャーの経済的成功の記録に多少の汚点があったとしても、その強い信念と断固たる決意は、彼女の考え方に反対した人々の中からも崇拝者が出たほどだった。サッチャーと同時代にフランスの大統領を務めたフランソワ・ミッテランの言葉を借りれば、「彼女は敵だったが、少なくともビジョンを持っていた」。そのビジョンは、ミッテラン自身をも動かすほどの強い影響力を持っていたのだった。[32]

第12章　社会主義最後の抵抗

スウェーデンで社会民主党が敗北を喫し、イギリスの有権者がマーガレット・サッチャーを選んだあとの一九八一年一月におこなわれたロナルド・レーガンの大統領就任式は、「小さな政府」というイデオロギーの勝利を裏付けるかのような出来事だった。だが実際には、どの国の誰一人として、福祉国家を解体したくなどはなかった。老齢年金や安価な医療は、どこへ行っても大人気だったのだ。保守派の反応の原動力となったのは社会給付を減らしたいという願望ではなく、政府のでしゃばりを減らしたいという思いだった。急速な経済成長を取り戻すための道は政府の縮小以外にないという主張が、その根拠の大部分を占めていた。

だが、フランスの有権者の見方は違っていた。ほかの国は経済復興の期待を市場原理や民間の起業家たちの野心的意欲にかけるかもしれないが、フランスではさかのぼること三世紀、ルイ一四世の時代から続いてきたままに政府が道を示すのだ。一九八一年五月、フランスの有権者は四半世紀にわたった保守派の支配に終止符を打った。社会党のフランソワ・ミッテランが大統領としてエリゼ宮に入居し、すぐさま新たな議会選挙を要求する。社会党とそれに同調する政党が五七パーセントという圧倒的な得票率で勝利し、ミッテランは国民議会の過半数を獲得したうえ、社会主義の方向へと劇的な経済改革をおこなう後ろ盾を手に入れた。

ミッテランは、フランスの政界では新顔などではなかった。第一次世界大戦中にフランス南西部の小さな町で比較的ゆとりのある家庭に生まれた彼は、保守的なカトリックのしつけを受けて育った。一七歳になるとパリに移り、ヨーロッパ中で「シアンス・ポ」として知れ渡っている名門大学、パリ政治学院に入学した。そこで物議をかもすカトリック系の運動組織「火の十字団」に政治的拠り所を見出す。この組織はもともとナショナリストとキリスト教社会主義者の集まりだった。何十年も経って、いまだに歴史学者たちは、「火の十字団」と、その後継組織で一九四〇年までには一〇〇万人以上の党員を誇っていた「フランス社会党」〔現在の社会党とは無関係〕が、フランスにおけるファシズムの先駆けだったのか、それともほかの極右フランス組織よりもオープンで進歩的な組織だったのか、を議論している。

軍隊に召集されたミッテランは、一九四〇年に負傷してドイツ軍の捕虜となった。一八カ月後、彼は戦争捕虜収容所から脱走し、敵国協力者だったヴィシー政府が支配しているものの、ドイツには直接占領されていなかったフランス南部へと逃れる。ヴィシー政府で退役軍人問題に携わっていた間、彼はドイツ軍を攻撃するレジスタンス運動を組織し、フランス全土に警護隊を作る手助けをした。逃亡の身で自由フランス政府を率いた陸軍大将シャルル・ド・ゴールと親交を深め、一九四四年八月にはパリ解放運動に加わる。強いナショナリストで激しい反共産主義者だったド・ゴールは、一九四六年に退陣するまで戦後初のフランス政府を率いていた。将軍は政治に関しては初心者だった。断行を好む彼の性格は、その後の一〇数年で一六人の異なる男たちが率いる二一もの政権を経ることになる不安定で扱いにくい政治体制には不向きだった。

戦後、ミッテランは人生のすべてを政治に捧げた。一九四七年に中道政党の候補者として国民議会に選出された彼は、三一歳の若さで退役軍人問題担当の大臣に任命された。大臣として一一以上の職を歴任することになる彼の、これが最初の職務だった。一九五三年には、党の代表を務める。当時の差し迫った問題と言えば、フランスが数多く所有する海外の領地の未来だった。一九五四年から一九五七年の間は内務大臣、そして法務大臣を務めていた彼は、当時フランスの一部だったアルジェリアの独立運動に対するフランス政府の厳しい、だが最終的には失敗に終わる抑圧政策の形成に深くかかわっていた。

ド・ゴールは一九五八年に政界に戻り、非常権限で統治したが、フランスの有権者は、強力な大統領制によって不安定な政治に終止符を打つことを目的とした新憲法を承認することになる。ド・ゴールの一見独裁主義的な態度を警戒し、ミッテランがド・ゴール最大の批判者として出現する。だがミッテランの批判もむなしく、一九五九年、ド・ゴールは新憲法のもとで大統領に選出された。一九六五年に将軍が二期目を狙ったときには、ミッテランが対抗勢力の最有力候補として立つ。横柄な態度の将軍より二〇センチ以上身長が低く、角ばったあごに薄くなりかけた頭のミッテランは庶民の味方としてのイメージをアピールし、二人の決選投票で予想外に四五パーセントの票を獲得。フランス左派でもっとも人気のある政治家としての地位を確立した。

警察と学生との衝突がパリの街中で毎晩のように繰り広げられていた一九六八年の政治的混乱の最中、ミッテランはフランスの強力な共産党に代わる民主的な選択肢として社会党を立ち上げるため、裏で糸を引いていくつかの合併を実現させた。ミッテランのこの裏操作によって一部関係者が感情を害し、ド・ゴール退陣後の一九六九年の選挙では、彼は候補に推薦されなかった。だが、これが結果的には吉と出る。社会主義政党が惨憺たる結果を残し、ミッテランほど幅広い人気を得られる左派の政治家がほかにいないことがかなりはっきりと示されたのだ。五年後、ミッテラン二度目の大統領選への挑戦で、彼は前財務大臣ヴァレリー・ジスカール・デスタンをあと一歩で破るところまでいった。

フランス経済を支える基盤が内部崩壊しようとしていたまさにそのときに大統領選に勝利したのは、ジスカールにとっては不運なことだった。一八八センチ近い堂々とした体格のジスカールは、自らをごく普通の人間としてアピールしようとした。だがリムジンを下りて通りにいる人々と触れ合うなどの努力もむなしく、彼には貴族階級のイメージがついてまわった。元来学者肌の中道派だったジスカールは、フランスの基準で言えば市場原理に同調する、民間企業のニーズに同情的な人物だった。ブレトン・ウッズ協定が崩壊しつつあった一九六九年から一九七四年の間、財務大臣を務めてもいる。ジスカールは任期の間に次から次へと外貨危機に対処し続け、その経験が一九七四年にフランス経済が直面した危機を理解する土台に大きな影響を与えた。彼によれば、石油価格の高騰を別として、経済危機の主な原因はアメリカによるベトナム戦争だった。この戦争のためにアメリカは一九六〇年代後半に大きな財政赤字を抱え、政府の借り入れ需要が金利を押し上げ、外貨を引き寄せた。アメリカに投資するためにドル需要が高まったことが、世界の経済的秩序を混沌に陥れた外貨市場の混乱を引き起こしたのだ、とジスカールは考えた。彼の意見では、経済の安定を取り戻すためには、為替レートを再び安定化させる必要があった(1)。

ジスカールは、フランスの大統領があまり権限を持たない国際経済問題に注力した。このため、彼は国内問題、なかでもとくに差し迫っていた重工業の強制的再編問題を無視することができた。フランス経済は大規模な工場団地を中心に形成されていた。ドイツ国境に近いロレーヌのサシロールという製鉄会社や、パリの南西に位置する国有自動車会社ルノーなどがそうだ。こうした工業の旗艦企業は、肥大化した従業員数と攻撃的な組合で知られていた。フランスの法律ではひとつの職場に複数の労働組合を作ることができ、競合する組合が従業員の気を引こうと、職を減らしそうな近代化の計画をことごとく阻止していた。一九七三年以降の景気停滞で製品の需要が落ちこむと、これらの巨大な工場は厄介者となり、国からのふんだんな補助金がなければ存続できないようになっていく。解雇が事実上不可能に近い状況で、工場が人員を削減できる唯一の方法は退職するためのインセンティブを提供し、人が辞めたあとの補充をしないことぐらいだった。製造業での新規採用は激減し、減ったのはほとんどが大規模工場だった。この痛みを一番強く感じたのが、積極的に採用してくれる企業を見つけられなかった中卒の若者たちだった。(2)

フランスの工業大手の減衰は、病んだ経済特有の症状だった。工場設備やその他の固定資産への投資は、ジスカール政権の間に沈滞していた。欧州経済共同体は西欧内での貿易に関して関税や数多くの規制を撤廃していたので、リールやボルドーで製品を売りたい企業は、ドイツやベルギーの二倍から三倍もインフレ率が高い国に販売店を作らなくても商売ができた。こうして利益は低迷し、フランス国内で操業していた企業は投資や研究開発を抑え、それがフランスの未来を暗くしていった。

もっと積極果敢な指導者なら、起業家が会社を立ち上げたり、景況が変わった時に雇用主が従業員を解雇したりするのをあれほど難しくした複雑な規則や規制に切りこもうとしたかもしれない。だが、ジスカールはマーガレット・サッチャーとはまったく違っていた。大規模な政府出資のプロジェクトや国有産業は、フランスでは右派や左派といった問題ではなかった。すべての主要な政治思想が、高い教育を受けた十分な知識がある国家官僚が経済を指揮する「国家主導主義《ディリジスム》」に傾倒していたのだ。ジスカールは自らを、変化を好む保守派だと描写したものの、彼はフランス初の高速鉄道や石油への依存を減らすためのいくつもの原子力発電所、そしてフランスの何百万もの家庭に導入された画像と文字の送信システム「ミニテル」における国の関与には異常なほど乗り気だった。こうしたプロジェクトが先進技術の先駆者としてのフランスの名声を高めたわけだが、雇用の促進にはほとんど役に立たなかった。フランスの労働年齢人口は一九七四年から一九八一年の間に毎年一パーセント近く上がったが、働く人の数はほとんど増えなかった。一九八一年までに一七五万人の労働者が失業しており、すべての若いフランス人労働者に仕事もしくは研修を保証するという大統領の約束は、うつろに響くだけだった。[3]

ジスカールの無力さが、ミッテランに門戸を開いた。一九七〇年代、ミッテランはゆっくりと左へ方向転換しながら、社会党を共産党とのゆるやかな連立へと持ちこんだ。フランスの政界における長い経歴にもかかわらず、彼は一九八一年の選挙運動時には無党派のイメージを構築し、極刑に反対し、自らの政権では共産党を締め出すことを拒否した。共産党はこのころ、だいたい一五―二〇パーセントの得票率を誇っていた。大多数が極刑を支持し、共産党に不信感を抱いていたはずの有権者が、ミッテランに魅了される。一九八一年五月、経済が停滞して失業率が七パーセントに迫り、フランが通貨市場で猛攻を受け、インフレ率が二桁台で高止まりする中、国民は記録的な投票率で社会党にチャンスを与えた。[4]

中道右派から中道左派への時間をかけた移行の間、ミッテランは経済について考えることはほとんどなかった。彼が歴任した数々の大臣職で経済問題を扱うものはひとつとしてなく、国民議会では野党の代議士として、彼の注意は主に党内問題に向けられていた。ミッテランと彼の主席経済顧問ジャック・アタリはカール・マルクスに口先だけの賛同を示す。社会党が選挙で勝ちたかったら、まだマルクスの教義に対する愛情を棄てていなかった共産党支持者を引きこむしかなかったからだ。だが、彼らの見解では経済危機の元凶は利潤の低減で、それが企業に値上げをさせ、雇用を縮小させていたのだった。[5]

一九七五年、アタリは雇用創出のために幅広い政策を提案した。大人数の従業員を採用する可能性が一番高い労働集約型の産業への補助金。資本集約型の産業が従業員を機械で置き換える代わりにもっと人員を活用することを促す課税。国が雇用や投資の判断を直接管理できるようにする企業国有化。雇用主がひとつの仕事をこなすのにもっと多くの従業員を雇うようにする週間労働時間の段階的短縮。こうした政策は、経済の仕組みに対する情けないほど甘い考えを反映していた。たとえば、労働集約型の産業に補助金を出せば、労働と資本投資をもっと生産性の高い産業へと移行させる代わりに、低い生産性と技能の低いメーカーが守られるだけになってしまう。資本集約型の産業に課税すれば、賃金の高いフランスのような国で成功する可能性がもっとも高い企業が痛手をこうむってしまう。このような政策は、投資家がフランスでの事業に資金を出したくなるようなものではなかった。

だが時を経て、急速な技術変化と激しい世界的競争にフランスが順応できるかどうかを心配するうちに、アタリの考え方は成熟していった。フランス政府とフランス経済両方の極端な集中化に対して懐疑的になっていったのだ。主要産業に対するより大きな政府統制は擁護し続けたものの――これは社会党の役人にとっては、ほとんど義務とも言える考え方だった――アタリはそれまで何十年にもわたってパリが担ってきた多くの機能を、地方政府が引き受けるべきだと訴えた。社会党の一九八一年の選挙綱領は共産主義者の票を集めると同時に中道派の有権者をジスカールの連立政権から引き離すことを目的に作られたものだったが、比較的オーソドックスな社会主義的な内容だった。重工業の国有化、富裕層に対する新たな課税、一五万人分の公務員職の創出、大規模な公共事業、最低賃金の引き上げ、すべての労働者に五週間の有給休暇、そして子どものいる世帯にもっと大きな補助金を訴えたのだ。[6]

政策一般を承認したミッテランは、細かいことにはこだわらなかった。政府の公式発表が持つ政治的意味合いには細心の注意を払ったが、政策の形成となると外交に時間を割くほうを好み、為替レートや貿易、欧州経済共同体の将来についてほぼ途切れることなく続くサミットに出席した。エリゼ宮での会議は、最小限に抑えられた。大臣や顧問は提案を書面で提出するよう求められ、毎朝、彼は未処理トレイに入っている書類に目を通し、それぞれの提案が持つ政治的意味合いを検討し、書類の上部に「ウィ」か「ノン」、あるいは「既読」（これは「却下」の婉曲的表現だった）と書いた。選挙公約を実行する仕事は、ミッテランが首相に選んだピエール・モーロワに託された[7]。

ミッテランの票のおそらく四分の一程度を供給していた共産党は彼の内閣で四つの大臣職を占めており、社会党が公約を守るよう目を光らせていた。政府が年金や家族給付、住宅手当を増強し、建設プロジェクトに出資するために借入を増やした結果、公共支出は一九八二年には二七パーセントも急増した。この刺激剤で、経済は爆発的に成長する。インフレ調整後の一人当たり所得が一・七パーセント伸びたのだ。だがその明るい数字の影で、一九八二年のほとんどの経済指標はマイナスだった。住宅建設は崩壊状態、企業の設備投資はほとんど伸びなかった。失業率は急速に上がり続け、問題を著しく誤解した政府の反応が事態をさらに悪化させた。

フランスでは、西欧のほかの国と同様、失業率を説明するのは経済学者が言うところの「労働の塊」理論だった。この理論は、社会で果たされるべき仕事の量は固定されており、したがって失業率を減らす唯一の方法は今ある仕事を分担することだというものだった。これが、ミッテランの最初の政策に反映される。政府は退職年齢を六〇歳に引き下げ、高齢者を労働人口から締め出した。各雇用主が必要としている仕事の量は決まっており、一人が去れば一人がその穴を埋められるという前提に基づけば、これが若者に道を開くはずだった。五五歳になった従業員は、退職者を二五歳以下の若者で置き換えることに雇用主が同意すれば、賃金の八〇パーセントに相当する年金を受け取ることができた。通常の週間労働時間は四〇時間から三九時間に切り下げられ、一週間の労働日数も減らされた。減ったぶんの時間を、雇用主が労働者を増やして埋め合わせることを期待したのだ。同じ賃金で達成される仕事が減ることで企業が雇用をためらったり、若い労働者は彼らが置き換えるベテラン労働者のような技術がないために生産性が低かったりするかもしれないと

いう可能性は、一九八一年のフランスでは広く論じられることはなかった。(8)

ミッテランの政策でもっとも異論が多かったのが、民間企業の国有化だった。郵便事業、電話事業、それにフランス国有鉄道などの主要な企業がすでに国のものになっていて、社会党が政権を握ってからは、国から受けた融資を返済できなかった複数の民間企業も国有化されていた。一九八一年九月に導入された大きな国有化法案は工業大手五社と金融三八社の国有化を提案するもので、ガラスメーカーのサンゴバン、化学薬品メーカーのローヌ・プーラン、バンク・ロチルド、そしてフランス最有力の投資銀行パリバが含まれた。その多くは財政基盤が弱っていた。一部の企業にとっては、外国企業に買収される以外の唯一の選択肢が国有化という場合もあった。外国投資に懐疑的なこの国では、外資系による買収はかなり大胆な動きだったのだ。政府は、企業の発行済み株式の半分以上を取得すればそれだけで支配権を手に入れることができた。だが実際には一〇〇パーセントの所有権を求め、それによって納税者への負担を増やしたが、大手企業の完全国有化を好む共産主義者は満足させることができた。

社会党が大多数を占めていたにもかかわらず、国有化法案はすぐさま壁にぶつかる。主に保守派の少数野党が、一五〇〇件近い修正案を提案して国民議会での先延ばしを図ったのだ。上院が法案を二度否決し、施行はさらに遅れた。法案の合憲性を判断する憲法制定評議会は、民間の株主に対する補償の方法が不十分だとしてさらにコストを引き上げる。だが一九八二年初頭、選ばれた数々の企業はついに政府に手渡され、国はフランスの製鉄業の七九パーセント、基礎化学メーカーの五二パーセント、電子機器メーカーの四二パーセントを管理することになった。最終的に、国有企業はフランスの製造業のすべての価値を合計したうちの三分の一に加えて、金融部門はほぼすべてを占めるに至った。株主は自分が持っていた株の収用に費用を支払わなければならず、受け取った補償は現金ではなく、一五年をかけて清算される債券で支払われた。(9)

政府は、国有化された企業が独立事業体として運営されることを約束した。「判断や行動は完全に自由にできるべきだ」とミッテランは言った。だが完全な自由は企業がフランス国内の雇用を削減するかもしれないことを意味しており、政府がそのような判断を許すはずがなかった。コンピューターと電子機器メーカーのトムソン・ブラントがビデオレコーダー製造のために日本のJVCとの合弁を希望すると、産業省が反対する。そしてトムソンには日本ではなくドイツの競合他社と契約するよう命じた。ヨーロッパの会社なら、フランスの工場を操業し続けられる可能性が高いと期待してのことだった。産業省はさらに、半導体製造機器を作り続けるようにもトムソンに指示する。これは政府が国の先端技術の未来にとって半導体が必要不可欠だと判断したためで、そのうえで日本と競争して家庭用オーディオ機器も製造するよう迫った。産業省から見れば、トムソンはフランスの最大手企業だった。そのような企業の最優先事項は産業省が必要とみなした範囲でフランス経済を強化することであるべきで、納税者の投資に対する見返りを稼ぐことは二の次だった(10)。

自動車メーカーのルノーも政府の圧力を受け、増えすぎた人員を削減するのではなく、三五〇〇人の従業員を早期退職させて同じ人数を新規採用することに合意した。従業員の数を減らすことなど、問題外だった。ほかの企業も、唯一の株主である政府から頼んでもいない同様の助言を受ける。特定の製品に特化しなさい、問題を抱えるサプライヤー企業に融資をしなさい、政府の目から見て競争が激しすぎる製品からは撤退しなさい、といったような助言だ。政府は国有企業の労使交渉にも介入して、気前のいい賃上げや組合からの提案に対する無反論の承諾を促し、労働力の削減はいっそう難しくなった。国有銀行は、返済が可能かどうかにかかわらず国有産業に融資や資本投資をおこなうよう命じられる。それらが最終的にはすべて、フランスの納税者の負担となった。ある推計によれば、国有化の最初の三年間で、新たに国有化された産業は政府予算のおよそ四〇〇億ドルを吸い上げたとのことだ。そのうち黒字を出した企業は数少なく、財政赤字は膨れ上がった(11)。

国有化と新たに導入された富裕税が、投資家を不安にさせた。ミッテランは、フランを西ドイツのマルクと同じくらい強く維持することを最優先事項に掲げる。彼は当選後すぐに、「国が信頼を置いてくれたのに、その国の通貨の価値を引き下げるわけにはいかない」と謳い上げた。だが投資家が徴税官から財産を守ろうとフランスから手を引いてフランを売り払うと、フランの価値は当然下がってしまった。政府はこの急な通貨の動きに歯止めをかけるべく外貨の購入に制限をかけたが、それでも企業や富裕層がフランスフランをスイスフランに換えて利益をバーゼルやジュネーヴの銀行へとさらっていくのを止めることはできなかった。あまりにも多額の現金が国から流出したため、政府は一九八一年一〇月に通貨を切り下げるしかなくなり、ミッテランにとっては屈辱的なことに、六月にも再度切り下げを余儀なくされた。ミッテランの顧問の何人かは一九八二年八月にも三度目の切り下げを提案したが、このときはミッテランが拒否している。弱い通貨は、西ドイツに匹敵するヨーロッパの強国としてのフランスという彼のビジョンにふさわしくなかったのだ。彼は、フランを支え、経済を強化することができるほかの方法を訊いて回り始めた。

だが、社会党として容認可能な答えは得られなかった。政府の惜しみない超過支出が引き起こした経済の活性化は、一九八二年の後半までには当然の結末を迎えていた。雇用率が下がっても、インフレ率が下がらなかったのだ。悪い知らせしか耳にすることができず、社会党は論調を和らげて起業家を労働階級の搾取者としてではなく、雇用の創出者として語るようになった。大臣たちは、高い税金と社会保障の負担が利益を圧迫し、投資を減少させていると指摘した大手企業幹部との会話をひそかに再開する。政府は法人税率を引き下げ、小規模企業が新たな株式市場「セカンドマルシェ」に上場して株を売ることで資金を調達しやすくする政策を承認した。フランス産業の一番いいところを国有化したばかりの政権としては、考えられない動きだった。[12]

地方議会選で社会党が惨憺たる結果に終わった一九八三年三月、ミッテランは正統派社会党の時代は終わったと判断した。新しいアイデアを探すなかで、たった一週間のうちに首相候補を四人検討する。全員、問題を抱える経済に関して、ミッテランが手放してもいいと思える以上の権限を要求していた。ほかに容認可能な選択肢もなく、ミッテランはモーロワに続投を要請したが、経済問題については財務大臣のジャック・ドロールに完全裁量を与えた。

ドロールは、今こそ「厳格さ」が必要なときだと宣言した。これは、ドイツマルクに対してフランの安定性を維持することを最優先にする合図だった。政府は三月二一日にもう一度フランを切り下げ、まだフランスフランを保有していた不運な人々は一八カ月の間に国際購買力を三〇パーセントも失った。その後政府は支出削減と増税を組み合わせ、財政赤字を劇的に縮小させる政策を発表する。高額納税者は、前年の納税額に一〇パーセント上乗せされた金額を請求された。低所得者は、社会保障税の引き上げに直面する。フランス人観光客が海外に持ち出せるフランの額はかなり制限され、しかもクレジットカードも使えなくなった。アルコール、タバコ、ガソリン、電気の料金が上がる。政府が期待したのは、財政責任に対して新たに注力するようになったことで投資家が資金を海外に移すよりもフランを持ち続けるほうを選び、為替レートを安定させてくれることだった。だが、右派・左派双方の批判者の考えは違っていた。保守派は予想通り、富裕層に対する増税に反対する。左派は資本主義者の陰謀だと考えた。大統領自身の政党のナンバーツーの高官に飛んだ新たな指示は、「起業家や投資家、農民を優遇する古典的なデフレ政策」で、賃金労働者を脇に追いやるものだった。[13]

産業の国有化と富裕層への課税について、それ以上言及されることはなかった。「緊縮への移行」というこの新しい政策はインフレ対策を強化し、西ドイツマルクに対してフランを維持し、国有企業を民営化し、政府の赤字を削減させることに注力するものだった。資本主義的搾取や労働者の自己管理に関する議論は姿を消した。新しい議論は、「活力」と「近代化」を強調するものだった。「一カ月で起業が可能になる」とミッテランは一九八四年二月に豪語している。「三年前なら、六カ月かかったところだ」。フランスの産業の大部分を国有化し、銀行を乗っ取り、投資家が資金をフランス国内外に移動させられないよう締めつけをおこなってからたったの三年で、政府はフランス企業への外国からの投資を歓迎し、金融市場の規制を緩和し、資金の移動に対する管理を排除した。ドロールとアタリの激励を受けた新生ミッテランは、伝統的なフランスの社会主義者というよりは、アメリカの民主主義者か西ドイツの社会民主党員のようだった。(14)

この新たな、そして奇妙な社会主義はなかなかフランス経済を回復させることができなかった。政治的反応はかなり否定的だった。一九八四年三月、何万人もの労働者が北はダンケルクから南はマルセイユまでの鉄鋼町で通りを埋め、製鉄業の三万人分の職を奪おうという政府の政策に抗議した。彼らは、ミッテランが一九八一年にした約束を当てつけがましく繰り返した。「製鉄業の国有化は、雇用を取り戻す槍の先端となるだろう」。フランスの左派は、思想的には企業の大幅な国有化を支持していた。イギリス、オランダ、ドイツで見られたような、社会主義者に政党の伝統的な政策を拒否させた浄化作用的議論は、フランスでは決して起こらなかった。長年社会党に投票してきた有権者たちはショックを受け、社会党と連立していた共産党はまだソヴィエト式の国有経済を支持していたため、激怒した。

ミッテランの国有化政策が悲惨な結末に終わり、共産主義という自分たちの思想が完全に信用を失った共産主義者たちは総崩れになり、フランスの政界ではごくわずかな存在感しか示せなくなった。ミッテランは大統領の座を守っていたが、雇用を創出して成長を回復しようと試みた二つのまったく異なる政策がいずれも失敗したため、有権者は一九八六年の国民議会では中道右派の連立政権を選んだ。フランスでは前例のない人材配置だったが、中道右派のパリ市長ジャック・シラクが、社会党の大統領の下で首相となったのだ。反社会党の票を分散させたのは一九八一年にシラクが大統領選に出馬した選挙で、このときジスカールは二度目の当選を阻止された。ほかの保守派の指導者ではなくシラクを首相に選ぶというミッテランの判断は、功を奏した。彼らの権力分担、フランス人が言うところの「共存《コアビタシオン》」によって、ミッテランは外交と防衛政策に対処する一方、シラクは国内問題に大きな権限を与えられることになった。

社会党が新たな道筋を描こうとしていた国は、フランスだけではなかった。非常によく似た奮闘がスペインでもおこなわれていて、それを率いていたのがミッテランより若い社会主義者の指導者、フェリペ・ゴンサレスだった。

スペインは地理的だけでなく、政治的にも経済的にもヨーロッパの端に位置していた。この国はもう四〇年近く、超保守派の軍人フランシスコ・フランコに支配されていた。フランコは民主的に選ばれた政府を一九三六年に転覆させようとして一度失敗したが、三年にわたる残忍な内戦を経て一九三九年には成功した。対外的に見れば、フランコは第二次世界大戦中もそのあとも、スペインをヨーロッパのほかの国々から切り離そうとしていた。国内的には、彼の政権は独裁的で、組合や知識人、その他フランコが伝統的なカトリックの価値観とみなすものを拒否するすべての人を抑圧した。スペインを混沌から救うために神が彼をつかわしたのだ、という信念すら、フランコが信じる価値観には含まれていた。フランコの保守主義は、彼を民間企業と自由市場の擁護者にはしなかった。それどころか、スペイン・ナショナリズムの名のもとに相当な規模の国有産業を発展させた。フランコ政権は化学工場からアルミ精錬所、ホテル、工芸品店まで、何百もの企業の株式をほとんど所有していた。その大部分が持ち株会社である国家産業公社を通じて管理され、同公社が大手産業を国中に分散させ、スペインでもっとも貧しい地域にも雇用を生むようにしていた。

この発展のモデルは、内戦の終わりから一九五〇年代後半までは惨憺たる結果しか生み出せていなかった。欧州経済共同体が西ヨーロッパのほかの地域をまとめ上げてより大きな、より繁栄できる市場を創り上げていても、スペインは壁の中に閉じこもっていた。スペイン人は基本的にはスペイン製のセアトという、ヨーロッパのほかの地域ではほとんど知られていない車に乗っていた。スペインの線路は軌間《ゲージ》がほかよりも広かったため、フランスとの間で貨物や乗客を行き来させるのも難しかった。フランコに自給自足経済を諦めさせ、観光のために国を開かせて観光客のマルクやフラン、ポンドを循環させてインフラや重工業に注ぎこめるよう変えさせたのは、切迫感にほかならなかった。この戦略は一九五九年から一九七四年の間、きわめて急激な経済成長の原動力となる。フランコが一九七五年に死去するころには、経済は失速していた。新たに復興された王政の下でフランコが遺した保守派政権は社会的安定を守るために、赤字工場の操業を続け、国有企業が不要な人員を削減することも阻止し続けた。

保守派に反対したのは、主にスペイン社会労働党だった。この政党の指導者たちは、逃亡していたフランスからフランコの死後帰国した人々だった。一九七九年、スペインの社会主義者たちは政党の古典的なマルクス主義の過去と決別する。逃亡先で何十年も過ごした内戦時代の指導者たちとフランコの長年にわたる支配の間に生まれた若い政治家たちとの間での苦々しい内輪もめを経て、同党は資本主義の搾取に対する攻撃と国有産業の支持ではフランコ後の民主的なスペインでの将来が見こめないと結論づけた。ゴンサレスは社会労働党を率いて、フランスの同胞たちが一九八三年に実行することになるものとよく似た方向転換をする。

そして自らを市場経済における福祉国家の支持者であり北ヨーロッパの社会民主政党の味方として位置づけしなおし、欧州共同体への参加を強く主張した。

若いスペイン人たちは、母国がようやく新生ヨーロッパの仲間入りすることを熱狂的に切望した。社会労働党の新たな中道政策は、ほかの政策なら同党を拒絶していたかもしれない中流階級の有権者に受け入れられた。経済が停滞する中、社会労働党は一九八二年一〇月に権力の座に押し上げられる。ゴンサレスは首相に就任し、八〇万人の雇用を生むべく、民間企業を後押しすると誓った。だが残念ながら、事態は社会労働党が計画したようには運ばなかった。当選から四カ月と経たないころ、一八の銀行と四〇〇の子会社を管理する持ち株会社のルマサが不正を働いているという告発によって、スペインの歴史上最大規模の国有化が行なわれることになった。ルマサはスペイン全体の経済生産高の一・八パーセントを占めていると主張していたが、その財政状況はあまりにも無秩序で、監査人が財務報告書に署名するのをたびたび拒否したほどだった。この企業が崩壊して六万人の職を奪うことを恐れ、ゴンサレス政権はルマサを政府の管理下に置いた。この動きはスペインの労働組合に称賛され、政府が計画していた経営難の製鉄産業の縮小と造船所の近代化、そして大規模な民営化政策の立ち上げなど、さらに多くの雇用を削減する政策に対する政治的な隠れ蓑となった。(15)

ミッテランの最初の政策だった正統派社会主義の一九八一年から一九八二年にかけてのごく短い幕間は、社会主義的考え方の転換点となった。スペインでも注視されていたフランスでの出来事は、工業と金融の国有化を含め、政府による強圧的な経済統制が奇跡を起こせないことを証明したように見えた。また、たとえフランスのような大きな経済強国であっても、投資家が為替レートや税制に対する批判を日々繰り広げる金融市場に服従せずに自らの進路を定めることはできないということも実証した。神聖なる社会主義的思考がもはや自由市場的思考に代わる実行可能な案を提供することができないのなら、社会主義者たちは新しい形の社会主義を構築しなければならない。経済回復が国営企業ではなく、民間事業から生まれる社会主義だ。競争を促進し、規制撤廃を推し進め、企業が利益を上げられるよう支援し、経済活動における政府の役割を減らしていくことはすべて、経済の活力を取り戻すための社会党の新たな処方箋だった。長年にわたって社会主義の熱烈な支持者だったフランソワ・ミッテランは、今度は市場原理が主要な役割を果たすより緊密な経済共同体へと欧州共同体を変革させるべく、ヘルムート・コールやマーガレット・サッチャーと手を組んだ。ミッテランはサッチャーのように組合嫌いではなかったし、福祉国家に対する嫌悪感も抱いていなかった。だがこと経済政策になると、一九八三年のサッチャーとミッテランの考え方はかなり似通っていた。[16]

ミッテランは頭ではそうした変化を支援していたが、一九八三年と一九八四年にはその変化を実際に推し進めるのに四苦八苦していた。国家機構があまりにも巨大すぎて、そう簡単には売り払えなかったのだ。フランス人労働者の約四人に一人が政府雇用で、国民所得の二八パーセントと輸出の三〇パーセントを生産していた。民営化は、一夜にして起こるものではなかった。

フェリペ・ゴンサレスは、もう少し有利な立場にあった。一九八五年、ゴンサレス政権はテクスティル・タラソナという目立たない会社に持っていた六九・六パーセントの株を売却した。そのあとすぐに、ワクチンメーカーと食品会社、そして科学薬品会社の四五パーセントの株式も売り払う。フランスとは違ってスペインでは外国への売却はタブーではなかった。政府が所有していた電子機器会社の支配権は、日本のメーカーへ。国有のボールベアリング工場は、スウェーデンの会社が買い上げた。一九八六年初頭にスペインが欧州共同体に加盟したことで、外国投資への扉はさらに大きく開かれることになる。スペイン産業の象徴とも言える自動車メーカー、セアトの七五パーセントはドイツのフォルクスワーゲンが購入した。電子機器メーカーのアンペルと電気・ガス会社のゲサは、再開されたマドリード証券取引所で一般公開によって売却された。この取引所はヨーロッパで一番熱い株式市場となっていた。長年孤立していたスペイン経済への外国投資は、二年間で四倍に膨れ上がる。スペインの社会主義者たちが国を縮小させていく過程で、アルミメーカー、ハチミツ生産会社、製紙会社が次々と譲渡されていった。(17)

スペインで民営化が始まってから二年以上経った一九八六年、フランスがスペインに追随する。シラクは国有企業の売却で名を残そうとしていた。ミッテランは横槍を入れなかった。少なくとも最初のうちは、民営化は国有企業の株式を公的機関に売却するにとどまっていた。企業はほかのフランス企業に売却することで簡単に民営化することはできなかった。大手工業会社を買えるほど規模の大きなフランス企業のほとんどが、そもそも政府所有だったからだ。それに、政治的配慮から、外国企業への売却は論外だった。株式公開がうまくいくかどうかもよくわからなかった。サッチャーはロンドン証券取引所で株式公開することで企業の民営化を実現できた。ロンドン証券取引所は世界最大規模でもっとも活発な取引所のひとつであり、大きな投資家基盤を持っていた。だがパリ証券取引所は小規模で、ミッテランの国有化政策が投資家を外国へ追い出してしまっていた。

投資家を探すには、想像力と市場知識が必要だった。最初の株式公開はサンゴバンのものだったが、中流階級の興味をかきたてようと、五〇株以下しか購入しない投資家には無料でおまけの株がついてきた。次に公開されたのはパリバ銀行の株で、華麗な装飾が施された銀行の正面玄関が開いて静まり返った廊下と豪奢な役員会議室が映し出され、男性ナレーターの声がいまやほぼ誰でもがこのような一流の空間に立ち入ることができるのだと語りかけるテレビコマーシャルが流された。「紳士淑女の皆様、貴方も近い将来、株主になる機会が手に入ります」。どちらの株式発行も十分な成功を収めたため、シラク政府はほかの企業も株式公開に踏み切る。テレビ局TF1、電器メーカーのコンパニー・ジェネラル・デレクトリシテ、そしてフランス最大級の銀行ソシエテ・ジェネラルが、一九八七年半ばまでに売却された。一九八六年から一九八八年の間に二二もの国有企業が民間の手に渡され、国庫に一二〇億ドルをもたらした。[18]

シラクは大急ぎで仕事を進めた。自分の政権が短命かもしれないとわかっていたからだ。一九八八年、彼はミッテランの対抗馬として大統領選に出馬する。ミッテランが圧倒的勝利を収め、国中のすべての地域でシラクより多くの票を獲得すると大統領はすぐさま、新たな議会選挙を要求した。一九七三年以来最良の年となった一九八八年、経済の回復にかなり助けられ、社会党は国民議会の支配権を取り戻した。民営化は中断する。あらたな社会党のモットーは「ニ・ニ」、直訳すれば「AでもなければBでもない」というもので、これ以上企業を売却することはしないが、民営化された企業を改めて国有化することもない、という意味だった。その後一九九〇年代に入って欧州連合が各国政府に対して国内経済の競争を促進しつつ財政赤字を減らすよう迫るまで、フランスはそれ以上国有企業を手放そうとしなかった。[19]

ミッテランの方針転換とフランス・スペイン両国における民営化の始まりは、国有資産の民営化に新たな正当性を与えた。国有財産の売却に対するマーガレット・サッチャーの熱意は、ほかの国からはかなり警戒をもって注視されていた。サッチャーは往々にして急進的な、よそでは受け入れられないほどの極端な保守派とみなされていたためだ。だがフランスの社会党とスペインの社会労働党が民営化を受け入れたのなら、この考えはそう極端でもないのかもしれない。西ドイツも自動車メーカーのフォルクスワーゲンや電力会社フェーバなどの企業に持っていた少数株を手放し始める。国有のオーストリア航空とオランダのKLMも売りに出された。フィンランド政府は製紙機械メーカーのバルメットを上場させた。そして、最大の取引が登場する。一九八七年二月、日本政府が、世界でも最大級の企業だった国有の独占企業、日本電信電話（NTT）の三回にわたる株式公開の第一回を開始したのだ。三回目の株式公開が完了した一九八八年一〇月までに、日本政府は八〇〇億ドル近くを売り上げていた。

民営化の波の結果を特徴づけるのは、そう簡単ではない。多くの企業は、国の支配から離れて、商業ベースで自由に経営されるようになって、大きな成功を収めた。一般的には、経済の教科書が述べるとおり、企業は民間所有のほうがうまくいく。経営者や従業員がより明確に定義された目標に向かって働いて株主のために利益を稼ぎ出すし、政府の金を使うよりも一般の株主の財産を扱うほうがより慎重になる傾向があるからだ。原則として、民間企業は政治家が方針を決定する国有企業よりも自由に不要な設備を閉鎖したり不要な従業員を解雇したりできる。そして多くの場合、民営化は政府が補助金にかける予算を削減しながら税収を増やすことができるため、納税者にとっては利益となる。

だが、このような一般的な特徴には数多くの例外がある。なかには、国有独占企業がただ民間独占企業に転換し、活発なアイデアもサービスの改善も提供せずにただ顧客からもっと金を吸い上げただけという場合もある。ほかにも、民営化された企業が市場の試練に耐えきれず、追加の補助金を要求したり再び国有化されたりした事例もある。政府の基本サービスを提供する民間企業は、社会的目標と直接的に利益相反する場合がある。民間の刑務所運営業者は、独房が空くとそのぶんの支払いが受け取れないとなれば、受刑者が仮釈放に適格ではないと報告するかもしれない。民営化がきちんと計画されていなかったら、投資家は約束を破って国に貧乏くじを引かせるかもしれない。イギリス国鉄のサービスを引きついだ企業の一部が一方的にフランチャイズを放棄し、事業を政府の手に押し返した例がそうだ。民営化を勧めるイデオロギーに反して、民間所有のほうがコストが低かったり効率がよかったりするという万国共通のルールは存在しない。実態はそうではない場合があまりにも多いからだ[20]。

フランスとスペインに関して言えば、民営化と経済の自由化は経済停滞を解決する魔法の薬とはなってくれなかった。ミッテランが大統領に就任する前年の一九八〇年、二二〇〇万人のフランス人男女が職を持っていた。かなり社会主義寄りの政策とかなり反社会主義の政策を同じ社会党の大統領が推し進めた結果、その数字は七年間変わることがなかった。労働人口に加わった女性の数は増えたが、その期間だけで五〇万人以上の男性労働者が職を失っている。フランスのメーカーの苦悩と、辞めた労働者の空けた穴を新規採用で埋めたがらない彼らの意向を反映した数字だった。一九七〇年代半ばまでは低かった失業率は、フランスの経済状況の永遠の特徴となった。

一方スペインでは、期待された起業家エネルギーの爆発はどこにも見られなかった。失業者の数は一九七五年から一九八七年の間は毎年増え続け、最終的にはスペイン人の五人に一人が失業中という事態になった。外資の流入が一九八六年以降に好況をもたらしたものの、雇用創出は起こらなかった。スペインは、先進国のなかでも飛び抜けて高い失業率を記録し続ける。フランスと同様にスペインでの出来事は、富裕国経済に悪影響を及ぼす経済停滞が理想によって突き動かされた解決策ではどうにもならないことを示した。国家統制主義的モデルがフランスでもスペインでも成長を復活させ、投資を誘引し、生活水準を引き上げることに失敗した一方、より市場志向の政策も効果があったとは言えなかった。どちらの方策も栄光の時代を取り戻せる現実的な可能性をもたらせず、どのような政府もそれだけの能力は持っていなかったのだ[21]。

第13章 アメリカに昇る朝日

一九七九年一〇月六日、ワシントンは肌寒い土曜日を迎えていた。次の月曜はコロンブス・デーの祝日で、ワシントンの役人のほとんどが連休で不在にしていた。残っていた人々の多くはマスコミと同様、カーター大統領と会うために法王として初めてホワイトハウスを訪れたローマ法王ヨハネ・パウロ二世の動向に注目していた。翌日には、国会議事堂前で野外ミサをおこなうことにもなっていた。誰もがよそに注意を向けているこの日ほど、連邦準備銀行で極秘の会合をおこなうのに適した日はなかっただろう。

その日の朝一〇時一〇分、中央銀行の最高意思決定者たちがFRBの華美な役員会議室に置かれた全長八メートルを超えるマホガニー製の円卓を囲んだ。雰囲気は重い。世界的好況が突然終わりを迎えてから六年、世界経済が正常に戻る気配はまだ見えなかった。一部の国では経済成長率が回復しつつあったが、インフレは手に負えないほど暴れまわっていて、アメリカを含む先進国の多くでは、消費者物価は二桁の勢いで上がっていた。一九七八年末には輸入原油一バレルに対して一五ドル支払っていたアメリカの精製所が九カ月後には二五ドル払っていたことを見てもわかるように、一九七九年一月のイラン革命に続いた石油価格の急騰は、製造と運輸に大混乱を引き起こしていた。アメリカ人が燃料に費やす合計金額は一九七九年の間に三割上昇し、ほかの物を買うのに使える金額が急激に少なくなり、それが転じて経済全体で雇用が失われていった。

FRBの会議参加者たちは全員、金融政策の実行を担当する二人のキャリア官僚から配られた文書に目を通していた。その文書の冒頭の文言は、不吉なものだった。「インフレ率は衰えを知らず、インフレ心理はますます投機圧力を生んでいるように思われる――外貨、日用品、金塊の市場などで」。その官僚が三週間前に配布していた直近の経済見通しは、マイナス成長だった。その年の最終四半期からは景気後退が始まり、失業率は一九八〇年末までに六パーセントから八・一パーセントまで上がるというものだったのだ。円卓を囲む全員が、九月一八日におこなわれた前回の会合が大失敗だったことを痛感していた。出席者のうち八人が、インフレ対策として金利の引き上げに票を投じていた。四人は、高い金利が経済状況を悪化させることを懸念して、反対票を投じた。FRBにはインフレに対する総力戦に突入する意志がないことを示唆する、この鋭く、きわめて一般的な意見の分断は、金融市場をパニックに陥れた。(1)

丸一日かけた議論の末、中央銀行総裁たちはある計画に合意した。議長のポール・ボルカーがその晩に開いた異例の記者会見で取材陣に語ったところによると、FRBは短期金利の調整で物価の安定を図るのをやめるとのことだった。代わりに、連邦準備システム内の何千という銀行が持つ準備金の総額に目をつけた。「準備金を重視し、準備金の仕組みを通じて通貨供給の成長を抑制することで、より短い期間で通貨供給の成長をしっかりと制御できるようになると考えている」とボルカーは訴えた。これがどういう意味なのか説明できるアメリカ人は、千人に一人もいなかっただろう。だが、FRBのすべての職員一人ひとりがつぶやく一言一句を詳細に分析するトレーダーたちが巣食うウォールストリートには、ボルカーの意図は伝わった。銀行の非借入準備金を合計するのは、国の通貨供給を測定する数多い手法のひとつなのだ。準備金を主な指

標とすることで、FRBは四カ月後にイングランド銀行もするように、マネタリズムを受け入れようとしたのだった。(2)

ボルカーも、彼以外のアメリカの中央銀行の政策決定者も、マネタリストが助言したとおりに通貨供給を機械的に制御することを心から信じていたわけではなかった。彼らはみな、自らの役割はデータと事例報告書を受け取り、それを精査して経済状況を評価し、金融政策を適宜調整することだと考えていた。のちに「ボルカー・ショック」として永遠に語り継がれることになる一〇月六日の発言は、FRBが非裁量的に毎月の調整をおこなえるようにするものに見えた。以降、中央銀行は、通貨供給がどの程度の速さで成長するべきかを制御する鉄則に縛られることになる。

だが、それは実はボルカーの真意ではなかった。金融政策を自動操縦に任せるように見せかけて、FRBはインフレを引き下げるという目標の前に立ちふさがる二つの政治的障害を取り除こうとしていたのだ。これで、FRBは有力なマネタリスト経済学者や彼らに同調する『ウォールストリート・ジャーナル』記者といった、もっとも厳しい批判者たちからの、FRBの一貫性のない政策に対する絶え間ない攻撃を鈍らせることを期待していた。万が一にも彼らのFRBバッシングが称賛に転じることがあれば、金融市場はインフレが下がると信じてくれるかもしれない。そうなれば金利も下がるだろうし、住宅ローンや事業融資の金利が下がれば、実際にインフレを下げることができるかもしれない。FRBはまた、この新たなスタンスがまず間違いなくやってくるであろう政治的攻撃から保護してくれることも期待していた。インフレは一二パーセントにも達しており、これは過去には戦時中の価格統制が撤廃されたときにしか起こらなかった値だった。このインフレを鎮静化させるには、アメリカがかつて経験したことのないほど高い金利が必要となる可能性が高かったのだ。

FRBが金利を政策目標としていることを公言し、短期金利を一五―二〇パーセントに引き上げると宣言したら、車のディーラーや建設現場の労働者、企業経営者たちが非難の声を上げ、激怒した国会議員たちが中央銀行の独立性を剝奪してしまうかもしれない。だが、高い金利があくまで、マネタリストが求めている金融政策のルールへの移行という高い称賛を受ける変化の副産物だとすれば、FRBは多少なりとも批判を免れることができる。ボルカーが土曜日の会合で同僚たちに伝えたように、「このほうが政治的には売りやすい」のだった。(3)

「ポール・ボルカーってのは誰だ?」とジミー・カーターが尋ねたのは、ほんの三カ月前のことだった。連邦準備委員会の議長候補として、アンソニー・ソロモン財務次官がボルカーの名前を挙げたのだ。ニュージャージーの町政担当者(地方自治体に雇われて公園管理事務所や警察の日々の業務を監督する専門家)の息子に生まれたボルカーは、一九五二年に若手経済学者としてニューヨークのFRBに就職して以来、政府の仕事を出たり入ったりしていた。国内外を問わず金融政策の政治構造にはかなり詳しく、民間銀行で働く合間にはケネディとジョンソンの各政権で財務省に所属しており、民主党員にもかかわらず、ニクソン政権でも財務省の高官に任用された。ブレトン・ウッズ崩壊時にはアメリカ代表の主要交渉人も務めた彼の名刺ホルダーには、世界中の中央銀行総裁や財務大臣の個人的な電話番号が収められていた。(4)

一九七四年初頭、ニクソンのエネルギー担当長官でもあった財務次官ウィリアム・サイモンは、財務省の階級の中ではボルカーのすぐ上に位置していた。その年の四月、四面楚歌の大統領がサイモンを財務長官に任命する少し前に、ボルカーが突然辞任する。公式な説明は一切なされなかったが、サイモンの自由主義思想とボルカーの考え方が相容れないというのは誰もが知る事実だった。ボルカーの知識と人脈は民間企業で百万ドル単位の給料を確約するほどの価値があったが、ＦＲＢのアーサー・バーンズ議長には別の考えがあった。ボルカーは財務省で働いていた間にバーンズと頻繁に連絡を取るようになっていて、バーンズはボルカーを手元に置いておきたかったのだ。バーンズの介入により、ボルカーはニューヨーク連銀総裁の座を勝ち取った。ニューヨーク連銀はＦＲＢの金融政策を日々実行する中央銀行の前線部隊であり、為替問題に深くかかわっている。このポストを得たボルカーは、金融政策を決定するＦＲＢの委員会で票を投じることができるようになった[5]。

バーンズは一九七八年、カーターが彼の議長としての続投を拒否して企業経営者のＧ・ウィリアム・ミラーを代わりに据えた時点でＦＲＢを去った。ミラーはこの仕事にこのうえなく不適任な人物だったが、一九七九年七月に財務長官になってほしいというカーターの提案に合意し、それによってＦＲＢには空席がひとつできた。大統領がボルカーの名前を最初に聞いたのが、このタイミングだ。二週間後、大統領執務室《オーバル・オフィス》で一対一の面接を一度だけおこない、電光石火の上院承認を経て、議長の執務室はボルカーが好む安物のＡ＆Ｃグレナディア葉巻の煙で満たされることになった。

経済問題に特段精通していなかったカーターは、ボルカーの考え方を詳しく知っていたわけではない。どこの政治指導者とも同じくカーター大統領もインフレの引き下げを望んでいたが、ＦＲＢが少しずつ仕事を進めてくれれば国民の職を奪わずに価格の安定化を実現できるかもしれないという、多くの人々が抱いている期待も同時に持っていた。しかも、一九八〇年に自分が再選されるチャンスを脅かさないことも重要だった。ＦＲＢがこの問題に一〇年以上取り組んできて一度も成功していないという事実は、大統領の見解を変えることはなかった。

ボルカーは、そのような幻想は抱かなかった。一九七八年に出版した著書で、彼は「経済を安定した完全雇用の道に乗せ続ける需要管理能力の限界」について警告している。これは、インフレを引き下げたかったら雇用を犠牲にしなければならないということを曖昧に言い換えただけだ。一九七九年初頭、ニューヨーク連銀でのポストでFRBの政策決定委員会に出席していたとき、彼はインフレに対するより強い対応をとるほうに票を投じることが多かったが、彼の意見は少数派だった。彼が議長になって数週間後におこなわれた金融政策に関する九月一八日の投票はかなり議論を呼ぶもので、FRBの高官四人が金利を引き上げようという議長の提案に反対票を投じ、インフレ対策に関するボルカーの計画に真っ向から対立した。これが、翌朝の『ワシントン・ポスト』紙でリークされる。「いま初めて、FRBの委員は疑いを口に出し始めている。いつまでも上がり続けるヨーロッパの金利を追いかけて「ドルを救済する」ために、国民の職を奪い、企業を倒産させることに本当に意味があるのか、と[6]」

金利の代わりに銀行の準備金に注力しようというボルカーの計画のいいところは、FRBの委員が政治的に不快な票を投じなくてもいいという点だった。FRBが一〇月六日にやったのは、銀行準備金の成長を鈍化させることを意図したルールを採用したというだけのことだ。それ以降は、そのルールを忠実に守りさえすればよかった。インフレを引き下げつつ経済成長を維持するためには金利をどれくらい高くすればいいかについて中央銀行総裁たちが議論を戦わせる会議はもう開かなくてもいい。金利は、もはやFRBの目標には含まれないからだ。

当然、FRBのこの新しい政策には、ちょっとした手練手管以上の技が必要だった。関係者全員が十分理解していたことだが、銀行の準備金の成長を抑えるためには、銀行同士の一夜貸し、「フェデラル・ファンド」と呼ばれる融資の金利を引き上げなければならない。フェデラル・ファンドの金利は一〇月六日の会議の時点では一一・九パーセントだったが、三週間後には一五・六パーセントに達し、翌年三月には一七パーセントに到達した。借り入れにますます金がかかるようになると、銀行は消費者や企業への融資を切り詰め始める。長期金利も上がったが、さほどではなかった。これは、金融市場が不況を予測している兆候だった。この兆候は一年以上前からはっきりと見えていたが、日増しに強くなってきていた。

そして、市場は正しかった。アメリカの高い金利はほかの国の金利も引き上げ、経済成長がほぼすべての地域で鈍化したのだ。オランダでは、そこからの四年間で失業率が九パーセント上昇することになる。ドイツでは五パーセント以上だ。韓国は不況に陥り、ブラジルで長年続いていた堅調な経済成長には急ブレーキがかかる。だが、ボルカー・ショックが最初の政治的犠牲者を生んだのは、アメリカでだった。住宅建設の数は半減。自動車販売台数も、一九七九年一〇月には年間一四〇〇万台で推移していたものが、一〇〇〇万台を割るようになった。失業率は二パーセント近く跳ね上がり、景気停滞は短いものだったが、ロナルド・レーガンを大統領の座に押し上げるには十分だった。(7)

ロナルド・レーガンは、右派の象徴だった。元俳優でテレビ番組の司会者だった彼は、急成長著しいカリフォルニアで州知事を二期務めていた。彼は右派保守的な発言をし、自由企業と小さな政府を称賛し、一九六六年に知事の座に押し上げた「使えない福祉野郎に仕事をさせる」という無遠慮な約束でさえ、親しげに手を振りながら笑顔で言うことができた。保守的な大衆、すなわちヴァージニア州からカリフォルニア州にかけての「サン・ベルト」と呼ばれる一帯に住む共和党支持者の間で一般的だった、福音主義キリスト教的な考え方の流れを代表する人たちとは違って、彼は口やかましくはなかった。ウォールストリートの共和党銀行家たち、すなわち連邦政府の健全な予算を必要な量の潤滑油のように考えている連中とは違って、彼は頑固でもなかった。モーレツなほかの保守派とは違って、レーガンは一般の人々への慎重な配慮を示した、思いやりに満ちた保守主義を体現していた。

レーガンをホワイトハウスに送りこんだのは、経済状態だけではなかった。イランで保守派のイスラム勢力が国王《シャー》を失脚させたあとの一九七九年一一月以来人質となっていたアメリカ人たちの命運が毎晩のようにテレビのニュースで報じられ、人質たちの拘束が長引いているのはカーターの責任だと多くの有権者が批判するようになっていた。だが、レーガンが就任したのは国の未来が陰鬱な空気に包まれていたころだった。国全体が成す術もなく経済の嵐にもみくちゃにされ、生活水準が下がってきているという感覚が蔓延していた。経済を立ち直らせるのが、レーガンの最優先課題だった。レーガンの国家安全保障担当補佐官だったリチャード・アレンは、のちにこう書いている。「当初からの計画は、レーガンの経済政策を国内外のあらゆる主要なイニシアティブの基礎、最優先課題として位置づけることだった」[8]

小さい政府に対する陳腐な考えと自由企業に対する底なしの信頼以外に、レーガンにはとりたてて経済理念というものはなかった。彼の経済顧問たちは多種多様な人々の集まりで、頑固なマネタリストから、景気停滞を克服するために政府の支出を増やすべきという主流派の経済学者まで幅広かった。だがそんな中でももっとも影響力の強かったグループは、サプライ・サイド経済学〔供給面の分析に主眼を置く経済学〕と呼ばれる新たな神学を説いて回る人々だった。宗教的な熱心さと自由原理主義的な狂信をもって、サプライ・サイド経済学者たちは、一九七三年以来アメリカを苦しめてきた景気低迷が、国民の所得を増やしてもっと多くの財やサービスを購入できるようにし、裕福になった気にさせるという政府の画策の結果だったと信じていた。彼らの主張によれば、経済政策は消費者需要を高める代わりに、消費者が購入できる商品やサービスをもっと生み出す発明家や投資家、起業家たちを応援するべきなのだった。つまり、経済の供給側の人種を支えるべきだということだ。最終的には、供給だけが需要の真の源なのだ。供給側が大きくなって初めて、経済生産性が高まって雇用が生まれるというのが彼らの主張だった。

サプライ・サイド経済学の考え方は、経済政策に大きな影響を与えた。ひとつは、政府が支出、特に社会福祉プログラムに関する支出を減らすべきだというものだ。「本当の貧困というのは経済状態というよりはむしろ心理状態であり……政府の失業手当は、それに依存するようになった大半の国民のやる気をくじくものである」。一九八一年のベストセラー『富と貧困』でこう主張したのは、サプライ・サイド擁護者の中でももっとも才能のあったジョージ・ギルダーだ。失業給付は「生産的な仕事を阻む」ため、カットされるべきだと彼は述べた。「平等を促進して貧困と闘うことを主張する経済学者が唱えるプログラム——そして消費を刺激するという言葉でしばしば正当化される政策——のほとんどが、実際にはすべての実需が生まれる源である生産を弱体化させることで、需要を引き下げている」。こうして、サプライ・サイド派は福祉国家との戦争の真正面の先陣に陣取ったのだった。(9)

大きな政府に対するほかの批判者と彼らが大きく異なっていた点は、税制についてだった。アメリカの従来の保守主義は、均衡のとれた連邦予算の重要性を強調していた。減税は一般的には望ましいものの、評価されるべきもので、公共部門の支出削減と並行して実施されるべきものだった。従来の見方では、最悪の事態というのは政府が赤字にあえぐ状態だった。だがサプライ・サイド派にとって、財政赤字は二の次だった。鈍化した経済成長と停滞する生活水準に対する彼らの治療法は、減税だった。しかも、どの税でもいいわけではない。投資に対する税は供給を生む起業家精神とリスクテイクを損なうので、事業や会社株式への投資からの資本利得にかかる税金はなくすべきだ、というのが彼らの主張だった。一般家庭や企業が稼いだ利益にことごとく高い税金をかければもっと働こうという意志を削ぎ、経済活動を地下へと追いやってしまう。資本利得税をなくして限界税率を引き下げれば、働いて投資をしようという新たなインセンティブになる。

経済は花開き、場合によっては非常に大きく成長して税収が増えるかもしれない[10]。

高い限界税率は、当然のことながら、もっとも収入の高い層が支払うものだ。これが累進課税の本質だ。すべての高所得国で導入されている税率の階段の仕組みであり、収入が乏しい者は所得税をほとんど、あるいはまったく払わずにすみ、もっとも儲かっている者が、所得の増加に応じて増える割合で税金を支払うべきだという前提に基づいたものだ。所得税の黎明期から、これは課税のもっとも公平な手段として受け入れられてきた。サプライ・サイド派は、これを変えるよう求めたのだった。彼らの主張によれば、累進課税は経済を成長させるのではなく、一部の層から吸い上げた利益を再分配することを目的としている。「富を右から左へ動かすだけのこの仕組みは、ただのゼロサムゲームだ」とギルダー。社会でもっとも活力のある人々、その創造力と起業家精神が富を生み出す人々にもっとも高い税を課すことは、黄金の卵を産むガチョウを殺すようなものだと彼は主張した。

サプライ・サイド派は、これこそまさに一九七〇年代に起こったことだと主張した。裕福な人々が成功すれば痛いほどの高い税率を課せられるという理由で生産的な投資を避け、資金を税金逃れの投資や黄金に注ぎこんだのだ。サプライ・サイド派の分析によれば、重税を逃れたい富裕層のリスク回避は何年もの経済成長停滞を招き、全国民の雇用と生活水準に対する希望を打ち砕いた。この経験が与えた教訓は「貧困層と中流階級を救いたければ、富裕層の税率を引き下げるべきだ」というものだ、とギルダーは結論づけた[11]。

サプライ・サイド経済学は学者ではなく、論客たちの創造物だった。コロンビア大学のロバート・マンデルや全米経済研究所の税金研究部門の元責任者ノーマン・B・トゥーレなどの著名な学者たちも、減税が投資と起業を促進すると主張してはいたものの、サプライ・サイド派の考えを研究する学術的な文献は数少なかった。若く革新的な企業の経営者にかかる税率がほかの所得者にかかる税よりも現にずっと低いという事実は、ほとんど注目されなかった。高い限界税率が一九七〇年代の景気低迷の元凶で、税率を引き下げれば経済は過去の栄光を取り戻せるのだという主張は検証されておらず、低い税率が税金逃れの投資から資金を太陽の下に引きずりだして課税できるようにするはずだという主張も、やはり未検証のままだった[12]。

同様に、いわゆる「ラッファー曲線」というものに対する実証も存在しなかった。これは経済学者アーサー・ラッファーがワシントンのレストランでナプキンに走り書きしたと言われている曲線だ。低い税率がどのくらい経済活動を活発化させ、政府の税収を増やせるかを図解するものだったのだが、抽象的な案だったので、大きな議論は呼ばなかった。税金が高くなりすぎれば国民はもう稼ぐのが嫌になり、税収は減り始めるという点については誰もが納得するところだったからだ。だが、ラッファーの図は減り始める税率が何なのかを具体的に示さず、サプライ・サイド派側にも推測しようとする者はいなかった。この主題について唯一まともになされた研究は、税率の引き下げが政府により多くの税収をもたらす前に、まずは税率がもっと高くなければならない、と結論づけた。「入手可能な情報で、現在の政府が不合理な行動を取っているという見解を裏付けるものはない」と書いたのは、のちにレーガン政権の財務省で税担当官になるドン・フラートンだった[13]。

証拠があろうとなかろうと、税金を引き下げることで経済を再活性化させられるという考えには抗いがたい魅力があった。就任からひと月足らずの一九八一年二月一八日、レーガンは自らの経済復興政策を明らかにする。「この国の経済問題のもっとも大きな要因は、政府そのものだった」と報告書は訴えた。個人税および事業税の大幅な減税に加えて、一九八一年には経済生産の二三パーセント相当だった連邦支出を一九八六年にはたったの一九パーセントにまで削減する予算削減案も計画された。こうした新たな政策は停滞する経済をただ生き返らせるだけではない、と政府は主張した。経済を変身させるのだ。「アメリカ経済は一九八六年までに一三〇〇万の新たな雇用を生み出す。現状の政策が続いていた場合と比べれば三〇〇万近い増加だ」とレーガンの政策は約束した。「経済そのものも、沈滞した成長パターンを抜け出してもっと堅調な、年間四―五パーセントという成長率に転じるはずだ」。この計画なら「来年から財政赤字は減り、ほんの数年で健全財政が取り戻せるだろう」と大統領はテレビ演説で国民に伝えた。(14)

議員たちは、高速で走る列車の前に飛び出すようなことはしないほうが賢明だとわかっていた。一九八一年八月に成立した経済再建税法は、レーガンの要求をほとんど認める内容だった。一四パーセントの個人所得税はたったの五パーセントに引き下げられ、かろうじてインフレ率に追いついていた年ごとの賃上げが世帯収入をひとつ上の税率区分に押し上げる可能性は低くなった。平均的な所得の世帯に課せられる可能性のある税率は最高二八パーセントから二四パーセントに下がり、家に持ち帰れる給料は大幅に増える。高所得層の税率も、最高七〇パーセントが五〇パーセントまで減った。この減税を特に魅力的にした独特な性質がひとつある。政治家は低所得層が割合で言えば最大の減税を享受したと謳い上げた。これは正しい。だが一方、金額で言えば富裕層のほうがはるかに大きな減税を享受したのだ。これはサプライ・サイド派の原則に沿ったもので、たとえば年収一万ドルの労働階級世帯は一九八二年には七四ドル節約することができた一方、年収一〇万ドルの経営者世帯は一八九七ドルを節約できたことになる。企業も大きな減税を享受することができ、それが新たな投資、特に新しい機材への投資増加につながるはずだった。(15)

最初の減税はすぐさま発効したが、支出の削減はおこなわれなかった。その主な理由は、レーガンの中にあった相反する欲求だ。大統領は経済の規模に応じて政府の規模を縮小したかったが、海軍に一〇〇隻以上の新しい船の建造、何百機もの爆撃機や戦闘機の追加発注、さらには一九五〇年代以来使用されていなかった第二次世界大戦時代の戦艦の再稼働までも命じる軍事費の大幅増加を同時に求めたのだ。就任から二カ月後の一九八一年三月に提出された彼の最初の予算案は一九八四年までインフレ調整後で毎年八パーセントずつ防衛費を増やすことを計画しており、一方でほかの政府支出はすべて毎年約四パーセントずつ減らすことになっていた。だが大統領の政治顧問たちはいくつかの政治的にデリケートな政策における「基本給付」には、年金生活者に対する毎月の社会保障給付金や医療費も含め、手をつけないことを命じた。聖域となった社会プログラムと軍事費、そして国債の利息と、連邦支出のかなりの割合が予算削減の対象から外されていた。(16)

これが意味するところは、連邦支出を抑えこむには、ほかのほとんどすべての項目に対して過酷なほどの締めつけが必要だということだった。レーガンの顧問たちに「カット部屋」と呼ばれていた行政府ビルの二四八号室では、大統領の予算作業グループがカット対象を特定していた。一九八二年には、総数四〇の医療・社会サービス制度に対する予算が四分の一カットを決められた。政府は年金生活者への無料の肺炎ワクチン接種を中止し、四年間で推定五〇〇〇人の命が縮められた。働いている間に非常に低い賃金しか稼げなかったために毎月の社会保障給付金の最低額しか受け取っていなかった高齢者の多くがさらに減額された。これは、「基本給付」には手をつけないという大統領の約束を守るために考え出された案だった。貧困層への住宅手当、子どものいる貧困家庭への給付金、そして学校給食の補助金などもすべて、俎上に載せられた。総計で、レーガンは防衛費以外のすべての項目の連邦支出を一九八一年の国民総所得の一七・三パーセントから一九八四年には一三パーセント以下に引き下げることを約束し、第二次世界大戦以降増え続けていたほぼすべての社会給付を著しく切り下げた。(17)

だが、そうした著しい切り下げも、連邦予算に均衡をもたらすことはできなかった。一九八二年の予算は、まだかなりの赤字だったのだ。一九八四年度の数字が帳尻を合わせられたのは、四四〇億ドルという「＊」

印つきの金額が計上されたからだった。この「＊」が示す脚注を見ると、こう書いてあった。「未特定の将来貯蓄(18)」

これらの切り下げに対する議会での承認を勝ち取るのは、どのような状況下であっても難しかっただろう。ボルカー率いるＦＲＢが追求した対インフレ政策は、承認を難しいどころか不可能にした。この政策は、インフレの抑制にはある程度成功していた。一九八〇年春に一五パーセントでピークを迎えてから、消費者物価は一九八一年五月には一〇パーセント以下にまで下がっていたのだ。だがＦＲＢは経済の再活性化がインフレをふたたび引き上げるのではないかと懸念し、しっかりとブレーキを踏んだままでいた。その結果、インフレ率が下がり始めたのに、金利は急激に上がっていった。銀行間オーバーナイト金利は一九八一年夏には一九・九パーセントと、インフレ率より一〇パーセントも高くなっていた。たった数時間しか使わないお金につくにしては、相当な割増金だ。借り入れが信じがたいほど高くつくようになり、銀行融資や事業投資には急ブレーキがかかる。不動産市場は死に絶えたかのようだった。家が売れるのは、売り主が買い手に不動産ローンを貸し付ける意志がある場合のみだった。一時解雇が経済市場を駆けめぐる。税収が期待をはるかに下回るなか、アメリカの憲法で連邦予算の均衡を義務づけるべきだと考えていたレーガン大統領は、アメリカの歴史上最大の平時財政赤字を抱えることになった。

赤字の洪水が迫ってくるのを見て、議会は減税を実施したのと同じくらいの素早さでその取り消しを検討し始めた。一九八二年には、その前年に事業投資に与えた優遇の一部を撤回する新たな税法が施行される。この新しい法律では、裕福な投資家が金利や配当にかかる税金を免れるのが難しくなり、喫煙者はタバコに払う税金が高くなった。将来実行されるはずだったさまざまな減税は、取り消された。見方によっては、一九八二年の税法は議会を通過した史上最大の増税だったのかもしれない。連邦政府に入ってくる収入を毎年国民所得の一パーセントという割合で増やしていった。金額にすれば相当なものだ。それでも、一番高い税率はレーガンが就任したときと比べればずっと低いままだった。

レーガンは、前年に勝ち取った減税の一部を取り消すことに合意する代わり、何かしらの代償を引き出したと主張した。一ドルの増税あたり、三ドルの支出削減が伴うはずだったのだ。だが一九八一年に実現しなかった支出削減は、一九八二年にもやはり蜃気楼のようなものだった。軍事力を拡大し、再装備することに対する政権の熱意を見れば、約束された規模での支出削減を実現するには政府のほかの支出計画ほぼすべてが大幅に削減されなければならないことは明らかだった。だが、レーガン政権にいる誰一人として、議会のどの委員会でも却下されるような削減を提案する度胸は持っていなかった。「予算の削減は政治的に苦痛を伴う作業で、レーガン政権がそれをやりたいと思ったことは一度もない」とレーガンの予算担当責任者デイヴィッド・ストックマンはのちに認めている[19]。

結局、一九八一年と一九八二年の税法によって政府はレーガン就任前よりもずっと少ない割合の国民所得しか得られなくなったが、政府の支出は少しも減らなかった。有権者は、レーガンの功績に好ましいところをほとんど見つけられなかった。「国民所得、労働者一人当たりの国民所得、そして総労働時間は実際には一九七九年よりも一九八二年のほうが少なかった」と経済学者エドワード・デニソンは書いている。一九八二年一一月に下院議員選挙がおこなわれると、一九八〇年にレーガンと一緒に議席を獲得した共和党員の多くがその座を追われた[20]。

一九八二年八月は、直近のほかのどの月よりも暗い始まりを迎えた。ニューヨーク証券取引所でもっとも有名な指標であるダウ・ジョーンズ工業株平均は八セッション連続、合計五・六パーセント下落した。「投資家が金利の向かう方向について強い懸念を覚え、昨日の株価は後退し続けた」とは八月六日の『ニューヨーク・タイムズ』紙の記事だ。「今は弱気市場だ」と翌日の新聞で述べたのは、事情通の株式アナリストだった。八月一三日、『ニューヨーク・タイムズ』紙はある専門家の発言として、株価が底を打つまでにさらに五パーセントは落ちるだろう、と書いている。その時点で、ヨム・キプール戦争が勃発する前の最後の取引日だった一九七三年一〇月五日に株を買った投資家は、九年未満で財産の五分の一を失ったことになる。それも、ドルの購買力低下を考慮せずに、だ。第一次石油危機が始まったころにダウ・ジョーンズの三〇銘柄に投資された一〇〇〇ドルは、一九八二年にはインフレ調整後でたったの三七〇ドルの価値しかなかった。投資家は、アメリカ経済に対して圧倒的多数で不信任案を投じた。

すると、八月一三日、株価がほんの少し上昇した。株式市場が、底を打ったようだった。二取引日後、ウォールストリートの有名なエコノミスト、ヘンリー・カウフマンが顧客に債券市場も底を打ったと伝え、金利が下がってアメリカ国債の値段が上がることを匂わせた。カウフマンのメモが株式市場を興奮させ、一日の上げ幅としては最大を記録した。インフレには勝てないという社会通念は、あっという間に放棄された。新たな社会通念は、ボルカー率いるFRBが戦いに勝利しつつあるというものだった。マットレスの下から、金庫や外国の銀行口座から、資金がアメリカの金融市場になだれこむ。米国株の五〇〇銘柄の総合株価指数は三週間で一六パーセント上昇した。一〇月にはFRBが一九七九年のボルカー・ショックを撤回し、通貨供給目標を放棄して代わりに低い金利を目標にすると発表した。この動きがさらに株価を押し上げる。八月一三日から年末までに、株価は三五パーセント上昇した。[21]

米国株の上昇による長年待ち望まれた「強気市場」は、その後前代未聞の一七年も続くことになる。債券の強気市場は、三〇年以上続いた。アメリカで投資をするには最高の時期が訪れたのだ。

とりわけ、アメリカで外国人投資家でいるにはいい時代だった。一九八三年から一九八六年、アメリカ政府は国民所得の平均五パーセントという財政赤字を毎年計上していた。これは経済の規模に対して、第二次世界大戦直後の時期以来、群を抜いて最大の赤字だった。インフレが下がっても、政府の膨大な借り入れ需要は歴史的水準からすれば高いままに金利を維持した。そしてその高い金利が、前例のないほどの資金を外国から引き寄せたのだった。

統計的には、国を出入りする資金の流れは「経常収支」と呼ばれる項目に記載される。アメリカはそれまでは頻繁に経常収支に赤字を抱えていて、それはつまり入ってくる資金よりも出ていくほうが多いということを意味していた。だがそれはたいていい少額で、短期的だった。ほとんどの年で、経常収支は黒字だった。アメリカは輸入するよりも多くの商品を外国に売っていて、外国人がアメリカに投資するよりも多くの資金を融資・投資していたからだ。レーガンが大統領に就任した一九八一年のわずかな黒字も、典型的なものだった。だが外国人がアメリカの高い金利を狙って国債を買い始めると、経常赤字は一九八二年の些少な三〇億ドルから、一九八三年には三五〇億ドルにまで膨れ上がった。そして一九八七年までには、一五四〇億ドルに達した。

外貨はアメリカ経済を破綻させずに維持させてくれたが、その副作用は壊滅的だった。アメリカに投資をする際、外国人投資家は通貨市場でアメリカドルを購入していた。彼らの需要がドルの価値を成層圏にまで押し上げる。一九八五年までには、外貨に対する一ドルの価値はレーガン就任時より七七パーセントも高くなっていた。投資家はアメリカの株式と債券市場のにわか景気を享受すると同時に、ほかの通貨で持っている株式の価値がドルの上昇につられて増えるという二重の利益を享受した。(22)

だが、アメリカの製造業ははるかに厳しい状況に直面していた。従来、輸入製造品はアメリカ経済の中で比較的小さな役割しか果たしていなかった。一九八〇年、その価値は合計しても経済の総生産の五パーセントにしか相当せず、ヨーロッパの一五パーセントと比べれば微々たるものだった。強いドルのおかげで輸入はかなり安く上がり、アメリカに輸入される商品の価値は一九八一年から一九八六年の間に四〇パーセント上昇した。その一方で、アメリカからの輸出品の価値は減少した。雇用が失われ、収入が減って、工場中心の町は壊滅的な状態になる。タイヤ製造の中心地オハイオ州アクロンでは、一九八〇年以降にゴム工業関連雇用の三分の一以上が消失し、地域全体の経済生産が停滞した。放棄された工場が財産税を払わなくなるにつれ、どの町でも学校や公園、公立図書館が荒れ果てていった。仕事を失わずにすむという幸運にめぐまれた労働者も、大手の雇用主が閉業した場合には長年支払いを続けてきたマイホームというもっとも大きな資産がその価値をほぼ完全に失う可能性に、大打撃を受けた。ショベルカーやブルドーザーの象徴的メーカーのキャタピラーが一九八〇年代前半に日本のコマツによる突然の襲来を受けたとき、キャタピラーが本社を構えるイリノイ州ペオリア近隣の住宅の平均価格は、インフレ調整前でも二〇パーセントも下落した。[23]

一九八四年、ロナルド・レーガンの選挙チームは、大統領再選を狙って見事なテレビコマーシャルを制作した。対立候補のウォルター・モンデールに対するネガティブキャンペーンは一切おこなわず、皮肉屋の有権者が冷笑するような約束もしなかった。代わりに、海へと出て行く釣り船と車に歩いていくスーツ姿の男性というごく平和なシーンにかぶせて、穏やかな男性ナレーターがこう語りかけた。「アメリカに、また朝日が昇ってきました。今日、私たちの国の歴史上もっとも多い数の男性と女性が、仕事に行くことができます」。画面には新居に引っ越す家族や結婚の誓いを復唱する若いカップルが映し出され、ナレーターは視聴者に対し、金利とインフレが半減して未来が明るくなったことを思い出させる。コマーシャルは、モンデールがジミー・カーター政権下で副大統領を務めていたときのことを示唆する質問で締めくくられていた。「たったの四年前のあのときに、どうして戻りたいなどと思うのでしょうか?」

「アメリカに昇る朝日」は、レーガンに圧倒的勝利をもたらしただけではない。その後何年にもわたって繰り返される、減税と支出削減が経済にふたたび偉大さを取り戻したのだというレーガンの主張に信頼性を与える一助にもなった。だが、その主張はやや行き過ぎの感があった。コマーシャルでアピールされた金利とインフレの引き下げという二つの大きな経済的成果は、レーガン政権ではなくボルカー率いるFRBの功績だった。税を引き下げることに対するレーガンの熱意と膨大な財政赤字を容認してもいいという彼の意思は、予算がもっと均衡にあった場合と比べると、金利とインフレを高いまま維持したと主張する向きもある。実際、レーガン一期目の最大の経済的成果はボルカーに対する惜しみない支援だったと言ってもいいだろう。ボルカーがいなければ、FRBがアメリカ経済をインフレから引きずり出すのは政治的に不可能だったかもしれない(24)。

インフレと金利はさておいて、レーガンの経済政策の収支はとりたてて感心するほどのものではなかった。一九八二年八月に始まった見事な強気市場の一年目、アメリカ人労働者の一〇人に一人が失業していた。一九八三年に金利が下がって住宅建設と自動車販売が復活したために経済成長が本格的に動き出しはしたものの、雇用の復活はまだぐずぐずしていた。政権が約束した一九八一年から一九八六年の間に一三〇〇万人の新規雇用の代わりに、経済が追加できたのは一〇〇〇万人にも満たなかった。株価と債券のにわか景気が始まって五年、一九八七年八月までかかってようやく、失業率は六パーセントまで下がることになる。一九七三年以前なら、経済が非常に厳しい状態にあることを示していた数字だ。リチャード・ニクソンの時代なら、失業率が五パーセントもあったらあまりにも異常なため、アーサー・バーンズがインフレ対策から撤退してしまっていただろう。だがレーガンの時代には、六パーセントの失業率はすばらしい成果として褒め称えられていた。[25]

レーガン政権が終わる一九八九年までに労働人口の仲間入りを果たした一八〇〇万人のアメリカ人にとっても、経済はそれほど活況には感じられなかった。所得税率の引き下げは、フルタイムの労働者が毎週家に持って帰れる給料の平均額をレーガンの任期中におよそ五パーセント引き上げた。だが昇給が大きく変わったのは、男性よりも女性のほうだった。平均賃金を稼ぐ女性の購買力は、所得税の影響を考慮に入れなくてもレーガン時代に一〇パーセント上昇した。一方、平均賃金を稼ぐ男性の購買力はまったく増えなかった。一番割を食ったのは、低所得者層だ。レーガンの減税にもかかわらず、所得分布の下五分の一に属する世帯の平均所得は一九八〇年から一九八九年の間に約四パーセント減少した。[26]

多くの世帯が、一九八〇年代に財産の大部分を失った。住宅はアメリカ人の個人資産のだいたい三分の一を占めていて、五〇州中二七州では一九九〇年の平均的な住宅の価値がインフレ調整後で一九八〇年よりも下がっていた。必要なものや欲しいものを買うためには、どの所得層の消費者も住宅ローン以外の負債、たとえばクレジットカードや自動車ローンなどの支払に所得の大部分を割かなければならず、一九八一―八二年の景気後退が終わって何年も経ってからも、多くの世帯を財政的に圧迫し続けた。一九九二年、FRBの経済学者たちはレーガン政権がごく一部の人々には多くをもたらしたが、ほかの大多数の人々にはほとんど何ももたらさなかったと述べている。「所得と純資産の中央値のわずかな上昇と、それと同時に見られた平均価値の大幅な上昇は、所得と純資産の分布が一九八三年から一九八九年の間により集中したことを意味している」[27]

レーガンの復活政策は、中所得層の人々にはどうしてここまで効果がなかったのだろう？　ひとつ明らかな理由は、一九八二年八月以降に急騰した株式と債券の価格が、株や債券を持っていた世帯の所得と財産を押し上げたというものだ。予想にたがわず、そうした世帯は平均的な世帯よりも年齢層が高く、所得もずっと高い場合が多かった。五五歳以下が家長の世帯では、一九八三年に債券を所有していたのは五〇世帯に一世帯、株式を所有していたのは五世帯に一世帯だけだった。しかもほとんどの場合、所有していたのはせいぜい数千ドルだった。ウォールストリートの恵みがあまり裕福ではない家庭にまで到達するのは、金融市場の投資家が思いがけず手に入れた富を、自動車メーカーや接客業、家の改修業者などに追加の所得を生む形で使った場合に限られていた。経済のピラミッドの頂点にいる人々がいい思いをすれば、いずれは下層の人々にも大きな繁栄がもたらされるというサプライ・サイド派の約束は、いつまで待っても実現しなかった。

レーガンの経済学者たちは、投資家が稼いだぶんを多く手元に残せるようにすれば経済を現代化させ、生産性を刺激する新たな投資につながると主張した。だがサプライ・サイド経済学は、失敗だったことが証明される。「いま私が目にしている基本的な数字は奇跡とは程遠い」とレーガンの予算担当責任者デイヴィッド・ストックマンは一九八六年に言った。「いまの貯蓄率は、近代に入ってから最低の水準だ。昨年の生産性はまったく伸びなかった。われわれの総合的な理論としては、生産性を爆発的に成長させ、実所得を増やすはずだったのにだ」。平均すると、生産性を測る主要な指標である非農業分野の労働時間一時間あたりの生産量は限界税率がずっと高かった一九七七年以前のどの時代と比べても、レーガン時代のほうが伸びが遅かった。昔なら、生産性の向上は賃金と生活水準の向上につながっていた。だが一九八〇年代には、もうそれは通用しなくなっていた(28)。

この失望の原因のひとつは、社会学者グレタ・クリップナーが「金融化」と呼ぶものにあった。クリップナーいわく、経済的な規制緩和と高い金利の組み合わせのため、企業は急激に拡大する金融市場で金から金を生むことに注力するほうが賢いと考えるようになったのだそうだ。この変化は「非金融企業が工場や機材への長期的投資から資本を引き揚げ、金融投資に資源を割くという形を取った」。この傾向は古くは一九八三年にもう見られていた。金融資産の投資利益率のほうが製造資産の利益率よりも高く、この一〇年でますます顕著になっていることを、レーガンが任命した産業競争力委員会が指摘したのが最初だ。(29)

その影響は、事業投資の傾向に見られる。約束されたサプライ・サイドの投資ブームは、商品の製造やサービスの提供ではなく、オフィスビルやショッピングセンターに資本を投入していった。その結果、設備投資は実際には一九七〇年代よりも一九八一―八九年のほうが低かった。この問題は、製造分野で特に深刻だった。レーガン政権が終わるころまでに、アメリカの工場で使われている設備の平均使用年数はレーガンが就任したときよりも丸一年伸びていた。製造業への投資が頑強とは程遠かったことを意味している。苦戦するメーカーの多くが新しい設備を導入することを避け、そのために最新の革新的技術を入手できず、新しい設備がもたらしたはずの生産性の向上を実現できず、従業員の賃上げがさらに難しくなるという悪循環に陥っていた。(30)

大統領の支持者たちが呼ぶところの「レーガン革命」は、世界最大の経済大国を新たな方向に向かわせた。インフレはもはや、容認されることはない。市場原理はさらに大きな力を持ち、大きな政府の批判者たちは次に規制撤廃する分野を探していった。強いドルがきっかけで始まった輸入ブームが逆転することもなかった。国際貿易と国際投資は経済の規模に応じて成長を続け、年々大きな貿易赤字を抱えていったアメリカは、世界が最後に頼る市場となるのだ。減税への圧力はとどまることがない。大きな政府の財政赤字に対する懸念はレトリックの域を出ず、増税や大幅な支出削減がおこなわれる必要はない。アメリカ政府は社会福祉に膨大な支出を続けるが、その一方で上がり続ける高齢者向け年金や医療費を捻出するためにほかの政策をゆっくりと、だが着実に縮小し、子育てと教育に苦戦する家族への支援は減らされていくのだった。

レーガンは、未来に対する新しい形の楽観主義をアメリカに浸透させた。これは、長年続いた絶望のあとでは歓迎される変化だった。だが、レーガン革命はアメリカ人が期待した生活水準の広範囲にわたる改善は実現できなかった。半数以上の世帯で、一九八九年のインフレ調整後の収入は一九八一年と比べても上がってはいなかった。一方、従業員が雇用主から受け取れる給付金は激減した。一九八〇年には、民間企業の従業員の四〇パーセント以上が確定給付年金を受け取る権利を有していた。一〇年後、年金制度に加入していたのは三〇パーセントに満たなかった。同じ時期に、健康保険に入っている六五歳以下のアメリカ人の数も五パーセント減っている。国全体の所得は一九八二年以降はきれいに上がり続けたが、その利益のほとんどは企業経営者や、株式や債券を所有する資産家に流れていった。ほかの富裕国でも見られたように、生活が苦しくなる中流層はどんどん増えていき、信頼を寄せていた国家がもはや自分たちを救ってくれないのではないかという恐れを抱くようになっていった。[31]

第14章　失われた一〇年

一九七〇年代は富裕国にとって厳しい時代だったかもしれないが、「第三世界」と呼ばれるようになった数多くの貧困国ではかなり楽観的な空気が見られた。一九七三年の数々の出来事のおかげで、「発展途上」の国々には有名なアルゼンチンの経済学者ラウル・プレビッシュが想像したよりもはるかに早く「発展」が訪れたのだ。ろくに読み書きもできない農村出身の家族が貧しく希望のない地方の暮らしを棄てて一〇〇〇万人単位で都会へと逃げ出し、街角で菓子を売ったり背中にレンガをかついだりして苦しい日々を過ごした結果、掘っ建て小屋をちゃんとした家に建て替え、場合によっては電気まで引けるようになっていった。ブラジルのサンパウロのパウリスタ通り《アヴェニダ》に立ち並ぶ豪邸は世界最大級の産業都市にふさわしい高層ビルに取って代わられ、ジャカルタからカイロまで各国の首都は、急速に拡大する中流階級層が乗る車が走れるよう、壮大な大通りを高速道路に造り替えた。だが第三世界も、富裕国を抑えこむ力から逃れることはできなかった。ガス欠になった世界経済の最後の遺産が一九八〇年代の「失われた一〇年」となった。発展途上国の何百万という人々を好景気前よりも悪い状態に陥らせる時代をもたらしたのだ。(1)

世界経済の観点から見れば、黄金時代の最中の第三世界は付け足しのようなものだった。西ヨーロッパやアメリカ、カナダ、日本が経済危機に覆われていた一九七三年には第三世界の人口は世界の総人口の四分の三を占めていたが、世界の財とサービスの生産量の三分の一しか提供していなかった。アメリカの一人当たり所得と比べると二〇分の一しかなかった中国は、後々成長を急激に加速させることになる経済改革にはまだ取りかかっていなかった。そして東南アジアはまだ世界のサプライチェーンで必要不可欠な地位を獲得するには程遠く、戦争と内紛で絶望的なほどの経済停滞に陥っていた。第三世界は、国際経済とは主に原料の供給地としてつながっていた。製造品では、世界の輸出量のたった七パーセントしか占めていなかった。

一九七〇年代に訪れた第三世界の爆発的成長を後押ししたのは、ゴードン・リチャードソンやアーサー・バーンズといった中央銀行総裁たちをあれほど悩ませていたオイルマネーだ。石油輸出国が急激に増える収入を金融機関に注ぎこむなか、世界最大級の金融中心地の銀行はその安価な預金で儲ける方法を模索した。国内では、ニーズはほとんどなかった。富裕国の景気停滞は自動車ローンや住宅ローンに対する需要が弱まっていることを意味し、企業は銀行の融資を断って投資家から直接資金を集める方法を選んでいた。投資家は企業から「コマーシャル・ペーパー（ＣＰ）」という、数週間で返済する目的で発行される債券の一種を購入した。だがその一方で、第三世界からは貪欲なほどの融資の要求が絶えなかった。

銀行は、喜んでその要求に応えた。各国政府も、それが発展途上国の生活水準を引き上げ、共産主義的思想の広まりを防ぐ防波堤になってくれることを期待して銀行に融資を促した。一九七二年、銀行や債券投資家から発展途上国への貸付残高は、全部合わせてもたったの一七〇億ドルだった。その金額が一九七八年には一二八〇億ドル、一九八一年には二〇九〇億ドルに達している。世界銀行や富裕国の外国援助機関などの公的な貸し手も、融資額を引き上げた。一九八一年末までに、発展途上国に対する外国からの貸付は四六二〇億ドルと、一九七二年の五倍に達していた。そうした融資の一部は民間の借り手に渡ったものの、五分の

るよう、外国からの資金援助を求めた。(2) それらの政府は世界経済の一時的な停滞と信じた時期を楽に乗り切れ

商業銀行の借り手は、もっとも貧しい人々ではなかった。インドやシエラレオネなど、所得の成績表で最下層に位置する国々は、いくら融資に躍起な銀行でもさすがに容認不可能な信用リスクとみなされた。このため、そうした国は富裕国政府の出資による貸し手、たとえばアフリカ開発銀行や日本の海外経済協力基金などに頼るしかなかった。商業銀行からの融資はメキシコやブラジルといった中所得国に流れこんだ。そうした国々には強力な計画担当省が存在していて、プレビッシュの教えに従って、政府が主導権を握って生産性を引き上げる工業化を進めようとしており、融資の最適な活用法を決定できるだけの専門知識があるものと思われていた。一部の融資は、返済に役立てられる収入を上げそうなプロジェクトに使うものとして明示的に紐づけられていた。それはたとえば国有繊維メーカーの新しい工場であったり、国営航空会社の飛行機であったり、新しい工業団地のための道路や電線といったプロジェクトだった。だが多くの融資は無制限で、武器や政府の施設、その他借入国の指導者が望むありとあらゆる物に使うことができる資金だった。

一九七〇年代半ば、欧米と日本の銀行が世界中で事業をめぐって争い、融資の条件をかなり緩めた。金利は低かった。さらに何年にもわたる猶予期間のおかげで、借り手は融資で得た金をすぐに使って、返済は投資が経済成長を加速化させて税基盤を拡大してからでいい、と考えるようになった。銀行はそれぞれの融資を立ち上げる前に、あらかじめ相当額の手数料を徴収しており、収益はすぐさま押し上げられた。さらに、融資が延長されたり新しい融資に繰り越されたりした際にはその都度、追加の費用が発生した。すべてが、まったく安全に思えた。融資を受ける国が抱える対外債務は比較的少なく、経済は急速に成長していて、政府が借り入れに責任を持っているとなれば、債務不履行のリスクは少ないように思えた。シティコープの会

長ウォルター・リストンは、中南米と東南アジアで積極的に融資をおこなうシティコープに懸念を示す相手には、決まってこう説明した。「国家は倒産しませんからね」

銀行規制当局は、状況を慎重に見守っていた。「貸出機関は堅実とは言えないほど寛大に返済期間を延長したがるかもしれない」とFRBのアーサー・バーンズ議長は一九七七年四月に警告している。「商業銀行や投資銀行は細心の注意をもって対外融資を監視しなければならず、銀行監査官は特定の国に対する過剰な融資の集中を警戒するべきだ」。これを受けて銀行は、新たなリスク管理部門に経済学者や政治学者を採用することで対応した。アルゼンチンの政治や韓国の中央銀行をより良く理解していればリスクが軽減できると考えたからだ。銀行がしなかったのは、融資を減らすことだった。

融資を減らすことなどできなかった、というのが実状だった。一九七七年から一九七九年の間に、貸付残高の六分の一以上を占める発展途上国との取引に助けられ、アメリカ最大手の銀行の収益は五割増加した。日本の銀行は国内での収益が落ちこんだため、対外融資に解決策を見出した。一九七八年までに収益の三分の一を対外融資で得ていたイギリスの大手銀行も、同じ判断を下した。国際融資の経験がない金融機関が、一枚加わろうと押し合いへし合いする。ニューヨーク、東京、ロンドンなどの大手銀行が融資の手配をし、アトランタやユトレヒトやミラノの銀行に少額ずつ責任を持たせるのだ。毎年秋に通例ワシントンで開催される世界銀行と国際通貨基金の年次合同会議は、いつもなら単なる技術官僚の集まりなのだが、各国の財務大臣にさらなる融資を申し出ようと競い合う銀行家たちが群がる無礼講のようになってしまった。飲み放題のアルコール、カニの爪やラムチョップが山積みのテーブル、演奏してまわるミュージシャンが、取引の雰囲気を盛り上げた。(3)

地域によっては、融資は賢く使われた。地域によっては、そうでもなかった。借りた金をどう使えば経済発展をもっとも効率よく促進できるかについての各国大臣の判断は、プレビッシュの理論が予測したとおり、無私無欲であることはまれだった。民主主義が機能している借入国はほとんどなく、大半が国庫を自分の貯金箱のように扱う強権な独裁者に支配されていて、司法からもマスコミからも調査はおろか批判さえ一切受け付けなかった。一九七三年から一九八〇年の間に年率四・六パーセントという堅調な成長を遂げる発展途上国の生産が示した見事な数字は、外国からの融資の大部分が労働者の生産性を向上させたり小規模農家の生活状況を改善させたりすることのまったくない「威光プロジェクト」に注入されているという事実を覆い隠した。善意に基づく目標を支援するものでも、借入国政府がその目標を達成する能力に欠けていて、常勤の教師がいないまま学校を建てたり、医薬品がないのに病院を建てたりしていた。

一九七〇年代後半、外資の流入のおかげで多くの発展途上国が緊縮経済を回避できた。人脈を持つ者との取引に使われた資金でさえ下流に浸み出ていき、運転手やレストランのウェイター、建設作業員などの雇用を生んだ。世界銀行のような国際的組織からの新規融資は乳児死亡率を引き下げ、識字率を引き上げ、小学校教育をほぼ全世界で実現した。一九七九年に第三世界で生まれた人間は五八歳までは生きられることが期待でき、一九六〇年よりも寿命が一〇年伸びたことになる。都市部のスラム住民はラジオを手に入れ、もっと金回りのいい者ならテレビを買い、アフリカの首都の通りは「ワ・ベンツィ」（ケニアでいいコネを持っていて輸入ドイツ車を見せびらかしたがるエリート層につけられた呼び名）の車で埋めつくされた。

一九八〇年代初頭、どんちゃん騒ぎは突然の、そして残酷な終わりを迎える。一九七〇年代後半にかけてインフレ率が上がり続けたため、ロンドンやニューヨークの銀行が固定金利融資を取りやめて変動金利融資に切り替え、金利が金融市場の状況に合わせて変動するようになった。FRBの新たな金融ルールによって金利が押し上げられた一九七九年一〇月以降——米財務省が発行した一年債の利回りは、一九七八年の八パーセントから一九八一年には一七パーセントにまで跳ね上がった――借り手の利息支払いも跳ね上がっていく。国内の事情通は外国の銀行家よりも素早く前兆を読み取り、稼いだ現金をかたっぱしから外貨に換えてマイアミやジュネーヴにしまいこんだ。貧困国での投資を目的としていた現金は国を逃げ出して融資繰り延べをした元の富裕国の銀行に逆戻りし、借入国は国にまったく経済利益をもたらさない融資の利息と元金を返済しなければならなくなった。(4)

一九八一年になってドルがほかの通貨に対して上がり始めると、以前と同じだけのドルを手に入れるためにもっと多くのコーヒーや小麦、ヤシ油を輸出しなければならなくなった借入国への圧力は、さらに厳しくなった。なかでも特に極端な例がペルーで、一九七〇年には輸出で稼いだドルの九分の一を債務の支払いに充てていたのが、一九八一年には五分の一にまで増え、経済成長に役立てられるような機械や発電設備、原材料を輸入するために使える外貨収入がほとんど残らなくなってしまった。その時点で、ボルカーがのちに書いたように、「債務危機は単独の急行列車に乗っている状態だった」(5)

一九八一年、中央アフリカ共和国からパキスタンまでの世界最貧国八カ国が世界銀行やその他の公的融資機関への返済を先送りしなければならなくなり、さらにボリビア、ジャマイカ、スーダンの三カ国が、期限までに返済できない商業銀行融資の再交渉に入った。世界中の銀行は、融資基準を厳しくするという対応を取る。満期になった融資を新規融資で置き換える代わりに、返済を求めたのだ。だが、借入国には返せる金がなかった。「世界的な資金の流れの構造が変わり、金利が高くなったため、多くの発展途上国の流動性が圧迫されることになった」との世界銀行の発言は、かなり控え目な言い方だった。そして一九八二年八月一二日、バケツの底が抜けた。(6)

そのニュースは、電話でもたらされた。メキシコの財務大臣ヘスス・シルバ・エルソグがアメリカの財務長官ドナルド・リーガンに電話をかけ、メキシコは翌週の月曜に返済期限を迎える三億ドルを支払えないと伝えたのだ。それに、翌年の返済に充てるために毎月必要となる二〇億ドル以上の資金をどこから捻出したらいいかもわからない、とも。この緊急のメッセージはFRBのポール・ボルカーと国際通貨基金のジャック・ド・ラロジエール専務理事にも伝えられた(7)。

シルバ・エルソグは、この三人の男たちをよく知っていた。イェール大学で経済学を学んだベテラン官僚だった彼は、メキシコシティで経済関連の重職を長年務めてきた人物だ。一九八二年三月に財務大臣になったばかりで、そのときにはもう危機が迫っていることは明らかだった。メキシコの主なドル収入源である国有石油会社からの輸出は前年の予測をはるかに下回っており、その一方で対外債務は八〇〇億ドル以上に膨れ上がっていた。二月には何年も安定を保ってきたペソが暴落し、企業が国内で売り上げたペソを使ってドル建て債務を返済することが事実上不可能になった。ものの数週間で、メキシコ最大の民間企業が外資系銀行への二三億ドルの返済不履行に陥る。六月、長期協定に基づき、シルバ・エルソグはFRBに七億ドルの融資を要請した。その融資はアメリカによるメキシコへの支援を表すためのものだったが、メキシコが一週間乗り切れるかどうかという額だった。「これは外見をつくろうための金額に過ぎない」とボルカーはFRBの同僚に語っている。「そして、これは世界の金融市場がメキシコに対してかなりきつく門戸を閉ざしているという兆しだ」。シルバ・エルソグが八月一二日にかけた電話は、銀行が既存の融資の返済期限延長も、新規融資の提供も拒否したことの証明だった。返済期限が迫っていた(8)。

この電話は、いくつものの騒々しい交渉を引き起こした。何百もの銀行が、メキシコ政府に貸付残高を持っていたのだ。そして全員、メキシコがドミノの最初のピースに過ぎないことを理解していた。第三世界全体で「発展の見通しが……過去一年で悪化している」と世界銀行は警告していた。中南米諸国は一九八二年末の合計で三二七〇億ドルを外国から借りていて、インドネシアやトルコ、ポーランドなどの大規模経済国はさらに数千億ドルを借りていた。ブラジルの経済官僚がいくら「ブラジルはメキシコとは違う」と声高に主張しても、金融市場からすれば発展途上国はどれも似たように見えた。ほんの数カ月前には銀行に大歓迎されていた同じ借り手が、いまや不良取引先とみなされていた。たった数カ月でも、どのような金利でも、民間からはもう借りられなくなっていた。それどころか、今ある借金をそろそろ返してほしいと言われる始末だった。過剰な借り入れに対処する一般的な手法である返済繰り延べという選択肢が切り捨てられ、各国の財政状況は急に厳しくなる。一九八二年末までに、約四〇カ国が返済を滞納していた(9)。

ウォルター・リストンが「国家は倒産しない」と言ったのは事実だが、多くの国が折に触れ、何年も続けて対外債務の返済を履行できなかったのもまた事実だ。対外債務の支払い猶予は一九世紀には一般的だったし、一九三〇年代の恐慌で崩壊した時代も同様だった。だが、一九八〇年代には、この選択肢を避けるだけの理由がすべての関係者にあった。借入国が債務不履行に陥ったら、その国の経済は世界から切り離されてしまうかもしれない。外国投資が止まり、食糧や原材料の輸入も難しくなる。借主が国有企業だったら、ほかの国の裁判所がオフィスビルや国有船舶会社の船など、外国の資産を差し押さえようとするかもしれない。生活水準も激しく悪化するだろう。失業率は跳ね上がり、最終的には、政府がまた借金をしたいと思ったら、銀行と交渉する以外に選択肢はなくなる(10)。

発展途上国の大々的な債務不履行は、銀行にとってもやはりまずい事態になる。借り手が返済期限を数カ月以上過ぎるようなら、銀行はその融資の価値を帳簿に「評価損」または「損金」として記載しなければならなくなる。つまり、資金の一部が失われたと正式に認めるということだ。アメリカの大手九銀行は、自己資本の三倍近い額を発展途上国に融資していた。ドイツは、東欧の共産圏にかなりの貸付をしていた。それらの融資のほんの一部でも損金処理することになれば、貸し手である銀行は完全に破綻してしまう。銀行は、融資を分散させることでそうしたリスクから身を守っているはずだった。だが、政府の監督官が慎重を呼びかけていた間にも、別の政府高官は助けを必要としている隣人には返済期限を延長して外交政策目標の達成を支援するよう促していた。「第三世界への融資には介入しないよう、銀行規制当局への政治的圧力があった証拠がある」とある調査が結論づけている。多くの金融機関はあまりにも多額の融資の返済期限を延長したため、たった一カ国への高額な融資を損金処理するだけで、確実に致命的なダメージを負うことがわかっていた。(11)

富裕国の政府も、厄介な立場に置かれていた。多くが銀行の国内顧客を守るための保険制度を導入していて、大手銀行が破綻した際には預金者への返済に国家予算を投入しなければならなくなるかもしれなかった。だが大規模な失敗の可能性が示唆していたのは、預金者の救済費用に留まらなかった。一九八二年、世界経済はかなり脆弱な状態にあった。インフレはようやく下がり始めていたが、多くの富裕国では失業率がまだ高く、経済成長も停滞気味だった。銀行の力が弱すぎて拡大したがる企業への融資ができなかったり、新車やマイホームを購入したい消費者への融資ができなかったりするとなったら、成長を回復させるのはかなり難しくなる。銀行は常にお互いに貸し借りや取引をしていたので、ひとつの大手銀行の破綻はほかの銀行も一緒に引きずり下ろす可能性が高く、すべての銀行の融資能力が損なわれるのは間違いなかった。アメリカの銀行監督者は、すでに国内七番手の大手銀行コンチネンタル・イリノイのことを心配していた。軽率な融資を長年続けた結果、破綻の瀬戸際まで来ていたのだ。さらに、ほかの銀行も手持ちのドルをすべてかき集めて第三世界への問題だらけの融資案件に対処しようとするなか、取引歴の長い借り手への融資でさえやめなければならなくなることは想像に難くなかった。

世界は、袋小路にはまっていた。どの銀行も資金を回収したがっていて、多くの借り手が複数の貸し手と交渉したがっていた。だが発展途上国の政府が手持ちのわずかなドルでひとつの銀行からの借金を返済したら、たとえ返済を減額してもらっていたとしても、ほかの銀行に返せる資金が減ってしまう。このため、債務危機の段階的な解決は不可能だった。銀行も借り手も、逃れることはできない。だが、銀行も借り手も破綻は許されなかった。そんなことになれば、西ヨーロッパと北米、そして日本までもが危機にさらされる。第三世界の債務危機は、解決不可能に思えた。

一番の優先事項は、破綻を食い止めることだった。スイスに拠点を置き、銀行規制当局間での連携を促進する国際決済銀行が、シルバ・エルゾグの電話から数日以内に数多くの中央銀行からの緊急融資パッケージを取りまとめる。アメリカの財務省は、メキシコがあと何週間か返済を続けられるよう、特に多くの資金をかき集めた。世界中の銀行頭取が八月二〇日にニューヨーク連銀に招集され、メキシコの融資返済の「停止」への合意を求められる。銀行監督機関が考える「停止」の意味は、メキシコは返済をしなくてもいいということに銀行が自主的に合意する、というものだった。「自主的」という部分が、ここでは重要だった。メキシコは返済猶予や債務不履行、その他銀行が融資を損金処理しなければならなくなるような行為は一切宣言していなかった。それなら、銀行はまだ力があるふりをしていられる。緊急融資と支払い停止は、メキシコが借金を返済し続け、銀行制度を沈没から守れるような長期契約を取りまとめるための時間をかせぐのが目的だった。(12)

一九八二年の最後の数カ月は交渉の連続で、寝る時間もなくなった銀行家や財務大臣たちがメキシコシティとワシントン、バーゼル、ロンドン、ニューヨーク間を飛び回って次から次へと駆け引きを繰り返していた。国際通貨基金が対話の幹事を引き受けると、高官たちはメキシコが驚きの一四〇〇行という債権者を抱えていたことを知る。大口の債権者は、今すぐにでも返済を必要としていた。リストン率いるシティコープの株主はメキシコが潰れたら投資の半額以上を失う恐れがあり、そもそも銀行が経営を続けられるかどうかもあやしい、という状態だった。一方、規模がより小さい銀行はメキシコの返済期限を延長することには一切興味がなかったし、もっと融資をする気などなおさらなかった。彼らは、IMFとIMFを動かす財務大臣たちが大手銀行の利益だけを守り、小規模銀行を見捨てるのではないかという、根拠がなくもない恐れを抱いていたのだ。

一九四四年にブレトン・ウッズ協定の一環として設立された機関のひとつであるIMFは、もともとは自国通貨をドルに対して固定しておくという誓約を守れない国を支援するための機関だった。そういう事態が起こったら、問題を抱える国の財務大臣がかしこまって、ワシントンの財務省とFRBの間という便利な場所にあるIMFの近代的な本部へ嘆願にやってくることになっていた。広く知られていることだが、IMFは為替レートを変更し、国が経済に秩序を取り戻せるよう融資をおこなう権限がある。一九七三年に富裕国が変動相場制に移行したあとも、小規模国家の多くが米ドルやフランスフランに自国通貨を固定したままで、通貨市場が自国に不利に働くようになったらIMFに助けを求めることができた。IMFに最大の危機が訪れたのは一九七六年、崩壊するポンドを安定化させるためにイギリスに三九億ドルを融資したときだった。通常、IMFの顧客は財務省や中央銀行で、商業銀行の融資の再構築は、通常業務には含まれていなかった。

IMFの融資には、条件があった。借り手候補に一ペニーでも渡す前に、IMFは専門家チームを派遣して経済改革プログラムの策定をおこなう。政府がIMFの出した条件に合意しないのなら、融資はおこなわれない。条件を受け入れても、融資は全額一括ではなく「トランシェ」と呼ばれる分割で支払われ、借り手が約束した改革を実行できないとなったら、いつでも資金の流れを中断できるようになっていた。IMFで務める膨大な数の経済学者たちは自らを政治色のない技術官僚とみなしていたが、組織自体はかなり政治的なもので、借り手候補に突きつける条件はアメリカやヨーロッパの高官の意見を反映していた。IMFのトップは、伝統的に、ヨーロッパ人が務めていた。一九七八年以来専務理事を務めていたジャック・ド・ラロジエールは、フランス財務省の高官だった。二二カ国の代表が理事を務め、融資の申請に対する最終的な決定権を持っていたが、ほかのどの代表よりも強い発言権を持つアメリカが采配を振るうことがほとんどだった。メキシコの危機が発生したころIMFは資金不足に陥っていて、レーガン政権はIMFが自由に使えるよう各国政府が提供する資金を増額してほしいというド・ラロジエールの働きかけに反発していた。[13]

一一月一六日、ド・ラロジエールはIMFのメキシコ支援計画を明らかにした。財政赤字を大幅に削減し、補助金を減らし、税収を増やし、通貨供給を厳しく管理するなど、IMFがしばしば要求する形の改革をメキシコ政府が実施することを条件に、三九億ドルを融資するというものだ。だが、ひとつ問題があった。ド・ラロジエールは、メキシコが自国の民間銀行への返済にIMFの融資を使ってはならないと主張したのだ。メキシコの銀行がメキシコ政府に五〇億ドルの新規融資をおこなうことに合意するまで、IMFからの融資は受けられない。IMFによる救済ではなく、メキシコが自力で内部救済しなければならないということだ。政府からの圧力を受けて銀行はしぶしぶながら同意し、メキシコに貸している金額に応じて新たな融資を組んだ。レーガン政権は、IMFがもっと資金を受け取るべきだと合意し、契約を結んだ。すべてがまとまったとき、メキシコは一年間の猶予を勝ち取っていた。そして銀行は、少なくとも翌年に関しては、監督機関が自行のメキシコ政府への融資を黄金と同価値とみなすという保証を勝ち取った。銀行は融資組成の手数料二億ドルを山分けしたため、収益は瞬く間に増加した。メキシコが一九八三年に返済期限までに支払った金利はそのまま銀行の純利益に組みこまれたが、実際にはメキシコが払ったその金は、銀行が貸した金だった。(14)

メキシコの融資契約が締結されていたちょうどそのころ、ブラジル政府もIMFに債務の返済繰り延べを手伝ってほしいと打ち明けていた。ブラジルの問題は国際投資家たちにとっては寝耳に水だった。それまで、問題が浮上していることなどブラジルはおくびにも出していなかったからだ。経済学者ジョン・マキンは当時のことをこう思い返す。「一九八二年九月、ブラジルはまだすべての銀行家の自慢の種だった」。だが、その負債はメキシコのそれよりもはるかに高額だったことがすぐに明らかになる。銀行はここでも内部救済を余儀なくされ、三年で四九億ドルという額を支出した。IMFが命じたインフレの引き下げにブラジルが失敗するとこの取引はすぐに崩壊し、銀行はそれ以上の資金拠出を拒否した。一九八三年から一九八四年にかけて、ブラジルは債務不履行の淵をさまよっていた。(15)

ブラジルのうしろに控えていたのはアルゼンチンだ。軍事政権が国の経済力を骨抜きにして去ったところだった。高額債務者にしては珍しく、アルゼンチンは一九七〇年代に繁栄してはいなかった。借りた金のほとんどが、道路やパイプラインではなく武器や飛行機に消えてしまっていたのだ。国民所得は、一九七四年から一九八二年の間で二パーセントという微々たる成長率だった。インフレは毎月一六パーセント、一般家庭の家計支出は三年連続で減少し、民間経済の大部分が事実上破産状態だった。四月、壊滅的な経済状況から大衆の目をそらそうと、将軍たちはフォークランド諸島をはじめ、イギリスが南太平洋に所有する島々の領有権を主張して武力占領を強行することにした。だが、その企ては屈辱的な敗北に終わる。突如として権力を放棄することに前向きになった将軍たちは三八〇億ドルの対外債務を積み上げ、戦争関連の制裁のせいで政府による債務の支払いはすでに滞っていた。対外債務の半分が一九八三年の時点で未払いだったアルゼンチンは、なんとしても銀行に返済の延期を合意してもらわなければならなかった[16]。

この三つの高額債務国のどれかひとつでも債務不履行に陥れば、外国の大手銀行がいくつも破綻していただろう。そしてこの三カ国のうしろには、経済規模でみれば同じくらい深刻な債務問題を抱える国がぞろぞろと連なっていた。ペルー、エクアドル、ポーランド、フィリピン、ベネズエラ、ユーゴスラヴィア。重債務国に次ぐ重債務国がIMFに泣きつき、経済改革を約束して返済の延長を交渉した。それに対してIMFは銀行に内部救済させ、支払期限の延長か新規融資の提供をするべきと主張した。一年から二年のうちに、債務国はまたしても交渉と新規融資の申し込みにやってくることになる。民間銀行から発展途上国への融資は一九八一年末時点で二三二〇億ドルにのぼっていたが、一九八六年末にはさらに増えて四二七〇億ドルにまでなっていた。それぞれの融資組成の際に銀行が集めた手数料と銀行が請求した二桁台の金利だけ見れば、融資の再編はかなり儲かるビジネスのように思えた。

だが、それはすべて、一種の詐欺のようなものだった。銀行の収益が堅調に見えたのは、事実上自分で自分に金を貸していたからだ。貸借対照表が、特にアメリカと日本で、健全になっているように見えたのは、監督機関が見て見ぬふりをして、大手銀行に対して一部の融資が返済されることはないと認めるよう求めなかったからだ。一九八二年から一九八五年の間にアメリカの銀行が損金処理したのは、貸していた金額の一パーセントにも満たない額だった。富裕国から見れば、経済的大惨事は回避できていた。国内ビジネスが一九八五年に回復し始めると第三世界への融資は大手銀行の貸出債権や収益のごく小さな割合しか占めなくなり、小規模銀行の多くが発展途上国向け融資そのものから逃げ出すことができた。銀行は、奈落の淵から後ずさりすることができたかに見えた[17]。

富裕国の、銀行の豪華な高層オフィスビルで発生したパニックも、財務大臣の顔に浮かぶ隠しようのない懸念も、一般の人々にはなんの意味も持たなかった。銀行制度全体が崩壊するかもしれない「システミック・リスク」は、銀行が融資を提供し続け、ＡＴＭが現金を吐き出し続けている限りは、市井の人々が心配するようなことではなかったのだ。

第三世界の債務危機の影響が第一世界で最初に感じられたのは、かなり違った形でだった。痛みに耐えたのは、工場都市だ。一九七〇年代後半、発展途上国からの建築設備や発電機器、消費財の発注が富裕国の工場を繁盛させていた。だが一九八〇年代に入ると、債務国は大きな貿易黒字を続ける以外に借金を返済できる望みがなかった。そうしなければ、切実に求められる外貨が蓄積できなかったのだ。輸入の注文は枯渇したか、あるいは輸入業者がドルや円を手に入れられないように働きかける債務国の財務省によって妨害されていた。一方、有利な為替レートに助けられ、貧困国の製造品が初めて膨大な量で富裕国に輸出されるようになる。アメリカは特に大きな打撃を受けた。通貨市場のトレーダーたちが発展途上国の通貨を市場に大量投入し、ドルの価値を釣り上げたことで輸入が安くなり、アメリカからの輸出がかなり高くなってしまったからだ。ある推計によれば、一九八二年だけでアメリカから中南米への輸出が九〇億ドルぶん減少し、アメリカの製造業で二五万人の仕事が失われたそうだ。債務危機は決して富裕国の工業労働者にとって最大の打撃だったわけではないが、生活水準を圧迫するもうひとつの要因であったことは間違いない(18)。

だが、発展途上国の街中では、輸出の小ブームはあまり危機感を和らげる役には立ってくれなかった。さらに多くの輸出とさらに多くの債務再編のおかげで重債務国は債務不履行には陥らずにすんだが、国民にはひたすらに耐乏生活を強いていた。賃金は急激に減り、ただでさえ厳しい生活水準は坂を転げ落ちるように悪化していく。一日二ドルで生活していた人々は、一ドルでやりくりする方法を考えなければならなくなった。一九八三年だけで中南米とアフリカの一人当たり所得が五パーセント落ち、貧困率は急増した。造りかけのまま放棄された橋や鍵のかかった工場入口の光景が、経済の急停止を物語っていた。外国からの投資が干上がると、一九七〇年代にようやく日の当たる経済で職を見つけて、床を掃除したり工場でトラックに荷物を積んだりして生計を立てていた人々はふたたび裏経済の労働に身を落とし、公園で靴を磨いたり交通渋滞の中で運転手相手に大道芸を見せたりしてコインを数枚稼ぐ生活に逆戻りした。コニャックのフルボトルがステータス・シンボルになり、持ち主は禁輸品を手に入れられるコネと現金を持っていることを誇示した。IMFの調整計画は、誰の暮らしも改善しなかった。IMFの経済学者にとっては、補助金削減は政府の財政赤字削減の唯一の方法だった。貧困層にとっては、それはただパンの値上がりを意味した。[19]

経済が縮小するうちに、もともとある融資にさらに新規融資が積み上がり、債務負担はますます重くなった。アフリカの対外債務は、一九八一年には総所得の三分の一以下しかなかったが、五年後には、それが半分にまで増えていた。一九八六年末、たとえ中南米諸国がすべての輸入をストップし、輸出収入の最後の一セントまでをすべて債務返済に充てるという魔法に成功しても、完済までには三年半かかる計算だった。資金は債務国に流入するのではなくひたすら流出し続け、明るい未来への唯一の希望である投資を抑えこんでいた。投資の欠如は、非常に深刻な影響をもたらした。農家の作物を市場に運ぶための道路が新しく敷かれることもなく、僻地に電力をもたらす電線も引かれず、次世代を育てる大学も新設されなかったのだ。[20]

経済成長のレシピとしては、緊縮経済は悲惨なほどの失敗だった。そして、失敗は会話の流れに変化を生む。一九八五年、富裕国の高官たちは、債務危機管理をIMF（短期融資で直近の通貨危機に対処することが仕事）から世界銀行（貧困国の経済発展を支援するという明示的任務を持つ）へ移すべきだ、と提案するようになる。

一九八五年一〇月、米財務長官に任命されたばかりのジェームズ・ベイカーは新たな「持続可能な成長のためのプログラム」を打ち出した。ベイカーが言ったことは、中南米やアフリカで誰もが三年前から言っていたのと同じことだった。発展途上国が債務問題を克服するには、経済を発展させるべきだ、というものだ。詳細はあいまいながら、ベイカーは民間銀行と世界銀行がもっとも大きな問題を抱える一五カ国へさらに融資することを提案した。ただし、それらの国々が「成長を促進するために……包括的なマクロ経済的かつ構造的な諸政策を採用する」ことが条件だった。[21]

ベイカーの計画は、前進しなかった。大手銀行が一番やりたくないのが、すでに借金で絶望的なほど首が回らなくなっている国にもっと金を貸すことだったのだ。だが、彼の発言は、レーガン政権のイデオロギー的な傾向と同じ方向へと議論を推し進めた。この見方によれば、債務危機の根本的な原因は一九七九年以降の銀行による軽率な融資でもなければ物価の低下や金利の急上昇でもなく、むしろ、債務国自体の行動にあった。債務国政府は大きすぎて押しつけがましく、民間のイニシアティブを抑圧して繁栄を殺してしまっている、というのがワシントンの主張だった。大きい政府は問題だから、小さい政府が解決策というわけだ。「成長を促進」させるためにベイカーが考えていたのは、レーガンがアメリカのために考えていたこととほぼ同じ内容だった。政府支出の削減、限界税率の引き下げ、自由貿易、対外投資への寛容さ、そして民営化だ。

債務疲れに苦しんでいる世界で、この考えは受けが良かった。IMFと世界銀行は自由市場政策が債務国の成長をついに可能にし、トップダウン政策と政府主導による投資という過去の手法を急激に逆転させるはずだという、この新たな英知を広めてまわった。債務国の人々の多くも同じ結論に達し、ラウル・プレビッシュが長年擁護してきた輸入障壁に支えられる国営による産業化は持続可能な繁栄をもたらすことに失敗した、と認めた。市場中心の新たな考え方は、「ワシントン・コンセンサス」と呼ばれるようになる。この専門家たちが言うところの、非公式な原則概要が、発展途上国が債務から抜け出すことができるようにしてくれるはずだった。[22]

だが、ワシントンとロンドンで議論された政府の役割に関するイデオロギー抗争を基に助言をまとめた専門家たちは、発展途上国の経済問題が高い税率と大きな政府よりは、むしろ大規模な税金逃れと無能な政府によるものだという事実に気づくことができなかった。民営化は国有の独占企業を民間の独占企業に変えただけだったので経済成長にはほとんど貢献せず、外国からの投資に門戸を開いても、投資家が賄賂や契約を要求してくる腐敗した役人の大群に直面する状況では、たいした影響をもたらせなかった。衝撃的なほど識字率が低いために労働者の生産性がなかなか向上しない国では、ただ政府を小さくするだけでは民間学校の学費がとても払えない子どもたちに十分な教育を与えられるよう教育省の能力を向上させることができない。ワシントン・コンセンサスの擁護者たちが無視したこのような問題は、発展途上国の経済成長の大きな足手まといとなった。

債務危機を克服するという点について、模範のような国がひとつだけあった。韓国だ。この国の対外債務は、一九八五年末時点で四七〇億ドル近かった。経済の規模で比較すれば、メキシコよりも債務に苦しんでいたことになる。韓国は、ワシントンから発信される助言を真っ向から拒否した。彼らの国はあらゆる意味で自由市場経済ではなかった。どの産業が成長し、どの産業が縮小するかは五年計画で決定され、どの企業が韓国の銀行から融資を受けられるかは国が決めた。政府が重要とみなした産業は、輸入障壁によって守られた。政府は自動車の販売を厳しく制限してほかの商品の価格も高いまま維持し、一般家庭が収入の大部分を貯金するように仕向けた。その貯金によって、それ以上外国からの融資を受けなくとも事業投資が可能になった。サプライ・サイド派の教えに真っ向から対立した韓国は財政黒字を維持するために税金を引き上げ、経済状況を「微調整」するために税と支出を常にいじり続けた。規制撤廃、民営化、外資への寛容は政治目標には入っていなかった。その代わり、政府は教育に膨大な費用を割いた。新たに広まった考え方に逆らったにもかかわらず、韓国の経済は非常に堅調に推移し、厳しい軍事独裁政権から騒々しい選挙制民主主義へのあぶなっかしい移行をこなしながらも、対外債務から抜け出し始めていた。(23)

国民に対して実質的に消費を抑えるよう強制し、収入の三分の一以上を貯金させて韓国を見習うことに成功したのはシンガポール、台湾、イギリス統治下の香港など、ごくわずかな、いずれも小さな国ばかりだった。ほかの債務国のほとんどは、一九八〇年代をよろめきながら乗り切り、ワシントンの自由市場による成長政策が実を結ぶのを待っていた。一九八七年、債務国を生き長らえさせるために五年間も世界的な努力を続けてきた民間銀行がついに、第三世界向け融資の一部を損金処理し始める。だが、一部の債務が部分的に免除されてもなお、「世界的債務危機は終わりが見えないまま七年目に突入している」と元世界銀行の経済学者でペルーの閣僚ペドロ・パブロ・クチンスキは一九八八年に書いた。もっとも債務が重い国の生産性の成長はみじめなほどに低く、雇用創出も亀の歩みだった。

彼らの経済的悲哀には、政治的な影響もあった。国民が期待するような経済好転をもたらすことができなくなった軍事支配者たちは債務国の多くで権力の座を追われ、メキシコの独裁政権は公正な選挙を実施せざるを得なくなり、やがて政権を失った。だが、新たに選ばれた政府も、彼らが追い落とした独裁政権よりうまく経済状況を改善できたわけではなかった。経済学者アンガス・マディソンの計算によれば、平均的なメキシコ人の生活が一九八二年の債務危機が始まったころよりましになったのは一九九七年になってようやくだった。平均的なフィリピン人は、二〇〇二年まで完全回復を待たなければならなかった。平均的なペルー人は二〇〇五年まで待たされた。富裕国と同様貧困国でも、急速に向上していく生活水準を享受するという満足感は、経済危機が過ぎてだいぶたってもなかなか実感できなかった。[24]

第15章　新しい世界

一九七三年に始まった経済不況は、誰が想像したよりもずっと長く続いた。一九七〇年代後半までには、厳しい経済状況が生産性向上の停滞を引き起こしているのは一、二カ国にとどまらず、世界中に広がっていることが明らかになっていた。その結果を簡単にまとめてしまえば、労働者は過去にできていたほど迅速に富を築くことができなくなり、分け合える利益が少なくなってしまった、ということだ。

経済学者が生産性を測定する方法はいくつもあって、その中で一番よく理解されているのが一時間の労働によって生産される量だ。一九五九年から一九七三年の間、世界でもっとも大きく、もっとも繁栄している一二カ国の労働生産性は年平均四・六パーセントという驚異的なスピードで成長していて、世界中の生活水準を引き上げ、福祉国家を拡大させる財源となる富を築き上げた。だが石油危機直後の一九七四年、生産性向上率が急降下する。そこからの四半世紀、同じ一二カ国の労働生産性の平均成長率は二パーセントと、黄金時代の半分以下にとどまった。日本の平均値は年間八・五パーセントだったのが三パーセントに、スウェーデンは四・六パーセントが一・二パーセントに落ちこんだ。貧しい国でも、状況は同じだった。チリ、マルタ、韓国などごくわずかな国を例外として、生産性の鈍化は、データが入手できる限り世界中のすべての国に影響を与えた[1]。

ほかの生産性の指標はもっと幅広い視点から、経済が労働者の技能を向上させたり、労働者一人ひとりが使える機材を増やしたりもっといいものに換えたり、技術向上を図ったりすることで、資源を有効活用するその効率性を考慮する。この視点から見た場合にも、富裕国の一九七〇年代と一九八〇年代の生産性はそれ以前よりもずっと成長が遅かった。この期間についてもっとも完全なデータがそろっているアメリカの推計は、衝撃の事実を物語っている。一九六〇年から一九七三年までの一三年にかけて、全要素生産性（労働生産性、資本生産性、技術発展を分析する測定方法）はアメリカの事業部門で三四パーセント向上した。対照的に、一九七三年から一九八六年までの一三年間で、アメリカの事業部門における全要素生産性は七パーセントしか伸びていない。効率が圧倒的に良くなる代わりに、事業収益は停止状態で、成長はほとんど目に見えなかった[2]。

直観的には、伸び悩む生産性が賃金を抑えこみ、不安を蔓延させるのは理解できる。だがなぜ生産性が伸び悩んでいるのか、そしてそれを回復させるために何ができるかについては、謎のままだった。

仮説なら、売るほどあった。生産性の低い農業系の仕事から生産性の高い工業系の仕事への労働者の移行は、一九五〇年代にはかなり生産性向上に貢献した。だが、農業従事者が少なくなる一九七〇年代には、その要因による成長は鈍化していた。また別の仮説では、一九五〇年代のベビーブームから二〇年ほど経って前例のないほど大量の、しかもベテラン労働者のような技能を持たない若者が労働人口の仲間入りをしたことを要因に上げている。経験を積んで彼らの能力が向上すれば、生産性も上がるかもしれない。あるいは、若くて給料が安い労働者が大量供給されたことで、労働節約的な技術への投資が雇用主にとってあまり魅力的に思えなくなったのかもしれない。ひょっとすると、石油価格の高騰が原因だったのかもしれない。化学メーカーや繊維メーカーなど、初期のころにもっとも生産性の伸び率が高かった産業に特に大きな影響を与えたからだ。企業がよりエネルギー効率の高い設備を導入して高いエネルギーコストを相殺していけば、生産性が復活するのかもしれない。

それに、事業収益率の世界的な減少もあった。カナダ、イギリス、アメリカ、西ドイツはいずれも、特に製造部門で一九六〇年代に収益性の低下を経験している。日本企業も、一九六〇年代におこなった投資の支払コストがますます負担となってきて同じ道をたどった。フランスの収益性も、一九七三年以降に急落している。収益性が弱くなり、企業は生産性を高めるための投資に使える資金が少なくなり、経済というパイのもっと大きな分け前を受け取る権利があると考えている労働者の要求に応えるための資金はさらに少なくなった。企業が古い設備にしがみつけばしがみつくほど、生産性の向上はますます鈍化していった。(3)

企業にとってさらに重圧となったのが、環境保護に対する要求の高まりだった。清浄な空気と清浄な水は、戦後世界ではさほど重要視されていなかった。政府当局が排気を測定することなどめったになかったし、工場や発電所が近隣住民からの苦情を受けたとしても、煙突や配水管を長く伸ばして汚染物質を遠くに出せば地元の問題は解決できた。一九六〇年代後半から一九七〇年代前半にかけて施行されていった新しい山のような環境保護法は、そのようなやり方に終止符を打ち、新規設備にも、多くの場合は既存の建物にも、汚染防止策を義務化した。時間をかけて環境汚染がもたらす病気や不快感、財産への被害を排除していくことで、こうした規制は生産性や国民所得の数字では測れない形で生活の質を向上させていた。だが発電所に洗浄機や水の濾過装置を設置するためには、企業がもっと高い生産性を実現するために使えたはずの事業資本を消費しなければならなかった。アメリカでは、環境保護に対する民間企業の支出はインフレ調整後で一九七二年から一九七八年の間に倍増している。経済に支障をきたさないよう、環境基準は慎重に設定するべきだと

いう経済学者たちの警告は、新たな環境規制を行う際の政治的綱引きの中では、おおむね無視された。(4)

生産性の伸び悩みが目に見えたのは工場だけではない。農業やサービス分野でも同様だった。富裕国の農業生産量は、一九六〇年代に爆発的に向上した。肥料や農薬、ハイブリッドの種などにかなりの費用をつぎこみ、農家は毎年一エーカーあたり平均二パーセント多くの穀物や大豆を生み出すことができるようになっていた。一九七〇年代に入ると、一エーカーあたりの生産量はあまり増えなくなり、一九八〇年代にはほとんど増えなかった。フランスの甜菜《てんさい》農家やカナダの小麦農家に繁栄をもたらしていた技術の進歩は、もう見られなくなっていたのだ。一方、サービス分野が成長したのは、消費者がマイホームや車庫に車だの家電だの家具だのをひととおり買い揃え終わると、次には商品よりもサービスに金をかけるようになったからだ。生産性を上げるためにもっと新しい、もっといい設備をいつでも導入することができる工場とは違って、ネイルサロンや法律事務所、観光リゾートのようなサービス業は、なかなか生産性を伸ばすことができなかった。サービス業で生計を立てる労働者が増えるにつれ、経済全体における労働生産性の平均成長率は、必然的に鈍化していった。(5)

これらの仮説のどれひとつとして、経済が大きく異なり、多種多様な経済政策を実施する国々すべてに影響を与えた生産性の低下を説明することはできなかった。データを深く掘れば掘るほど、学者たちの混乱は増すばかりだった。データがまだ明らかにしていなかったのは、世界が経済成長の新たな段階に進んでいた、ということだった。いままでとは、はるかに違う形で発展していく段階だ。

完璧に仕立てられた服に身を包んだ企業経営者の風貌を持つ国会議員サー・キース・ジョセフは、自由市場経済についてマーガレット・サッチャーに一番多くを教えた人物で、一言余計なことで有名だった。一九七四年六月、ロンドンの東端に位置するアップミンスターでおこなわれた保守党議員の会合で、彼はその評判に磨きをかける発言をした。それよりさかのぼること四カ月弱、経済が急降下する中でハロルド・ウィルソン率いる労働党が選挙できわどく勝利して保守党を権力の座から追い落としていた。労働党の少数派政権は不安定で、また選挙をおこなうことは避けられないかに思われた。たいていの政治家ならこの機を捉えて保守党の復活を助けてくれそうな無党派層に訴えかけ、基盤を広げようとしただろう。だがジョセフはまったく逆の行動を取り、労働党の失敗だけでなく、自らの党が犯した間違いまでも攻撃したのだ。「三〇年にわたって、我々は成長の速度を無理に押し上げようとしてきた」と彼は主張した。「成長は大歓迎だが、どうすれば加速化できるかについては我々はまったくわからない」[6]

この混乱は、不愉快な真実を露呈させた。黄金時代に終わりをもたらした力に対抗する、明確な手法は存在しないのだ。世界の富裕国は、もはやかつてのように繁栄してはいない。その点に、議論の余地はなかった。一九七〇年代にかけて、短期金利を調整したり政府支出をいじったり、こっちに補助金を出したりあっちに減税を与えたりといった標準的なツールでは、富裕国の全国民のためにインフレの抑制や雇用の創出、生活水準の引き上げを実現することはできなかった。インフレがついに克服されたのは一九八〇年代に入ってからだったが、失業率はかつてないほど高いままで、所得の増加もほとんどなかった。一九七三年以降の富裕国の一人当たり所得は、インフレ調整後でそれまでの時代と比べて半分にも満たない伸び率しかなかった。政府が製造業を強力に支援して海外でもっと商品を売らせ、国内では輸入品との競争から守っていた日本は唯一の例外のように思われた。だが一九九〇年代初頭に入って工場の生産能力が過剰になり、小売業やサービス業が異常なほど非効率になると、欧米が耐え忍んだよりもさらに厳しい、二〇年に及ぶ停滞期に突入することになる。[7]

一九九六年、ケネディ大統領の首席顧問の一人でもあったアメリカ人経済学者ウォルター・ヘラーが、「新しい経済」は完全雇用と低いインフレ率、そして安定した経済成長を保証できる、と宣言したのは有名な話だ。一〇年も経つと、彼の教えはもはや物笑いの種だった。西ドイツの法律に書き記され、経済大臣カール・シラーの多大な努力によって促進された、「魔法の四角形」が示す幸せな経済の均衡は、完全に手が届かなくなったように思えた。しかも西ドイツだけでなく、世界全体でだ。どの国の政府や中央銀行がどれほど努力して、福祉国家を切り詰めたり拡張したりしても、厳しい金融規制を敷いたり毎月金利を調整したりしても、税率の上限を引き下げても一律に固定しても、今の暮らしはいいもので明日にはもっとよくなるというほぼ世界共通の感覚を取り戻すことはできなかった。ジミー・カーター政権のころ、「良い経済政策というのがどんなものなのか、明確に答えるのは不可能に近かった」と一九九一年のインタビューで語ったのは、一九七五年から一九八三年まで議会予算局の局長を務めたアリス・リヴリンだ。「彼らがやっていることを批判するのは簡単だったが、今振り返ってみても、何がなされるべきだったのかは明確ではない」。世界中のほぼすべての国で、同じことが言えただろう。(8)

この事実を認める政治家はいなかっただろうが、世界経済を正すために誰かができることはほとんどなかった。政府が自由に使えるツールは、短期的な後押しにはうまくいく。高額な税還付や金利の引き下げといった刺激剤は、景気後退へ向かう経済をすぐに再起動させることができる。同様に、一九七〇年代と一九八〇年代初頭の発展途上国で見られたように、ろくに監督されていない銀行からの安易な貸付も短期的には全員の気分をよくしてくれる浪費ブームを後押しするかもしれない。

だが、刺激剤が出つくしてしまうと、経済の長期的成長の可能性は生産性の高さにかなり依存するようになってくる。どの富裕国経済でも、一九七〇年代初頭以降の生産性向上は以前より目に見えて鈍化していて、その原因は経済政策とはほとんど関係がないものばかりだった。戦後すぐに生産的な仕事へと移行していた未活用の膨大な労働力は、もうあてにできなかった。小規模農家や小作人たちはとっくの昔に都会へ出て行ってしまって、かつては働いていなかった女性たちも、労働人口にあらかた参加し終えてしまっていたからだ。すぐにでも生産性を向上させることができていた公共支出、たとえば高速道路を造ったり港を近代化したりといったプロジェクトは、もう完了していた。労働人口に加わる若者たちは確実に親世代よりも高い教育を受けていたが、富裕国で読み書きができることがあたりまえとなった今、平均的な教育水準のきわめて急速な向上もこれ以上は望めなかった。幸福をさらに発展させたければ、革新的なアイデアを思いついてそれを有効活用する以外に道はなかった。

イノベーションに影響を与えるという点について、政府は単なる傍観者ではない。研究に資金を出せば、新たな発見の可能性は高くなる。教育や移民政策は、知識の最先端を切り開いていける高い技術を持った労働者の供給源を大きくできるかもしれない。競争を促進し、新企業が成長しやすくする政策は革新的な設備、ソフトウェア、アイデアの発展を加速化できるかもしれない。だが、イノベーションが生産性に影響を与えられる割合は、ほぼ完全に政府の影響力の範囲外だ。革新的なアイデアを商業的に使える商品やサービスに変えるには何年もの試行錯誤を要する可能性がある。一九九〇年代になってようやく普及しだした携帯電話がいい例だ。その基本的な技術が開発されたのは、実はそれより二〇年かそれ以上前だった。イノベーションの中には、補完的な別のイノベーションが生まれるまで経済的に有用とはならないものもある。カラーテレビが初めてアメリカで発売されたのは一九五〇年代初頭だったが、人々が購入するようになったのは、一〇年後にカラー番組が常に放送されるようになってからだった。実証済みの技術でも、普及には時間がかかるかもしれない。もっと効率の良いボイラーが発明されても、古いボイラーが年を経て置き換えられていくまでは、エネルギー効率を改善することはできない[9]。

生産性向上とイノベーションはどちらも、長いサイクルの中で動いているようだ。たとえばアメリカではイノベーションが経済に与える影響は二〇世紀初頭にはまだ微々たるもので、一九二〇年代から一九七三年の間は非常に大きく、一九七三―九五年にはかなり弱く、一九九五年―二〇〇三年は比較的強く、そのあとはまた非常に弱くなった。研究に膨大な費用をかけても経済的な実を結ぶことは何年もなく、ある日突然、商業的に採算の取れる商品やサービスが洪水のように生まれだすのだ。これが、マイクロプロセッサが発明されたときの流れだった。マイクロプロセッサは一九七一年一一月に発明されたちっぽけなシリコンの部品だが、二〇年もの間、生産性に貢献することはほとんどなかった。だがある日、この部品が可能にする安価な計算能力を活用するために事業をどう再構築するべきか、経営者たちが気づき始めた。逆に、長年開発が続けられてきた技術が突然受け入れられることで、誰も予想すらしなかった生産性の爆発的向上が起こることもある。通信費は一九七〇年代には急激に安くなり始めていたが、インターネットの商業化が富裕国で爆発的に生産性を向上させたのは一九九〇年代後半に入ってからようやくだった。この爆発も、たった六年かそこらで力つきるわけだが[10]。

第二次世界大戦後の数年はまさにこのようなサイクルの景気上昇が起こった時期で、四半世紀にわたる堅調な生産性の向上をもたらした。だが、それ以降の伸びはかなり控えめなものになる。一部の富裕国は世界的傾向に逆行できる公式を見つけたらしく、フランスとイタリアは一九七〇年代終盤に数年間、日本は一九八〇年代後半に景気がよくなったが、その経済回復もごくわずかな期間で、そこから生産性は伸び悩み、仕事は減り、生活水準の向上もずっと遅くなった。その間もイノベーションは山ほど生まれていたのだが、総合的に経済に与える影響は微々たるものだった。経済学者ロバート・ゴードンいわく、「一九七〇年以降の生産性向上は娯楽と通信、そして情報の収集と処理に関連する狭小な活動に集中する傾向があった。人類にとって重要なその他のこと――食糧、住居、移動、健康、家庭内外での労働環境――に関して、進歩は鈍化した」。ゴードンの研究対象はアメリカに限定されているが、彼の結論はほかの富裕国にもあてはまる。(11)

そして誰もが恩恵を享受できるように思えた一九五〇年代と一九六〇年代のイノベーションとは異なり、二〇世紀最後の二五年に生まれたイノベーションにはかなり大きな副作用が伴った。巨大な工業団地が、時代遅れになってしまったのだ。かつてのように一カ所に何千人、何万人もの労働者を集める必要はもうなくなった。工業団地はあまりにも大規模だったために必然的に経営体質は軍隊的になり、それが労働者に敬遠され、作業を滞らせたうえ、何千人もの従業員を採用し、住居を与え、食事を提供しなければならないという面倒な仕事も加わった。通信と貨物輸送技術の信頼性が高まるにつれ、そして情報をやり取りできるコンピューターが進歩するにつれ、巨大な組織を小さく分けてそれぞれが労働力の供給や空港、鉄道、政府の補助金などの魅力的な要素を最大限に活用できる場所に配置したり、遠くからでも監督しやすくなった小さな企業に特定の仕事を外注したりするほうが現実的になっていった。車を造るのであれ住宅ローンを承認するのであれ、仕事はもっと広範にわたって配分できるようになったのだ。研究開発はエンジニアや科学者が大勢いるような場所でおこなわれるかもしれないし、精肉業で牛を解体したり航空会社で飛行機のデータを紙のチケットからコンピューターのテープに移したりといった単調な業務は、都市部から人件費や事務所の賃料が安い場合が多い地方の小都市に移すこともできる。

この劇的に変わった労働の配分の背景にある経済的な論理は、一目瞭然だった。だがそれに伴う変化は、かなりの痛手となる場合が多かった。仕事が別の場所に移された労働者は、長年の経験と訓練が別の産業ではほとんど価値がないことを知り、もっと賃金の安い仕事で我慢するか失業するかのどちらかの選択肢しか得られなかった。大手企業が撤退した地域は収入も税収もなくなってしまい、公共サービスや公共設備の財源を失い、多くの場合、長年にわたる衰退の連鎖に陥っていった。そして企業は、新しい技術を最大限に活用できるよう事業を再構築するには痛みを感じないわけにはいかないことに気づく。企業経営者たちが大きな犠牲を払って学んだことは、金曜日にオハイオで工場を閉鎖して月曜日にアラバマで新しい工場を立ち上げるのは、いくら新しいコンピューターや通信技術、輸送経路が整備されて移行をスムーズにおこなえたとしても、災いのもとにしかならないということだった。

一九八〇年代までにこうした移行は国境を越え、のちにグローバリゼーションと呼ばれるようになるものの幕開けとなった。念のために言っておくと、国境を越えた供給の仕組みは一九五〇年代からも多少存在した。ヨーロッパの六カ国が鉄鋼と石炭の貿易にかかわるすべての障壁をなくしたのがそうだ。一九六〇年代にも、カナダとアメリカとの間の貿易協定によって一方の国の自動車部品メーカーが他方の国の組み立て工場に部品を供給できるようになったし、一握りの日本の電子機器メーカーが国内の上がり続ける人件費に対抗するため、香港で回路基板のはんだ付けをさせることもあった。だが、メーカーや小売業者がサプライチェーンを海の向こうへと伸ばし、金融や運輸の会社が日々のデータ入力業務を外国に業務委託するのが現実的になったのは、複合一貫輸送と安価な通信手段が普及してからだった。解決するべき問題はたくさんあった。グローバリゼーションには学習曲線がつきものだ。つまり学習はしばしば、生産効率の大幅な減少を引き起こした。[12]

グローバリゼーションの恩恵をもっとも受けたのは、急速な成長を遂げる東アジアの「虎」たちだった。一九九〇年代と二〇〇〇年代初頭、東アジアは欧米や日本で蔓延していた生産性向上の鈍化に打ち勝っているように見受けられたが、彼らもやはり、その勢いを維持することは不可能だと気づくことになった。五〇年に及ぶ爆発的な成長によってイタリアやスペインに匹敵する一人当たり所得を達成した後、韓国と台湾では二一世紀の最初の数年間で生産性の伸び率が急激に落ちこんだ。中国で経済改革後の一九七八年に始まった投資は何億人分もの雇用を生み、膨大な数の地方農民が都市部の生産性が高い仕事に移っていったが、三五年の好景気を経て、その奇跡の生産性も二〇一二年に終わりを迎えた。(13)

一九七〇年代と一九八〇年代、急速に進歩する技術とグローバリゼーションの最初の動きに苦労していた企業は、ことのほか難しい経済環境にも順応しようと無理をしていた。インフレも金利も高く、為替レートとエネルギー価格は不安定で、収益性が過去の水準を大きく下回るような経済だ。経営者はどこを見てもリスクしか目に入らず、そのため、いつ元が取れるかまったくわからない長期投資は先延ばしにするという作戦に出た。富裕国では、一九六〇年から一九七三年にかけて年平均五・六パーセントという割合で増えていた事業投資は急激に鈍化し、その後二〇年間は年四パーセントにも満たなくなる。投資が減少したために製鋼所は時代遅れの溶鉱炉で操業し、保険会社では高性能コンピューターがプリンターから次々と吐き出す書類を事務員が手作業でキャビネットにしまっていた。技術革新がビジネス界にもたらされるときは通常、新しい機器や設備に組みこまれた形を取る。企業がことあるごとにそうした投資を避けていたため、一九七三年以降の労働者の生産性はそれ以前と比べると半分以下の改善率だった。人々がまったく暮らしがよくなっているように感じられなかったのも、不思議ではない。(14)

生産性の鈍化は、それが起こったすべての国で世帯収入を停滞させたか、数年前なら容認しがたかったであろうペースでじりじりとしか成長させなかった。これが新たな基準であり、自由市場という魔法の薬も政府の力強い手も修正できないらしい不幸な傾向だった。平均的な家族にとって、所得の伸び率が鈍化するということは生活水準の向上も遅くなるということを意味する。念のために言っておくと、所得は昔よりももう少し伸びるようにはなっていた。これは世帯人数が少なくなって、ほぼ全員が世界中に広まった物質的な進歩の恩恵を受けたからだ。スマートフォンや家庭用コンピューターはどこでも見られるようになったし、箱型のテレビセットは驚くほどの高画質で映像を映し出すワイド画面の薄型テレビに取って代わられていった。かつては治療不可能だった病気も、ハイテク機器で診断・治療が可能になった。だが成長の低迷で福祉国家が経済的に実行可能でなくなると、失業給付の金額もどんどん下がり始め、年金は凍結されたりまるごと消えてしまったりし、学費は上がっていった。怒りを抑える方法のひとつが、融資を受けやすくすることだった。そうすれば、暮らしの中で贅沢品を買えなくなった人々が簡単に借金をして商品を購入できるというわけだ。だが欧米では、その実験は二〇〇八年に最悪の結果を迎えた⑮。

たいていの場合、富裕国のささやかな所得増はごく一部の世帯だけで見られた現象だった。所得格差拡大の原因の一部はある種の労働者をほかの労働者よりも優遇するような技術的進歩であり、一部は労働力が特定の職業や特定の地域に縛られている中で、資本がより高い見返りが得られる場所を探して世界中を流動的に飛び回れるという明白な事実でもある。それでも、根底にある経済潮流はあまりにも強力で、資本主義に強い疑いを持つ政府でさえ、それを抑制することは難しかった。スペインから日本まで、安定したフルタイムの仕事を持つ労働者の賃上げを保証するための政府の介入は、大多数の労働者が安定してもいなければフルタイムですらない仕事しか持たず、短期的な臨時の仕事にしか就けずに親の世代が一度も経験しなかった不安定な生活を強いられているという事実を見えにくくしていた。

生産性が世界中の国々で次から次へと鈍化していく中、約束したはずの繁栄を平均的な国民にもたらすことができない国の無能さに対してつのる怒りが、不快な形で現れた。わずかな仕事を奪ったとして、移民に対する反感が高まる。道路や公共施設を維持するための税金に激しい拒絶反応が起きる。学校や医療制度など、かつては誇らしい実績と見られていた公共サービスに対して容赦のない批判が浴びせられる。とりわけ、生活水準が低迷するなか、政治の主流から外れた片隅で起こった反体制運動は、不満を抱く大勢の有権者からの支持を集めた。ケベックとカタルーニャでは、独立を求める政党が。フランス、ハンガリー、イギリスでは超国家主義運動が。コンピューターサービス会社を立ち上げたアメリカ人実業家ロス・ペローのように、政治家ではない富豪が一九九二年の大統領選では一般投票の五分の一近くを獲得したし、メディア王シルヴィオ・ベルルスコーニも、イタリアの新聞社やテレビ局に対する力を活用して、九年に及ぶイタリア首相としての地位を手に入れた。政治指導者たちがより良い未来についての説得力があるビジョンを伝えようと苦心するなかで、一九七〇年代にかなりの議論が交わされた統治不能性というテーマが再び浮上してきた。

一九七三年ごろに始まった経済変動を戦後の社会契約の逸脱と読み解くことは簡単だ。たとえばドイツの社会学者ヴォルフガング・シュトレークは、二〇世紀終盤の数十年で起こった彼が呼ぶところの「後期資本主義の危機」を「資本主義と民主主義との間の昔ながらの根本的な緊張が表面化したもの」だと解釈した。「それは第二次世界大戦後の両者の強制的な結婚が破綻していく、ゆるやかなプロセスだった」。だが、日本、北米、そして西ヨーロッパにおける経済的衰退に対する人々の明らかな落胆は、まったく別の問題を反映していた。人口動態の変化と技術革新に順応可能な社会契約を書くことの難しさだ[16]。

第二次世界大戦後に平和と繁栄をもたらした契約は、労働者を優遇するために資本の力に制限を設けるものとして見られることが多かった。だがそれは全体の一部に過ぎない。戦後の妥協は、労働者に対してだけでなく、雇用主に対する贈り物でもあった。当時もっとも過激だった反資本主義者でも、気前の良い社会給付が維持できるのは雇用主が安定した仕事と賃上げを保証できる場合のみだということはわかっていた。しかし競争は利潤を圧迫し、企業を倒産に追い込むため、雇用主はその約束を守るのが困難になる。したがって、戦後の社会契約の締結には、経済全体を通して競争を制限することが求められた。そのために強制的に一部の産業を国有独占にしたり、企業の操業時間や営業場所、営業認可、価格を厳しく制限したり、信用統制や輸入規制、投資の障壁などを通じて市場に対する強力な権限を政府に持たせたりといったことがおこなわれた。競争を抑えこむことで企業は十分な利益を上げることができ、安定した賃上げと、多くの場合、終身雇用を従業員に約束できた。

この契約によって、多くの人々の暮らしが一時的には良くなった。だが一九八〇年代以降に彼らが高齢になってくると、戦後の社会契約のころにはまだ生まれていなかった若い人々がその負担を担うことになる。多くの国で、若者たちは仕事を見つけられなくなった。昔制定された法律で鉄壁の雇用保障が定められていたため、企業がクビにできないかもしれない人材を採用することを嫌がったからだ。アメリカとイギリスの民間年金制度は六二歳もしくはそれより早くに退職する権利を得た労働者の数が膨大だったために機能不全に陥ってしまい、新規採用の従業員は加入できなくなったり、制度そのものが縮小されたりした。一九二〇年に生まれた低所得層のアメリカ人夫婦は、働いている間にソーシャル・セキュリティ退職年金制度に払いこんだ税金の中から、年平均五・三パーセントという気前のいい見返りを得ることができた。だが一九六五年に生まれた彼らの孫世代は、それよりずっと少ない年率三・三パーセントしか期待できなかった。蓋を開けてみれば、社会契約は孫から祖父母の世代への強制的な贈り物だったのだ。孫たちがおもしろくなかったのも、無理はない(17)。

黄金時代は異例な時代で、その時代を生きた世代は異例のチャンスを享受した。だが経済学者ジョン・フエルナルドがアメリカの生産性に関するデータを徹底的に掘り下げた結果言ったように、「例外的な成長のほうが、異常な現象だ」。同じことが、世界中のどの国にもあてはまる。経済の奇跡は、起こり得る。だがほとんどの時代と場所で経済というのはゆっくりとしか成長しないもので、生活水準を少しずつ引き上げながら、時々急激な高揚感が訪れたり、不要な労働者の職を奪う不景気が訪れたりするものだ。マーガレット・サッチャーやロナルド・レーガンが実施した市場中心の経済政策も、フランソワ・ミッテランが最初に取り組んだ国家統制的な改革も、その現実を変えられることを証明できなかった。日本と韓国では、国家主導の膨大な投資ブームが爆発的な経済成長とそれに伴う急激な生活水準の向上をもたらし、一度は世界中が息をのむほどの称賛を浴びたが、これもやはり一時的なものだった。これらの国々もやがては軌道から外れ、政治指導者たちはもう奇跡を起こすことができなかった(18)。

一八世紀の科学者たちが電気を捕まえてガラス瓶に閉じこめようと努力したように、現代の彼らの後継者たちは、経済の活力を捕まえて自由に使える、と常に主張している。だが現実には、急速な経済成長と繁栄を維持する力は、スイッチを入れたり法律を制定したりするだけでもたらせるものではない。黄金時代は急に、予期せずに起こるものだ。特定の政府の行動や民間のイノベーションが一世代だけ生活水準を劇的に引き上げたとしても、関連性はずっとあとになるまで明らかにならないかもしれない。そして似たような政策やイノベーションが別の時期に、別の状況で展開したとしても、広範囲に影響を及ぼすような力はまったくないかもしれない。

実際、長期的な経済成長を増強させる力があるという触れこみで推し進められた政策は、まさしく逆効果をもたらすかもしれない。一九七〇年代の構造調整プログラムがその一例で、これは公共資源と民間資源を使って来たる経済に労働者や地域を備えさせる代わりに、それらをかつての栄光を二度と取り戻せないであろう造船や製鋼などの斜陽産業に注ぎこんでしまった。資本に対する税金の引き下げ、労働組合を弱体化させる方策、企業合併に対する厳しい規制、大規模銀行の立ち上げを促進する、あるいは阻害する規制——すべてがどこかでは景気を良くするかもしれないが、別の場所で景気を悪くする。賢明で熟慮を重ねた方策が経済をより高い成長への道筋に押し上げてくれるという期待は永遠に不滅だが、絶対に失敗のないレシピなど存在しない。並外れて高い経済成長の時代を八〇期間分研究したハーヴァード大学の三人の経済学者たちは、それぞれの期間に共通点がほとんどないことに気づいた。「成長の加速化の大部分は……政治的変化や経済改革とは無関係である」と彼らは書いた。「そして、経済改革はほとんどの場合、成長の加速化にはつながらない[19]」

一九七〇年代の経済危機の余波は、その後何十年も残り続ける。一九九〇年代には日本の一般家庭の家計が資産価格バブルによって壊滅状態になった。一九八〇年から一九九四年の間にはアメリカで何千もの銀行が破綻した。二〇〇八年に欧米で始まった深刻な景気低迷は返済能力がない借り手への過剰な融資が原因で起こったものだったが、痛いほど高い失業率をもたらし、欧州連合そのものの存続までがおびやかされた。どれもこれも、生産性の伸び率が可能にするよりも早く経済を成長させようとした政治的介入に端を発している。すべてが無駄足だったのだ。アメリカ人経済学者ポール・サミュエルソンがうまくまとめている。「二〇世紀の第三四半期は、経済発展の黄金時代だった。この時代は、あらゆる合理的な期待を上回っていた。そして、同じような時代が近いうちに再び訪れることは、まずないだろう[20]」

謝辞

本書は、私自身の生い立ちから始まっているると言えるのかもしれない。一九七三年の石油危機のころ、私は西ドイツで学生だった。だから自動車禁止の日曜日がもたらす高揚感も、ガソリンを手に入れようと不機嫌な運転手たちが必死で列に並ぶ光景も両方この目で見てきた。そのころの西ドイツは労働者の数以上に仕事があって、そのせいで私の同級生の多くは就職する緊急の必要性を特段感じていなかった。学費は無料だったし、家賃は安かったし、学生が登録できる学期の数に政府が上限を設けようとしているという噂は、予想通りに学生運動の火種となった。奇跡の経済における良い暮らしだけが、同級生のほとんどが知っていた唯一の人生だった。彼らは、不愉快な現実を突きつけられることになる。

経済史における決定的に重要な時期としての一九七〇年代の再発見は、世界中で膨大な数の研究がおこなわれるきっかけとなった。だがその大部分が国内政治というレンズを通して経済を見ていて、もっと大きな力を見失わせ、政治家や役人にはかつてないほど強い影響力を与えるものだった。本書は、国境を越えた危機の側面に着目することで、その誤解を正そうとするものだ。こういった形で歴史を記すことは、難しいかもしれない。ある場所ではよく知られている名前が、別の場所ではまったく知名度がないかもしれない。経済政策と景気の詳細は当然、国によって大きく異なる。数字は、どれほど熱心な読者でも圧倒されてしまうほどのものだ。そして為替レートや銀行規制をめぐる国際的な交渉の些末な情報は、おそろしく退屈でつまらないものかもしれない。だが世界的な側面からでなければ、重要な歴史的出来事に対する我々の理解は浅く、不十分なものになってしまう。

本書の執筆にあたって調査を手伝ってくれた国際決済銀行、イングランド銀行、ドイツ連邦公文書館、カナダ国立図書館・公文書館、国会図書館の公文書保管人や司書のみなさんに感謝の言葉を述べたい。それに、本書の内容に関して私と話をしたり、何年にもわたって本文の各所について意見を寄せたりするために時間を割いてくれた大勢の人々にも感謝申し上げる。漏れがあるかもしれないが、特に感謝したいのがラルフ・アーレンス、リチャード・ボールドウィン、アレックス・ブラマー、ビル・キャシディ、マーティン・チック、ピーター・クック、チャールズ・フリーランド、チャールズ・グッドハート、ジョン・ハイマン、ルイス・ハイマン、ダグ・アーウィン、トルステン・カスケ、ヘンリー・カウフマン、デイヴィッド・ラッセル、ダニエル・ヌイ、ジュリア・K・オット、アルトゥロ・ポルゼカンスキ、ブライアン・クイン、リチャード・シラ、スティグ・テノルド、ローラン・ウォールゼ、ウィリアム・R・ホワイト。アメリカ歴史学会、経営史協議会、ポツダム近代史センター、外交問題評議会、ドイツ史研究所、経済広報センターにも、進行中の私の仕事を見てもらい、有益な意見をいただくことができた。また、エージェントのテッド・ワインスタインにも、揺るぎない助言に感謝する。事実関係の誤りや解釈の誤りは、私一人の責任である。

マルク・レヴィンソン

例外時代

高度成長はいかに特殊であったのか

松本裕訳

2017年11月10日　第1刷発行

発行所　株式会社 みすず書房
〒113-0033 東京都文京区本郷2丁目20-7
電話 03-3814-0131(営業) 03-3815-9181(編集)
www.msz.co.jp

本文組版　キャップス
本文印刷所　萩原印刷
扉・表紙・カバー印刷所　リヒトプランニング
製本所　誠製本

ISBN 978-4-622-08653-6
[れいがいじだい]

著者略歴

(Marc Levinson)

エコノミスト，歴史家．専門はビジネスと金融．『エコノミスト』誌の経済学および金融エディターを務めた．ニューヨークの銀行でエコノミストとして勤務した後，外交問題評議会で国際ビジネスのシニア・フェロー．著書『コンテナ物語——世界を変えたのは「箱」の発明だった』（日経 BP 社，2007）ほか．

訳者略歴

松本裕〈まつもと・ゆう〉翻訳家．訳書 トンプソン『どうしても欲しい！——美術品蒐集家たちの執念とあやまちに関する研究』（河出書房新社，2017）外山『テクノロジーは貧困を救わない』（みすず書房，2016）ほか．

人名索引

【タ行】

【ナ行】

【ハ行】

原 注

はじめに

1. 初めて実施された自動車禁止の日曜日の評価については、下記を参照。Duco Hellema, Cees Wiebes, and Toby Witte, *The Netherlands and the Oil Crisis: Business as Usual*, trans. Murray Pearson (Amsterdam: Amsterdam University Press, 2004), 107–108. この出来事の映像は下記で視聴可能。www.youtube.com/watch?v=iyJbg-4NKZs (2013年6月30日視聴)。ユリアナ女王はその後まもなく、キャデラックをもっと燃費が良くて目立たないフォード・グレナダに買い替えた。"Royal Family in Firing Line on Spending Cuts," *NRC Handelsblad*, September 21, 2009, http://vorige.nrc.nl/article2365311.ece〔2017年8月1日、閲覧不可〕.

2. 戦争が始まったのは10月6日だった。オランダに対する禁輸措置の発端については、以下を参照。Hellema et al., *The Netherlands and the Oil Crisis*, 53; Paul Kemzis, "Europeans Move to Conserve Oil," *New York Times*, November 7, 1973; Terry Robards, "Oil-Short Europe Is Facing Hardest Winter Since War," *New York Times*, December 11, 1973; "Wen ich nicht kenne, der kriegt nichts," *Der Spiegel*, November 26, 1973.

3. Richard Halloran, "Japan Is Stunned by Arab Oil Cuts," *New York Times*, October 19, 1973; "Japan to Slash Supplies of Oil to Industry in Crisis Program," *New York Times*, November 9, 1973; Fox Butterfield, "Aide Says Curb May Cut Gain of Economy," *New York Times*, November 12, 1973; Fox Butterfield, "Japan to Ration Fuel and Power," *New York Times*, November 16, 1973.

4. M. A. Adelman, "The First Oil Price Explosion, 1971–1974," MIT-CEPR working paper 90-013, May 1990.

5. Angus Maddison, *The World Economy: Historical Statistics* (Paris: OECD, 2003), 260–263.

6. Julius Shiskin, "Long-Term Economic Growth: A Statistical Compendium," *Business Cycle Developments* 66-10 (October 1966): 71.

7. 分岐点としての1973年についての計量経済分析は、以下を参照。Michael Bruno and Jeffrey D. Sachs, *Economics of Worldwide Stagflation* (Cambridge, MA: Harvard University Press, 1985), chap. 12; Maddison, *The World Economy*, 237.

8. 景気後退の日付は、全米経済研究所より。アメリカの生産労働者の平均補償額は1873年から1997年の間に年率0.24%上昇している。Samuel H. Williamson, "Annualized Growth Rate and Graphs of Various Historical Economic Series," MeasuringWorth, at www.measuringworth.com/growth,（2015年11月20日閲覧）.

9. Edmund Phelps, *Mass Flourishing: How Grassroots Innovation Created Jobs, Challenge,*

and Change (Princeton, NJ: Princeton University Press, 2013)〔邦訳　エドマンド・S・フェルプス『なぜ近代は繁栄したのか——草の根が生みだすイノベーション』小坂恵理訳、みすず書房、2016 年〕. フェルプスは、革新の度合いが欧米で減退したと主張している。

10. Paul M. Romer, "Mathiness in the Theory of Economic Growth," *American Economic Review* 105 (2015): 89-93. 経済成長の発端に関する議論についてのここまで専門的ではない考察は、以下を参照。David Warsh, *Knowledge and the Wealth of Nations* (New York: Norton, 2006).

11. George F. Will, "Defining Economic Failure Down," *Washington Post,* February 5, 2015.

12. Paul M. Romer, "Crazy Explanations for the Productivity Slowdown," in Stanley Fischer, ed., *NBER Macroeconomics Annual 1987, Vol. 2* (Cambridge, MA, 1987), 163-210; Dale W. Jorgenson, "Productivity and Postwar U.S. Economic Growth," *Journal of Economic Perspectives* 2 (Fall 1988): 23-41; Steven Englander and Axel Mittelstädt, "Total Factor Productivity: Macroeconomic and Structural Aspect of the Slow-down," OECD *Economic Studies* 10 (Spring 1988): 28; Zvi Griliches, "Productivity Puzzles and R&D: Another Nonexplanation," *Journal of Economic Perspectives* 2 (Fall 1988): 19.

13. Jefferson Cowie, *Stayin' Alive: The 1970s and the Last Days of the Working Class* (New York: New Press, 2010); Dominick Sandbrook, *State of Emergency: The Way We Were: Britain, 1970-1974* (London: Penguin, 2010); Serge Bernstein and Pierre Milza, *Histoire de la France au XXe siècle: Tome 5, De 1974 à nos jours* (Paris: Editions Complexe, 2006).

14. George Packer, "The Uses of Division," *The New Yorker,* August 11-18, 2014.

第 1 章　新しい経済学

1. US Bureau of the Census, *Sixteenth Census of the United States-1940-Population,* vol. 2, part 6, 994, and *Sixteenth Census of the United States-1940-Housing,* vol. 1, 586; City of Arlington, "Preserving Arlington: Past Visions, Future Realities," 2010; Vickie Bryant and Camille Hess, *Top O' Hill Terrace* (Charleston, SC: Arcadia Publishing, 2012).

2. US Census Bureau, *United States Census of Agriculture-1950,* vol. 5, part 6, 99; Statistics Japan, *Historical Statistics of Japan,* at www.stat.go.jp/english/data/chouki/index.htm, Tables 2-17 and 11-4.

3. フランス農家の生産量については、以下を参照。Jean-Pierre Dormois, *The French Economy in the Twentieth Century* (Cambridge, UK: Cambridge University Press, 2004), 17. 450 万人のスト参加者の数字は以下より。Jack Barbash, "Unions and Rights in the Space Age," in Richard B. Morris, ed., *The U.S. Department of Labor Bicentennial History of the American Worker* (Washington, DC: US Government Printing Office (USGPO), 1976), at www.dol.gov/dol/aboutdol/history/chapter6.htm.

4. 以下を参照。"War Cabinet: Social Insurance and Allied Services: Summary of Report by Sir William Beveridge," November 25, 1942, United Kingdom National Archives (NA), cab/66/31/27.

5. Dennis Guest, *The Emergence of Social Security in Canada,* 3rd ed. (Vancouver, BC:

UBC Press, 2003), 123-126; J. Van Langendonck, "Belgium," in *International Encyclopedia of Laws* (Alphen aan den Rijn, Netherlands: Wolters Kluwer, 2007), 17; Robert H. Cox, *The Development of the Dutch Welfare State: From Workers' Insurance to Universal Entitlement* (Pittsburgh: University of Pittsburgh Press, 1993), 105-110; Philip Nord, *France's New Deal* (Princeton, NJ: Princeton University Press, 2010). 日本の新しい法律は 1947 年 12 月 12 日の法律第 164 号〔児童福祉法〕.

6. Barry Eichengreen, *The European Economy Since 1945* (Princeton, NJ: Princeton University Press, 2007), 55; United States Strategic Bombing Survey, *Summary Report (Pacific War)* (Washington, DC: USGPO, 1946), 17-18.

7. Howard B. Schonberger, *Aftermath of War: Americans and the Remaking of Japan, 1945-1952* (Kent, OH: Kent State University Press, 1989), 166-177〔邦訳　ハワード・B・ショーンバーガー『占領 1945 ～ 1952 ――戦後日本をつくりあげた 8 人のアメリカ人』宮崎章訳、時事通信社、1994 年〕; Herbert Giersch, Karl-Heinz Paqué, and Holder Schmieding, *The Fading Miracle* (Cambridge, UK: Cambridge University Press, 1994), 39.

8. アメリカの教育についてのデータは以下より。Thomas D. Snyder, ed., *120 Years of American Education: A Statistical Portrait* (Washington, DC: National Center for Educational Statistics, 1993), 19, 55. 東京の平均的な住宅は住人 1 人当たり 2.79 畳、つまり 4.3 平方メートルの広さだった。*Historical Statistics of Japan,* Table 21.7. フランスの冷蔵庫所有率のデータは以下より。Dormois, 21. 韓国の平均摂取カロリーは一日 1,236 カロリーだった。Jinwung Kim, *A History of Korea: From "Land of the Morning Calm" to States in Conflict* (Bloomington: Indiana University Press, 2012), 387. 2014 年時点で、アメリカ農務省は 16 歳から 35 歳の男性に推奨される 1 日の摂取カロリーを 2,400 ― 3,000 カロリーとしていて、女性はこれよりやや低くなる。スペインの配給については、以下を参照。Instituto Nacional de Estadística, *Annuario 1949,* 648-652. 疫病については、以下を参照。Australia Government Department of Health, *Notifiable Diseases Surveillance, 1917 to 1991,* 2003. この国の年齢標準化された死亡率は 1947 年の 10 万人当たり 1,681 人から、1948 年には 1,751 人に跳ね上がった。以下を参照。Australian Institute of Health and Welfare, General Record of Incidence of Mortality books, 1907-2011.

9. 一貫性を保つため、ここでの議論はアンガス・マディソンの著作を参考としている。マディソンは購買力平価調整後の 1990 年の米ドルで時系列の推定所得を割り出した。これにより、国同士だけでなく、国内での比較も可能になった。アメリカは、1948 年には 4,250 万の住宅が居住済みで、2,340 万人の住宅所有者がいた。Angus Maddison, *Statistical Abstract* 1951, 721. 1974 年になると、居住済みの住宅は 7,080 万軒、住宅所有者は 4,580 万人。*Statistical Abstract* 1976, 736. イギリスでの改善された生活水準については、以下を参照。Dominic Sandbrook, *State of Emergency* (London: Allen Lane, 2010). 退職平均年齢については、以下を参照。DICE Database (2010), "Average Age of Transition to Inactivity Among Older Workers, 1950-1995," Ifo Institute, Munich, at www.cesifo-group.de/DICE/fb/3M8mHhFq7.

10. フランスの学生については、以下を参照。Georges Lavau, "The Effects of Twenty Years of Gaullism on the Parties of the Left," in William G. Andrews and Stanley Hoffman,

eds., *The Fifth Republic at Twenty* (Albany, NY: State University of New York Press, 1981), 165.

11. James N. Gregory, *The Southern Diaspora: How The Great Migrations of Black and White Southerners Transformed America* (Chapel Hill: University of North Carolina Press, 2005), 21. グレゴリーは、1940年代から1950年代の間に260万人の黒人がアメリカ南部を去ったと推定している。マクミランについては、以下を参照。http://news.bbc.co.uk/onthisday/hi /dates/stories/july/20/newsid_3728000/3728225.stm.

12. Diego Comin and Bart Hobijn, "Technology Diffusion and Postwar Growth," Harvard Business School working paper 11-027 (2010). 著者らは、技術を世界的に普及させる上でアメリカの経済支援政策が持つ重要性を強調している。

13. Nicholas Crafts and Gianni Toniolo, "Postwar Growth: An Overview," in Crafts and Toniolo, eds., *Economic Growth in Europe since 1945* (Cambridge, UK: Cambridge University Press, 1996), 9, 18. 著者らは、資本投資がヨーロッパの推進力になったと主張している。製造機器に対するアメリカの投資についてのデータは、以下より。*Historical Statistics of the United States, Millennial Edition Online,* series Dd707. イギリスの投資についての数字は以下より。Tim Congdon, "Productivity Could Be the Key," *The Times* (London), November 7, 1973. OECDによれば、イギリス人労働者の34%が1971年には製造業に従事していた。これは、1840年代に製造業で働いていた労働者の割合とほぼ同じだ。日本については、中村隆英『日本経済――その成長と構造』第2版、東京大学出版会、1993年を参照。投資の成長は広範囲で起こった。フランスについては、以下を参照。Dormois, *The French Economy in the Twentieth Century,* 19. ドイツでは、投資の便利な暮らしは1950年代に減退した。多くの企業が、先に購入した機器が減価償却しきれないうちに新しい技術を取り入れたからだ。以下の内部メモを参照。Dr. Demand, Bundesministerium für Wirtschaft (BMWi), "Perspektiven des Wirtschaftswachstums in der Bundesrepublik Deutschland bis zum Jahre 1990," October 1976, Bundesarchiv Koblenz (BA), B102/306599.

14. 関税の平均値については、詳細な情報がない。ここでの推定は以下より。Douglas Irwin, "The GATT's Contribution to Economic Recovery in Post-war Europe," in Barry Eichengreen, ed., *Europe's Postwar Recovery* (New York: Cambridge University Press, 1995), 138. 輸出の伸びについては、以下を参照。同上、129。製造業における規模の経済については、以下を参照。Eichengreen, *The European Economy Since 1945,* 115-129.

15. Alexander Field, *A Great Leap Forward: 1930s Depression and U.S. Economic Growth* (New Haven, CT: Yale University Press, 2011), 120. フィールドは1956年に始まったアメリカの州間幹線道路網の建設が、1960年代から1970年代初頭にかけての急激な生産性の伸びのカギだったと主張している。

16. 労働生産性の伸びについては、アンガス・マディソンが展開した以下の一連の文書を参考にしている。Angus Maddison, "GDP per Hour, in 1990 GK $," published as "The Conference Board Total Economy Data Base, Output, Labor and Labor Productivity Country Details," www.conference-board.org/data/economydatabase/. 労働生産性の成長の物語は専門家の間では広く受け入れられているが、その原因については熱い議論が交わされている。だが、問題となっている主な要素は「全要素生産性」または「多要素生産性」で、これは

教育の改善や固定資本の増加などの要素が考慮されたうえでまだ説明できない生産性向上の要因を指す。全要素生産性は通常、イノベーションによるものとされる場合が多い。1960年代以前はほとんどの国について関連する数字が欠けているが、ニコラス・クラフツはイギリス、アメリカ、フランス、ドイツ、日本がいずれも、1950–73年にかけてその前後より著しく速い多要素生産性の向上を経験したと主張している。以下を参照。Nicholas Crafts, "A Perspective on UK Productivity Performance," *Fiscal Studies* 22 (2001), 283, and his 2008 conference paper, "What Creates Multifactor Productivity?" 一部の経済学者は、アメリカの多要素生産性の伸びが第二次世界大戦以降よりも以前のほうが大きかったと主張している。以下を参照。Robert J. Gordon, "Two Centuries of Economic Growth: Europe Chasing the American Frontier," Working Paper 10662, National Bureau of Economic Research, August 2004, and Field, *A Great Leap Forward*.

17. 西ドイツの経済大臣を1949年から1963年まで務めたルートヴィヒ・エアハルトは、経済計画の強い反対者だった。以下を参照。Giersch et al., *Fading Miracle,* 63–116.

18. Ruth Ellen Wasem, *Tackling Unemployment* (Kalamazoo, MI: Upjohn Institute Press, 2013), 55–67.

19. Henry C. Wallich, "The German Council of Economic Advisers in an American Perspective," *Zeitschrift für die gesamte Staatswissenschaft* 140 (1984), 360; Walter W. Heller, *New Dimensions of Political Economy* (Cambridge, MA: Harvard University Press, 1966), 9.

第2章　魔法の四角形

1. Matthias Hochstätter, *Karl Schiller–eine wirtschaftspolitische Biographie,* Ph.D. dissertation, University of Hannover, 2006, 9, 47, 51, 60, 64.

2. Alexander Nuetznadel, *Stunde der Oekonomen: Wissenschaft, Politik und Expertenkultur in der Bundesrepublik 1949–1974* (Göttingen: Vandenhoeck & Ruprecht, 2005), 243–244; Karl Schiller, "Neuere Entwicklungen in der Theorie der Wirtschaftspolitik," in Karl Schiller, *Der Ökonom und die Gesellschaft* (Stuttgart: G. Fischer, 1964), 21.

3. Tim Schanetzky, *Die große Ernüchterung: Wirtschaftspolitik, Expertise, und Gesellschaft in der Bundesrepublik 1966 bis 1982* (Berlin: Akademie Verlag, 2007), 55–57.

4. Torben Luetjen, *Karl Schiller (1911–1994), "Superminister" Willy Brandts* (Bonn: Dietz, 2007), 209.

5. Memo, BMWi, "Mittelfristige Zielprojektion 1967/71 und tatsächliche Entwicklung, Abschlussbericht," April 29, 1974, BA, B102/248424; Hochstätter, *Karl Schiller,* 162.

6. Karl Schiller, "Runder Tisch der kollektiven Vernunft," *Die Berliner Wirtschaft,* December 21, 1968. 1969年1月29日に当時経済省の国務大臣だったハンス・ティートマイヤーがおこなったスピーチによると、経済政策をめぐる対立を解決するための機関の必要性は1960年代初頭から議論されていたとのことだ。BA, B102/278282. ここで説明されている座席配置は、シラーが政権を去ったあとで使われた。BA, B102/303302.

7. シラーについての説明は1967年12月14日の、「協調行動」会議の未分類メモより。書いたのはどうやら、首相府の高官だったヨハネス・プラスらしい。労務大臣ハンス・カッツェルと財務大臣フランツ・ヨーゼフ・シュトラウスによる反対、そしてキージンガー

の指示については以下を参照。“Auszug aus dem Kurzprotokoll über die 1. Sitzung des Kabinettsausschüsses für Sozialbudget und soziale Strukturfragen am 9. Oktober im Bundeskanzleramt,” BA, B136/7406.

8. Gabriele Metzler, “Am Ende aller Krisen,” *Historische Zeitschrift* 275 (2002): 91–97.

9. Luetjen, *Karl Schiller,* 281.

10. 5カ年計画の評価については、以下の2件の経済省メモを参照。“Mittelfristige Zielprojektion 1967/71 und tatsächliche Entwicklung, Abschlussbericht,” April 29, 1974, BA, B102/248424, and “Die wirtschaftspolitischen Ziele der Projektion 1970/1974 und ihre Realisierung,” March 15, 1974, BA, B102/248423.

11. Luetjen, *Karl Schiller,* 280.

12. この点に関する雄弁な主張については、以下を参照。William Easterly, *The Tyranny of Experts* (New York: Basic Books, 2014).

13. この経歴概略は以下より。Edgar J. Dosman, *The Life and Times of Raúl Prebisch 1901–1986* (Montreal: McGill-Queen's University Press, 2008).

14. アルゼンチンの工業生産力は1935年から1943年の間に7.5%減少した。その主な理由は、国内メーカーが輸入競争から保護されていたからだった。特に以下を参照。Irene Brambilla, Sebastian Galiani, and Guido Porto, “Argentine Trade Policies in XX Century: 60 Years of Solitude,” working paper, Washington University, August 2010.

15. Raúl Prebisch, “El desarrollo económico de la América Latina y algunos de sus principales problemas,” in *El Trimestre Económico* 16 (1949): 347–431. プレビッシュのスピーチの英訳については、以下を参照。United Nations Department of Economic Affairs, Economic Commission for Latin America, “The Economic Development of Latin America and Its Principal Problems,” 1950.

16. Dosman, *Life and Times of Raúl Prebisch,* 276.

17. “Final Communiqué of the Asian-African Conference of Bandung (24 April 1955),” in *Texts of Selected Speeches and Final Communiqué of the Asian-African Conference, Bandung, Indonesia, April 18–24, 1955* (New York: Far East Reporter, 1955).

18. 従属理論についての文献はかなり多く、幅広い。重要な例としては以下が挙げられる。Paul A. Baran, *The Political Economy of Growth* (New York: Monthly Review Press, 1957)〔邦訳 ポール・バラン『成長の経済学』浅野栄一・高須賀義博共訳、東洋経済新報社、1960年〕; Celso Furtado, *Development and Underdevelopment* (Berkeley: University of California Press, 1964); Andre Gunder Frank, *Capitalism and Underdevelopment in Latin America* (New York: Monthly Review Press, 1967); Guillermo O'Donnell, *Modernization and Bureaucratic-Authoritarianism* (Berkeley: University of California Press, 1973); Immanuel Wallerstein, *The Modern World-System* (New York: Academic Press, 1974)〔邦訳 I・ウォーラーステイン『近代世界システム』川北稔訳、岩波書店、1981年〕.

19. *Trends in International Trade: Report by a Panel of Experts* (Geneva: General Agreement on Tariffs and Trade, 1958), 11, 104–114. この報告は、著者グループの代表ゴットフリート・フォン・ハーバラーにちなんで「ハーバラー報告」として広く知られていた。コーヒーやお茶、カカオ豆に対する高い関税はときには商品価値の60%を越えることもあり、

熱帯産品に対する高い壁の典型的な例となった。以下を参照。Appendix, Table D.

20. こうした計画の経済的な議論については、以下を参照。David M. G. Newbery and Joseph E. Stiglitz, *The Theory of Commodity Price Stabilization* (Oxford: Oxford University Press, 1981), and David G. Gill et al., "Access to Supplies and Resources: Commodity Agreements," American Society of International Law, *Proceedings of the Annual Meeting* 71 (1977): 129-144.

21. United Nations Conference on Trade and Development, *The History of UNCTAD 1964-1984* (New York: UNCTAD, 1985), 56-58.

22. たとえば、以下を参照。M. Ataman Aksoy and Helena Tang, "Imports, Exports, and Industrial Performance in India, 1970-88," World Bank Policy Research Working Paper WPS 969 (2001).

23. 1950年から1975年にかけて、発展途上国の産業は年率7％以上の勢いで成長した。成長率のデータについては、以下を参照。World Bank, *World Development Report 1978* (Washington, DC: World Bank, 1979), 27, 75-79, 88-89.

24. 彼の意見の明確な提示については、以下を参照。Raúl Prebisch, "Joint Responsibilities for Latin American Progress," *Foreign Affairs,* July 1961, 622-633.

25. 数字はUNCTAD統計業務部門より。

第3章　混沌

1. Wyatt C. Wells, *Economist in an Uncertain World: Arthur F. Burns and the Federal Reserve, 1970-78* (New York: Columbia University Press, 1994), 13-19.

2. John Ehrlichman, *Witness to Power* (New York: Simon and Schuster, 1982), 248; Burton A. Abrams, "How Richard Nixon Pressured Arthur Burns: Evidence from the Nixon Tapes," *Journal of Economic Perspectives* 20 (2006): 185; Arthur Burns, *Inside the Nixon Administration: The Secret Diary of Arthur Burns, 1969-1974,* ed. Robert H. Ferrell (Lawrence: University Press of Kansas, 2010), 28, 44, 72-73; "Memorandum of Discussion," Federal Open Market Committee, March 10, 1970, 61. バーンズの短気については、以下を参照。Stephen H. Axilrod, *Monetary Policy and Its Management, Martin Through Greenspan to Bernanke* (Cambridge, MA: MIT Press, 2009), 60.

3. Arthur F. Burns, *Prosperity Without Inflation* (New York: Fordham University Press, 1957), 65; Christina D. Romer and David H. Romer, "The Most Dangerous Idea in Federal Reserve History: Monetary Policy Doesn't Matter," *American Economic Review,* (May 2013). 1978年1月30日、FRB議長としては最後の公式の場となったナショナル・プレス・クラブでおこなったスピーチで、バーンズは高いインフレが「主に、1960年代半ばに政府が犯した根本的な政策の誤りに起因する」という信念を再び明言した。以来、インフレは共和党政権と民主党政権の両方によって悪化させられたのだそうだ。バーンズは、FRBによる金融政策の実施には責任を認めなかった。

4. Robert L. Hetzel, "Arthur Burns and Inflation," *Federal Reserve Bank of Richmond Economic Quarterly* 84 (Winter 1998): 21-84.

5. ここでのブレトン・ウッズ協定についての説明は、かなり単純化されている。詳し

い背景については、以下を参照。Barry Eichengreen, *Globalizing Capital: A History of the International Monetary System,* 2nd. ed. (Princeton, NJ: Princeton University Press, 2008), 91-133.

6. Michael D. Bordo, Ronald MacDonald, and Michael J. Oliver, "Sterling in Crisis, 1964-1967," *European Review of Economic History* 13 (2009): 437-459; Barry Eichengreen, *Exorbitant Privilege: The Rise and Fall of the Dollar and the Future of the International Monetary System* (Oxford: Oxford University Press, 2011)〔邦訳　バリー・アイケングリーン『とてつもない特権――君臨する基軸通貨ドルの不安』小浜裕久監訳、勁草書房、2012年〕. ブレトン・ウッズ協定から派生する問題の多くが、1959年に経済学者ロバート・トリフィンによって説明されている。彼の著書を参照。Robert Triffin, *Gold and the Dollar Crisis* (New Haven, CT: Yale University Press, 1960)〔邦訳　R. トリフィン『金とドルの危機――新国際通貨制度の提案』村野孝・小島清共訳、勁草書房、1961年〕.

7. *OECD Economic Outlook* 12 (December 1972): 18-19. インフレへの政治的圧力に対抗するうえでの固定為替レートの重要性については、以下を参照。Helmut Schmidt, "Dank an einen Hanseaten," *Die Zeit,* April 20, 1984, at www.zeit.de/1984/17/dank-an-einen-hanseaten.

8. 1971年と1972年のFRBによる評議についての徹底的な議論は、以下を参照。Allan H. Meltzer, *A History of the Federal Reserve, Vol. 2* (Chicago: University of Chicago Press, 2009), 795-800。シラーは財務省と経済省、両方の大臣を務めた。Robert L. Hetzel, "German Monetary History in the Second Half of the Twentieth Century: From the Deutsche Mark to the Euro," Federal Reserve Bank of Richmond, *Economic Quarterly,* Spring 2002, 40; Wells, *Economist in an Uncertain World,* 85; Burns, *Inside the Nixon Administration,* 72; "Transcript of a recording of a meeting between the President and H.R. Haldeman in the Oval Office on June 23, 1972, from 10:04 to 11:39 am," 12, Nixon Presidential Library and Museum, Yorba Linda, CA, National Archives and Records Administration (NARA).

9. 専門用語で言うと、一部の国はマイナスの実質短期金利だった。

第4章　揺らぐ信念

1. Donella H. Meadows et al., *The Limits to Growth* (New York: Universe Books, 1972), 23〔邦訳　ドネラ・H・メドウズ他『成長の限界――ローマ・クラブ「人類の危機」レポート』大来佐武郎訳、ダイヤモンド社、1972年〕.

2. Robert Gillette, "The Limits to Growth: Hard Sell for a Computer View of Doomsday," *Science* 175 (March 10, 1972): 1,088; William Nordhaus, "World Dynamics: Measurement Without Data," *The Economic Journal* 83 (1973): 1,157; Jean Matteoli, "Les ressources mondiales et l'économie française," Conseil Économique et Sociale 197/S.G./13 (1975): 11; Christopher Freeman, "Malthus with a Computer," in H. S. D. Cole et al., eds., *Thinking About the Future: A Critique of The Limits to Growth* (London: Chatto & Windus, 1973), 11.

3. Frank Uekoetter, *The Age of Smoke* (Pittsburgh: University of Pittsburgh Press, 2009), 118-119, 132-136.

4. 引用は、エンジェイ・ケミカル・カンパニー代表の言葉。以下にて引用。Gerald

Markowitz and David Rosner, *Deceit and Denial* (Berkeley: University of California Press, 2002), 144.

5. Paul R. Ehrlich, *The Population Bomb* (New York: Ballantine Books, 1968), xi〔邦訳 ポール・R・エーリック『人口爆弾』宮川毅訳、河出書房新社、1974年〕. 前兆については、以下を参照。Pierre Desrochers and Christine Hoffbauer, "The Post-War Intellectual Roots of the Population Bomb," *Electronic Journal of Sustainable Development* 1 (2009): 37-61.

6. 1969年から1973年まで共和党の知事を務めたラッセル・W・ピーターソンは、より進歩的と言われていた民主党の反対を押し切って、州共和党が支配する議会が海岸線から2マイル（3.21キロメートル）以内の産業開発を制限する法律を1971年に承認したときのことを回想している。以下を参照。Peterson, *Rebel with a Conscience* (Newark, DE: University of Delaware Press, 1999), 147-149.

7. ニクソン大統領、リド・アンソニー・アイアコッカ、ヘンリー・フォード2世、ジョン・S・アーリックマンが大統領執務室でおこなった会話の録音テープ。April 27, 1971, Nixon Presidential Library & Museum, National Archives and Records Administration (NARA); Richard Nixon, "Remarks on Signing Bill Establishing the Commission on Population Growth and the American Future," March 16, 1970, online by Gerhard Peters and John T. Woolley, *The American Presidency Project,* at www.presidency.ucsb.edu/ws/?pid=2911; Commission on Population Growth and the American Future, *Final Report* (Washington, 1972), 12, 52; Richard Nixon, "Statement About the Report of the Commission on Population Growth and the American Future," May 5, 1972, *The American Presidency Project,* at www.presidency.ucsb.edu/ws/?pid=3399.

8. Edward Goldsmith and Robert Allen, "A Blueprint for Survival," *The Ecologist* 2 (1972); United Nations Environmental Program, "Declaration of the United Nations Conference on the Human Environment" (June 1972); Jean Bourgeois-Pichat, "In 200 Years So Many Things Can Happen," *Population Index* 38 (1972): 306; Walter E. Hecox, "Limits to Growth Revisited: Has the World Modeling Debate Made Any Progress?" *Boston College Environmental Affairs Law Review* 5 (1976): 65-96.

9. 特定されていないイスラエルの外交官の発言は以下にて引用。John Brooks, "A Reporter at Large: Starting Over," *The New Yorker,* October 23, 1971.「定常状態経済」という言葉は、イギリス人哲学者ジョン・スチュアート・ミルより。以下を参照。John Harte and Robert H. Socolow, "The Equilibrium Society," in John Harte and Robert H. Socolow, eds., *Patient Earth* (New York: Holt, Rinehart and Winston, 1971), 203.

10. Herman E. Daly, "Toward a Stationary-State Economy," in Harte and Socolow, eds., *Patient Earth,* 228-231.

11. 成果重視の傾向については、以下を参照。Grecia Matos and Lorie Wagner, "Consumption of Materials in the United States, 1990-1995," US Geological Survey, 1999.

12. Edward F. Denison, "Effects of Selected Changes in the Institutional and Human Environment Upon Output per Unit of Input," *Survey of Current Business* 58 (January 1978): 21-44; Gary L. Rutledge, "Pollution Abatement and Control Expenditures in Constant and Current Dollars, 1972-77," *Survey of Current Business* 59 (February 1979): 13-20. 1972年、ア

メリカでは事業による資本支出の約6％が環境汚染の浄化に使われた。1977年には、この数字は8％になっていた。

第5章　大スタグフレーション

1. Allen Matusow, *Nixon's Economy* (Lawrence: University Press of Kansas, 1998), 220.

2. *The Guardian,* December 21, 1972; David Gumpert, "Rise in Demand Causes Shortage of a Variety of Materials, Parts," *Wall Street Journal,* December 8, 1972; President's Council of Economic Advisers, *Economic Report of the President,* 1973, 82; 日本銀行『金融経済月報』1973年1月、1ページ；"Commentary," *Bank of England Quarterly Bulletin* 13 (March 1973): 6; John L. Hess, "Forecasters' Word Is 'Boom'," *New York Times,* January 7, 1973; Charles Reeder, *The Sobering Seventies* (Wilmington, DE: DuPont, 1980), 101.

3. E. Philip Davis, "Comparing Bear Markets–1973 and 2000," *National Institute Economic Review* 183 (2003): 78–89.

4. Paul Samuelson, "Science and Stocks," *Newsweek,* September 19, 1966; memo from Dr. Ranz, BMWi, to various cabinet ministers, "Angepasste mittelfristige Zielprojektion bis 1976," March 20, 1973, BA,B 102/248423; Don Oberdorfer, "Japanese Economy Is Booming Again," *Washington Post,* January 14, 1973.

5. *OECD Economic Outlook* 13 (June 1973): 102.

6. Memorandum of discussion, Federal Open Market Committee, February 13, 1973, 17; US Central Intelligence Agency, Office of Economic Research, "Oil Companies Compensate for Dollar Devaluation: The Geneva Agreement," *Foreign Relations of the United States* (FRUS), vol. 36, 264.

7. Jeffrey Robinson, *Yamani: The Inside Story* (New York: Atlantic Monthly Press, 1988), 4, 40〔邦訳　ジェフリー・ロビンソン『ヤマニ　石油外交秘録』青木栄一訳、ダイヤモンド社、1989年〕.

8. Matthew R. Simmons, *Twilight in the Desert: The Coming Saudi Oil Shock and the World Economy* (Hoboken, NJ: Wiley, 2011), 49, 55〔邦訳　マシュー・R・シモンズ『投資銀行家が見たサウジ石油の真実』月沢李歌子訳、日経BP社、2007年〕.

9. "Saudi Arabia Seeking Ownership Participation in Giant Oil Producer," *Wall Street Journal,* June 27, 1968; US Department of State, Bureau of Intelligence and Research, "The Middle East: Relations Between Governments and Petroleum Concessionaires–The Participation Issue," June 10, 1969, FRUS, vol. 36, 11; Telegram, US Embassy in Saudi Arabia to Department of State, February 17, 1972, FRUS, vol. 36, 270; Bernard D. Nossiter, "New Oil Talks Could Reshape World Economic, Political Map," *Washington Post,* January 29, 1972; Robinson, *Yamani,* 67, 70; Ray Vicker, "Persian Gulf Nations This Week May Sign 25% Oil-Interest Accords Effective Jan. 1," *Wall Street Journal,* December 18, 1972.

10. Robinson, *Yamani,* 77–80; Daniel Yergin, *The Prize: The Epic Quest for Oil, Money and Power* (New York: Simon & Schuster, 1991), 577–578〔邦訳　ダニエル・ヤーギン『石油の世紀』日高義樹・持田直武共訳、日本放送出版協会、1991年〕.

11. Memorandum from Rogers to Nixon, "Petroleum Developments and the Impending En-

ergy Crisis," March 10, 1972, FRUS, vol. 36, 284; Memorandum from Peter Flanigan, President's Assistant for International Economic Affairs, to George Shultz, secretary of labor, and Henry Kissinger, President's Assistant for National Security Affairs, June 29, 1972, FRUS, vol. 36, 301; Government of Canada, Cabinet Conclusions, "Canada-USA discussions on security of oil supply," February 15, 1973, Canada Archives, RG2, Privy Council Office, Series A-5-a, vol. 6422, 10. アメリカは、カナダの石油については輸入割当を継続した。カナダはアルバータ州の生産者に対してアメリカに輸送できる石油の量をかなり少なく設定したうえ、石油の輸入はケベック州と沿海諸州にしか許可せず、事実上アルバータ州の高額な石油を保護する国内市場を創り上げた。アメリカの1973年初頭の緊急時対応策ではすべての石油の輸入が1年間停止することを想定していたが、カナダの計画では6カ月間、たった25%の減少しか想定していなかった。

12. ニクソンの言葉によれば、「問題には膨大な国家安全保障的な側面もあった」そうだ。ニクソンの考えでは、これはリビアやイラクなどの国にいる常軌を逸した指導者たちが、ほかの国に面倒を引き起こす種となる資源を多く持っているという可能性に関するものだったようだ。以下を参照。"Memorandum of Conversation," February 8, 1973, FRUS, vol. 36, 410. 当時広まっていた考えについては、以下を参照。William D. Smith, "A Gasoline Shortage Soon Is Predicted," *New York Times,* April 3, 1973.

13. 同上。Clyde H. Farnsworth, "OPEC and OIL Companies Avert Showdown on Prices," *New York Times,* May 27, 1973.

14. "Commentary," *Bank of England Quarterly Bulletin,* June 1973, 271; Bank of Japan, "The Short-Term Business Outlook for Major Manufacturing Corporations," *Monthly Economic Review,* (June 1973): 6; *OECD Economic Outlook* 13 (June 1973): 6. 西ドイツ政府の予測では、経済は1973年には6%、翌年は4%成長し、インフレは収まるはずだった。BMWi, "Vermerk: Ein denkbarer Konjunkturverlauf der mittelfristigen Wirtschaftsentwicklung bis 1977," May 9, 1973, BA, B 102/248423.

15. Reeder, *The Sobering Seventies,* 119; 日本銀行『金融経済月報』1973年9月; BMWi, "Sprachzettel zur Problematik der mittelfristigen Wirtschaftsentwicklung," September 3, 1973, BA, B 102/248423; Clyde H. Farnsworth, "Oil Nations, at Vienna Meeting, Seeking More Price Increases," *New York Times,* September 16, 1973.

16. Robinson, *Yamani,* 83.

17. 日本銀行『金融経済月報』1973年9月; Federal Reserve, "Current Economic Comment by District," October 10, 1973; BMWi memo, "Probleme bei der Fortschreibung der mittelfristigen wirtschaftlichen Perspektiven bis 1978 für die Bundesrepublik Deutschland," January 2, 1974, BA, B 102/248423.

18. A. W. H. Phillips, "The Relation Between Unemployment and the Rate of Change of Money Wage Rates in the United Kingdom, 1861-1957," *Economica* 25 (1958): 283-299.

19. Edmund S. Phelps, "Phillips Curves, Expectations of Inflation and Optimal Employment over Time," *Economica* 34 (1967): 254-281; Milton Friedman, "The Role of Monetary Policy," *American Economic Review* 58 (1968): 1-17; Interview with Charles Schultze, *The New Yorker,* September 13, 1976.

20. "Japan agrees measures to control inflation," *The Guardian,* September 1, 1973.

21. "Memorandum of Discussion," Federal Open Market Committee, October 2, 1973, and October 16, 1973.

22. Peter Jay, "Super-growth period is over," *Times* (London), October 19, 1973. フランスは5.5%の成長を予測した。以下を参照。Charles Hargrove, "French budget aims at strong growth," *Times* (London), October 24, 1973.

23. 日本銀行は、1974年3月に終わる年度の予測を11%近くから6%未満にまで切り下げた。そしてもう年度末に近づいていたため、新しい数字はその後の数カ月にまったく成長がないことを示唆していた。日本銀行『金融経済月報』1973年12月、4ページ; Rupert Cornwell, "French Oil Fears Grow," *Financial Times,* December 13, 1973; Federal Open Market Committee, "Memorandum of Discussion," November 19-20, 1973; Craig R. Whitney, "Bonn Aides Fear Major Recession," *New York Times,* November 30, 1973; BMWi, Memorandum, "Auswirkungen einer Energieverknappung auf die mittelfristige gesamtwirtschaftliche Entwicklung," November 23, 1973, BA, B 102/248423. 経済状況の深刻さに気づくのが遅れた例として、FRBは1973年10月10日、1974年の経済が2.5%成長すると予測している。11月14日になると、その予測を2.9%にまで引き上げた。"Current Economic and Financial Conditions," Federal Reserve Board, November 14, 1973. そして12月12日、翌年の成長予測を0.8%に引き下げたのだった。

24.「スタグフレーション」という言葉の生みの親と言われているのは、1970年に急死するまでのごくわずかな期間、大蔵大臣を務めたイギリス議会の保守派議員イアン・マクロードだ。以下を参照。Hansard, *House of Commons Debates,* November 17, 1965, vol. 720, 1,165. 伝統的なマクロ経済的観点から1974年を見通していた著名な経済学者の例は、以下を参照。Paul Samuelson, "Declining output and more inflation," *Financial Times,* December 31, 1973.

25. 著名なハーヴァード大学の経済学者でリチャード・ニクソンの大統領経済諮問委員会の元委員だったヘンドリック・S・ハウタッカーが1974年1月に米国経済学会で「1970年代の国際経済における政策問題」について語ったとき、生産性には触れなかった。以下を参照。*American Economic Review* 64, no. 2 (May 1974): 138-140.

26. オイルショックとアメリカの景気との偽りの関係については、以下を参照。Robert B. Barsky and Lutz Kilian, "Oil and the Macroeconomy Since the 1970s," *Journal of Economic Perspectives* 18 (Autumn 2004): 115-134.

第6章　ゴールド・ボーイズ

1. Richard Halloran, "Japan Braces for a Full-Scale Oil Crisis," *New York Times,* December 8, 1973.

2. リチャードソンの経歴については、ノッティンガム市公式ウェブサイトを参照。www. nottinghamcity.gov.uk/index.aspx?articleid=4116#R (2011年10月26日閲覧)。また、以下も参照。Anthony Loehnis, "Lord Richardson of Duntisbourne Obituary," *The Guardian,* January 24, 2010; "Lord Richardson of Duntisbourne, KG," *The Telegraph,* January 24, 2010; William Keegan, "Lord Richardson of Duntisbourne: Governor of the Bank of England During

the Troubled Times of the 1970s and early 1980s," *The Independent,* February 9, 2010.

3. Forrest Capie, *The Bank of England, 1950s to 1979* (Cambridge, UK: Cambridge University Press, 2010), 519〔邦訳　フォレスト・キャピー『イングランド銀行―― 1950年代から1979年まで』イギリス金融史研究会訳、日本経済評論社、2015年〕.

4. Clyde H. Farnsworth, "Force on Monetary Scene: Oil Money from Mideast," *New York Times,* March 16, 1973; Michael Blanden, "NatWest weighs in with bumper £92m. profit," *Financial Times,* July 25, 1973; *International Financial Statistics Yearbook* (Washington, DC: International Monetary Fund, 2000), 980, 986.

5. フリンジ・バンキング〔非認可の貸主による金融〕については、以下を参照。Daniel O'Shea, "Role of secondary banks," *Financial Times,* September 11, 1972, and Kenneth Lewis, "Secondary Banks," *Financial Times,* September 10, 1973. 危機については、以下を参照。Capie, *Bank of England,* 531-577; Michael Flanden, "Secondary banks: an end to freewheeling," *Financial Times,* December 24, 1973; Margaret Reid, "How the 'Bankers Lifeboat' came to the rescue," *Financial Times,* January 29, 1974; Derek Matthews, "London and County Securities: A case study in audit and regulatory failure," *Accounting, Audit and Accountability Journal* 18 (2005): 518-536. 法的権限については、フリンジ・バンクの担当だったサー・ジョフリー・ハウ大臣の証言が以下に引用されている。Hansard, *House of Commons Debates,* December 3, 1973, vol. 865, 909.

6. Paul Thompson, "The Pyrrhic Victory of Gentlemanly Capitalism: The Financial Elite of the City of London, 1945-90, Part 2," *Journal of Contemporary History* 32 (1997): 433; Capie, *Bank of England,* 532, 596-597.

7. Capie, *Bank of England,* 499-507, 824.

8. 同上、605-614.

9. Otmar Emminger, "Probleme der Stabilitätspolitik," address to the Association of Public Credit Institutions, Frankfurt, November 9, 1973, BA, B102/165947.

10. Henry C. Wallich, "Notes on BIS Meeting of March 11-12, 1974," March 18, 1974, in Federal Open Market Committee, "Memorandum of Discussion," March 18-19, 1974, Attachment B; Federal Open Market Committee, "Memorandum of Discussion," April 15-16, 1974.

11. Joan Spero, *The Failure of the Franklin National Bank* (New York: Columbia University Press,1977), 46-51.

12. 同上、53-57, 64-66, 81-83.

13. "Bankencrach: Die Bilder sind bedrückend," *Der Spiegel,* July 1, 1974.

14. Meir Heth, Bank of Israel, "The Failures of Israel-British Bank, Tel-Aviv, and Israel-British Bank (London): Some Preliminary Conclusions," Bank for International Settlements archive (BISA), BS75/47, 1/3A(3), vol. 19.

15. Richard Redden, "Probe May Prove a Classic Example," *The Guardian,* September 16, 1975; Gil Sedan, "Bank Scandal Hits Israel," *Jewish Telegraphic Agency,* July 11, 1974.

16. スイスの銀行名はほとんどの報道では伏せられていたが、以下の記事では公表されていた。"Banking Scandal Hits Israel," *Washington Post,* July 21, 1974. 以下も参照。Paul J. Green, "When a Bank Is Not a Bank," *Brooklyn Law Review* 43 (1976): 899.

17. "Israel-British Bank (London) closes doors," *Financial Times,* July 12, 1974.

18. "Israelis to Allow Pooling of British Bank's Assets," *New York Times,* June 25, 1975. イスラエルとイギリスが回避していたイギリスの流動性に関する指針については、以下を参照。BISA, BS/75/3, "Regulations governing the commercial banks' foreign currency transactions: Summary of replies received from the central banks," March 26, 1975, BISA, 1/3A(3), vol. 18; "Liquidity Crunch Gets New Victims at Foreign Banks," *Wall Street Journal,* July 10, 1974.

19. Eric Silver, "12 years for Bension," *The Guardian,* February 24, 1975; "Anger at Begin move to pardon banker," *The Times* (London), September 10, 1977; "Fraud convictions quashed after judge's 'unclear' summing up," *The Guardian,* January 13, 1981; David Lane, *Into the Heart of the Mafia: A Journey Through the Italian South* (London: Profile Books, 2009), 4.

20. 両者は、ほかの中央銀行総裁に承認を求める前に、委員会の権限について合意していた。

21. 一説によれば、ドイツのブンデスバンクの代表はドイツ連邦信用機関監督室の代表に慌てて自己紹介したそうだ。職務が重複しているにもかかわらず、フランクフルトのブンデスバンク代表とベルリンの監督官は面識がなかった。Cable, US Mission to the EC, Brussels, to Secretary of State, NARA, RG 59, Central Foreign Policy Files, Electronic Telegrams, https://aad.archives.gov/aad/, 1975ECBRU02657, March 25, 1975; George Alexander Walker, *International Banking Regulation: Law, Policy and Practice* (Kluwer Law International: The Hague, 2001), 36; Charles Goodhart, *The Basel Committee on Banking Supervision: A History of the Early Years, 1974–1997* (Cambridge, UK: Cambridge University Press, 2011), 43、極秘インタビュー。委員会の法的権限のなさを強調してくれたポール・ボルカーには感謝している。

22. Goodhart, *Basel Committee,* 53; Alex Brummer, "Bank of England names supremo in wake of crises," *The Guardian,* July 19, 1974; Alex Brummer and Tom Tickell, "Adding up the list of 'don'ts'," *The Guardian,* September 27, 1976. ジョージ・ブランデンの父親はこれもジョージ・ブランデンという名で、1955年に退職するまで銀行の経理部で働いていた。以下を参照。Bank of England, *Old Lady Magazine,* March 1955, 58.

23. "Informal record of the first meeting of the Committee on Banking Regulations and Supervisory Practices held at the BIS on 6th-7th February 1975," April 3, 1975, BISA, 1/3A(3), vol. 18; "Informal record of the fifth meeting of the Committee on Banking Regulations and Supervisory Practices held at the BIS on 11th-12th December 1975," BISA, 1/3A(3), vol. 22.

24. "International co-operation in banking supervision," *Bank of England Quarterly Bulletin* 17 (1977): 325. George W. Mitchell, "How the Fed sees multinational bank regulation," *The Banker* 124 (1974): 757–760; "International Banking Survey," *The Economist,* March 20, 1982; Colin Campbell, interview with Don Templeman, Colin Campbell Collection, Special Collections Department, Georgetown University Library, Washington, DC, box 2.

25. "Report to the Governors on the supervision of banks' foreign establishments," September 26, 1975, BISA, BS/75/44, 1/3A(3), vol. 20; "Informal record of the third meeting of

the Committee on Banking Regulations and Supervisory Practices held at the BIS on 19th-20th June 1975," BISA, BS/75/40, 1/3A(3), vol. 19. Ethan B. Kapstein, "Resolving the Regulator's Dilemma: International Coordination of Banking Regulation," *International Organization* 43 (1989): 330. カプスタインはこの合意について、「銀行の破綻に対処する枠組み」というよりは「紳士協定」だったと説明している。これはある程度までは正確だが、国際的な銀行の破綻を回避できるよう、かなりあいまいな形ながら、規制責任を持たせようとした対策を無視している。"Strictly confidential: Note on the Committee's discussion of the paper, 'The failures of Israel-British Bank, Tel-Aviv and Israel-British Bank (London): Some Preliminary Conclusions' by Dr. Heth of the Bank of Israel," November 3, 1975, BISA, BS/75/56, 1/3A(3), vol. 20; "Informal record of the fifth meeting of the Committee on Banking Regulations and Supervisory Practices held at the BIS on 11th-12th December 1975," BISA, 1/3A(3), vol. 22; BIS staff paper BS/76/3, "Possibilities for international co-operation in a problem bank situation," distributed to the committee on March 5, 1976, BISA, BS/75/56, 1/3A(3), vol. 22.

26. OPECによる原油生産量は1973年から1978年の間は年間100―114億バレルだった。以下を参照。William, L. Liscom, ed., *The Energy Decade, 1970–1980: A Statistical and Graphic Chronicle* (Cambridge, MA: Ballinger, 1982) 372.

27. Philip Green, "Citibank's Apostle of Innovation," *Washington Post,* July 28, 1974; 極秘インタビュー。

28. Arthur F. Burns, "Maintaining the Soundness of Our Banking System," address to American Bankers Association, Honolulu, Hawaii, October 21, 1974.

29. 以下の意見を参照。F. R. Dahl, Federal Reserve Board, in BISA, BS/76/37 Banking Supervision 1976/4; "Informal record of the fourteenth meeting of the Committee on Banking Regulations and Supervisory Practices held in Basel on 26th and 27th October 1978," BISA, BS/78/42, Banking Supervision: Informal Records 01/78–11/79; "Cost to International Banks of Supervision and Regulation: Maintenance of Reserve and Capital Ratios," BISA BS/79/49, 1979/10; Ronald Kessler, "Citibank, Chase Manhattan on U.S. Problem List," *Washington Post,* January 11, 1976; "Citibank, Chase Listed as 'Problem' Banks But Regulators Say Neither Is in Danger," *Wall Street Journal,* January 12, 1976、極秘インタビュー。

30. "Informal record of the eighth meeting of the Committee on Banking Regulations and Supervisory Practices held at the BIS on 28th-29th October 1976," BISA, Banking Supervision: Informal Records, BS/77/1, 02/75–06/77; "Cost to International Banks of Supervision and Regulation: Maintenance of Reserve and Capital Ratios," BISA, BS/79/49, 1979/10.

第7章　割り当てと愛人と

1. アメリカの道路を走っている平均的な車の燃費は1963年には1ガロン当たり14.3マイル（23キロ）だったが、1973年には1ガロン当たり13.3マイル（21キロ）に落ちている。その期間、アメリカのガソリン消費量は合計で58％増えた。石油の禁輸措置で供給が減る前年の1972年、平均的なアメリカ人は785ガロンのガソリンを購入していた。平均的なタンクの容量が18ガロン、1回ガソリンスタンドに行って購入する平均量が16

ガロンとして、平均的な車の所有者は年間 49 回ガソリンを買いに行っていたことになる。以下を参照。US Energy Information Administration, *Annual Energy Review 1995* (Washington, DC, 1996), tables 2.15 and 5.12b. 以下も参照。US Environmental Protection Agency, *Factors Affecting Automotive Fuel Economy* (Washington, DC, 1976).

2. 引用は以下より。Philip Shabecoff, "The Simon Years at the Treasury," *New York Times,* November 7, 1976.

3. 引用は 1973 年 5 月のサイモンの議会証言より。以下を参照。"Nixon's Decisive New Energy Czar," *Time,* December 10, 1973.

4. William E. Simon, *A Time for Truth* (New York: Reader's Digest Press, 1978), 51〔邦訳 W・E・サイモン『アメリカの甦る日』松尾弌之訳、世界日報社、1980 年〕.

5. Richard L. Strout, "Gas Vote Near in Tense Senate," *Christian Science Monitor,* February 6, 1956; American Enterprise Institute, "Natural Gas Deregulation Legislation," December 28, 1973, 10–11, 27.

6. Ronald R. Braeutigam and R. Glenn Hubbard, "Natural Gas: The Regulatory Transition," in Leonard W. Weiss and Michael W. Klass, eds., *Regulatory Reform: What Actually Happened* (Boston: Little, Brown, 1986), 141.

7. I. C. Bupp, "The New Natural Gas Business," in I.C. Bupp, ed., *U.S. Natural Gas After Deregulation: A New Business* (Cambridge, MA: Cambridge Energy Research Associates, 1985), 9, 143; Federal Energy Administration, "The Natural Gas Shortage: A Preliminary Report," August 1975, 3–5 and fig. 2; "Your Gas Bill and the Shortage," *Washington Post,* December 23, 1972; Patricia E. Starratt, "We're Running Out of Gas Needlessly," *Reader's Digest* (April 1973).

8. R. O. Kellam, "Regulation of Oil Imports," *Duke Law Journal* 10, no. 2 (1961): 177–187; Kenneth W. Dam, "Implementation of Import Quotas: The Case of Oil," *Journal of Law and Economics* 14 (1971): 1–60; Executive Order No. 10761, in *Federal Register* 23 (1958): 2067.

9. Interview with Julius L. Katz by Charles Stuart Kennedy, May 12, 1995, Association for Diplomatic Studies and Training Foreign Affairs Oral History Project, 43.「ブラウンズビル・ループ」は 1971 年の規制変更に伴って廃止された。

10. Cabinet Task Force on Oil Import Control, *The Oil Import Question* (Washington, DC: USGPO, 1970), 19; US Treasury, Office of Economic Stabilization, *Historical Working Papers on the Economic Stabilization Program Vol. 2* (Washington, DC: USGPO, 1974), 1237.

11. Martha Derthick and Paul J. Quirk, *The Politics of Deregulation* (Washington, DC: Brookings Institution, 1985), 36. 規制撤廃の始まりについては、ほかにも数多くの説明がなされている。以下を参照。Kim Phillips-Fein, *Invisible Hands: The Making of the Conservative Movement from the New Deal to Reagan* (New York: Norton, 2009). フィリップス゠ファインは規制撤廃を、第二次世界大戦後に優勢だった社会民主的総意に対する保守派の反撃だったと見ている。以下も参照。Meg Jacobs, *Panic at the Pump: The Energy Crisis and the Transformation of American Politics in the 1970s* (New York: Hill and Wang, 2016), 26–27. ジェイコブズによれば、1973 年の石油危機が始まるずっと前から、エネルギー業界と米商工会議所は新たな環境要件への準拠と海洋掘削にかかる高いコストを挙げ、石油とガソリ

ン価格の規制撤廃を呼びかけていたとのことだ。なかでもポール・W・マカボイとジョージ・C・イーズは、急速な技術進歩と相対的な物価の変化のため、規制されている産業が規制緩和を求めるようになったと主張している。筆者は、顧客が変化の原因として規制の結果を受け入れたがらない現状を強調してきた。以下を参照。Marc Levinson, “Evasion as a Driving Force in U.S. Transport Deregulation,” in *Regulation between Legal Norms and Economic Reality: Intentions, Effect, and Adaptation: The German and American Experiences*（Tübingen: Mohr Siebeck, 2012）, 187–196. 一点だけ疑問の余地がないのは、1973年以前は規制撤廃が政治には無関係だったということだ。1969年から1972年の間に、『ニューヨーク・タイムズ』が「規制撤廃」について触れた記事はたったの15件。3カ月に1回程度でしかなかった。

12. Executive Order 11723, June 13, 1973; Paul W. MacAvoy and Robert S. Pindyck, “Alternative Regulatory Policies for Dealing with the Natural Gas Shortage,” *Bell Journal of Economics* 4（1973）: 454–457; R. Glenn Hubbard, “Petroleum Regulation and Public Policy,” in Weiss and Klass, eds., *Regulatory Reform,* 113. 1973年の春と夏にもっとも熱い議論が交わされたエネルギー関連法案は、S. 2506だった。緊急石油割り当て法は、公法93-159として施行された。

13. Simon, *A Time for Truth,* 3, 51.

14. William Robbins, “Simon Pledges Northeast Equitable Treatment in Oil,” *New York Times,* January 29, 1974. 拒否された法案は、国家エネルギー石油法S. 2589。Jack Anderson, “Nixon Insists on Deregulating Gas,” *Washington Post,* March 18, 1974.

15. 規制がもたらす屈折した影響の典型として、アメリカの石油掘削量は1974年に3割急増して新たなガス井の数も過去最高を記録したにもかかわらず、アメリカの石油生産量は過去8年で最低にとどまり、天然ガス生産量も1969年以来最低だった。どうも、古い井戸の所有者たちが、自分のところの生産品を政府が定めた市場より低い価格で売るべき理由を見いだせなかったらしい。US Energy Information Administration, “U.S. Crude Oil Developmental Wells Drilled,” “U.S. Natural Gas Exploratory and Developmental Wells Drilled,” “U.S. Field Production of Crude Oil,” “U.S. Natural Gas Gross Withdrawals,” いずれも政府のウェブサイトで閲覧可能。www.eia.gov 以下も参照。Edward Cowan, “Oil Hang-up–The Split-Price Rule,” *New York Times,* September 22, 1974.

16. 規制撤廃が価格にもたらしたかもしれない影響への懸念については、以下を参照。US House of Representatives, Committee on Interstate and Foreign Commerce, Subcommittee on Energy and Power, *An Economic Analysis of New Gas Deregulation*（Washington, DC: USGPO, 1976）. エネルギー規制撤廃へ向けた最初の大きな一歩は、1975年のエネルギー政策・保存法から始まった。これは初めて自動車の燃費基準を設けた法で、戦略的な石油の備蓄を定めていた。さらに、大衆の目をあざむくために文書の奥深くに埋めこまれた条項では、大統領にさまざまな状況下で古い石油の最高価格を引き上げる権限を与えていた。この法律は1970年代後半にかけて、アメリカの価格を世界市場の価格に少しずつ近づけていく。次の一歩は、1978年の全国天然ガス政策法だった。これは1979年に一部のガスの価格規制を撤廃し、1985年または1987年に別のガスの規制を撤廃するものだったが、一部の「古いガス」は無期限に規制の対象としていた。さらに、この法律もガス利用者間

で供給の分配をおこなう権限を大統領に与えた。部分的な規制撤廃がガス生産の増量に失敗したときのためだった。この法律の背景となる政治については、以下を参照。Jacobs, *Panic at the Pump,* 161-190.

17. "Simon Urges Removal of Energy Restraints," *Chicago Tribune,* September 11, 1974; "Simon Urges Steps to End Price Curbs on Oil, Natural Gas," *Los Angeles Times,* September 11, 1974; President Gerald R. Ford's Address to a Joint Session of Congress on the Economy, October 8, 1974, Gerald R. Ford Presidential Library & Museum, NARA.

18. Daryl Lembke, "Simon Sees Peril in Big Government," *Los Angeles Times,* March 1, 1975; William E. Simon, "Game Plan for a Sound Economy," *Chicago Tribune,* March 19, 1975.

19. US Senate, Judiciary Committee, Subcommittee on Administrative Practice and Procedures, *Oversight of Civil Aeronautics Board Practices and Procedures,* vol. 2, February 6-March 21, 1975 (Washington, DC: USGPO, 1075), 1315; Marc Levinson, "Two Cheers for Discrimination: Deregulation and Efficiency in the Reform of U.S. Freight Transportation, 1976-1998," *Enterprise and Society* 10 (2009): 178-215; "Airlines Urge Simon to Impose Price Curbs on Jet Aviation Fuel," *Wall Street Journal,* January 9, 1974.

20. カーンについては、以下を参照。Thomas K. McCraw, *Prophets of Regulation: Charles Frances Adams, Louis D. Brandeis, James M. Landis, Alfred E. Kahn* (Cambridge, MA: Harvard University Press, 1986). 法律には、1976年鉄道再生・規制改革法（P.L. 94-201）、1977年航空貨物規制緩和法（P.L. 95-163）、1978年航空会社規制緩和法（P.L. 95-504）、1980年陸運規制改革および近代化法（P.L. 92-296）、1980年スタガーズ鉄道法（P.L. 96-448）、1980年引越輸送法（P.L. 96-454）、1982年バス規制改革法（P.L. 97-261）、そして1984年海運業法（P.L. 98-237）が含まれた。

21. 1980年の預貯金取扱金融機関規制緩和・通貨管理法で実施されたアメリカの金利規制撤廃については、以下を参照。Greta R. Krippner, *Capitalizing on Crisis: The Political Origins of the Rise of Finance* (Cambridge, MA: Harvard University Press, 2011), 58-85.

22. Peter T. Kilborn, "Money Isn't Everything in Greyhound Strike," *New York Times,* April 9, 1990; Gautam Naik, "U.K. Telecom Deregulation Delivers Nice Surprise: Jobs," *Wall Street Journal,* March 5, 1998.

第8章　輸出マシーン

1. Yoshikuni Igarashi, *Narratives of War in Postwar Japanese Culture, 1945-1970* (Princeton, NJ: Princeton University Press, 2000), 201〔邦訳　五十嵐惠邦『敗戦の記憶』中央公論新社、2007年〕。以下も参照。Jayson Makoto Chun, *A Nation of a Hundred Million Idiots: A Social History of Japanese Television, 1953-1973* (New York: Routledge, 2007), 291. 買占めパニックの写真は以下より。『朝日新聞』1973年11月1日, http://ajw.asahi.com/reliving_the_past/leaf/AJ2011110116049〔2017年8月1日、閲覧不可〕.

2. 雇用に関するデータは以下より。US Department of Labor, "Comparative Civilian Labor Force Statistics, 10 Countries, 1960-2004," May 13, 2005. デール・ヨルゲンソンおよび黒田昌裕は、1960年代の日本の経済成長のうち、資本投資が60%を占めたと推測してい

る。以下に所収の章を参照。Dale Jorgenson and Masahiro Kuroda, "Productivity and International Competitiveness in Japan and the United States, 1960–1985," in Charles R. Hulten, ed., *Productivity Growth in Japan and the United States* (Chicago: University of Chicago Press, 1991), 50. 日本の生産性向上と1時間当たりの実質生産量の推計は以下より。Conference Board's Total Economy Database, at http://www.conference-board.org/data/economydatabase/. OECDの *Historical Statistics* の数字も同じようなものだ。Kazutoshi Koshiro, "Lifetime Employment in Japan: Three Models of the Concept," *Monthly Labor Review,* (August 1984): 34–35. 神代和俊は、大企業における終身雇用制度が始まったのは1910年ごろからだったが、雇用主が定年まで会社に残れるという暗黙の約束をもって新卒を雇いだしたのは1955年になってからだと述べている。

3. Hugh Patrick, "Prospects for Longer-Run Productivity Growth in Japan," Economic Growth Center, Yale University, Discussion Paper No. 257, December 1976, 11; Edward F. Denison and William K. Chung, *How Japan's Economy Grew So Fast* (Washington, DC: Brookings Institution, 1976), 52, 54; M. Iyoda, *Postwar Japanese Economy* (New York: Springer, 2010), 20. 日本の繊維産業を造り変えた外国の技術の購入例については、以下を参照。Robert M. Uriu, *Troubled Industries: Confronting Economic Change in Japan* (Ithaca, NY: Cornell University Press, 1996), 151. 日本の貯蓄率の動きについて議論する文献は数多い。たとえば、以下を参照。Fumio Hayashi, "Is Japan's Saving Rate High?" and Lawrence J. Christiano, "Understanding Japan's Saving Rate: The Reconstruction Hypothesis," both in *Federal Reserve Bank of Minneapolis Quarterly Review* 13, no. 2 (spring 1989), and Charles Yuji Horioka, "Why Is Japan's Saving Rate So High? A Literature Survey," *Journal of the Japanese and International Economies* 4 (1990): 49–92.

4. 設備稼働率、工場の規模別の生産量、そして食料品店の数についてデータは、以下を参照。通商産業省『通産統計ハンドブック1973』20, 26–27, 31, 47–49ページ。1970年、日本の世帯数は3,030万だった。以下を参照。総務省内閣統計局『日本の統計2014』表2.3。業界別の生産性の変化については以下を参照。Dale W. Jorgenson and Koji Nomura, "The Industry Origins of Japanese Economic Growth," National Bureau of Economic Research working paper 11800, November 2005, Table 19.

5. 経済計画担当者の心配については、以下を参照。Kozo Yamamura, "Joint Research and Antitrust: Japanese vs. American Strategies," in High Patrick, ed., *Japan's High Technology Industries: Lessons and Limitations of Industrial Policy* (Seattle: University of Washington School of Business, 1986), 183. 相対的な人件費の数字については、以下を参照。President's Council of Economic Advisers, *Economic Report of the President 1974* (Washington, DC, 1974), 192.

6. 同上。

7. 日本銀行『金融経済月報』1974年2月、4ページ ; Fox Butterfield, "In Japan, Oil May Expose Ills of Growth," *New York Times,* January 6, 1974.

8. G. John Ikenberry, "The Irony of State Strength; Comparative Responses to Oil Shocks in the 1970s," *International Organization* 40 (1986): 113–116.

9. Marc Levinson, *The Box: How the Shipping Container Made the World Smaller and the*

World Economy Bigger (Princeton, NJ: Princeton University Press, 2006), 186–188〔邦訳 マルク・レビンソン『コンテナ物語』村井章子訳、日経 BP 社、2007 年〕。日本は 1968 年末には 1600 万ドルの貿易赤字を抱え、1969 年には 10 億ドル近い黒字になっていた。以下を参照。財務省関税局 http://www.customs.go.jp/toukei/suii/html/nenbet_e.htm.

10. I. M. Destler, Haruhiro Fukui, and Hideo Sato, *The Textile Wrangle: Conflict in Japanese-American Relations, 1969–1971* (Ithaca, NY: Cornell University Press, 1979), 66〔邦訳 I・M・デスラー他『日米繊維紛争―― "密約" はあったのか』福井治弘訳、日本経済新聞社、1980 年〕; Henry Kissinger, *White House Years* (Boston: Little Brown, 1979), 336〔邦訳 ヘンリー・キッシンジャー『ワシントンの苦悩』藤彌三郎他訳、小学館、1979 年〕。日米繊維協定は 1972 年 1 月 3 日に締結された。以下を参照。"Agreement on Wool and Man-made Fibers," in US Department of State, *United States Treaties and Other International Acts,* vol. 23, part 3 (Washington, DC: USGPO, 1972), 3167.

11. Japan Industrial Structure Council, *Japan in World Economy* (Tokyo, 1972), 48–50.

12. Nakamura, *Postwar Japanese Economy,* 224; Konosuke Odaka, "Are We at the Verge of a Stagnant Society?" in Hisao Kanamori, ed., "Recent Developments of Japanese Economy and Its Differences from Western Advanced Economies," center paper 29, Japan Economic Research Center, September 1976, 33.

13. Chiaki Moriguchi and Horishi Ono, "Japanese Lifetime Employment: A Century's Perspective," in Magnus Blomström and Sumner La Croix, eds., *Institutional Change in Japan: Why It Happens and Why It Doesn't* (London: Routledge, 2006), 152– 176; Uriu, *Troubled Industries,* 191–209. 造船業は、1975 年には日本の経済生産量の 1.2%を占めていた。だがその割合は、1986 年には 0.2%にまで激減している。以下を参照。OECD Council Working Party on Shipbuilding, "Peer Review of Japanese Government Support Measures to the Shipbuilding Sector," C/WP6 (2012) 26, 7.

14. Yoshimitsu Imuta, "Transition to a Floating Exchange Rate," in Mikiyo Sumiya, ed., *A History of Japanese Trade and Industry Policy* (Oxford: Oxford University Press, 2000), 528; Sueo Sekiguchi, "Japan: A Plethora of Programs," in Hugh Patrick, ed., *Pacific Basin Industries in Distress* (New York: Columbia University Press, 1990), 437.

15. William Diebold Jr., *Industrial Policy as an International Issue* (New York: McGraw-Hill, 1980), 162〔邦訳 W・ディーボルド Jr.『国際産業政策』金子敬生・石渡徳弥共訳、日本ブリタニカ、1982 年〕; Japan Automobile Manufacturers Association, *Motor Vehicle Statistics of Japan 2014,* 16, 32.

16. Imuta, "Transition to a Floating Exchange Rate," 527. 日本の研究開発費についてのデータは以下より。Steven Englander and Axel Mittelstädt, "Total Factor Productivity: Macroeconomic and Structural Aspects of the Slowdown," *OECD Economic Survey* 10 (1988): 36.

17. Dale W. Jorgenson and Masahiro Kuroda, "Productivity and International Competitiveness in Japan and the United States, 1960–1985," in Hulten, ed., *Productivity Growth in Japan and the United States,* 45.

18.「産業の空洞化」が一般的になったのは、以下による。Barry Bluestone and Bennett

Harrison, *The Deindustrialization of America* (New York: Basic Books, 1982).

19. James Chan Lee and Helen Sutch, "Profits and Rates of Return in OECD Countries," OECD Economics and Statistics Department, working paper 20, 1985.

20. 以下を参照。US International Trade Commission, *Bolts, Nuts, and Screws of Iron and Steel* (Washington, DC, 1975). 法律の擁護者の誰一人として、その目的のひとつに生産性の向上をあげなかったことは注目に値する。例として、以下を参照。House of Representatives, Committee on Ways and Means, *Prepared Statements of Administration Witnesses, Submitted to the Committee on Ways and Means at Public Hearings Beginning on May 9, 1973* (Washington, DC: USGPO, 1973).

21. US International Trade Commission, *Bolts, Nuts, and Large Screws of Iron and Steel* (Washington, DC, 1977); Jimmy Carter, "American Bolt, Nut, and Large Screw Industry Memorandum from the President," February 10, 1978.

22. Jimmy Carter, "American Bolt, Nut, and Large Screw Industry Memorandum from the President," December 22, 1978; "Proclamation 4632–Temporary Duty Increase on the Importation into the United States of Certain Bolts, Nuts, and Screws of Iron or Steel," January 4, 1979; US Department of Commerce, International Trade Administration, "An Economic Assessment of the United States Industrial Fastener Industry (1979 to 1986)," March 1987; Gary Clyde Hufbauer and Howard Rosen, *Trade Policy for Troubled Industries* (Washington, DC: Institute for International Ecnomics, 1986), 20.

23. Hufbauer and Rosen, *Trade Policy for Troubled Industries,* 23. ハフバウアーとローゼンは1970年代から1980年代初頭にかけて製造分野に影響を及ぼした「特別保護」の例を23件挙げている。ここには、アメリカ市場で市価より安く売られていたり、補助金を受けたりしている輸入品によって被害をこうむったとの主張が通った産業は含まれていない。以下も参照。W. Carl Biven, *Jimmy Carter's Economy: Policy in an Age of Limits* (Chapel Hill, NC: University of North Carolina Press, 2002), 228–234.

24. 以下を参照。Étienne Davignon, interview with Étienne Deschamps, Brussels, January 14, 2008, Centre virtuel de la connaissance sur l'Europe, at www.cvce.eu.

25. 以下を参照。Laurent Warlouzet, "The Golden Age of EEC Industrial Policy: Managing the Decline of Steel from 1977 to 1984," and Christian Marx, "A European Structural Crisis Cartel as a Solution to Structural Depression?" いずれも、"The Practices of Structural Policy in Western Market Economies Since the 1960s" の会議で発表された。Zentrum für Zeitgeschichte, Potsdam, May 28–29, 2015; Götz Albert, *Wettbewerbsfähigkeit und Krise der deutschen Schiffbauindustrie 1945–1990* (Frankfurt am Main: P. Lang, 1998), 200–201; Lars C. Bruno and Stig Tenold, "The Basis for South Korea's Ascent in the Shipbuilding Industry," *Mariner's Mirror* 97 (2011): 201–217.

26. Jimmy Carter, "Remarks on Signing into Law H. R. 5680, the Chrysler Corporation Loan Guarantee Act of 1979," January 7, 1980. この時期におけるカナダの自動車産業について詳しくは、以下を参照。Michel Côté, "The Canadian Auto Industry, 1978–1986," *Perspectives on Labor and Income* 1 (Autumn 1989).

27. Stephen D. Cohen, "The Route to Japan's Voluntary Export Restraints on Automo-

biles," working paper no. 20, National Security Archive, 1997; US International Trade Commission, *A Review of Recent Developments in the U.S. Automobile Industry Including an Assessment of the Japanese Voluntary Restraint Agreements* (Washington, DC, 1985), 4-11. レーガンの引用は以下より。Richard J. Cattani, "Carter, Reagan Cast for Votes Among Blacks, Auto Workers," *Christian Science Monitor,* September 3, 1980.

28. Shailendra J. Anjaria, Naheed Kirmani, and Arne B. Petersen, *Trade Policy Issues and Developments,* International Monetary Fund occasional paper no. 38 (Washington, DC, 1985), 47. 国際貿易委員会の推計では、1984年に日本がアメリカで販売した車の台数は規制がなかった場合よりも100万台少なかったが、販売した車1台あたりの利益は17%高かった。アメリカの消費者から日本へ33億ドルが入った計算になる。委員会はさらに、アメリカ国内の自動車メーカーが日本車の高い値段に合わせて価格設定を引き上げ、52億ドルの追加収入を得たと推定している。1984年前半、自動車メーカーで働く労働者の平均給与は時給15.33ドル、年収にしておよそ3万2,000ドルだった。以下を参照。*A Review of Recent Developments in the U.S. Automobile Industry,* 10, 41. カナダで労働者1人当たり節約できた金額の推計は1985年で20万—100万カナダドル、米ドルにして約14万5,000—73万ドルだった。以下を参照。Margaret Kelly, Naheed Kirmani, Clemens Boonekamp, Miranda Xafa, and Peter Winglee, *Issues and Developments in International Trade Policy,* International Monetary Fund occasional paper no. 63 (Washington, DC, 1988), 79.

29. Kelly, Kirmani, Boonekamp, Xafa, and Winglee, *Issues and Developments in International Trade Policy,* 41. 著者らは、日本のメーカーがアメリカでの売り上げで伸ばした収益は1981年から1984年の間で61億ドルにのぼると見ている。この収益は製造・販売する車の台数を減らしたうえで得たため、収益性はさらに高かったはずだ。日本のメーカーは、カナダへの輸出規制のおかげでさらに儲かったことになる。

30. National Science Foundation, *National Patterns of R&D Resources: 1994* (Washington, DC, 1995), Table 3; Zvi Griliches, Ariel Pakes, and Bronwyn H. Hall, "The Value of Patents as Indicators of Inventive Activity," working paper no. 2083, National Bureau of Economic Research, 1986, Table 2. 第一次金属業界における設備の平均使用年数は1970年代半ばには10年、1985年には11.8年に達していた。Allan Collard-Wexler and Jan De Loecker, "Reallocation and Technology: Evidence from the U.S. Steel Industry," NBER working paper 18739, January 2013. 著者らは、電気アーク炉の導入後に見られた業界の生産性向上の大部分は、古くなった施設の閉鎖によることを示している。

第9章　夢の終わり

1. *National Income 1929-32: Letter from the Acting Secretary of Commerce Transmitting in Response to Senate Resolution No. 220 (72nd Congress) a Report on National Income, 1929-32,* (Washington, DC, 1934), 7. 国民総生産は長年にわたり、経済の規模を測るために広く用いられてきた指標だった。今では主に国内総生産、つまり国外からの純所得を除外した指標に置き換わっている。

2. Simon Kuznets, "Economic Growth and Income Inequality," *American Economic Review* 45 (1955): 1-28. クズネッツは、彼の理論がヨーロッパ、北米、日本の経済に限られてい

ることを認め、「開発途上」国における所得が同じようには分布しないかもしれないと述べている。

3. ここでの所得の分布についてのデータは、以下より。Anthony B. Atkinson and Salvatore Morelli, "Chartbook of Economic Inequality," at www.chartbookofeconomicinequality.com, accessed January 8, 2014. アトキンソンとモレッリが1950年代と1960年代について関連するデータを提示しているほかの国はオーストラリア、カナダ、フィンランド、フランス、イギリス、日本、ニュージーランド、ノルウェー、南アフリカ、スウェーデン、そしてアメリカ。日本では、ジニ係数（各世帯が国の所得を均等に分け合っていれば0、すべての所得が1世帯に所属していれば1とする係数）は戦前の約0.3から1953年には0.04に減少し、公平性が非常に高まったことを示した。以下を参照。T. Mizoguchi, "Long-run Fluctuations in Income Distribution in Japan," *Economic Review* 37（1986）: 152-158, cited in Toshiaki Tachibanaki, *Confronting Income Inequality in Japan*（Cambridge, MA: MIT Press, 2005）, 59.

4. Facundo Alvaredo, Anthony B. Atkinson, Thomas Piketty, and Emmanuel Saez, "The Top 1% in International and Historical Perspective," *Journal of Economic Perspectives* 27（2013）: 7; Richard T. Griffiths, "Economic Growth and Overfull Employment in Western Europe," in Richard T. Griffiths and Toshiaki Tachibanaki, eds., *From Austerity to Affluence: The Transformation of the Socio-Economic Structure of Western Europe and Japan*（New York: St. Martin's Press, 2000）, 68-72; Takenori Inoki, "From Rapid Growth to the End of Full Employment in Japan," in Griffiths and Tachibanaki, eds., *From Austerity to Affluence,* 87.

5. Thomas Piketty, *Capital in the Twenty-First Century*（Cambridge, MA: Harvard University Press, 2014〔邦訳　トマ・ピケティ『21世紀の資本』山形浩生・守岡桜・森本正史共訳、みすず書房、2014年〕.

6. Carmen DeNavas-Walt, Bernadette D. Proctor, and Jessica C. Smith, *Income, Poverty, and Health Insurance Coverage in the United States: 2012,* US Census Bureau, Current Population Reports, P60-245（September 2013）, Table A-4; Atkinson and Morelli, "Chartbook of Economic Inequality". アメリカでは、総世帯収入のジニ係数は1974年に最低水準に達した。

7. Alissa Goodman and Steven Webb, "For Richer, for Poorer: The Changing Distribution of Income in the United Kingdom, 1961-91," Institute for Fiscal Studies, 1994, 15-17, 40, 56-60; Mike Brewer, Alastair Muriel, and Liam Wren-Lewis, "Accounting for Changes in Inequality Since 1968: Decomposition Analyses for Great Britain," Institute for Fiscal Studies, 2009; UK Office for National Statistics, "Middle-Income Households, 1977-2011/12," December 2, 2013; A. B. Atkinson, "Bringing Income in from the Cold," *Economic Journal* 107（1997）: 297-312. 以下も参照。Gregory Clark, "What Were the British Earnings and Prices Then?（New Series）" Measuring Worth, 2015, at http://www.measuringworth.com/ukearncpi/.

8. Bruce Western and Kieran Healy, "Explaining the OECD Wage Slowdown: Recession or Labour Decline?" *European Sociological Review* 15（1999）: 234.

9. 1960年からの6大経済国の労働分配率に関するデータは、ドイツの専門家委員会（Sachverständigenrat）で報告されている。Sachverständigenrat, *Jahresgutachten 2012/13,*

318–341. 1975 年以降の期間については、非常によく似た数字が以下で報告されている。Loukas Karabarbounis and Brent Neiman, "The Global Decline of the Labor Share," *Quarterly Journal of Economics* 129 (2014): 61–103. 減少の意味を追求する文献は数多い。例として、以下を参照。Roberto Torrini, "Labour, profit and housing rent shares in Italian GDP: long-run trends and recent patterns," Banca d'Italia occasional paper 318, March 2016, and Benjamin Bridgman, "Is Labor's Loss Capital's Gain? Gross Versus Net Labor Shares," working paper, US Bureau of Economic Analysis, October 2014. ブリッジマンは、労働分配率の減少は、経済学者のモデルが償却を誤って解釈しているため、広く信じられているよりもかなり低いと主張している。

10. この点に関しては、これよりもあとの時代についての証拠が以下で見られる。Martin Adler and Kai Daniel Schmid, "Factor Shares and Income Inequality–Empirical Evidence from Germany 2002–2008," discussion paper 82, Institut für Angewandte Wirtschaftsforschung, University of Tübingen, May 2012.

11. Urban Lunberg and Klas Åmark, "Social Rights and Social Security: The Swedish Welfare State, 1900–2000," *Scandinavian Journal of History* 26 (2001): 161.

12. Leif Hannes-Olsen, "Children's Allowances: Their Size and Structure in Five Countries," *Social Security Bulletin* (May 1972): 17–28; Matti Alestalo, Sven E. O. Hort, and Stein Kuhnle, "The Nordic Model: Conditions, Origins, Outcomes, Lessons," working paper 41, Hertie School of Governance, Berlin (2009).

13. OECD, *Historical Statistics 1960–88,* (Paris: OECD, 1990) 67.

14. 日本については、以下を参照。Toshiaki Tachibanaki, "Japan Was Not a Welfare State, But..." in Griffiths and Tachibanaki, eds., *From Austerity to Affluence,* 203.

15. アメリカの国民所得の割合としての税収については以下より。www.usgovernmentrevenue.com (2015 年 2 月 15 日閲覧). 税率は以下より。Tax Foundation, "U.S. Individual Income Tax Rates History," October 17, 2013. Jacob Fisher, "Earners and Dependents in Urban Families in Relation to Family Income," *Social Security Bulletin* 10, no. 4 (April 1947): 14; US Treasury Department, Internal Revenue Service, "Instructions for Form 1040A, United States Individual Income Tax Return, 1939."

16. B. E. V. Sabine, *A History of Income Tax* (London: Allen & Unwin, 1966), 196; Charlotte Twight, "Evolution of Federal Income Tax Withholding: The Machinery of Institutional Change," *Cato Journal* 14 (1995): 371.

17. 日本については、以下を参照。Chiaki Moriguchi and Emmanuel Saez, "The Evolution of Income Concentration in Japan, 1885–2002: Evidence from Income Tax Statistics," *Review of Economics and Statistics* 90 (2005): 713–734. イギリスについては、以下を参照。Tom Clark and Andrew Dilmont, "Long-term Trends in British Taxation and Spending," Institute of Fiscal Studies briefing note 25 (2002). アメリカでは、子どもが 2 人いる世帯の 1951 年給与所得の中央値は 3,270 ドルだった。その金額に対する連邦所得税は、112 ドルになる。計算は以下より。US Census Bureau, Current Population Reports, "Consumer Income," Series P-60, no. 10, September 26, 1952, and Internal Revenue Service, "U.S. Individual Income Tax Return for Calendar Year 1951, Form 1040". カナダについては、以下を参照。

Roger S. Smith, "The Personal Income Tax: Average and Marginal Rates in the Post-War Period," *Canadian Tax Journal* 43（1995）: 1059, 1065. ドイツについては、以下を参照。Giacomo Corneo, "The Rise and Likely Fall of the German Income Tax, 1958–2005," *CESifo Economic Studies* 51（2005）: 159–186.

18. 経済計画担当者にとっての社会支出の魅力については、以下を参照。Hans-Peter Ullmann, "Im 'Strudel der Maßlosigkeit'? Die 'Erweiterung des Staatskorridors, in der Bundesrepublic der sechziger bis achtziger Jahre," *Geschichte und Gesellschaft* 22（2006）: 255–263, and Werner Ehrlicher, "Deutsche Finanzpolitik seit 1945," *VSWG: Vierteljahrschrift für Sozial-und Wirtschaftsgeschichte* 81（1994）: 10–19.

19. イタリアでの変化については、以下を参照。Daniele Franco, "A Never-Ending Pension Reform," in Martin Feldstein and Horst Siebert, eds., *Social Security Pension Reform in Europe*（Chicago: University of Chicago Press, 2002）, 213–214.

20. 食料配給券のデータは、以下より。US Department of Agriculture Food and Nutrition Service, at www.fns.usda.gov/sites/default/files/pd/SNAPsummary.pdf（2015年6月1日閲覧）.

21. OECD加盟各国における女性の平均退職年齢は、1970年の63.4歳から1980年には61.4歳に下がっていた。同じ時期、OECD加盟各国の男性の平均退職年齢は65歳から63.3歳へと下がっている。OECD, "The Retirement Decision in OECD Countries," Ageing working paper 1.4（2000）; Bo Strath, "The Politics of Collective Consumption in Europe," in Griffiths and Tachibanaki, eds., *From Austerity to Affluence,* 178–185.

22. OECD dataset, "Tax revenue as % of GDP," stats.oecd.org（2015年2月9日閲覧）。1977年のアイスランドの数字は年間のデータが報告されていなかったため、こちらで補間した。

23. Deborah Mitchell, "Taxation and Income Distribution: The 'Tax Revolt' of the 1980s Revisited," Public Policy Program working paper 36, Australian National University, September 1993, 33–34, at https://digitalcollections.anu.edu.au/bitstream/1885/7301/1/Mitchell_Taxation1993.pdf; Hiromitsu Ishi, *The Japanese Tax System,* 3rd ed.（Oxford: Oxford University Press, 2001）, 82.

24. Gebhard Kirchgässner, "Die Entwicklung der Einkommensteuerprogression in der Bundessrepublic Deutschland," *FinanzArchiv,* new series, 43（1985）: 333; Deborah Mitchell, "Taxation and Income Distribution," 18; Peter Jenkins, *Mrs. Thatcher's Revolution*（Cambridge, MA: Harvard University Press, 1988）, 9; Smith, "The Personal Income Tax."

25. OECD, "Tax on Personal Income, Total, % of GDP," and "Social Security Contributions, Total, % of GDP," stats.oecd.org（2015年2月9日閲覧）.

26. President's Council of Economic Advisers, *Economic Report of the President*（Washington, DC, 1995）, 366–367; Ishi, *The Japanese Tax System,* 51.

27. 国債の数字については、以下より。International Monetary Fund Public Debt Database, http://www.imf.org/en/Data#data.

28. Isaac William Martin, *The Permanent Tax Revolt*（Stanford, CA: Stanford University Press, 2008）, 52–55. マーティンは、1960年代のアメリカの財産税に対する攻撃が政治勢

力の両側から出た、と指摘している。

29. Jørgen Goul Andersen and Tor Bjørklund, "Structural Changes and New Cleavages: The Progress Parties in Denmark and Norway," *Acta Sociologica* 33 (1990): 195-217; Lars Nørby Johansen, "Denmark," in Peter Flora, ed., *Growth to Limits: The Western European Welfare States Since World War II, Vol. 1* (Berlin: W. de Gruyter, 1986), 351-352; Malcolm Rutherford, "Burning Tax Records," *Financial Times,* April 6, 1973; Hilary Barnes, "Backlash against welfare," *Financial Times,* November 8, 1974.

30. Johansen, "Denmark," 368; Confidential memorandum, US Embassy in Copenhagen to Secretary of State, COPENH 00349 01 OF 02 071311Z, February 7, 1975, NARA, RG 59, Central Foreign Policy Files, Electronic Telegrams, at http://aad.archives.gov/aad/.

31. Christopher Warman, "Conservatives accused of making local government 'fall guys' as part of election preparation," *The Times* (London), January 14, 1974. サッチャーが初めて税率を攻撃したのは、1974年6月27日の国会討論会でだった。Hansard, House of Commons Debates, June 27, 1974, vol. 875, 1750. 1974年8月28日のBBC放送時の書き起こしは、以下で閲覧可能。http://www.margaretthatcher.org/document/102391.

32. Andersen and Bjørklund, "Structural Changes," 203.

第10章　右への転換

1. Michael J. Crozier, Samuel P. Huntington, and Joji Watanuki, *The Crisis of Democracy: Report on the Governability of Democracies to the Trilateral Commission* (New York: New York University Press, 1975), 166〔邦訳　サミュエル・P・ハンチントン、ミッシェル・クロジエ、綿貫譲治『民主主義の統治能力――その危機の検討』綿貫譲治監訳、サイマル出版会、1976年〕.

2. アメリカの犯罪に関するデータは以下より。Federal Bureau of Investigation, Uniform Crime Reporting Statistics, http://www.ucrdatatool.gov.

3. James Sterngold, "Kakuei Tanaka, 75, Ex-Premier and Political Force in Japan, Dies," *New York Times,* December 17, 1993.

4. Suzanne Berger, "Politics and Antipolitics in Western Europe in the Seventies," *Daedalus* 108 (1979): 27-50.

5. Samuel Brittan, "The Economic Contradictions of Democracy," *British Journal of Political Science* 5 (1975): 156-158.

6. Mancur Olson, *The Rise and Decline of Nations* (New Haven, CT: Yale University Press, 1982, 47, 74, 181-237.

7. Sir Keith Joseph, "This Is Not the Time to Be Mealy-mouthed: Intervention Is Destroying Us," speech at Upminster, June 22, 1974, at www.margaretthatcher.org /archive/display document.asp?docid=110604. 以下も参照。Hugo Young, *The Iron Lady* (New York: Farrar, Straus & Giroux, 1989), 85; Armin Schäfer, "Krisentheorien der Demokratie: Unregierbarkeit, Spätkapitalismus und Postdemokratie," *Der Moderne Staat* 2, no. 1 (2009): 159-183. ブラントの予測と言われているものについては、以下を参照。Crozier et al., *The Crisis of Democracy,* 2.

8. Angus Maddison, *Historical Statistics of the World Economy: 1-2008 AD,* www.ggdc.net/maddison/Historical_Statistics/horizontal-file_02-2010.xls（2016年5月8日閲覧）.

9. Judd Stitziel, *Fashioning Socialism*（Oxford: Berg, 2005）; Eichengreen, *European Economy Since 1945,* 131-162.

10. "Memorandum Prepared by the Office of Current Intelligence of the Central Intelligence Agency, Washington, August 13, 1974," *FRUS 1969-1976,* vol. E-15, part 1, document 11, and "Memorandum of Conversation," December 4, 1973, ibid., document 28.

11. シュミットの発言のもともとの出典は不明。その後のインタビューで彼はこうコメントしている。「あの発言はたった一度しかしていないが、何千回も引用されている。一度で十分だったと思うが」。"Verstehen Sie das, Herr Schmidt?" *Die Zeit,* March 4, 2010.

12. 以下の翻訳を参照した。Lennart Bilén. Roger Choate, "Ingmar Bergman Tax Ordeal Swings Swedes Against Government," *The Times*（London）, May 10, 1976; William Dullforce, "Strong Swing Against the Government in Sweden," *Financial Times,* May 11, 1976; William Dullforce, "Have Swedish Taxes Reached Saturation Point?" *Financial Times,* May 21, 1976.

13. "Bergman says farewell to Sweden," *The Times*（London）, April 23, 1976; William Dullforce, "Ingmar Bergman Goes into Tax Exile," *Financial Times,* April 23, 1976; Birgitta Steen, *Ingmar Bergman: A Reference Guide*（Amsterdam: Amsterdam University Press, 2005）, 956.

14. Sven Olson, "Sweden," in Flora, ed., *Growth to Limits,* vol. 1, 15.

15. Olof Petersson, "The 1976 Election: New Trends in the Swedish Electorate," *Scandinavian Political Studies* 1（New series, 1978）: 109-121; "Modell in Gefahr," *Der Spiegel,* September 13, 1976; Gerard Caprio, "The Swedish Economy in the 1970's: The Lessons of Accommodative Policies," Federal Reserve Board international finance discussion paper 205, April 1982.

16. Labour Party Manifesto, February 1974; Sandbrook, *State of Emergency,* 611-645.

17. David McKie, "Lord Callaghan," *The Guardian,* March 28, 2005; "Lord Callaghan of Cardiff," *The Telegraph,* March 28, 2005; Peter Jenkins, *Mrs. Thatcher's Revolution*（Cambridge, MA: Harvard University Press, 1988）, 24.

18. Graffiti cited in Andy Beckett, "The Most Powerful Man in 70s Britain," *The Guardian,* April 22, 2009.

19. 1976年9月、ブラックプールでの労働党大会におけるジェームズ・キャラハン首相のスピーチ。http://www.britishpoliticalspeech.org/speech-archive.htm?speech=174; 1974年10月労働党マニフェスト http://www.labourmanifesto.com/1974/oct/.

20. Joel Krieger, *Reagan, Thatcher, and the Politics of Decline*（New York: Oxford University Press, 1986）, 9.

21. Andy Beckett, *When the Lights Went Out: Britain in the Seventies*（London: Faber, 2009）, 486.

22. Margaret Thatcher, "Party Election Broadcast," April 30, 1979, Margaret Thatcher Foundation Archives（MTFA）, document 104055. イギリスの長年にわたる衰退に対する恐

怖については、以下を参照。Jenkins, *Mrs. Thatcher's Revolution,* 30–49. キャラハンの引用はさまざまな形で出回っているが、正式なものはない。

23. 例として、以下を参照。Daniel Yergin and Joseph Stanislaw, *The Commanding Heights: The Battle Between Government and the Marketplace* (New York: Simon & Schuster, 1998)〔邦訳　ダニエル・ヤーギン、ジョゼフ・スタニスロー『市場対国家』山岡洋一訳、日本経済新聞社、1998 年〕.

24. US Energy Information Administration, *Monthly Energy Review,* February 2015, Tables 9.1 and 9.4.

25. Stacy L. Schreft, "Credit Controls: 1980," in Federal Reserve Bank of Richmond, *Economic Review* (November–December 1990): 25–55.

26. Phillips-Fein, *Invisible Hands;* Hugh Heclo and Rudolph Penner, "Fiscal and Political Strategy in the Reagan Administration," in Fred I. Greenstein, ed., *The Reagan Presidency: An Early Assessment* (Baltimore: Johns Hopkins University Press, 1983).

27. 1980 年 10 月 28 日オハイオ州クリーブランドにおけるロナルド・レーガンとジミー・カーターの大統領候補討論会の書き起こし。http://www.debates.org/index.php?page=october-28-1980-debate-transcript.

28. John Antcliffe, "40 Years Ago Today: Governor Reagan at the Royal Albert Hall," *Wall Street Journal,* November 5, 2009. マーガレット・サッチャーは英国経営者協会のスピーチの際は出席していなかったが、その場にいた夫から話を聞いて、写しを入手したとのことだ。January 8, 1990, interview of Thatcher by Geoffrey Smith, MTFA, document 109324.

29. Bundesministerium für Wirtschaft, "Perspektiven des Wirtschaftswachstums in der Bundesrepublik Deutschland bis zum Jahre 1995," December 6, 1979, appendix Table 12, BA, B102/306599.

30. Yasuo Takao, "Welfare State Retrenchment–The Case of Japan," *Journal of Public Policy* 19 (1999): 265–266; Ellis S. Krauss, "Japan in 1983: Altering the Status Quo?" *Asian Survey* 24 (1984): 89; James Elliott, "The 1981 Administrative Reform in Japan," *Asian Survey* 23 (1983): 765.

31. Martin Fackler, "Japan's Elder Statesman Is Silent No Longer," *New York Times,* January 29, 2010.

32. Toshiaki Tachibanaki, "Japan Was Not a Welfare State, But..." in Griffiths and Tachibanaki, *From Austerity to Affluence,* 205; Kumon Shumpei, "Japan Faces Its Future: The Political-Economics of Administrative Reform," *Journal of Japanese Studies* 10 (1984): 143–165.

第 11 章　サッチャー

1. Charles Goodhart, "The Conduct of Monetary Policy," *Economic Journal* 99 (1989): 296.

2. Milton Friedman, *A Program for Monetary Stability* (New York: Fordham University Press, 1959)〔邦訳　M・フリードマン『貨幣の安定をめざして』三宅武雄訳、ダイヤモンド社、1963 年〕; Milton Friedman and Anna J. Schwartz, *A Monetary History of the United States* (Princeton, NJ: Princeton University Press, 1963); Friedman, "The Role of Monetary Policy," speech to the American Economic Association, Washington, DC, December 29,

1967, published in *American Economic Review* 58 (March 1968): 2-17.

3. この役人というのはイングランド銀行の出納課長ジョン・フォードだった。Duncan Needham, *UK Monetary Policy from Devaluation to Thatcher* (Basingstoke: Palgrave Macmillan, 2014), 34.

4. フリードマンはこのころまでにはイギリスでは有名人になっていた。Edward Nelson, "Milton Friedman and U.K. Economic Policy: 1938-1979," working paper 2009-017A, Federal Reserve Bank of St. Louis, April 1979. 保守党の綱領は以下のパンフレットに記載されていたもの。"The Right Approach," October 4, 1976, MTFA, document 109439, and "The Right Approach to the Economy," October 8, 1977, MTFA, document 112551.

5. イングランド銀行は 1970 年代前半から通貨供給目標を用いてきたが、これが公式に発表されたのは 1976 年に入ってからだった。そのときでさえ、目標が達成されることはめったになかった。その大きな理由は通貨市場でポンドを支えるためにイングランド銀行が短期金利に対する支配権を行使することを政府がしばしば求めたためで、それが国内のインフレ問題を二の次にしてしまっていた。Needham, *UK Monetary Policy,* chaps. 2-4. リチャードソンは通貨および為替レート政策に関する自身の見解を選挙翌日、ハウに宛てた 1979 年 5 月 4 日付の極秘の手紙で主張した。MTFA, document 113156. 引用はその手紙に添えられていた文書より。"Problems of Monetary Control," April 30, 1979.

6. G. K. Shaw, "Fiscal Policy Under the First Thatcher Administration, 1979-1983," *FinanzArchiv/Public Finance Analysis,* New Series, 41 (1983): 321-22.

7. Nigel Lawson, *The View from Number 11* (New York: Doubleday, 1993), 50.

8. UK Treasury, *Financial Statement and Budget Report 1980/81* (London: H.M. Stationery Office, 1980), 19; letters, Karl Brunner to Thatcher, September 10, 1980, MTFA, document 115641; Allan Meltzer, Carnegie-Mellon University, to Thatcher, October 7, 1980, MTFA, document 113291; "Note of a meeting between the Prime Minister and foreign participants in a seminar on monetary base control: 1430 hours 30 September at 10 Downing Street," MTFA, document 113259; Charles Moore, *Margaret Thatcher* (New York: Knopf, 2013), 462. ここで引用されている失業率の数字は国際調整して OECD が報告しているもので、当時イギリスで報告されていたものよりも低くなっている。比較として、以下を参照。James Denman and Paul McDonald, "Unemployment Statistics from 1881 to the Present Day," *Labour Market Trends* (January 1996): 5-18.

9. 1980 年 10 月 10 日にブライトンでおこなわれた保守党大会でのサッチャーのスピーチは以下より。MTFA, document 112637. 目標の棚上げについては、以下を参照。"Chancellor of the Exchequer Minute to the PM," November 14, 1980, MTFA, document 113302; Needham, *UK Monetary Policy,* 156-162.

10. *The Sun,* September 30, 1983, quoted in Nelson, "Milton Friedman and U.K. Economic Policy," 66.

11. Letter, D. K. Britto, Conservative Research Department, to Derek Howe, March 24, 1981, MTFA, document 114281; Lawson, *The View from Number 11,* 98.

12. 1982 年の予算に関するスピーチの書き起こしは以下より。MTFA, document 111447.

13. "Trends in Manufacturing Productivity and Labor Costs in the U.S. and Abroad," *Monthly Labor Review,* (December 1987); OECD, *Historical Statistics* 1960–1990 (Paris 2001), 73.

14. Michael Heseltine, "Drake and Scull Holdings Ltd. (DSH)," Ministerial Committee on Economic Strategy Sub-committee on Disposal of Public Sector Assets," July 17, 1979, CAB 134/4339, MTFA, document 116489.

15. David Parker, *The Official History of Privatisation, Vol. 1: The Formative Years 1970–1987* (Abingdon, UK: Routledge, 2009), 15–17.

16. Edward Heath, *The Course of My Life: My Autobiography* (London: Bloomsbury, 1998), cited in Parker, *The Official History of Privatisation,* 30.

17. "Final Report of the Nationalised Industries Policy Group," July 8, 1977, MTFA, document 110247.

18. Paul Pierson, *Dismantling the Welfare State* (New York: Cambridge University Press, 1994), 76.

19. U.K. Department of Communities and Local Government, Table 671, "Annual Right to Buy Sales for England," November 20, 2014; Patrick Cosgrave, *Thatcher: The First Term* (London: Bodley Head, 1985), 158.

20.「民営化」の起源については、以下を参照。Germà Bel, "The Coining of 'Privatization' and Germany's National Socialist Party," *Journal of Economic Perspectives* 20 (2006): 187–194. Lawson, *The View from Number 11,* 22, 199–200. 小委員会については、以下を参照。Nigel Lawson, "Disposals in 1980/81," MTFA, document 116843; Ministerial Committee on Economic Strategy Sub-committee on Disposal of Public Sector Assets," July 17, 1979, MTFA, document 113709, and Minutes, Ministerial Committee on Economic Strategy, Sub-committee on Disposal of Public Sector Assets, July 19, 1979, CAB 134/4339, MTFA, document 116821.

21. スピーチについては、以下を参照。Lawson, *The View from Number 11,* 1039–1054; サッチャーの引用は140ページ。以下も参照。John Burton, "Privatization: The Thatcher Case," *Managerial and Decision Economics* 8 (1987): 24.

22. "Brief for the Prime Minister: NUM Special Delegate Conference: 21 October 1983," PREM19/1329 f213, MTFA, document 133124.

23. UK Department of Energy & Climate Change, "Historical Coal Data: Coal Production, 1853 to 2013," July 31, 2014.

24. U.K. Treasury, "Implementing Privatisation: The U.K. Experience" (n.d.), 20.

25. Burton, "Privatization," 25–27; Robert Jupe, "The Privatisation of British Energy: Risk Transfer and the State," working paper 221, Kent Business School, 2010.

26. Stephen Martin and David Parker, "Privatization and Economic Performance Throughout the UK Business Cycle," *Managerial and Decision Economics* 16 (1995): 225–237.

27. Madsen Pirie, *Privatization* (Aldershot: Wildwood House, 1988), 4; Brian Towers, "Running the Gauntlet: British Trade Unions Under Thatcher, 1979–1988," *Industrial and Labor Relations Review* 42 (1989): 175–177.

28. Nigel Lawson budget speech, March 15, 1988, Hansard HC 129/993-1013.

29. "Production in Total Manufacturing for the United Kingdom" and "Registered Unemployment Level for the United Kingdom," いずれも季節調整済みの四半期データ。OECD Main Economic Indicators database（2015年5月10日 閲覧）。以下も参照。Nigel M. Healey, "Fighting Inflation in Britain," *Challenge* 33 (1990): 38, and Graeme Chamberlin, "Output and Expenditure in the Last Three UK recessions," *Economic & Labour Market Review* 4 (August 2010): 51-64. OECDが測定した労働生産性は、サッチャー在任中の11年間で22%上昇した。1970年から1979年の間には30%上昇している。

30. サッチャー政権の支持者は、サッチャーの政策が起業家精神の増加に貢献したと主張しているが、1980年代に立ち上げられた新規事業の大多数は、社長以外に従業員がいなかった。デイヴィッド・ゴスによれば、「自営業者の数の拡大が、小規模企業の成長の大部分に寄与していることは明白だ」。David Goss, *Small Business and Society* (Abingdon, UK: Routledge, 1991), 34. 以下も参照。Paul Dunne and Alan Hughes, "Age, Size, Growth and Survival: UK Companies in the 1980s," *Journal of Industrial Economics* 42 (1994): 115-140. ダンとヒューズは、純資産が400万ポンドを下回るイギリスのもっとも小さな企業が1980―85年にはもっとも活発だったことを発見した。純資産が400万ポンドを超える企業の活動は、1970年代と同様だった。

31. Pierson, *Dismantling the Welfare State,* 105; James Denman and Paul McDonald, "Unemployment Statistics from 1881 to the Present Day," *Labour Market Trends,* January 1996, 11; UK Office of National Statistics, Freedom of Information Request 2013-1822, published May 16, 2013; James Banks, Ruchard Blundell, Antoine Bozio, and Carl Emmerson, "Disability, Health and Retirement in the United Kingdom," Institute for Fiscal Studies working paper W11/12 (2011), 10, 21.

32. Jacques Attali, *C'était François Mitterrand* (Paris: Fayard, 2005), 92.

第12章　社会主義最後の抵抗

1. 1975年10月28日にエコール・ポリテクニークで行われたヴァレリー・ジスカール・デスタンのスピーチ。Giscard d'Estaing, *Le nouvel ordre économique mondial* (Paris: Centre de recherches européennes, 1975), 7.

2. 雇用の減少が見られたのは、ほとんどが500人以上の従業員を抱える工場だった。Guy De Méo, "La crise du système industriel en France au début des années 1980," *Annales de Géographie* 93 (1984): 328. OECDのデータによれば、ジスカールが就任した1974年のフランスの雇用のうち製造業は28.4%を占めたが、1981年には25.1%まで減少していた。

3. 研究費支出は1969年にはGDPの2.1%だったのが、1980年には1.8%になっていた。そのほとんどが、国有企業の支出だった。1980年の終わりまでには、民間による研究開発費の支出は事実上干上がってしまっていた。De Méo, "La crise du système industriel en France," 327. ジスカールの対応については、大統領候補討論会時の発言を参照。"Face à face télévisé entre MM. Valéry Giscard d'Estaing et François Mitterrand, lors de la campagne officielle pour le second tour de l'élection présidentielle, Paris, mardi 5 mai 1981," http://discours.vie-publique.fr/notices /817005300.html, viewed April 19, 2015.

4. Jacques Attali, *C'était François Mitterrand,* 54–55.

5. Jacques Attali, *La nouvelle économie française* (Paris: Flammarion, 1978), 113, 226–250.

6. "Intervention de M. François Mitterrand," and Jacques Attali, "Principes et Techniques d'une politique economique Socialiste," to the Socialist Party meeting, *Entretiens,* no. 75, June 6, 1975; Parti Socialiste, "110 propositions pour la France," April 1981. 以下も参照。Jean-Gabriel Bliek and Alain Parguez, "Mitterrand's Turn to Conservative Economics: A Revisionist History," *Challenge* 51 (2008): 97–109.

7. Attali, *C'était François Mitterrand,* 108.

8. 退職制度については、以下を参照。Daniel Frank, Raymond Hara, Gérard Magnier, and Olivier Viller, "Entreprises et contrats de solidarité de préretraite-démission," *Revue du Travail et Emploi* 13 (1981): 75–89.

9. Bela A. Balassa, *The First Year of Socialist Government in France* (Washington, DC: American Enterprise Institute, 1982), 3.

10. Richard Holton, "Industrial Policy in France: Nationalization Under Mitterrand," *West European Politics* 1 (1986): 72–75; Balassa, *The First Year of Socialist Government in France,* 3–4.

11. Vivien A. Schmidt, *From State to Market: The Transformation of French Business and Government* (Cambridge, UK: Cambridge University Press, 1996), 108. 以下も参照。Bertrand Jacquillat, "Nationalization and Privatization in Contemporary France," Hoover Institution Essays in Public Policy (Stanford, CA: Hoover Institution Press), 1988.

12. Elliot Posner, *The Origin of Europe's New Stock Markets* (Cambridge, MA: Harvard University Press, 2009), 80–88.

13. Thomas Rodney Christofferson, *The French Socialists in Power,* 1981–1986 (Newark, DE: University of Delaware Press, 1991), 124.

14. Mitterrand quotation in Attali, *C'était François Mitterrand,* 157; Schmidt, *From State to Market,* 97–106.

15. John Darnton, "Spain's Stunning Takeover," *New York Times,* February 25, 1983; Justino Sinova, "Para qué sirve la nacionalización," *Diario* 16, February 28, 1983.

16. Andrew Moravcsik, *The Choice for Europe: Social Purpose and State Power from Messina to Maastricht* (Ithaca, NY: Cornell University Press, 1998), 341–343; James E. Cronin, *Global Rules: America, Britain, and a Disordered World* (New Haven, CT: Yale University Press, 2014), 129.

17. Laura Cabeza García and Silvia Gómez Ansón, "The Spanish Privatisation Process: Implications on the Performance of Divested Firms, *International Review of Financial Analysis* 16 (2007): 390–409; Álvaro Cuervo García, *La privatización de la empresa pública* (Madrid: Ediciones Encuentro, 1997), 146; Sofía A. Pérez, *Banking on Privilege: The Politics of Spanish Financial Reform* (Ithaca, NY: Cornell University Press, 1997), 151–154; Keith Salmon, "Spain in the World Economy," in Richard Gillespie, Fernando Rodrigo, and Jonathan Story, eds., *Democratic Spain: Reshaping External Relations in a Changing World* (London: Routledge, 1995), 80.

18. Arrêté du 21 novembre 1986 fixant les modalités de la privatisation de la Compagnie de Saint-Gobain, https://www.legifrance.gouv.fr/affichTexte.do?cidTexte=LEGITEXT000006070659&dateTexte=.

19. Michel Berne and Gérard Pogorel, "Privatization Experiences in France," CESifo Dice Report 1/2005, 33.

20. William L. Megginson and Jeffry M. Netter, "State to Market: A Survey of Empirical Studies on Privatization," *Journal of Economic Literature* 39 (2001): 321-389. スペインの民間企業は 1985 年から 1995 年の間、常に国有企業よりも利益を上げていて、平均資本利益率は倍だった。Cuervo García, *La privatización,* 76.

21. 雇用と失業のデータについては、以下を参照。OECD, Main Economic Indicators, and The Conference Board, "International Comparisons of Manufacturing Productivity & Unit Labor Cost Trends," https://www.conference-board.org/ilcprogram/#LaborForce.

第 13 章　アメリカに昇る朝日

1. スティーブン・アクシルロッドとピーター・スターンライトから連邦公開市場委員会（FOMC）へのメモ、1979年 10月 4日。FOMC, "Summary and Outlook" ["Greenbook"], September 12, 1979; Transcript, FOMC meeting, October 6, 1979. いずれも以下で閲覧可能。https://www.federalreserve.gov/monetarypolicy/fomchistorical2010.htm. 背景については、以下を参照。David E. Lindsey, Athanasios Orphanides, and Robert H. Rasche, "The Reform of October 1979: How It Happened and Why," Federal Reserve Board Finance and Economics Discussion Series, working paper 2005-02, December 2004.

2. Federal Reserve Board, "Meeting of Federal Open Market Committee, October 6, 1979, Minutes of Actions"; Federal Reserve Board press release, November 23, 1979.

3. 1979 年 10 月 6 日の FOMC 会議の書き起こし、8, 17. この変化で FRB の批判者を懐柔できるという見方は、シカゴ連銀総裁でニクソン政権下では予算責任者を務めたロバート・マヨのものだ。

4. William R. Neikirk, *Volcker: Portrait of the Money Man* (New York: Congdon & Weed, 1987), 59〔邦訳　ウィリアム・R・ナイカーク『ボルカー――「ザ・マネー・マン」の肖像』篠原成子訳、日本経済新聞社、1987 年〕; Joseph B. Treaster, *Paul Volcker: The Making of a Financial Legend* (Hoboken, NJ: Wiley, 2004)〔邦訳　ジョセフ・トリスター『ポール・ボルカー』中川治子訳、日本経済新聞社、2005 年〕.

5. Treaster, *Paul Volcker,* 32.

6. Paul A. Volcker, *The Rediscovery of the Business Cycle* (New York: Free Press, 1978), 61-62; John Berry, "Fed Lifts Discount Rate to Peak 11% on Close Vote," *Washington Post,* September 19, 1979.

7. FRB の準備金を目標とする方策がどういう仕組みだったかという実際的な説明については、以下を参照。Richard W. Lang, "The FOMC in 1979: Introducing Reserve Targeting," *Federal Reserve Bank of St. Louis Quarterly Review* (March 1980): 2-25.

8. アレンの引用は以下より。Cronin, *Global Rules,* 93.

9. George Gilder, *Wealth and Poverty* (New York: Basic Books, 1981), 12, 45〔邦訳　ジョ

ージ・ギルダー『富と貧困』斎藤精一郎訳、日本放送出版協会、1981年〕。ほかにサプライ・サイド派による重要な文献としては以下を参照。Jude Wanniski, *The Way the World Works* (Washington, DC: Regnery, 1978); Paul Craig Roberts, *The Supply-Side Revolution* (Cambridge, MA: Harvard University Press, 1984); Bruce R. Bartlett and Timothy Roth, eds., *The Supply-Side Solution* (London: Macmillan, 1983); Victor A. Canto, Douglas H. Joines, and Arthur B. Laffer, *Foundations of Supply-Side Economics–Theory and Evidence* (New York: Academic Press, 1983).

10. サプライ・サイド重視派の多くはしまいには、低い限界税率が高い税収につながると予測したことを否定することになる。レーガン政権で財務長官の副次官補を務めたブルース・バートレットは、その主張をノーマン・B・トゥーレが1975年におこなった仕事までたどっている。トゥーレは、当時経済コンサルタントでその後レーガン就任1年目に財務次官を務めた人物だ。Bruce Bartlett, "The Laffer Curve: Part 1," *Tax Notes,* July 16, 2012. 財政赤字の無関係さについては、以下を参照。Robert Ortner, *Voodoo Deficits* (New York: Dow Jones Irwin, 1990), 41–80.

11. Gilder, *Wealth and Poverty,* 12, 20, 45, 188.

12. 投資所得に対するアメリカの最高税率は1970年代は70%で、賃金所得に対する最高税率は50%だった。1年以上所有した株の売却による利益などの資産売却益に対する税率はその10年間は低く、資産売却益の一部分は非課税だった。株式配当の税率は高かったが、配当を支払わない場合が多い新興企業への投資には影響を与えなかった。

13. Arthur Laffer, "The Laffer Curve: Past, Present, and Future," Heritage Foundation Backgrounder 1765, June 1, 2004; Don Fullerton, "On the Possibility of an Inverse Relationship Between Tax Rates and Government Revenues," working paper 467, National Bureau of Economic Research, April 1980.

14. "America's New Beginning: A Program for Economic Recovery," (Washington, DC: White House, 1981); Reagan address to Congress, July 27, 1981.

15. Tax Foundation, "Special Report: The Economic Recovery Tax Act of 1981," September 1, 1981.

16. Congressional Budget Office, "Building a 600-Ship Navy," March 1982, and "Future Budget Requirements for the 600-Ship Navy," September 1985; David A. Stockman, *The Triumph of Politics: How the Reagan Revolution Failed* (New York: Harper & Row, 1986), 130.

17. Congressional Budget Office, "An Analysis of President Reagan's Budget Revisions for Fiscal Year 1982," March 1981, A-54-A78.

18. Stockman, *Triumph of Politics,* 132.

19. ストックマンの発言は以下のテレビ番組でのインタビューからの引用。*Frontline,* April 20, 1986.

20. Edward F. Denison, *Trends in American Economic Growth, 1929–1982* (Washington, DC: Brookings Institution, 1985), 5.

21. カウフマンから顧客に渡った、強い影響力を持ったメモについては、以下を参照。Henry Kaufman, *On Money and Markets: A Wall Street Memoir* (New York: McGraw-Hill, 2000), 168〔邦訳　ヘンリー・カウフマン『カウフマンの証言』伊豆村房一訳、東洋経済

新報社、2001年〕.

22. 為替レートの変動については数多くの測定方法が存在する。ここで使われたのはFRBの貿易加重指数で、1981年1月には91だったものが1985年3月には162になっていた（1973年3月が100）。各国でインフレ率について調整したFRB指数を用いると、同じ期間にドルの価値は42%上がったことになる。

23. 貿易に関するデータは以下より。World Bank, *World Development Report 1982,* 12. アクロンについては、以下を参照。Larry Ledebur and Jill Taylor, "Akron, Ohio: A Restoring Prosperity Case Study," Brookings Institution, 2008; Federal Housing Finance Agency, "All-Transactions House Price Index for Peoria, IL (MSA)," 以下にて閲覧可能。Federal Reserve Bank of St. Louis, https://research.stlouisfed.org/fred2/series/ATNHPIUS37900Q.

24. レーガンの経済政策に対する称賛については、以下を参照。Robert L. Bartley, *The Seven Fat Years* (New York: Free Press, 1992). ヘンリー・カウフマンは当時を回想して、レーガン政権は連邦政府の莫大な借金のせいで金利は借金がなかった場合よりもずっと高くなっているという彼の主張に強く反対したこと、そして、共和党の議会指導者たちが政権の姿勢を支持するようカウフマンに促したことを記している。Kaufman, *On Money and Markets,* 270. ボルカーに対するレーガンの支持の重要性については、以下を参照。Robert J. Samuelson, *The Great Inflation and Its Aftermath: The Past and Future of American Affluence* (New York: Random House, 2010), 112.

25. 1970年3月21日の記者会見でのニクソンのコメントについては以下を参照。*Public Papers of the Presidents of the United States: Richard Nixon, 1970* (Washington, DC: USGPO, 1971) 87.

26. Congressional Budget Office, *Trends in the Distribution of Household Income Between 1979 and 2007* (Washington, DC, 2011), supplemental data for Figure 4; US Bureau of Labor Statistics, Current Population Survey, http://www.bls.gov/cps. インフレ調整後の平均賃金に対する低い税率の影響を確定するのは難しい。賃金は個人が受け取るものだが、夫婦は所得税を一緒に払う場合が多いからだ。平均的な家計所得に対する連邦所得税の平均税率は、税政策センターによれば、1981年の11.8%から1989年には9.3%に落ちたそうだ。この減少をインフレ調整後の平均賃金にあてはめると、賃金はレーガン政権中におよそ5%増えたことになる。平均賃金よりも収入が低い世帯の減少は少なかった。データは以下より。Tax Policy Center, at http://www.taxpolicycenter.org /taxfacts/Content/PDF/family_inc_rates_hist.pdf（2015年8月4日閲覧）。底辺20%の世帯における実質所得については、以下の図2の基礎資料を参照。Congressional Budget Office, *Trends in the Distribution of Household Income Between 1979 and 2007* .

27. US Census Bureau, "Historical Census of Housing Tables Home Values." 住宅価格の平均値は 2000ドルに調整してある。Arthur B. Kennickell and Janice Shack-Marquez, "Changes in Family Finances from 1983 to 1989: Evidence from the Survey of Consumer Finances," *Federal Reserve Bulletin* (January 1992): 1-18. 所得に対する分割未払い債務の割合は、1986年に記録的な金額に達した。Robert B. Avery, Gregory E. Elliehausen, and Arthur B. Kennickell, "Changes in Consumer Installment Debt: Evidence from the 1983 and 1986 Surveys of Consumer Finances," *Federal Reserve Bulletin* (October 1987): 761-778.

28. *Frontline,* April 20, 1986.

29. President's Commission on Industrial Competitiveness, *Global Competition: The New Reality* (Washington, DC, 1985), 12.

30. Krippner, *Capitalizing on Crisis,* 37. 生産性向上、投資、平均設備使用年数のデータは以下より。US Bureau of Economic Analysis, National Income and Product Accounts. 投資の測定に用いた指標は純投資で、既存設備が償却する割合も計算に含めている。

31. Employee Benefit Research Institute, "What Are the Trends in U.S. Retirement Plans?" at http://www.ebri.org/publications/benfaq/index.cfm?fa=retfaq14 (2015 年 8 月 1 日閲覧)。以下も参照。William J. Wiatrowski, "The Last Private Industry Pension Plans: A Visual Essay," *Monthly Labor Review* (December 2012): 4; Robin A. Cohen et al.,"Health Insurance Coverage Trends, 1959–2007," *National Health Statistics Reports* 17 (2009): 9.

第 14 章　失われた 10 年

1. World Bank, *World Development Report 1982* (Washington, DC, 1982), 24, 190–196.

2. 債務の数字は世界銀行の年刊物より。World Bank, *World Debt Tables*. 以下も参照。World Bank, *World Development Report 1982 and 1983*. 1970 — 80 年の成長率は以下より。*World Development Report 1982,* 35. 1970 年代のコマーシャル・ペーパー市場の成長については、以下を参照。Peter A. Abken, "Commercial Paper," Federal Reserve Bank of Richmond, *Economic Review* (March/April 1981): 11–21.

3. Arthur F. Burns, "The Need for Order in International Finance," address at Columbia University, April 12, 1977; Federal Deposit Insurance Corporation (FDIC), *An Examination of the Banking Crises of the 1980s and Early 1990s* (Washington, DC, 1997), 196–197. イギリスの銀行については、以下を参照。Philip L. Cottrell, "The Historical Development of Modern Banking Within the United Kingdom," in Manfred Pohl and Sabine Freitag, eds., *Handbook on the History of European Banks* (Aldershot, England: Elgar, 1994), 1,157.

4. Anne O. Krueger, "Debt, Capital Flows, and LDC Growth," *American Economic Review* 77 (May 1987): 159–164.

5. Paul Volcker and Toyoo Gyohten, *Changing Fortunes* (New York: Times Books, 1992), 180〔邦訳　ポール・ボルカー『富の興亡——円とドルの歴史』江澤雄一監訳、東洋経済新報社、1992 年〕.

6. *World Development Report 1982,* 16.

7. Philip L. Zweig, *Wriston* (New York: Crown, 1995), 756–761.

8. Alan Riding, "Survivor: Jesus Silva Herzog," *New York Times,* August 21, 1982; Federal Reserve Board, "Transcript of Federal Open Market Committee Meeting of June 30–July 1, 1982," June 30, 1982, Afternoon Session," 23, and "Record of the Policy Actions of the Federal Open Market Committee, Meeting Held on August 24, 1982"; James M. Boughton, *Silent Revolution: The International Monetary Fund, 1979–1989* (Washington, DC: International Monetary Fund, 2001), 281–317.

9. *World Development Report 1982,* 2; Graciela L. Kaminsky and Alfredo Pereira, "The Debt Crisis: Lessons of the 1980s for the 1990s," Federal Reserve Board, international finance dis-

cussion paper 481, September 1994; FDIC, *An Examination,* 206.

10. 政府が対外債務不履行に陥った多くの事例については、以下を参照。Carmen M. Reinhart and Kenneth S. Rogoff, *This Time Is Different: Eight Centuries of Financial Folly* (Princeton, NJ: Princeton University Press, 2009), 68–118〔邦訳　カーメン・M・ラインハート、ケネス・S・ロゴフ『国家は破綻する——金融危機の800年』村井章子訳、日経BP社、2011年〕.

11. アメリカで連邦の認可を受けた銀行は、単一の借り手に資本の10%以上を貸し付けることが法律で禁じられていたが、銀行の主たる監督機関である通貨監督庁が、国家政府は国有の石油会社や国の開発銀行とは異なる借り手であるという判断のもと、その法律を回避することを許していた。興味深いことに、議会は危機が発生した1982年に、10%の上限を15%まで引き上げている。FDIC, *An Examination,* 203–204. *Changing Fortunes,* 195でボルカーは、中南米への銀行の貸し付けを制限することに国務省が強く反対したことを強調している。

12. 8月12日からの数日間で起こった出来事の詳細については、以下を参照。John Makin, *The Global Debt Crisis* (New York: Basic Books, 1984), 11–15.

13. International Monetary Fund, *Annual Report 1983* (Washington, DC, 1983), 177.

14. FDIC, *An Examination,* 197; John E. Young, "Supervision of Bank Foreign Lending," Federal Reserve Bank of Kansas City, *Economic Review* (May 1985): 36.

15. Makin, *The Global Debt Crisis,* 238.

16. José Maria Dagnino Pastore, "Progress and Prospects for the Adjustment Program in Argentina," in John Williamson, ed., *Prospects for Adjustment in Argentina, Brazil, and Mexico* (Washington, DC: Institute for International Economics, 1973), 7–25; Boughton, *Silent Revolution,* 8.

17. Barbara A. Bennett and Gary C. Zimmerman, "U.S. Banks' Exposure to Developing Countries: An Examination of Recent Trends," Federal Reserve Bank of San Francisco, *Economic Review* (Spring 1988): 14–29.

18. Richard E. Feinberg, "Comment: Debt and Trade in U.S.-Latin American Relations," in Kevin J. Middlebrook and Carlos Rico, eds., *The United States and Latin America in the 1980s* (Pittsburgh: University of Pittsburgh Press, 1986), 300.

19. 1人当たりの実質国民所得の成長率はIMFのデータに基づき、以下から引用している。Martin Feldstein et al., *Restoring Growth in the Debt-Laden Third World* (New York, Trilateral Commission, 1987), 7.

20. IMF, *World Economic Outlook* (April 1987), Table A50. 1975年から1980年にかけて、中南米諸国は所得の23%近くを投資に費やした。1980年代に入ると、その数字は18%以下まで落ちている。José Antonio Ocampo, "The Latin American Debt Crisis in Historical Perspective," Initiative for Policy Dialogue, Columbia University (2013).

21. Boughton, *Silent Revolution,* 418–429.

22. Don Babai, "The World Bank and the IMF: Rolling Back the State or Backing Its Role?" in Raymond M. Vernon, ed., *The Promise of Privatization* (New York: Council on Foreign Relations, 1988), 260.

23. Susan M. Collins and Won-Am Park, "External Debt and Macroeconomic Performance in South Korea," and Edward F. Buffie and Allen Sangines Krause, "Mexico 1958-86," in Jeffrey D. Sachs, ed., *Developing Country Debt and the World Economy* (Chicago: University of Chicago Press, 1989), 121-140, 158. 著者らによれば、メキシコの対外債務は1985年には国民所得の55.1%だった一方、韓国のそれは56.3%だったそうだ。

24. Jeromin Zettelmeyer, "Growth and Reforms in Latin America: A Survey of Facts and Arguments," working paper 06/210, International Monetary Fund, September 2006.

第15章　新しい世界

1. Conference Board Total Economy Database, at www.conference-board.org/data/economydatabase/, May 2015. ここで取り上げている12の富裕国とはオーストラリア、ベルギー、カナダ、フランス、イタリア、日本、オランダ、スウェーデン、スイス、イギリス、アメリカ、西ドイツ。

2. ここで説明されている測定方法の技術的名称は「全要素生産性」、あるいは「多要素生産性」と呼ばれることもある。その主な構成要素は「労働の質」(教育、訓練、経験に関連する)、「資本の深化」(労働者1人当たりの事業機械や事業設備を償却調整した、資本額で測定される)、「技術の変化」(労働の質と資本の深化の変化では説明できない生産性の向上として定義される)と呼ばれる。各国経済の基礎情報やデータについては、以下を参照。Nicholas Crafts, "What Creates Multifactor Productivity?" presentation to European Central Bank, 2008, and Wolodar Lysko, "Manufacturing Multifactor Productivity in Three Countries," *Monthly Labor Review* (July 1995): 39-55. 以下も参照。Sachverständigenrat, "Zu den gesamtwirtschaftlichen Auswirkungen der Oelkrise," December 17, 1973, BA, B136/7459. アメリカの生産性の推定値については、以下を参照。*Historical Statistics of the United States, Earliest Times to the Present: Millennial Edition,* (New York: Cambridge University Press, 2006), series Cg290. 以下も参照。Jean Acheson, "Multi-factor Productivity: Estimates for 1970 to 2009," UK Office for National Statistics, *Labor Market Review* (May 2011): 80, and Giersch, Paqué, and Schmieding, *The Fading Miracle,* 220.

3. OECD, *Historical Statistics,* 1960-1980, Tables 7.1-7.4. 1960年の収益を100とした西ドイツ経済省による1975年の推計では、収益はインフレ調整後で75年以前のほぼすべての年で80を切っており、1973年には60にまで落ちていた。Deutscher Bundestag, 7. Wahlperiode, Drucksache 7/2848. 日本については、以下を参照。Nakamura, *The Postwar Japanese Economy,* 226. 以下も参照。BMWi, "Fortschreibung der mittelfristigen Zielprojektion bis 1977," unsigned draft memorandum, March 8, 1973, BA, B102/306599. フランスについては、以下を参照。Institut National de la Statistique et des Études Économiques, "Partage de la valeur ajoutée, partage des profits et écarts des rémunérations en France" (2009), 67.

4. *Historical Statistics of the United States,* Series Cf182. 環境規制がもたらす経済的影響の可能性については、以下を参照。Council of Economic Advisors, Economic Report of the President, 1972 (Washington, DC, 1972), 123; BMWi, "Fortschreibung der mittelfristigen Zielprojektion bis 1977."「今後この地域での法的要件が厳しくなればなるほど、成長の可

能性はますます阻害されるだろう」と記されている。

5. Keith O. Fuglie, "Productivity Growth and Technology Capital in the Global Agricultural Economy," in Keith O. Fuglie, Sun Ling Wang, and V. Eldon Ball, *Productivity Growth in Agriculture: An International Perspective*（Wallingford, UK: CAB International, 2012）, 335–367; OECD *Historical Statistics, 1960–1980,* Tables 2.9 and 5.4. OECD 諸国の中で、経済総生産の割合としての製造業は徐々に減少し、1960年の29.6%から1990年には22.2%まで減っていた。生産性向上の測定に関する複雑できわめて専門的な議論のわかりやすい概要については、以下を参照。Paul S. Adler, "The Productivity Puzzle: Numbers Alone Won't Solve It," *Monthly Labor Review,*（October 1982）: 15–21.

6. Sir Keith Joseph, "This Is Not the Time to Be Mealy-mouthed: Intervention Is Destroying Us," speech at Upminster, June 22, 1974, MTFA, document 110604.

7. Fumio Hayashi and Edward C. Prescott, "The 1990s in Japan: A Lost Decade," *Review of Economic Dynamics* 5（2002）: 206–235.

8. リヴリンの引用は以下より。Biven, *Jimmy Carter's Economy,* 206.

9. Diego Comin and Martí Mestri, "If Technology Has Arrived Everywhere, Why Has Income Diverged?" National Bureau of Economic Research working paper 19010, 2013. 著者らは、新たな技術が過去よりもずっと早く普及していると述べている。

10. Sumon Bhaumik, "Productivity and the Business Cycle," UK Department for Business Innovation and Skills, economics paper no. 12, March 2011; Robert Shackleton, "Total Factor Productivity Growth in Historical Perspective," US Congressional Budget Office, working paper 2013-01, March 2013; Shane Greenstein, *How the Internet Became Commercial: Innovation, Privatization, and the Birth of a New Network*（Princeton, NJ: Princeton University Press, 2016）, 249–300.

11. Robert J. Gordon, *The Rise and Fall of American Growth: The U.S. Standard of Living Since the Civil War*（Princeton, NJ: Princeton University Press, 2016）, 2.

12. David Koistinen, "The Origins of Offshoring," paper presented to the Business History Conference, Miami, Florida, June 27, 2015.

13. Zuliu Hu and Mohsin S. Khan, "Why Is China Growing So Fast?" International Monetary Fund, *Economic Issues* 8（1997）; Conference Board, "Conference Board Total Economy Database, Summary Tables," May 2015, Table 10.

14. Englander and Mittelstädt, "Total Factor Productivity," 17–18. Robert Brenner, *The Economics of Global Turbulence*（London: Verso, 2006）6–7, 101–109. ブレンナーは製造業の利益減少を伸び悩む生産性の主な原因としている。

15. Raghuram G. Rajan, *Fault Lines: How Hidden Fractures Still Threaten the World Economy*（Princeton, NJ: Princeton University Press, 2010）〔邦訳　ラグラム・ラジャン『フォールト・ラインズ』伏見威蕃・月沢李歌子共訳、新潮社、2011年〕.

16. Wolfgang Streeck, *Buying Time: The Delayed Crisis of Global Capitalism*（London: Verso, 2014）, 4〔邦訳　ヴォルフガング・シュトレーク『時間かせぎの資本主義——いつまで危機を先送りできるか』鈴木直訳、みすず書房、2016年〕.

17. 退職年齢はOECDによる退職時の平均実質年齢より。社会保障については、以下を

参照。Orlo Nichols, Michael Clingman, and Alice Wade, "Internal Real Rates of Return Under the OASDI Program for Hypothetical Workers," Social Security Administration, *Actuarial Note* , no. 2004.5 (March 2005). リターンはインフレ調整後。

18. John G. Fernald, "Productivity and Potential Output Before, During, and After the Great Recession," Federal Reserve Bank of San Francisco working paper 2014-15, June 2014.

19. Ricardo Hausmann, Lant Pritchett, and Dani Rodrik, "Growth Accelerations," *Journal of Economic Growth* 10 (2005): 303-329.

20. アメリカでは1980年から1994年の間に1617もの連邦政府が保証する銀行が破綻し、加えて連邦預金保護がない数多くの貯蓄金融機関も破綻した。引用は以下より。Paul A. Samuelson, "To Protect Manufacturing?" *Zeitschrift für die gesamte Staatswissenschaft* 137 (1981): 407.